JN007524

3Mで学んだニューロマネジメント［増補版］

NEUROMANAGEMENT

イノベーション実践手法

大久保孝俊

早稲田大学ビジネススクール 非常勤講師
元スリーエム ジャパン 執行役員

日経BP

はじめに

今までの成功ストーリーが一夜にして通用しなくなる厳しい競争社会で生き残るために何をすればよいのか。情報が瞬時につながり、世の中の変化が高速化している現代では、持続可能なイノベーションが経営の生命線であり、成長の駆動力になっている。そのイノベーションの基盤づくりは、「イノベーション（顧客の課題解決や価値創造に貢献できる新しい行動を実行すること）に挑戦する『人』を、どのようにしてマネジメントの力で育成していくか」および「イノベーションに挑戦する『組織（人の集合体）』を、どのようにしてシステムの力で醸成していくか」に対する有効な設計図を持ち、それを徹底して実行していくことだと、筆者は確信している。

新しいことに挑戦する場合、過去の成功体験と将来への不安が邪魔をして、一歩踏み出すことを躊躇させ、結果として現在の“場”にとどまりがちになる。こうした状況では、他社の成功事例や、それを導いたマネジメント手法はあまり参考にならない。なぜなら、それは全て過去のもので、しかも現在の課題とは状況が異なるからである。

本書は、他社の事例や手法よりも、近年急速に発達してきた脳科学の知見を人間の本質を定義するために活用した。科学的な視点から人間の本質を知り、その本質に根差したマネジメントを実践するためである。その根底にあるマインドセットは、「人を操るのではなく、感激させてやる気を起こさせる」ことだ。すなわち、「しなければならない」という恐れの感情を、「したい」という喜びに満ちた挑戦する力に変えることである。脳科学を活用して組織・人のモチベーション（やる気）を高める実践方法を「ニューロマネジメント（Neuromanagement）」と呼ぶことにする。ここで筆者が提唱するニューロマネジメントは3Mが実践するものではなく、あくまで筆者による考察と解釈である。

人類は、チンパンジーとの共通祖先から分かれた700万年前から20万年前の間の狩猟･採集社会の環境下で進化し、最終的には我々現生人類となった。その時に創られた脳の構造を使い回して、1万年前まで続いた狩猟・採集社会から農耕・牧畜社会、工業社会、情報社会を生き抜いてきた。すなわち、狩猟・採集社会に適合して進化した脳が現生人類の脳である。

その脳から生まれる人間の本質には、イノベーションに挑戦するやる気を引き出すことに対してポジティブに働く本質とネガティブに働く本質がある。ポジティブに働く本質とは、「分かち合う・協力し合う心を持っている」「笑顔と名前にポジティブに反応する」「怖れと喜びの感情が新しいことに挑戦する力を創出する」「信じる心が新しいことに挑戦する勇気を与える」であり、ネガティブに働く本質とは「おいしいものは独り占めしたいという欲求を持つ」「満たされた状況では変化を好まない」「ルール違反に対する罰を与えることを快く感じる」「不公平に扱われたと感じると自分の利益を犠牲にしても相手を罰する」などである。

ポジティブに働く人間の本質の出現を強化し、ネガティブに働く人間の本質の出現を抑制するために、「人のマネジメントをどのように設計するのか(人づくり)」「組織のマネジメントをどのように設計するのか(組織づくり)」、加えて「個の資質をどのように設計するのか（自己変革)」が本書のテーマである。

これらの課題に対して、37年間勤務した3Mでの研究開発と業務改革の経験、および脳科学の知識を活用したメンタリングやコーチングが人のモチベーションを引き出すために有効であるとの自己認識を基盤として、ニューロマネジメントの視点からイノベーションに挑戦するモチベーションを引き出すことを体系的に設計した書籍『3Mで学んだニューロマネジメント』（日経BP）を2017年9月に発刊した。

その構成は、第Ⅰ～Ⅴ部である。

「第Ⅰ部　イノベーション・マネジメントの基本（1～7章)」

「第Ⅱ部　イノベーションを創出させるマネジメント（8～19章)」

「第Ⅲ部　イノベーションを育む企業（組織）文化を構築する仕組み（20～23章）」
「第Ⅳ部　変わらないトップマネジメントの姿勢（24～26章）」
「第Ⅴ部　イノベーションに強い人材の育成（27～30章）」
である。

この書籍は、著者が講師を務めた早稲田大学ビジネススクールの講義「イノベーションのための経営システム設計」や財団法人主催の「KPCマネジメントスクール（経営戦略コース）」の教科書として使われた。今回発刊した増補版では、それらに参加した受講生から投げかけられた質問に対する返答として、
「第Ⅵ部　イノベーション・マネジメントの悩みを解く鍵（31～38章）」
を追加している。

第Ⅵ部では、睡眠（31章）、ストレス（32章）、ひらめき（33章）、やりたくない（34章）、熱い思いの空回り（35章）、脳科学の活用（36章）、不燃性人材（37章）、孤立無援（38章）に関する悩みを解く鍵を解説している。

「人づくり」「組織づくり」「自己変革」に対する読者の興味のある項目から読み始めてもらいたい。そして､共感できるマインドセットを見つけたら、そのマインドセットを単なる知識にとどめるのではなく自己変革の実践に繋げてほしい。その結果として、読者が抱えているイノベーション・マネジメントやコミュニケーションの課題の解決に役立つことを切に願っている。

2021年11月
大久保 孝俊

目次

第II部 イノベーションを創出させるマネジメント

イノベーションの設計図 組織の設計編①

第VI部　イノベーション・マネジメントの悩みを解く鍵

［第Ⅰ部］

イノベーション・マネジメントの基本

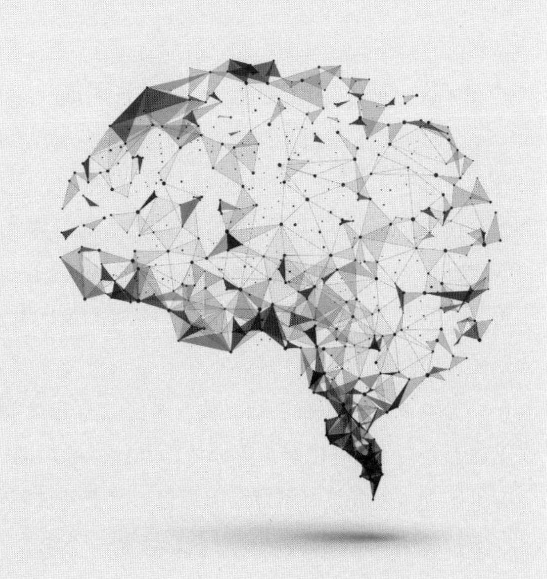

1章

失敗を恐れず挑戦を続けるチームをつくる

イノベーションで目立っているのはApple（アップル）やGoogle（グーグル）など米国勢。日本の製造業はやや旗色が悪い。「付加価値の高い製品を開発せよ」「顧客が感動する製品を造れ」「今までと同じじゃダメだ。何か新しいことを考えろ」などと経営陣やマネジャーが指示を出しているが、具体性に欠けているのが実情だ。これでは現場は何をしてよいか分からない。

一方、経営陣やマネジャーの側にも部員に対して根強い不満があるようだ。典型的なものは、「上司からの指示がないと動かない」「ちょっとした壁であっても、ぶつかるとすぐに諦める」——など。中には、若者に対して「ゆとり教育世代だから（ダメなんだ）」あるいは「草食系だから（ダメなんだ）」などと世代論を持ち出す人までいる。しかし、これは前向きな姿勢とはいえない。

イノベーションはマネジメント可能

イノベーションは未踏分野への挑戦なので、成功するかどうかはやってみないと分からない。そのため、「イノベーションを精緻にマネジメントすることは難しい」と一般には考えられている。そのためだろうか、イノベーションに対しては「失敗を恐れない挑戦心が大切」とか「絶対に諦めない心が大事」などと、精神論的な心構えが語られることが多い。こうした心構えは確かに大切だ。しかし、イノベーションをマネジメントすることは本当にできないのだろうか。筆者は、決してそんなことはないと考えている。30年以上にわたって3Mに身を置いてきたが、その間、イノベーションのマネジメントが大きな効果を上げるのを目の当たりにしてきたからだ。

手前味噌になるが、3Mは実にユニークな会社だ。まず、3Mは、「世界で

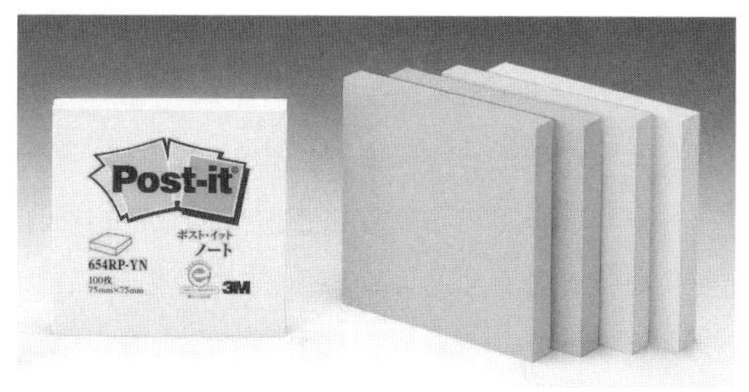

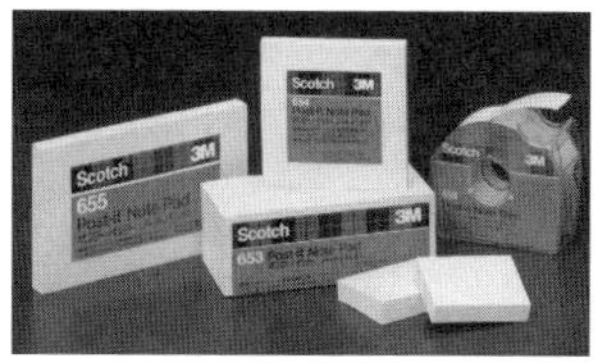

図1-1　落ちない付箋紙「ポスト・イット ノート」
強力な接着剤を開発する中で、偶然生まれたのが簡単に剥がせる接着剤だった。当初の目的を考えると失敗のようだが、開発者は何かに使えるという直感から、3Mの多くの技術者に用途を考えてもらった。付箋紙の用途を考え付いたのは全く別の技術者。接着剤を発見したのは1969年だが、発売にこぎ着けたのは1980年だった。右上の写真は、日本で発売した当時のパッケージ。

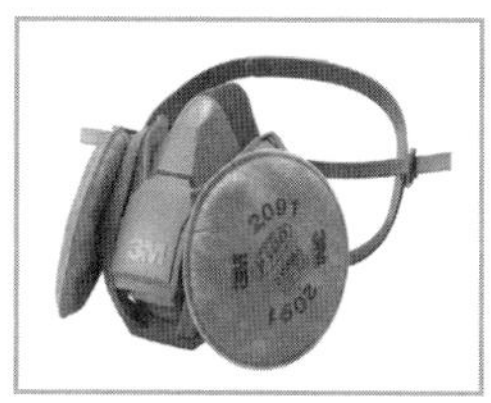

図1-2　ワンタッチでマスク部分を着脱できる防塵マスク
これまでの防塵マスクは、休憩でマスクを取り外す際に、ヘルメットを取るなどの手間が掛かった。2014年9月に発売した「3M 取替え式マスク6500シリーズ」は、マスク部分をワンタッチで取り外せるので、利用者の使い勝手が大きく向上した。

最もイノベーティブな会社になりたい」と言い続けている。そして、実際に顧客に役立つ新製品を次々と開発してきた。しかも全売上高のうち、3分の1は過去5年以内の新製品が生み出している。つまり、イノベーションによって新製品を生み出し続けることで成長してきたのだ。こうして商品化した製品は、現在5万5000種類以上に及んでいる。

3Mの製品としては、「ポスト・イット ノート」が身近で分かりやすいと思うが、むしろBtoBの製品が多い（**図1-1、2**）。例えば、使い捨ての防塵マスクは米3Mが1967年に世界で初めて商品化したが、2014年9月に顧客の使い勝手を向上させた「3M 取替え式マスク6500シリーズ」を発売した。従来の防塵マスクは、移動や休憩などで一時的にマスクを外すとき、ヘルメットを脱いでマスクのバックルを外すなど多くの手間が掛かっていた。当然作業を再開するときに全ての保護具を装着し直す必要がある。一方､新製品は、ヘルメットをかぶったままワンタッチでマスクを顔から着脱できる機構を搭載している。

こうした製品開発をイノベーションと呼ぶことに対して、大げさだと思う人もいるかもしれない。果たしてそうだろうか。イノベーションとは、あくまでも新しい価値を実現することである。そのために顧客に寄り添い、潜在的なニーズを見つけ出し､それを満たすことはイノベーションの王道である。技術革新だけがイノベーションではない。例えば、イノベーションを初めて定義したオーストリア出身の経済学者Joseph Schumpeter（ヨーゼフ・シュンペーター）氏は､「新生産方法の導入」や「組織の改革」などもイノベーションの例として挙げている（詳しくは次章で紹介）。

3Mは現在、70の国と地域に拠点を擁し、2020年12月期にはグループ全体で約322億米ドルの売上高を達成しているが、もとは1902年にわずか5人で創業した会社である。その小さな会社の成長を常に牽引したのが、顧客に寄り添ったイノベーションなのだ。そして成功の基盤として、イノベーションのマネジメントが大きく貢献してきた。

イノベーションの設計図

ではイノベーションをいかにマネジメントすればよいのだろうか。本書では、筆者の体験を交えながら、なるべく具体的にイノベーションの設計図を紹介していく。その足掛かりとしてまず､見取り図を示す（**図1-3**）。イノベーションの見取り図は、大きくは「個の設計（個を動かすカギ）」と「組織の設計」に分かれる。組織の設計は､「イノベーションを創出させるマネジメント」「イノベーションを育む企業（組織）文化を構築する仕組み」「変わら

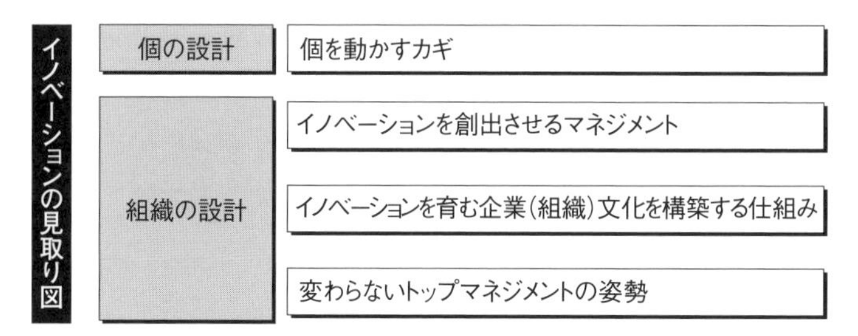

図1-3　イノベーションの見取り図
本書では、この見取り図に肉付けしながら、イノベーションを成功に導くマネジメントのあり方を紹介していく。

ないトップマネジメントの姿勢」という3本柱から成る。

これだけだと具体的なイメージが湧きにくいかもしれないので、少し説明したい。企業のイノベーションにおいて最も重要なことは、新しい価値を顧客に提供し、それによって利益拡大と持続的成長を図ることだ。新しい価値をつくるには、ルーティンワークから外れた新しい挑戦が不可欠になるので、前述のように、「失敗を恐れない挑戦心が大切」とか「絶対に諦めない心が大事」などと言われるわけだ。これらは、イノベーションの見取り図の「個の設計（個を動かすカギ）」に関する部分だが、本書では、心構えという抽象的なレベルにとどまらず具体的な対処法にまで進みたい。マネジャーはイノベーションを担う部員と積極的にコミュニケーションを取り、部員が挑戦心と諦めない心を持てるように支援しなければならない。こうしたことを実践するための複数のアプローチをこれまでの経験から筆者は体得している。そのアプローチが、組織の設計に関する3つの柱である。これらの具体的な内容は順を追って紹介していくが、まず全体的なイメージをつかんでいただきたいと思う。

例えば、諦めずに挑戦を続ける技術者がいても、それだけではイノベーションの創出には不十分だ。それに加えて、前述の「イノベーションを創出させるマネジメント」が必要になる。世界で競争する時代になって、どの企業もルーティンワークの種類や量が増えている。そんな中で、マネジャーは目先の数値目標の達成を強く求められるので、技術者に対して追加のルーティンワークを割り振りたくなる。しかし、それはよほどの想定外の事態が起きたとき以外はしてはならない。技術者からイノベーションを起こすための貴重な時間を奪うことになるからだ。こうしたマネジメント法は、これまで日本企業ではあまり意識されてこなかったように思う。

さらに、より高い視点からは「企業（組織）文化を構築する仕組み」が重要になる。例えば、イノベーションの始まりは、事業として成立するかどうかも分からない、個人の頭の中に芽生えた抽象的なアイデアであることが多い。こうした非公式なアイデアに対して、ある程度の時間とお金を使って取り組むことができ、それを公式のプロジェクトに引き上げる仕組みが必要になる。それ以外にも、イノベーションを育む幾つもの仕組みや仕掛けを内包する企業（組織）文化を構築することが不可欠だ。最後が、「変わらないトップマネジメントの姿勢」である。トップが揺らぐと、その影響が何十倍にも増幅されて現場を翻弄する。これでは、時間がかかることが多いイノベーションを成功に導くことは難しい。

イノベーションのマネジメントは、個々の部員から経営者までさまざまな階層が関わることになる。ある意味で、会社の経営そのものともいえる。筆者は「そんな戦略的な取り組みはウチにはできそうもない」と言われることがよくある。しかし、3Mも、たった5人から始まったのだ（その中に大卒の技術者は1人もいなかった）。愚直に地道に努力を続けてきた先輩たちには頭が下がるが、特別な能力を持っていたわけではない。

前述したように、イノベーションを巡っては、現場と経営・マネジメント層の間に大きな意識のギャップがある。しかし、逆から見れば大きなチャンスともいえる。イノベーションのマネジメント法を身に付け、失敗を恐れず挑戦を続けるチームをつくることで、そのギャップを埋めることができれば、大きな果実を得られるからである。

さらにもう1つ、筆者が3Mで学んだイノベーションのマネジメントの特徴を挙げたい。それは、生物としての人間の本質を考え抜き、その特徴に基

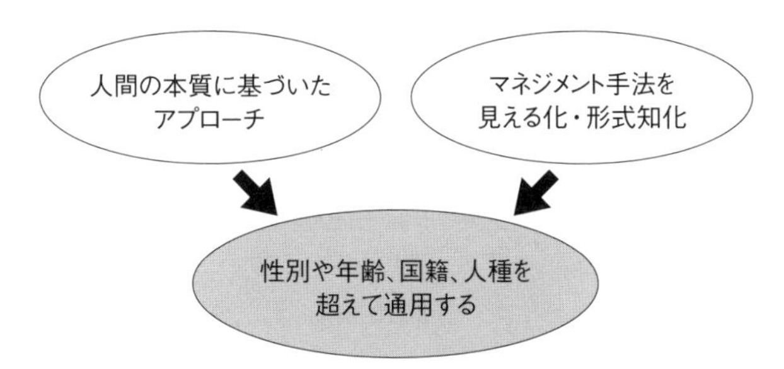

図1-4　イノベーションのマネジメントの基本的な考え方
イノベーションのマネジメントは、性別や年齢、国籍、人種を超えて通用するもの。そのためには「人間の本質に基づいたアプローチ」と「マネジメント手法の見える化・形式知化」が重要となる。

づいたアプローチをすることだ（**図1-4**）。これには近年大きな進歩を遂げている脳科学の成果が参考になる。本書では脳科学の成果を随所に取り入れていく。加えて、3Mは米国発祥の会社なので、性別や年齢、国籍、人種など多様な人が集まった組織を前提にしている。そのため、多くの仕組みや制度が分かりやすく形式知化されている。すなわち、性別や年齢、国籍、人種を超えて通用するのだ。日本企業の国際化も加速しているので、多様な価値観を持つ人たちと協力してイノベーションに取り組むという視点を盛り込んでいきたい。

2章

イノベーションとは何か

「イノベーションの設計図」の詳細に入る前に、2つの大切な前提について共通認識を得たい。「イノベーションとは何か」(本章) についてと、「イノベーションにおけるマネジメント」(次章) について、である。

イノベーション≠技術革新

最近は少し変わりつつあるが、これまでイノベーションに対しては技術革新という日本語が充てられてきた。「イノベーション (技術革新)」という表現も多く使われてきたため、「イノベーション＝技術革新」という思い込みが私たちの中に染み込んでいる。しかし、この思い込みは日本特有のもので、少なくとも欧米では、イノベーション＝技術革新という考え方を採っていない。「重箱の隅をつつくような話をするな」と思われるかもしれないが、決してそんなつもりはない。イノベーションの定義をはっきりさせることは、実際にイノベーションに挑戦したり、それに挑戦する部員を支援したりする際に不可欠となるからだ。

技術ジャーナリストの西村吉雄氏*1は著書『電子立国は、なぜ凋落したか』の中で、興味深い指摘をしている[1)]。同書は、日本の電子産業凋落の原因として、[1] 半導体の急激な価格低下、[2] 価値の中心がハードウエアからソフトウエアへ移行、[3] デジタル化、[4] インターネットの急速な普及、といった劇的な変化にうまく対応できなかったことがあると指摘している。そして、これら劇的な変化に対応できなかった大きな理由の1つとして、「イノベーションを研究と混同した」ことを挙げる。

同書には、日本の半導体産業が世界一の競争力を誇っていた1980年代後半の日本企業の機運も紹介されている。「キャッチアップは終わった、さあ、これからは基礎研究だ」「研究から手を抜くようになっては、欧米の一流企業もおしまいだね。これからは日本の時代だよ」といった日本企業の技術者のコメントだ。

しかし結果を見れば、残念ながら日本企業の基礎研究の成果、すなわち技術革新は競争力の強化にはつながらなかった。アップルやグーグル、あるいはEMS（電子機器受託生産サービス）世界最大手である台湾の鴻海精密工業（Hon Hai Precision Industry、通称Foxconn）を見れば分かるように、イノベーションは技術革新とは別の領域で起きたのである。

イノベーションの本質とは

イノベーションが技術革新のことではないとするとどう定義すればよいのだろうか。経済発展の源泉として最初にイノベーションに注目したオーストリアの経済学者シュンペーター氏*2は、著書『経済発展の理論（上）』の中で、イノベーションの本質を「利用しうるいろいろな物や力の結合を変更して新しい結合をつくること」と指摘している[2)]。

具体的には、[1] 新しい財貨（新製品など、これまでにない価値を持つもの）の生産、[2] 新しい生産方法の導入、[3] 新しい販路の開拓、[4] 原料あるいは半製品の新しい供給源の獲得、[5] 新しい組織の実現、の5つの例を挙げた（**図2-1**）。

このうち、技術革新に直接関係しそうなのは [1] と [2] だが、このうち [2] はわざわざ「科学的に新しい発見に基づく必要はなく」というただし書きが付いており、技術の革新を前提としたものではない。すなわち、新しい製品や生産方法、販路、調達、組織（いずれも新技術は前提ではない）などによって、「非連続的な」（同書）、新しい価値を実現するのがイノベーションなのである。

技術革新はイノベーションの主要エンジンの1つだが、技術革新だけに視野を狭めてしまうと、足をすくわれるケースもある。筆者も含めて、技術者はどうしても技術を中心として考えてしまいがちである。それ故、あえて意

1 新しい財貨の生産

すなわち消費者の間でまだ知られていない財貨、あるいは新しい品質の財貨の生産。

2 新しい生産方法の導入

すなわち当該産業部門において実際上未知な生産方式の導入。これはけっして科学的に新しい発見に基づく必要はなく、また商品の商業的取扱に関する新しい方法をも含んでいる。

3 新しい販路の開拓

すなわち当該国の当該産業部門が従来参加していなかった市場の開拓。ただしこの市場が既存のものであるかどうかは問わない。

4 原料あるいは半製品の新しい供給源の獲得

この場合においても、この供給源が既存のものであるか——単に見逃されていたのか、その獲得が不可能とみなされていたのかを問わず——あるいははじめてつくり出されねばならないかは問わない。

5 新しい組織の実現

すなわち独占的地位(たとえばトラスト化による)の形成あるいは独占の打破。

図2-1 シュンペーターによるイノベーションの定義
ヨゼフ・シュンペーター、『経済発展の理論(上)』(岩波文庫)のpp.182-183から引用。

識的に視野を広げることが大事となる。

経営学の大家Peter Drucker(ピーター・ドラッカー)氏*3も、イノベーションを、世の中の変化を捉えて価値を創造することと説明する[3]。そして、イノベーションのチャンスとなる7つの項目を挙げている(**図2-2**)。ここでも技術革新を特別視しているわけではない。

知恵を価値とお金に変える

本書では、実際の事業を担う立場から、より実践的にイノベーションを定義したい。

まず、新製品の開発や新規事業の立ち上げに直接取り組んでいる担当者に対しては、「顧客の満足を得るために新しいことを実行すること」をイノベーションと定義する。「顧客の満足を得る」とは、「顧客の問題を解決すること」あるいは「顧客にとっての価値の創造に貢献すること」だ。「新しいこと」は、新技術の開発とは限らない。製造業の場合は、新技術を取り入れた新製品や

●ドラッカーによるイノベーションの定義

企業家として成功する者は、その目的が金であれ、力であれ、あるいは好奇心であれ、名声であれ、価値を創造して社会に貢献する。しかもその目指すものは大きい。すでに存在するものの修正や改善では満足しない。価値と満足を創造し単なる素材を資源に変える。あるいは新しいビジョンのもとに既存の資源を組み合わせる。

この新しいものを生み出す機会となるものが変化である。イノベーションとは意識的かつ組織的に変化を探すことである。

●イノベーションのための7つの機会

[1] 予期せぬ成功と失敗を利用する
[2] ギャップを探す
[3] ニーズを見つける
[4] 産業構造の変化を知る
[5] 人口構造の変化に着目する
[6] 認識の変化をとらえる
[7] 新しい知識を活用する

図2-2　ドラッカーによるイノベーションの定義と7つの機会
ピーター・ドラッカー著、『イノベーションと企業家精神』（ダイヤモンド社）のp.15から引用。

生産技術が価値創造の中心となることが多いが、そこだけに限定してはならない。販売や調達、デザイン、ビジネスモデルなども対象になる。さらに、こうした領域を見渡して全体最適を実現することも重要となる。新技術の研究開発に成功して特許を取得した人は、この時点でイノベーションを達成したと思うことが多い。特許取得によって、昇給あるいは昇進することもあるだろう。しかし、まだ、顧客の満足は得られていない。その時点ではイノベーションは実現できていないのである。

一方、（担当者ではなく）新製品の開発や新規事業の立ち上げを担うマネジャーに対しては、前述した内容に加え、「イノベーションとは、知識をお金に変換すること」という定義を追加する。ここで得たお金を投資して新しい知識を得るための研究（技術開発だけには限らない）をするのである。「研究→知識→イノベーション→お金」という変換を繰り返すことによって、事業を拡大させ企業を成長させるのだ（図2-3）。

感謝される仕事をする

この話をすると、釈然としない表情を浮かべる人が多い。「お金のために

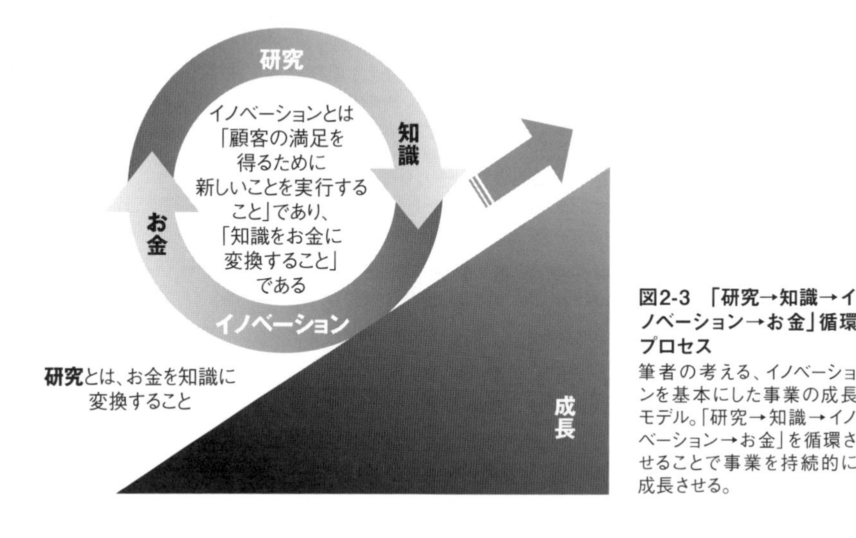

図2-3 「研究→知識→イノベーション→お金」循環プロセス
筆者の考える、イノベーションを基本にした事業の成長モデル。「研究→知識→イノベーション→お金」を循環させることで事業を持続的に成長させる。

イノベーションに挑戦しているわけではない」という考えが根底にあるからだ。実にその通りである。筆者もそう思う。単に収益が上がったからといって、イノベーションに成功したとは言えない。

実は、イノベーションが生むお金には大きな特徴がある。それは、「ありがとう」が添えられていることだ。イノベーションが大きな顧客価値を生み、顧客の事業を発展させたり（B to Bの場合）、商品やサービスの購入者がわくわくした気持ちになったり（B to Cの場合）する。それに対する感謝の気持ちが「ありがとう」であり、その対価として支払われるのがお金である。つまり、イノベーションが生むお金は、「ありがとう」とセットになっているのである。だから、法外に高い価格にしてはならないし、逆に安売りしてもいけない。

イノベーションで得られたお金で技術開発などのさまざまな研究活動を実施して新しい知識を生み出し、次のイノベーションを実現して新たな顧客価値（お金）を持続的に生み出していく。これが企業活動の基本である。よく考えてみると、皆さんが使っている研究費など将来への投資（給与や時間も含めて）は、皆さんの先輩が得た、「顧客のありがとう」が伴った対価（お金）

で賄われている。もし、ここであなたが「研究→知識→イノベーション→お金」の循環を絶ち切ってしまうと、あなたの次にくる人が研究をできなくなってしまう。そう考えると、顧客に感謝される仕事をして収益を上げることがいかに大事かを実感できるのではないだろうか。

筆者は、部員に対して「イノベーションとは『顧客の満足を得るために新しいことを実行すること』であり、『知識をお金に変換すること』である」、という話を繰り返して聞かせる。特に「知識をお金に変換すること」については、関心が薄くなりがちなので強調している。企業に所属して技術や製品、事業の開発に従事する以上、イノベーションとお金の関係を心の底から納得してもらわねばならない。これが、価値づくりを続け企業の持続的成長を可能にする基本だからだ。こうした考え方に立つと、マネジャーの大きな役割が浮かび上がってくる。イノベーションの最前線に立つ担当者は、自分のやっていることが「顧客の満足」につながり、「絶対に成功する」と信じて取り組んでいる。これに対して、マネジャーは担当者のやる気を最大限に引き出すと同時に、他部署を含めた全体最適化や事業の収益性を冷静に判断しなければならない。もちろん部署として求められる短期の数値目標は必達だ。いかにしてイノベーションのマネジメントを行えばよいのだろうか。次章ではその基本的な考え方を紹介したい。

＊1 **西村吉雄**　1942年生まれ。1971年に東京工業大学大学院博士課程修了。同年に日経マグロウヒル社（現・日経BP）に入社。1979～1990年に『日経エレクトロニクス』の編集長。その後編集委員などを経て、東京大学大学院工学系研究科教授や東京工業大学監事、早稲田大学大学院政治学研究科客員教授などを務める。現在はフリーランスの技術ジャーナリスト。

＊2 **Joseph Schumpeter**（ヨーゼフ・シュンペーター）　1883～1950年。オーストリア出身の経済学者。1932年米国に移住。ドイツのボン大学、米国のコロンビア大学やハーバード大学で教職に就いた。イノベーション論の他、創造的破壊の概念を提示したことでも知られる。オーストリア蔵相、銀行頭取なども務める。計量経済学会会長、国際経済学会会長などを歴任。

＊3 **Peter Drucker**（ピーター・ドラッカー）　1909～2005年。オーストリア出身の経済学者。1933年に英国、後に米国に移住。「分権化」「目標管理」「民営化」「ベンチマーキング」「コアコンピタンス」など、マネジメントの主な概念と手法を提案、発展させた。米国のベニントン大学教授やニューヨーク大学教授などを歴任。

3章

イノベーションにおけるマネジメントの役割

ここでは、もう1つの大切な前提である「イノベーションにおけるマネジメント」について共通認識を得たい。マネジメントは、日本語で「管理」と訳されることが多い。最も分かりやすいのが目標管理だ。例えば工場では、1日当たりや1カ月当たりの生産台数、品質（不良率）、コストなどの目標が設定されており、マネジャーはそれを達成するために作業者や設備の稼働状況を管理していく。一方、イノベーションにおけるマネジメントは、こうした目標管理のアプローチとは大きく異なる。管理というよりもコーチングに近い。主役は実際にイノベーションに挑戦する現場の担当者だ。マネジャーの重要な役目の1つは、彼らを支援することなのである。

やる気と自主性を引き出す

イノベーションを創出するためには、担当者などの頭の中にある「玉石混交の多数のアイデア」の中から、顧客の満足に貢献するものを見いだし、「それを高品質・低コストで商品化する具体的なプロジェクト」を立ち上げた後、「事業として展開して顧客満足と自社の利益を実現」しなければならない（**図3-1**）。

この中で最も重要なのが、玉石混交の多数のアイデアに含まれる「玉」である。後に採用される「玉」のアイデアは、マネジャーが部員に対して頭ごなしに「考えろ」と強制しても出てくるものではない。数合わせに「石」ばかり出てくるようでは意味がない。担当者が時間を使って必死に考えないとダメだ。これには能力だけではなく、やる気と自主性が不可欠なのである。では、いかにしてやる気と自主性を持った部員を育てればよいのだろうか。筆者は、マネジャー候補の部員とこんな話をよくする。

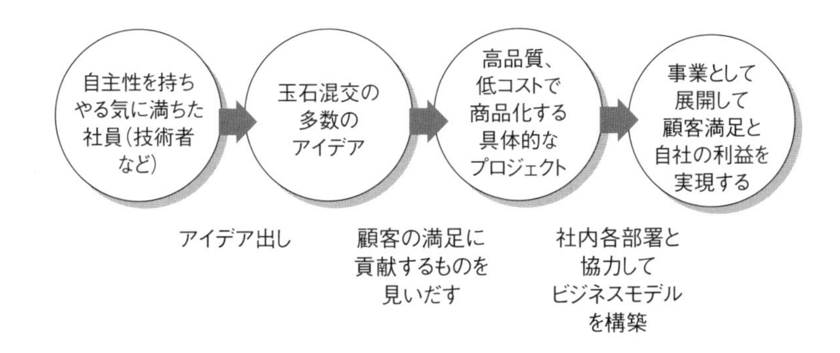

図3-1　イノベーションの4つのステップ
これら4つのステップのどれか1つが欠けてもイノベーションは達成できない。特にアイデアは技術者のやる気と自主性が不可欠となる。

筆者「君は今、マネジャーの指示に従う立場だが、どうすればマネジャーが部員のやる気を引き出せるか知っているはずだ」

部員「はあ」

筆者「今、君の上司としてマネジャーがいるよね」

部員「はい」

筆者「ならば、そのマネジャーをよく観察しなさい。彼が君に何か指示をする。君が快く『イエス』と言える場合と、納得できないまま『イエス』という場合があるだろう？ 納得できなくても『イエス』と言うのは上下関係があるからだよね。でも、しぶしぶ『イエス』と言っている場合、君はその仕事に本気になって取り組めるだろうか？」

部員「難しいです」

筆者「ならば、マネジャーが何と言ったら部員がやる気になるか、君は知っているはずだ」

つまり、上下関係を笠に着て指示しても、部員のやる気も自主性も引き出せない。マネジャーは部員の能力に心底期待し、信じることで部員のやる気と自主性を引き出すことが大切なのだ。ちなみに私は部員に対して、こう話すことが多い。「私はこれがベストだと思っている。だからこれを君にやってほしい。しかし、もっと良いやり方があるかもしれない。君にアイデアがあれば提案してほしい。君ならできるはずだ。新しい提案がなかったら、指示した方法でやってください」。すると、かなりの確率で目を輝かせながら新しい提案を出してくれる。もし、新しい提案がなくて指示した内容に取り組む場合でも、自分に対案がなかった結果なので納得度が違ってくる。

アイデアの独創性を考えさせる

部員の新しいアイデアを評価する際、3Mのマネジャーは、「NUD」と「RWW」という2つの指標を活用することが多い（**図3-2**）。

NUDとは、「New（新規であるか）」「Unique（唯一であるか）」「Different（明確な差異があるか）」の頭文字を取った造語で、アイデアの価値（独創性）を評価する上で大きな手掛かりとなる。例えば、部員が新しいアイデアを持ってきたとする。まず大事なことはアイデアを説明してもらい、内容を真剣に聞くことだ。その後でNUDを聞く。しかもできる限り具体的に。「どこまで調べて新しいと言えるのか」「具体的に何がユニークなのか」「ライバルと明確に違う点はどこか」と。もちろん、こうした質問の全てに最初から明快に答えられるものではない。それなのになぜNUDを聞くかというと、発案者

●NUDとは

New（新規であるか）、Unique（唯一であるか）、Different（明確な差異があるか）の頭文字を取った造語。アイデアの独創性を考える上で指標となる。

●RWWとは

Real（実現可能で、導入すべき市場は存在するか）、Win（我々の組織で成功に導くことができるか）、Worth-it（その挑戦に成功すれば利益を得ることはできるか）の頭文字を取った造語。創出されたアイデアを公式のプロジェクトとして採用する際の基準となる。

図3-2　アイデアを評価する2つの指針
イノベーションはハイリスク/ハイリターンのプロジェクトである。そのプロジェクトの全体像や位置づけをなるべく明確にするために、NUDとRWWが役立つ。

の多くは、自分のアイデアにのめり込んでいることが多いからだ。そんなときにNUDを聞くと、発案者の頭を一旦冷やして冷静にさせることができる。

最初にNUDに明快に答えられなくても構わない。アイデアを具体化する中で肉付けしていけばよいのだ。不十分であれば、改善する対応策を作成させ、その実行をフォローしていく。そのためにマネジャーは普段の会話の中で、さりげなくNUDに関連する内容を問いかける必要がある。例えば、NewやUniqueに関して「それって特許を取れるの？」、Differentに関しては「顧客は他の製品にどんな不満を持っているの？」といった具合である。こうした部員とのコミュニケーションは、イノベーションのマネジメントの重要な要素である。

最後はマネジャーの度量

こうして集まった具体的なアイデアの中から会社として公式のプロジェクトを立ち上げる際に有用なのがRWWである。RWWとは、「Real（実現可能で導入すべき市場は存在するか）」「Win（我々の組織で成功に導くことができるか）」「Worth-it（その挑戦に成功すれば利益を得ることはできるか）」の頭文字を取った造語である。

実際には、Real、Win、Worth-itの中に複数のチェック項目があって、それぞれにスコアを付ける。そして、合計点や分布を見て、会社として公式の開発プロジェクトを立ち上げるかを判断する際の参考にする。プロジェクトを立ち上げるためには、発案者はそれぞれのチェック項目で高得点を得るための具体的な根拠を示さなければならない。ただし、RWWの合計点でプロジェクトの立ち上げを機械的に決めるわけではない。なぜならば、点数は未来のことを推定したものだからだ。しかし、推定もできないテーマはよりリスクが高いテーマなので、リスクを減らすために可能な推定を行うのである。RealなのかWinなのか、Worth-itなのかという点について可能な限り調べて具体化しておく。

その結果、RWWの点数によって判断できる場合がかなり多い。しかし、不確定要素が強く残る場合もある。難しいのはReal（実現可能で導入すべき市場は存在するか）に関する判断だ。新しいプロジェクトである以上、誰も正確なことは分からない。RWWの点数による判断が難しい場合、最終判断は発案者本人の情熱とマネジャーの度量次第となる。発案者は自分のアイデアが大きな価値を生むと信じている。そして熱い情熱がある。その価値が分からないのはマネジャー側の問題かもしれない。その場合は、マネジャーの判断によって、発案者の情熱を信じてゴーサインを出すことが多い。

自主性と強制力

これまで説明したように、イノベーションのマネジメントにおいては現場の自主性を尊重するのが基本である。しかし、より高い視点に立つと、社員にイノベーションを促す強制力が必要となる。それをはっきりさせるためには、企業としての方針を明確にしなければならない。その点、3Mは明快だ。3Mは、「世界で最もイノベーティブな企業を目指す」と社内外にアピールしている（**図3-3**）。これは、社員から見れば、指示された内容を効率的に確実に実施するだけでは、昇進や昇給に限界があるということを意味している*。責任ある仕事、大きな仕事をしたければイノベーションで実績を上げるしかない。人事制度の基本にもイノベーション重視が組み込まれている。

しかし、現状の安定を捨てて、成功するかどうか分からない、つまり先の

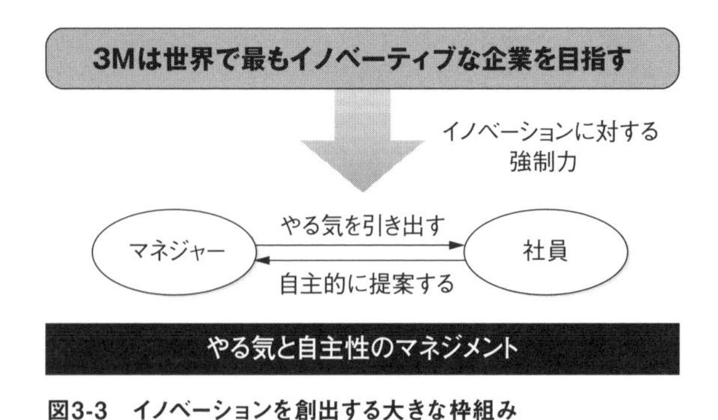

図3-3　イノベーションを創出する大きな枠組み

見えないイノベーションに挑戦することは、なかなか難しい。人間は本能的に失敗を恐れ、安定を好むからだ。「失敗を恐れず挑戦せよ」と言われても、多くの企業人にとって失敗は恐怖である。失敗するより成功した方が良いに決まっている。ここに、イノベーション・マネジメントの出番がある。次章以降、**図3-4**に示した設計図の項目に従って、具体的なマネジメント手法を紹介していきたい。

組織の設計

変わらないトップマネジメントの姿勢

①技術は会社に帰属する
②理念に適合しない社員と向き合う勇気
③妥協のない企業倫理
④成長と利益の両立の飽くなき追求
⑤人財発掘・リーダー育成の組織的情熱

イノベーションを育む企業(組織)文化を構築する仕組み

①経営資源（強みの基盤）の情報（組織）を社内で共有する仕組み
②自主性のある人材を創るマネジメントの規律を定義する仕組み
③非公式のアイデアを公式のアイデアに変換する仕組み
④公式のアイデアから非公式のアイデアを創出する仕組み
⑤暗黙知の伝承を可能にするメンターを育成する仕組み

イノベーションを創出させるマネジメント

①到達可能なストレッチな目標設定を繰り返すマネジメント
②心の安全地帯をつくり、挑戦させるマネジメント
③感動を生む顧客との接触を創出するマネジメント
④無意識下の記憶を強化するマネジメント
⑤Whyを繰り返し、論理的に考え抜かせるマネジメント
⑥機会は示すが、実行は自ら決断させるマネジメント
⑦共感を得るコミュニケーションのマネジメント
⑧名誉を感じさせる褒め方のマネジメント
⑨貢献した人の名前を見える化するマネジメント
⑩自主的な協力の行動を昇進プロセスに結びつけるマネジメント

図3-4　イノベーションの設計図 組織の設計編

＊ 3Mは採用の際にもイノベーション重視を明示している。言われたことをきっちりやるが、提案力の弱いタイプの応募者には、いくら成績が優秀であっても「3Mに向きません」と説明する。

4章

組織の強みを生かして個のやる気を引き出す

ここから「イノベーションの設計図」の詳細に入る。まずは組織の設計、つまりイノベーション・マネジメントの具体的な手法について紹介しよう（図4-1）。組織の設計は大きく、「変わらないトップマネジメントの姿勢」「イノベーションを育む企業（組織）文化を構築する仕組み」「イノベーションを創出させるマネジメント」で構成され、さらにそれぞれが複数の項目に細分

組織の設計
変わらないトップマネジメントの姿勢
① 技術は会社に帰属する
② 理念に適合しない社員と向き合う勇気
③ 妥協のない企業倫理
④ 成長と利益の両立の飽くなき追求
⑤ 人財発掘・リーダー育成の組織的情熱
イノベーションを育む企業（組織）文化を構築する仕組み
① 経営資源（強みの基盤）の情報を社内で共有する仕組み
② 自主性のある人材を創るマネジメントの規律を定義する仕組み
③ 非公式のアイデアを公式のアイデアに変換する仕組み
④ 公式のアイデアから非公式のアイデアを創出する仕組み
⑤ 暗黙知の伝承を可能にするメンターを育成する仕組み
イノベーションを創出させるマネジメント
① 到達可能かつストレッチな目標設定を繰り返すマネジメント
② 心の安全地帯を作り、挑戦させるマネジメント
③ 感動を生む顧客との接触を創出するマネジメント
④ 無意識下の記憶を強化するマネジメント
⑤ Whyを繰り返し、論理的に考え抜かせるマネジメント
⑥ 機会は示すが、実行は自ら決断させるマネジメント
⑦ 共感を得るコミュニケーションのマネジメント
⑧ 名誉を感じさせる褒め方のマネジメント
⑨ 貢献した人の名前の見える化のマネジメント
⑩ 自主的な協力の行動を昇進プロセスに結びつけるマネジメント

図4-1　イノベーションの設計図 組織編
「技術は会社に帰属する」と「経営資源（強みの基盤）の情報を社内で共有する仕組み」により、組織の強みを生かして個のやる気を引き出していく。

化されている。ここでは、「変わらないトップマネジメントの姿勢」に属する「技術は会社に帰属する」と、「イノベーションを育む企業文化を構築する仕組み」に属する「経営資源（強みの基盤）の情報を社内で共有する仕組み」の2つに着目する。

組織が個に“武器”を与える

自社のトップマネジメントの姿勢や企業文化に対しては、抽象的なイメージを持っている人が多いかもしれないが、3Mの場合は極めて実践的だ。イノベーションに成功する確率を高めるには戦略的な取り組みが重要で、そこではトップマネジメントが戦略的な意思決定を行い、それに従って企業の組織が定められた役割を果たさなければならない。

まずトップマネジメントがすべきことは、企業が組織として持っている経営資源（強みの基盤）を使い、イノベーションの主役である“個”を支援することである。イノベーションはハイリスク／ハイリターンの仕事だ。目に見える成果がなかなか上がらないことも多いので、担当者は相当つらい。だから、彼らを孤立させてはならない。例えて言うと、組織による支援とは担当者にイノベーションに挑戦するための“武器”を与えるようなものである。この武器をしっかりと手にすることで、徒手空拳で立ち向かうよりも成功の確率が数段高まる。さらに、自分が1人ではないと担当者が実感できることも大きなメリットである。

では3Mが担当者に与えられる武器とは何か。それが「経営資源（強みの基盤）の情報を社内で共有する仕組み」である。具体的には、「テクノロジープラットフォーム」（技術基盤）と「テクニカル・フォーラム（テクフォーラム）」だ。

社内の製品技術を一覧できる

まずテクノロジープラットフォームを紹介しよう。3Mは現在、世界で5万5000種類以上の製品を販売している。こうした膨大な製品に使われているさまざまな技術を、「Ab（研磨材）」「Mo（成形加工）」などの46のテクノロジープラットフォームとして網羅的かつ系統的にまとめ、「材料」「プロセス」「機能」「アプリケーション」という4つの大項目に分類してある（**図4-2**）。これは3Mのイントラネット上で公開されており、技術者は自由にアクセスできる。特徴的なのは、技術内容だけにとどまらず、その技術に詳しい社内の専門家の連絡先まで記載してあることだ。彼らに電子メールや直接の面談で相談できる。面識が全くない場合でもだ。助言を求められた専門家は、どんなに忙しくても100%対応する。これは3Mの企業文化であり、もっと言えば“掟”なのである。

　これがどれほどありがたいことか…。約20年前のことだが、テクノロジー

材料		プロセス			機能			アプリケーション		
Ab 研磨材										
Ad 接着・接合	Fi フィルム									Md 医療データマネジメント
Am 先端材料	FL フッ素化学								Ec エネルギーコンポーネント	Mf メカニカルファスナー
Ce セラミック	Nt ナノテクノロジー							Ac 音響制御	Fe フレキシブルエレクトロニクス	Mi 微生物の検出と制御
Co 先端複合材料	Nw 不織布	Mo 成形加工	Pe 予測工学とモデリング	Rp 放射線処理	An 分析	Fc フレキシブルな加工と包装	Pr プロセス設計と管理	Bi バイオテクノロジー	Fs ろ過・分離・浄化	Op オプティカルコミュニケーション
Do 歯科材料・歯科矯正用材料	Po 多孔質材料	Mr 高精細表面	Pm ポリマーメルトプロセス	Su 表面処理	As アプリケーションソフトウエア	In 調査と計測	Se センサー	Dd ドラッグデリバリー	Im 画像技術	Tt トラック&トレース
Em 電子材料	Sm スペシャリティマテリアル	Pd 微粒子分散プロセス	Pp 精密な製造と加工	Vp 蒸着	Es エレクトロニクス&ソフトウエア	Is システムデザイン	We 促進耐候性	Di ディスプレー	Lm ライトマネジメント	Wo 創傷ケア

図4-2　テクノロジープラットフォームの46項目

3Mが持つ膨大な製品技術を、「材料」「プロセス」「機能」「アプリケーション」という4つの大項目に分類した46のテクノロジープラットフォームがある。例えば、Mr：高精細表面テクノロジーは、OHPのフレネルレンズをつくる技術から発展した技術基盤だ。フィルム表面に微細な構造体を連続して造る技術がベースで、道路標識用反射シート、3次元の塗布研磨材、フィルム表面に微細なプリズムを成形する技術や光をコントロールする技術を融合させた液晶の輝度を上げるフィルムなど、多数の技術が網羅的系統的に掲載されている。

プラットフォームの有効性を示す典型例があるので紹介したい。住友スリーエム（現スリーエムジャパン）の技術部長だった筆者の元に東京都から、広告を印刷したフィルムで都営バスの車体をラッピングしたいという要請があった（**図4-3**）。広告収入を得ることで都の財政再建の一助にすることが狙いだ。バスラッピングによる広告は今でこそ普通に行われているが、当時は技術的には可能かどうか分からなかった。

広告収入を増やすためには広告を短期間で差し替えて回転率を上げる必要があった。そのためには、バスが夜間に車庫に戻ってから翌朝出庫するまでの約5時間の間にフィルムを貼り換えなければならない。課題は大きく3つあった。具体的には、バスの車体に対して「強い接着力を持ちながら短時間で剥がせる接着剤」「フィルムを高精度で位置決めする技術」「貼り付ける際に残る空気を確実に排出する技術」である。筆者はすぐにテクノロジープラットフォームで調べてみた。すると、後者の2つは社内で技術が確立されていることが分かった。そのため、開発メンバーは「強い接着力を持ちながら短時間で剥がせる接着剤」の研究に集中でき、短期間で製品化に成功できた。開発した接着剤は、加熱すると接着力が低下し、その状態が比較的長く続くもの。実際には、バスの車体を温風機で暖めてフィルムを剥がしている。

3Mの技術者がイノベーションに挑戦する際、初めにすることはテクノロジープラットフォームを利用して先輩たちが築いた技術・方法を調べ、それ

図4-3　バスのラッピング広告
広告内容を印刷したフィルムをバスの車体に貼り付けたもの。今ではかなり普及しているが、最初に開発したのは筆者たちのグループである。

を試みたり複数の技術・方法を組み合わせたりすることだ。すなわち、既存技術の活用もしくは模倣である。これで解決できないときに、新しい技術・方法の開発に挑戦するのだ。先輩の知恵（確立している技術）を活用する方が新技術を開発するよりも成功確率が高く、「人・モノ・カネ・時間」の投資効率も優れる。「まねすることは恥ではない」という企業文化が3Mには定着している。米国で多く見られるNIH症候群*は、3Mにはほとんどない。

開発中の技術も共有

もう1つの情報共有のための仕組みが、社内の技術者たちが直接交流するテクフォーラムである（**図4-4**）。前述のテクノロジープラットフォームには既に製品化されて確立した技術が掲載されているのに対し、テクフォーラムはまだ製品に採用されていない、もしくは開発中の技術が中心となる。技術

- 1951年に設立
- 会社は支援するが一切口は出さない
- 互選された技術者による自主運営
- 1万人以上の技術者の草の根組織
- 30以上の技術分科会
- 最大規模のテクフォーラムである「TIEイベント」には2800人以上の技術者が参加
- 自分の技術のアピールの場で、いわば技術の自由市場
- グループ会社でも実施。世界で年間800件以上を開催

図4-4　テクフォーラムの概要

者たちは、テクフォーラムで開催されるポスターセッションなどを利用して、自分が手掛ける技術を他の技術者にアピールする。その結果、新用途が開拓できたり技術の高度化のための助言が得られたりする。

落ちない付箋紙「ポスト・イット ノート」の場合もそうだ。3M中央研究所の研究者であるスペンサー・シルバー（Spencer Silver）は1968年、「くっつくけれど、簡単に剥がせる接着剤」を発明した。強力な接着剤が開発の目標だったので、目標からすると失敗作だったが、この性能が何かに使えると確信した彼は、テクフォーラムの活動の1つである社内の技術セミナーにおいて「このユニークな技術は画期的な製品になるはずだ」と臆することなく発表した。それを聞いていた工業用テープの研究者であるArt Fry（アート・フライ）が、その発表の約1年後にこの技術を活用した「落ちない付箋紙」のアイデアを思い付いた。フライは地域の教会の聖歌隊のメンバーでもあり、たまたま歌集に挟んでいたしおりが落ちた時にひらめいたのだ。

このテクフォーラムは技術者が直接運営している。1951年の初開催以来の伝統で、会社は費用を負担するが口は一切出さない。グループ会社を含めてテクフォーラムは自主的に開催されているので、1年でどれくらいの数が開かれているかは正確には誰も知らない。数年前に調べた際には、把握できただけで大小合わせて800以上開催されていた。参加する3Mの技術者の数は延べ1万人以上に及ぶ。中でも最も大規模なものは、本社のある米国ミネソタ州セントポールで年1回開催される「TIE（Technical Information Exchange）イベント」である。2800人以上の技術者が一堂に会する。筆者も何度も参加した。筆者は30年以上3Mで仕事をしているが、技術的な助言をお願いして不快な経験をしたことは1度もない。こうした技術者同士の草の根レベルの交流がイノベーションの推進力になっている。

テクノロジープラットフォームとテクフォーラムを中心とし、組織の強みを生かすマネジメントの流れをまとめたのが**図4-5**である。既存の技術を活用もしくは模倣する仕組みを構築した上で、会社は模倣したかどうかにかかわらず、顧客の満足を得られれば積極的に評価するのだ。

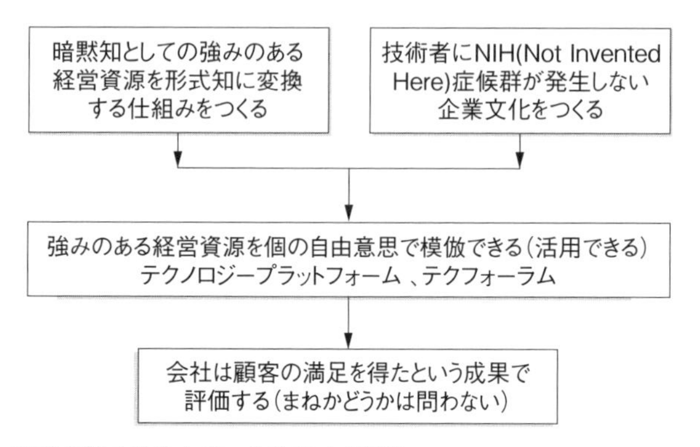

図4-5　組織の強みを生かすマネジメントの流れ
組織の大きな強みの1つは、これまで蓄積してきた技術と育成してきた人材を有すること。これを徹底的に活用するための仕掛けがテクノロジープラットフォームとテクフォーラムである。

技術は会社に帰属する

それにしても、なぜ1度も会ったことがない技術者同士が手の内を見せあうことができるのだろうか。その根底にあるのは、「製品は事業部に帰属するが、（業務で開発した）技術は会社に帰属する」という基本方針を決定し、それを3Mという組織に根づかせたトップマネジメントの経営判断だ。もし開発した有望な技術の開示に事業部長の許可が必要であるならば、全社レベルでのタイムリーな技術の共有は困難になる可能性がある。もし製品を開発した担当者のみが評価され、その製品の開発に重要な貢献をした技術を開発した技術者個人が評価されない場合、有望な技術を開発している担当者は自分に関係する製品開発のみにその技術を活用し、社内の技術者にその技術情報を積極的に出さないだろう。

「技術は会社に帰属する」を徹底すると、技術の囲い込みへの懸念は大幅に減らせる。加えて、社内の既存技術を活用（まね）したり、既存技術と新開発の技術を組み合わせたりして、大きな収益を生む製品を開発した場合は、既存技術の開発者も高く評価される。既存技術を利用した場合は、制度上、プロジェクトの基本レポートにその既存技術を記載しなければならない。これによって、利用された既存技術がプロジェクトの成果に貢献していることが明確に分かる。前述のバスのラッピング広告の場合も、「強い接着力を持ちながら短時間で剥がせる接着剤」を新規に開発した技術者だけではなく、「フィルムを高精度で位置決めする技術」や「貼り付ける際に残る空気を確実に排出する技術」を開発した技術者も評価された。こうした評価の仕組みがあるので、多くの技術者が自分の開発した技術を他の技術者に対して積極的にアピールするのだ。

3Mのテクノロジープラットフォームやテクフォーラム、あるいは技術者評価の仕組みは一朝一夕に出来上がったものではなく、徐々に進化してきたものだ。しかし、その根底には「技術は会社に帰属する」という基本的方針が貫かれている。この基本方針を一貫して掲げ3Mに定着させたのが、ブレないトップマネジメントである。

ここでは、具体的なイメージが湧きやすいと考えて、最初に「経営資源（強みの基盤）の情報を社内で共有する仕組み」、次に「技術は会社に帰属する」の順番で説明したが、実際は、「技術は会社に帰属する」というトップマネジメントの基本方針が初めにあり、それが推進力となって今の仕組みができたのだ。トップ主導でなければ、ラインが異なり上司も業務命令系統も違う技術者同士が、平等で自由な立場で交流や情報交換をすることは困難である。そう考えると、イノベーションにおけるトップマネジメントの役割は極めて重要なことが分かっていただけるだろう。「付加価値の高い製品を開発せよ」「顧客が感動する製品を造れ」「今までと同じじゃダメだ」など、社内に発破をかけることはトップマネジメントの役割の1つだが、それだけでは具体性に欠ける。いかにしてイノベーションを支援する組織をつくるかという戦略的な判断がトップマネジメントには求められ、それが最も重要な仕事の1つなのだ。

---

* **NIH症候群**　NIHはNot Invented Hereの略。他の個人・組織が発想・発明したという理由によって、そのアイデアや製品を採用しない、あるいは採用したがらないこと。

5章

会社を信じる心を育て個のやる気を引き出す

イノベーションの創出では個々が自由に考え、多くの挑戦をすることが必要である。会社の成長に貢献する行動を、自らの意志で実行しなければならない。その際、重要になるのは、個のやる気である。やる気を引き出すためには、「夢のあるビジョン」「そのビジョンを具現化する戦略」、そして「社員を元気づける仕掛け」が必要とよく指摘される。しかし、これだけで無条件に個のやる気を引き出せるわけではない。それがうまく機能するには1つの決定的な条件がある。その条件とは、会社を「信じる心」が個に根づいていることだ。

ここで言う会社とは、具体的には会社のマネジメント*1のことである。経営陣がマネジメントの方針として、「自由な気風」「社会に貢献」「自主性の尊重」「失敗を責めない」「高水準の報酬」などの美辞麗句をいくら並べても、実態が伴っていなければ信じる心は生まれてこない。

例えば、イノベーションには「自主性の尊重」が極めて重要だが、それを会社として標榜しながら、1人のマネジャーが議論もしないで自分の意見を部員に押し付ければ、そのマネジャーに対してだけではなく、会社全体のマネジメントに対しても、信じる心は一瞬で霧散する。自主的にアイデアを生み出すやる気も消えてしまう。会社として多くの経営資源を使って作り上げてきたやる気を引き出すための基盤は無に帰すのだ。故に、個のやる気を引き出すために最も重要なのは、「マネジメントを信じる心を育てる」ことなのである。逆から見れば「信じるに足るマネジメントを常に行う」ことだ。これは、イノベーションの創出のみならず、組織を活性化するための生命線でもある。

ここでは「信じる心を育てる」ための基本を紹介したい。ここではマネジャーが主役を担う。具体的には「理念に適合しない社員と向き合う勇気」と「自主性のある人材を創るマネジメントの規律を定義する仕組み」を順に取り上げる（**図5-1**）。

マネジャーが自らを律する

やる気と自主性のある人材を育成するにはまず、そうした人材を重視するという経営層の意志を、誰にでも分かるように見える化（文書化）することが必要だ。加えて、そこに「書かれている理念が本当だ」と社員に納得してもらわなければならない。3Mの場合、その文書に当たるのが「マックナイトの手紙」である。William L. McKnight（ウィリアム・L・マックナイト）は、1929年から20年にわたって3Mの社長を務め、その後も長く会長として経

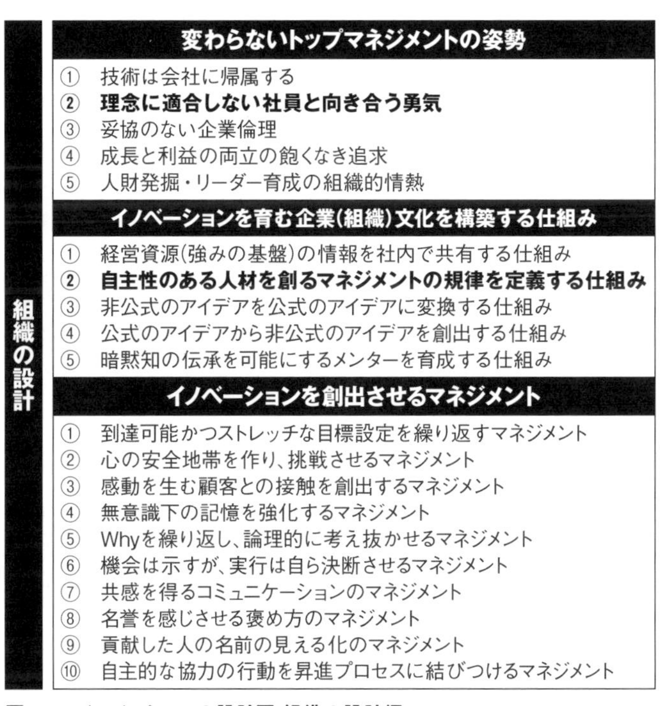
組織の設計

変わらないトップマネジメントの姿勢
① 技術は会社に帰属する
② 理念に適合しない社員と向き合う勇気
③ 妥協のない企業倫理
④ 成長と利益の両立の飽くなき追求
⑤ 人財発掘・リーダー育成の組織的情熱

イノベーションを育む企業(組織)文化を構築する仕組み
① 経営資源(強みの基盤)の情報を社内で共有する仕組み
② 自主性のある人材を創るマネジメントの規律を定義する仕組み
③ 非公式のアイデアを公式のアイデアに変換する仕組み
④ 公式のアイデアから非公式のアイデアを創出する仕組み
⑤ 暗黙知の伝承を可能にするメンターを育成する仕組み

イノベーションを創出させるマネジメント
① 到達可能かつストレッチな目標設定を繰り返すマネジメント
② 心の安全地帯を作り、挑戦させるマネジメント
③ 感動を生む顧客との接触を創出するマネジメント
④ 無意識下の記憶を強化するマネジメント
⑤ Whyを繰り返し、論理的に考え抜かせるマネジメント
⑥ 機会は示すが、実行は自ら決断させるマネジメント
⑦ 共感を得るコミュニケーションのマネジメント
⑧ 名誉を感じさせる褒め方のマネジメント
⑨ 貢献した人の名前の見える化のマネジメント
⑩ 自主的な協力の行動を昇進プロセスに結びつけるマネジメント

図5-1　イノベーションの設計図 組織の設計編

営の舵を取った中興の祖。その手紙は1948年に3Mの全てのマネジャーに向けて送ったものである。手紙の内容はマネジメントの理念についてである。3Mの成長の原動力はイノベーションにあると説き、社員の自主性尊重を強く促し、マネジャーに対して厳格な規律を求める内容だ（**図5-2**）。以下、日本語訳で紹介する。

親愛なる管理職の皆さんへ

事業が成長するにつれ、管理職は責任を委譲し、委譲された社員の自主性の尊重がますます必要となる。これにはかなりの忍耐がいる。権限と責任を委譲された社員が有能であるならば、与えられた職務を自らのアイデアで自らが考案した方法で果たしたいと願うようになる。このような願望を社員が持つことは、当社の望むところであり、社員の起用方法が当社の事業方針や

As our business grows, it becomes increasingly necessary to delegate responsibility and to encourage men and women to exercise their initiative. This requires considerable tolerance. Those men and women, to whom we delegate authority and responsibility, if they are good people, are going to want to do their jobs in their own way.
Mistakes will be made. But if a person is essentially right, the mistakes he or she makes are not as serious in the long run as the mistakes management will make if it undertakes to tell those in authority exactly how they must do their jobs. Management that is destructively critical when mistakes are made kills initiative. And it's essential that we have many people with initiative if we are to continue to grow.
William L. McKnight

図5-2　マックナイトの手紙
3Mの中興の祖であるWilliam L. McKnight は1948年、マネジメントの理念と題した手紙を全管理職に送った。3Mの成長の原動力はイノベーションにあると説き、社員の自主性尊重を強く促し、マネジャーに対して厳格な規律を求める内容だ。"William L. McKnight Management Principles"から引用。「McKnight Principles」というキーワードでインターネット検索すると見つけやすい。

業務運営の方法におおむね沿う限り、むしろ奨励すべきだと私には思えるのである。

過ちは起こる。しかし、それでも過ちを犯した者が自分を正しいと信じているのなら、長期的に見てその過ちはそれほど重大ではない。むしろ重大な過ちはマネジメントが独裁的になり、責任を委譲した部下に対し、仕事のやり方まで事細かに指示を与えるところにある。

マネジメントに辛抱する能力がなく、過ちに対して破壊的に批判的であるならば、自主性は損なわれる。当社が引き続き成長していくためには、自主性を持つ社員が大勢いることが不可欠である。

ウィリアム・L・マックナイト

このメッセージは半世紀以上も語り継がれ、今も3Mの社員の心の中に息づいている。「最も重要なことは、自主性を持った人材を発掘・育成することだ」と。筆者の机の上にも、マックナイトの写真と一緒に、マックナイトの手紙の複製が置いてある。それを見て、手紙にあるマネジメントの理念を実行しているかを、日々、自問自答している。

それでも難しい自主性の尊重

しかし、マックナイトの手紙の通りに実行することは簡単ではない。経営計画の数値目標を達成しようと情熱をつぎ込む、仕事熱心なマネジャーほど、このマックナイトの理念とぶつかりやすい。つまり、部員の自主性に期待するよりも、自分が考えたアイデアを部員に実行させた方が効率的だと考えやすいのである。これは避けがたい誘惑で、その誘惑との戦いは一筋縄でいかない。そんなとき筆者はこう考えている。「イノベーションによって新しいビジネスを成功させるには、さまざまなアイデアを試す必要がある。多様なアイデアは1人では決して生み出せない。個の自主性を尊重するマネジメントが不可欠だ」と。

自主性を尊重するマネジメントには、別の強みもある。人は自分で考えたアイデアを、簡単には諦めないことだ。イノベーションは新しいことへの挑戦なので次々と困難にぶつかる。マネジャーの指示でやっている場合は、困難にぶつかったときに「このアイデアは最初からうまくいくとは思えなかった」という後ろ向きの考えに陥りやすい。これに対し、自分で考えたアイデアは、何としても成功させたいと思うので、困難にぶつかっても「このデータの取り方に問題があるのではないか」「この成分を加えるときっとうまくいくはずだ」といった試行錯誤をいとわない。困難を克服する個のエネルギーが自然に湧いてくるのだ。

3Mには、この「自主性を尊重する」というマックナイトの理念を具現化するための仕掛けがある。それが「15%カルチャー」である（図5-3）。これについて詳しく紹介しよう。

自由に使える時間は勝ち取るもの

15%カルチャーは、「上司に承認されなくとも、業務時間の15%は会社の成長に貢献すると信じる活動に費やしてよいという不文律」と簡潔に説明されている。しかし、誤解されている部分がかなり多い。筆者はよく「なぜ15%なのですか」「20%に増やさないのですか」といった質問を受ける。ところが実際には15%という数字は厳密なものではない。マネジャーからアサインされた業務を遂行することに支障がない限り、自由意思で実行する業

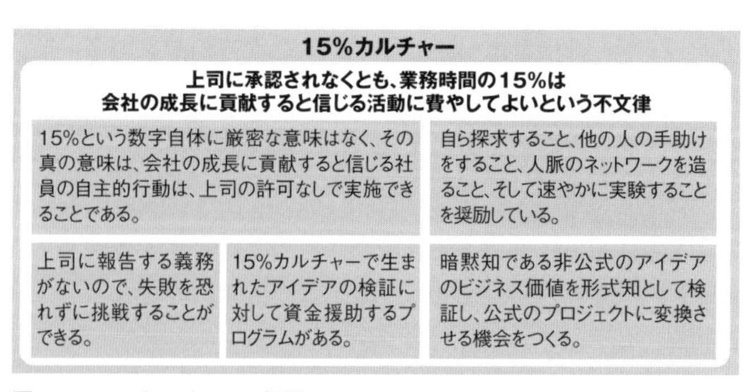

図5-3　15%カルチャーの概要

務の時間は自分で決めればよい。15%カルチャーというのは、「個の自主性を尊重するというマネジメントの約束」を象徴的に表したものなのである。

実際の15%カルチャーのプロセスを紹介しよう。まず、自分のアイデアを検証する時間を、業務として承認するようにマネジャーに提案する。もしそれが失敗しても諦めず、マネジャーからアサインされた通常業務を効率的に進めることで空いた時間をつくりだし、その時間を使って提案したアイデアの事業面の価値を説明できるようにデータを集める。そして、この成果に基づいて、そのアイデアを検証する時間を業務としてマネジャーに承認してもらうことに再挑戦する。すなわち、自由意思に基づいて活動できる時間を勝ち取ることをサポートするのが15%カルチャーだ。

従って、15%カルチャーを使って考えたアイデアがプロジェクトとして承認されれば、発案者はそのプロジェクトに対して自分の100%の時間を使って取り組める。この状況が15%カルチャーの究極のゴールだと筆者は考えている。15%カルチャーは、そのための準備段階といえるだろう*2。

この15%カルチャーを機能させるには大きな前提がある。マネジャーが徹底して個を信頼し、自主性に任せることだ。この点において、マネジャーは自らを厳しく律さねばならない。具体的には、「15%カルチャーに基づいて活動している社員に活動内容の説明を求めない」「部員の行動を自分が知らないことに耐える」「15%の時間を社員の承諾なしに奪わない」などだ。取り組んだ活動が成功するという確信が得られたら、その社員は間違いなくマネジャーに報告するはずである。その時までじっとこらえて口出ししてはならない。

自由な時間を奪ってはならない

筆者は、ある日本企業の15%カルチャーの導入をサポートした経験がある。しかし、しばらくしてある中堅社員の話を聞いて愕然とした。その社員は、仕事を効率的に完了させ、何とか自由に使える時間を確保した。ところが、である。「苦労してつくった時間に、上司が当たり前のように新たな仕事を割り振ってきた」と言うのだ。その社員のはしごを外されたかのような深い失望感は皆さんもよく分かると思う。結果、その社員は、効率的な仕事法を工夫することや、自ら発案したアイデアを検証することに対する情熱をなくしてしまった。

マネジャーは、部員に業務を割り振る権限を持っている。ほとんどの仕事には、当初想定しなかったことが起こるので、計画とズレが発生することがある。顧客都合による仕様変更や生産設備の不具合、市場の変化など、その要因はさまざまだ。こうした不測の事態に柔軟に対応して計画を達成することがマネジャーの大事な役目である。遅れや問題が生じている分野には、応援として別の部員を投入する必要も出てくる。ただし、このような事態であっても、新しいことに挑戦したいという個の自由意思を奪わないようなマネジャーのきめ細かな配慮が必要である。これが15%カルチャーを導入する際に最も重要となるマネジメントの規律である。

成果を上げれば出世できる

個のやる気を引き出すために忘れてはならないのは、当然ながら成果に対する評価である。最も分かりやすいのは、「仕事で成果を上げれば出世できる」という事実を示すことだ*3。それを信じることができれば、やる気は自然と出てくる。

筆者は、3Mの中国法人である3M中国で、あるプロジェクトに採用する人材を決める面談に臨んだことがある。その時の候補者の中国人の話が印象に残っている。彼は、中国の有名大学を卒業した優秀な人材で、もともと大手日本企業の中国拠点で働いていたが、3M中国に転職していた。「なぜ3Mに転職したの？」と聞くと、「実力次第で経営幹部になれるから」と言う。前職の日系企業も実力主義をアピールしていたが、実際には経営幹部に中国人はほとんどいなかった。そのため、「その日系企業で一生懸命に働いて成果を出しても、将来経営幹部になれるとは思えなかった」と話した。一方、「3M中国の経営幹部は、ほぼ全てが中国人。また、3M中国で働いている友人が、将来のリーダーを育成するプログラムに参加したという話を聞き、3Mが本気で中国人の経営幹部を育成する意志があると信じることができた」。有言実行のマネジメントが、個のやる気を引き出すために必須だ。

トップの強い意志が必要

最後に経営層が担うトップマネジメントの役割について記す。社長や役員は、自主性の尊重というマネジメントの理念が確実に具現化されるように手を打たなければならない。前述のように、組織の長であるマネジャーは、自分の思い通りに部員に動いてもらいたいと思いがちだ。これはある意味で自然な心の流れである。ここにトップマネジメントの出番がある。

個のやる気を引き出していないことが原因で、目標を達成できないマネジャーがいたとする。この場合、経営層は、そのマネジャーに行動を改めるように徹底的に働きかけなければならない。適切な指導期間を過ぎてもその改善が期待できないと判断した場合は、そのマネジャーを組織から排除する勇気を持たなければならない。厳しい対応だと皆さんは思うかもしれないが、ここでは断固たる措置が絶対に必要である。そうしなければ、その理念が組織として守るべき重要な規律であることを、社員に納得させることはできない。マネジメントに規律がなければ、会社を信じる心を育てることはできないのである。

＊1　マネジメント　ここでは業務を遂行するために意思決定や組織の運用、部員に対する仕事の割り振り、部員の管理・育成などを含む広い意味で使う。社長や取締役、経営会議によるマネジメントがトップマネジメントである。

＊2　15%カルチャーは、アングラ（アンダーグランド）研究開発と似ている部分もある。ただし、15%カルチャーには「地下に潜って」という感覚は皆無だ。予算も15%カルチャーで生まれたプロジェクトをサポートするために確保している。会社の設備は、他の部署の設備であっても堂々と使える。マネジャーに対して「これは15%カルチャーでやっています」と伝えれば、口出しされることはない。

＊3　3Mは出世（昇進や昇給）だけで評価するわけではない。出世だけではなく栄誉と敬意で処遇することが3Mの特徴である。これについては15章で紹介する。

6章

「顧客の感動」が個のやる気を引き出す

2001年冬、3Mの製品を説明するために営業担当者と一緒に訪ねた都内の銀行の会議室で、私は強い高揚感に包まれていた。顧客である銀行の担当者の「こんな製品が欲しかった」という思いがダイレクトに伝わってきたからである。顧客の価値創造に貢献できるとわくわくした気持ちになった。

この時、担当者に説明したのは新開発の「3Mスコッチカルセルフクリーニングフィルム」。屋外の看板などに貼るフィルムで、雨が降ると汚れが自然に落ちる機能（セルフクリーニング機能）を備えることが特徴だ*[1]。その担当者はこう話した。「ビルの外壁に取り付けた看板が汚れていると、銀行としては何ともイメージが悪い。しかし、洗浄するには足場を組んでの高所作業を伴うので、専門の事業者に頼まなければならず、メンテナンスコストが高くて困っていた。雨で汚れが落ちればとても助かる」。

この特殊フィルムは我々のグループが満を持して開発したものだ。価格は一般的なフィルムに比べて高いが、施工後のメンテナンスコストを抑えることでトータルコストを削減できると我々は考えていた。大きな潜在需要があると確信していたが、その当時の販売実績はゼロ。3Mでは収益を生んで初めてイノベーションと認められるので、まだ道半ばの製品だった。そこに最初の顧客が現れたのである。

もう20年以上前のことではあるが、「とても助かる」と興奮気味に話した銀行の担当者の顔を、今も鮮明に覚えている。ここから、セルフクリーニングフィルムの本格普及が始まった。まず、金融機関が、次に自動車販売店が次々と採用していった。今では、さまざまな業種の屋外看板にごく普通に使われている。

なぜ、こんな昔の話を書いたかというと、そこに個のやる気を引き出す鍵があると考えるからだ。イノベーションで重要な個のやる気を引き出すには、自主性を尊重したマネジメントが不可欠だと、5章で紹介した。実はもう1つ、抜群の効果を発揮する方法がある。それが、担当の技術者を直接顧客に引き合わせ、顧客と感動を共有することなのだ。ここでは、そうした「感動を生む顧客との接触を創出するマネジメント」について紹介する（図6-1）。

顧客をパートナーに

このマネジメントの基本は、製品を開発する技術者に顧客を訪問させ、顧客の行動を観察させ、顧客の課題を見て、聞いて、触って、共感する機会をつくることである。そのような状況を意図的につくることはマネジャーの重要な役割だ。

組織の設計	
	変わらないトップマネジメントの姿勢
	① 技術は会社に帰属する
	② 理念に適合しない社員と向き合う勇気
	③ 妥協のない企業倫理
	④ 成長と利益の両立の飽くなき追求
	⑤ 人財発掘・リーダー育成の組織的情熱
	イノベーションを育む企業文化を構築する仕組み
	① 経営資源（強みの基盤）の情報を社内で共有する仕組み
	② 自主性のある人材を創るマネジメントの規律を定義する仕組み
	③ 非公式のアイデアを公式のアイデアに変換する仕組み
	④ 公式のアイデアから非公式のアイデアを創出する仕組み
	⑤ 暗黙知の伝承を可能にするメンターを育成する仕組み
	イノベーションを創出させるマネジメント
	① 到達可能かつストレッチな目標設定を繰り返すマネジメント
	② 心の安全地帯を作り、挑戦させるマネジメント
	③ 感動を生む顧客との接触を創出するマネジメント
	④ 無意識下の記憶を強化するマネジメント
	⑤ Whyを繰り返し、論理的に考え抜かせるマネジメント
	⑥ 機会は示すが、実行は自ら決断させるマネジメント
	⑦ 共感を得るコミュニケーションのマネジメント
	⑧ 名誉を感じさせる褒め方のマネジメント
	⑨ 貢献した人の名前の見える化のマネジメント
	⑩ 自主的な協力の行動を昇進プロセスに結びつけるマネジメント

図6-1 イノベーションの設計図 組織の設計編

冒頭で紹介したセルフクリーニングフィルムの事例は筆者自身が担当者として経験したことだが、筆者がマネジャーになってからは直接の担当者を顧客の所に行かせるようにしている。4章で紹介した、都営バスのラッピング広告向けの「強い接着力を持ちながら短時間で剥がせる接着剤」では、担当者を顧客に会わせることで開発期間の短縮という大きな効果を得られた。顧客である東京都交通局を訪ね、先方のラッピング広告に懸ける思いと、すぐにでも実現したいという切羽詰まった状況を知った担当者は目の色を変えて開発に没頭した。人間の本性とはそういうものである。

例えば、当初3カ月だった開発期間を、顧客の都合によって2カ月に短縮する必要が生じたとしよう。それを営業から知らされた場合、担当の技術者は「話が違う。そんなことは無理だ」とネガティブな気持ちに陥りやすい。ところが実際に顧客に会って、「その技術を使ったプロトタイプを、重要な展示会に出品したい」と誠意をもって説明された場合は、気持ちが全く異なってくる。

その展示会に出品することが、顧客にとってどれほど大きな意味を持つかを理解すれば、「何としてもやってやろう」と思うのが自然な心の動きだ。そして「自分ならできる」あるいは「自分にしかできない」と考えるはずだ。

営業から聞いた話は単なる情報だが、顧客との心のつながりがあれば、自分の問題となる。つまり、顧客はその技術者にとってパートナーなのだ。パートナーの役に立ちたいという気持ちが、顧客の課題をなんとしても解決するという情熱を生み出す。そして、その情熱は失敗を恐れずに新しいことに挑戦するというエネルギーの基になり、課題解決のアイデアの創出につながる。

そのアイデアに基づいたプロジェクトを進める中で多くの困難にぶつかっても、困難を克服しようとする粘り強さは上司から指示されたプロジェクトとは比較にならないくらい大きくなる。マネジャーはこのような状況をうまくつくり出さなければならない[*2]。

そのためにマネジャーがすべきことは、顧客の課題を担当の技術者本人が発見するようにお膳立てをすることである。顧客の課題についてマネジャーが既に気づいていても、その内容を部員に示して「解決策を考えてほしい」などと言ってはならない。その代わり、顧客の課題を部員が直接見つけ出す機会を用意する。顧客の訪問などはその典型例である。それでもうまく課題を見つけられない場合は、部員との会話を通じてその課題にたどり着けるようにさりげなく助け船を出す。

マネジャーが指示したトップダウンのプロジェクトではなく、本人が発案した課題解決のプロジェクトをマネジャーが承認するというボトムアップの形にすることがポイントである。つまり、この仕事は自分のプロジェクトだと感じてもらうのだ。このようなマネジャーの能力は定量化することは難しいが、部員のパフォーマンスは明らかに向上する。つまり、ここはマネジャーのプロフェッショナルとしての腕の見せ所となる。

NeedsだけでなくWantsを

筆者は技術者を顧客の所に送り出す際に、2つのアドバイスをしている。1つ目は、「顧客のNeedsだけではなくWantsを探せ」というものだ。Needsとは顧客にとって必要なものであり、それはコストとのバランスが重視される。一方、Wantsは顧客が「欲しいもの」だ。こちらはコストパフォーマンスに対する感度が低い。Wantsの方が顧客にとって価値があるので、ビジネスとしての発展性が高い。

Wantsに関しては、3Mの社員なら誰でも知っているエピソードがある。塗装用マスキングテープの開発に関するものだ。

1925年のある日、入社2年目のRichard G. Drew（リチャード・G・ドリュー）は、米国ミネソタ州セントポールの小さな自動車修理工場を訪ねた。すると、ツートン塗装のために使っていたテープの性能が不足していたために塗装の仕上がりが台無しになり、うんざりした塗装工が感情を爆発させて汚い言葉を吐き捨てる場面に出くわした。2色目の塗料を注意深く吹きつけた後で、その塗料がかからないように車体を覆っていたテープを剥がすと、既に塗装済みの1色目の塗料まで一緒に剥がれ、汚い筋があちらこちらに残ってしまったのだ。それは急ぎの仕事だったのだが、最初からやり直さなければならない。

塗装工に同情したドリューは、「僕がもっと良いテープを造ってあげるよ」と思わず言ってしまった。何か当てがあってのことではない。それどころかドリューは研磨材の担当だったので、テープに関しては経験もノウハウもなかった。

ドリューは開発の過程でさまざまな困難にぶつかりながらも、塗装工との約束を何とか果たし、新しいマスキングテープの開発に成功した*3。そのテープは莫大な売り上げと利益を3Mにもたらし、多くの改良を重ねながら、今も世界中の自動車工場で使われている。

顧客の無意識下のWantsを探せ

顧客を訪ねる技術者に伝える2つ目のアドバイスは、「顧客が気づいていないWantsを想像せよ」である。解決方法が分からないWantsは、顧客の無意識の中に沈み込んでいて気づいていないことが多い。我々が、顧客の立場になって顧客の職場環境に向き合い、顧客の無意識の中に存在するWantsを想像することができれば、新たなイノベーションのテーマになる。特に、自分の仕事に直接関わらない技術を含めて幅広い技術を熟知している技術者は、顧客が気づいていない課題（潜在課題）を発見して顕在化し、どの技術を適用すれば解決できるのかをひらめくことが往々にしてある（**図6-2**、本章末のCOLUMN参照）。

例えばこんなケースだ。自動車業界ではクルマの窓枠を黒く塗装する作業を省くために、塗装の代わりに黒いフィルムを貼っている。その作業を見た3Mの技術者は、気泡を残さずに小さいフィルムを貼る作業には熟練が必要であることに気がついた。さらに、「非熟練作業者でも気泡を残さずに簡単に貼れるフィルムが欲しいというWantsがあるに違いない」と想像した。

一方でこの技術者は、フィルムに3次元構造を精密に作り込むことで気泡を抜くという3Mの既存技術を知っていた。そして、先ほど想像したWants

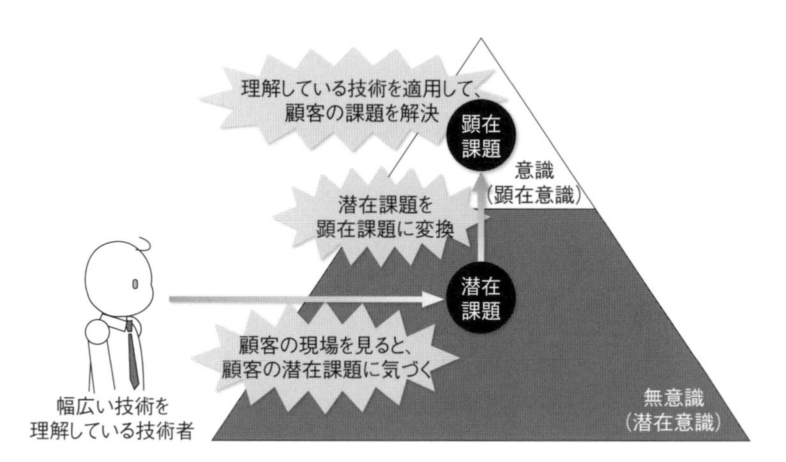

図6-2　潜在課題から顕在課題への変換の概念図
幅広い技術を理解している技術者が顧客の現場を見ることが、顧客の潜在課題を解決する突破口になる。

にこの技術を組み合わせて新しいフィルムを開発したのだ。これは1986年のことだが、Wantsの想像がイノベーションの創出につながったケースが多数ある。

3Mはこうした先人たちの経験をとても大切にする。いくら「顧客のNeedsだけではなくWantsを探せ」「顧客が気づいていないWantsを想像せよ」と強調しても、成功した実績がなければ説得力がない。そのため、こうした実例を数多く紹介した書籍『A Century of Innovation, The 3M Story』(2002年)を刊行している。ここで紹介した事例も、同書の中で実際にイノベーションを成し遂げた関係者の名前とともに、敬意を込めて詳しく紹介されている。

その書籍の中には5章で紹介した3Mの中興の祖であるWilliam L. McKnight(ウィリアム・L・マックナイト)の言葉が引用されている[1)]。

「『顧客に密着する』とはつまり、顧客の現場に赴き、ともに『暮らし』、顧客に見えるものを見るということである」
「市場を十分知り尽くすことによって、顧客が何を望み、何を必要としているかを予見せよ…それも、顧客がそれとまだ気づかないうちに」

この言葉は、ホンダを創業した本田宗一郎氏の言葉と筆者には重なって見える。本田氏は、

「お客さんは（自分が欲しいものについて：筆者注）分かんねえんだ。お客さんに聞くバカがいるか。聞くんじゃなくてじっと見ろ」
「（顧客の：筆者注）潜在ニーズを探って、『こういう車、いかがですか』と提案する。すると、『これなんだよ、俺が欲しかったのは』という反応が返ってくる。これをやれ」

と語っていたという[2)]。イノベーションの基本は日本でも米国でも同じだ。

個のやる気を引き出す仕掛け

本章の最後として、筆者が3Mで学んだ個のやる気を引き出す枠組みを整理しておこう（**図6-3**）。最も基本になるのが5章で紹介した「会社を信じる心」だ。これがなければハイリスク／ハイリターンなイノベーションへの挑戦は難しい。会社を信じる心を育てるには、「信じるに足る」マネジメントを、経営者とマネジャーが常に行わなければならない。柱となるのが、5章で紹介した「自主性の尊重」と本章で紹介した「顧客との感動の共有」である。この2つの柱により、イノベーションへの挑戦は、マネジャーから指示された義務としての仕事ではなく、どうしてもやり遂げたい自分のプロジェクトになる。結果、やる気が湧いてくるのだ。

さらに、個に対しては、4章で紹介した「テクノロジープラットフォーム」や「テクフォーラム」などによって、会社が組織として支援する。これらは、「会社を信じる心」の実現においても重要な要素でもある。3Mのイノベーションの挑戦は、このようなマネジメントのゆるぎない枠組みの中で進められている。

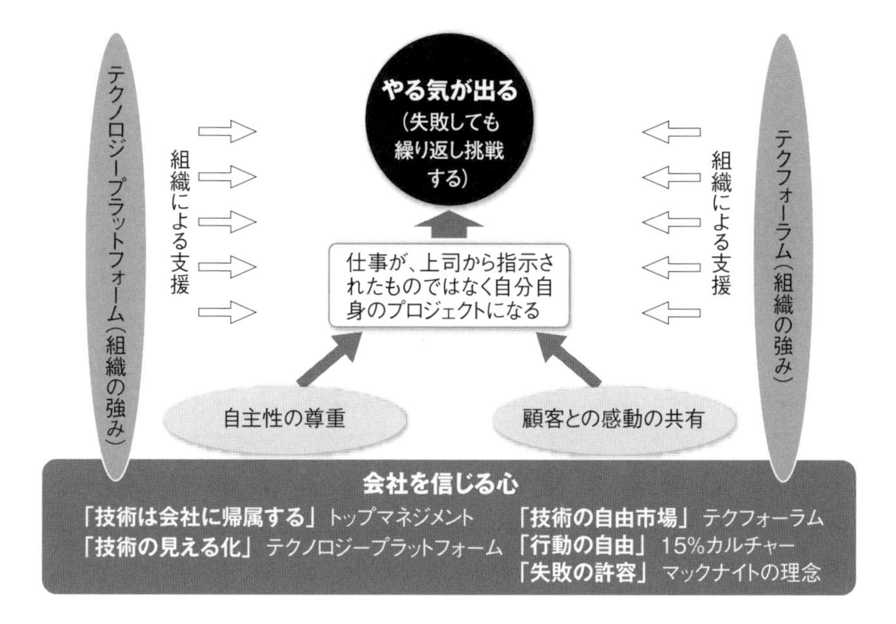

図6-3　3Mにおけるイノベーションを加速する仕組み
「会社を信じる心」や「自主性の尊重」、「顧客との感動の共有」などのさまざまな要素が有機的に機能してイノベーションの創出を支援している。

＊1 「3Mスコッチカルセルフクリーニングフィルム」は、耐候性に優れたポリ塩化ビニル系のベースフィルムの上に、親水性の透明層を積層させた特殊フィルムである。親水層によって降雨時の水滴がフィルム表面に広がり、汚れを洗い流すことができる。

＊2 顧客の現場の訪問だけではなく、3Mのイノベーション・マネジメントの基本は、「個のやる気を引き出す」あるいは「個の不安を取り除く」ことである。イノベーションへの挑戦では、この2つが不可欠である。具体的なマネジメント法は、順次紹介していく。

＊3 マスキングテープの開発では当初、詰めの開発がうまくいかず、ドリューはマネジャーから開発断念を言い渡された。しかし、彼は諦めなかった。本業の研磨材の開発を進めながら、マスキングテープの開発を継続したのだ。そして、ついに開発に成功した。このドリューの挑戦が「15%カルチャー」の源流の1つとなっている。

COLUMN

顧客による潜在課題の顕在化を支援する

潜在課題の顕在化は、顧客が新しい技術に出会うことによっても起こる。無意識の中にある潜在課題を解決する可能性がある技術を顧客が知ったとき、潜在課題が意識の領域に上がってきて顕在化するのだ。これを支援するのが、1997年11月に相模原事業所（相模原市）内に開設した3Mのカスタマー・テクニカルセンター（CTC）である。

今でこそ、同様の施設を多くの企業が設置しているが、筆者が設立の準備のために国内外の企業を調査した時点では、参考になるものは全くなかった。そのため、ゼロからコンセプトを構築する必要があった。そのコンセプトは、「3Mの技術を知ることによって、顧客の無意識の中にある潜在課題を我々に見せてくれる（顕在化してくれる）施設」だ。

当時、3Mの約3万種類の商品を販売していたが、それを全て顧客に説明していたのでは時間がいくらあっても足りない。そこで、3Mの売り上げの8割を占める8つのテクノロジープラットフォームに絞りこんで、技術そのものを2時間で紹介することにした。その技術が何に使えるかについては、顧客のひらめきに期待する。

例えば、直径nmオーダーのポリエステル繊維の新たな用途が見つかったことがある。この繊維は「高周波の音を吸収する」という機能を持ち、自動車の吸音材として普及していたので、CTCではデモカーに組み込んで展示していた。説明を受けたある電気機器メーカーの役員は、一目見ただけで、家庭向け電気機器に対する欧州の新たな騒音規制の対応に使えそうだと直感した。その直感は大当たりで、すぐに家庭用プリンターの吸音材として採用された。こうしたケースは数多くある。

顧客のひらめきを促すのにとても重要なことがある。説明者がCTCに展示してある幅広い技術に精通していることだ。そのため、

CTCでは、設立当初から、説明者に技術部長の経験者など、技術のプロフェッショナルを充てた。その最大のメリットは、見学者のさまざまな質問に対して、的確で詳しい説明ができることである。その説明が触媒になって、顧客のひらめきにつながることが多い。

日本のCTCの有効性を実感した3Mは世界各地でCTCの設立を進め、現在は40を超える施設が稼働している。他社が3Mを参考にしたかどうかは分からないが、その後、国内外の多くの材料系メーカーが、CTCと同様の目的を持った施設を次々と開設した。

7章

部員の「心を動かす」マネジメント

前章で「会社を信じる心」「自主性の尊重」「顧客との感動の共有」を柱として個のやる気を引き出す枠組みを紹介した。こうした枠組みはとても大事で、これが3Mにおいて、イノベーションの成功の確率を高めていることは間違いない。しかし、当然のことながら枠組みだけではダメだ。イノベーションの成否は、結局は人にかかっている。そのため、最後の決め手になるのは、マネジャーが部員に対してどんなコミュニケーションを取り、どんなお膳立てを行い、どんな指示をするかという現場でのマネジメントである。

ここでは、人を生かすための心のマネジメント、すなわち部員の「心を動かす」マネジメントの具体的方法を紹介する。これは、イノベーションに限らず、全ての組織の運営において最も基本となるマネジメントである。

感情的な対立をいかに回避するか

心のマネジメントの重要性に気づくきっかけとなった出来事がある。筆者は1987年5月から、3Mの研究開発を担う中核拠点「3Mセンター」（米国ミネソタ州セントポール）で、コンピューターのデータ記録用磁気テープに使う高密度磁気記録媒体の製品化に取り組んでいた。筆者が開発した、磁性体を高密度に分散させる材料（分散剤）を実際の製品に適用するプロジェクトである。

それは、厳しい開発レースでもあった。筆者のチームが製品化研究に着手した段階で、先行する2つのチームが、異なる技術を使って同じ製品の開発を進めていたからだ（**図7-1**）。3Mは当時、高密度磁気記録媒体に対して、大きな需要があると判断していたためである。最終的に採用される技術は3つの技術の中でただ1つ。ゴールに向けて走る3頭の馬という状況だった。

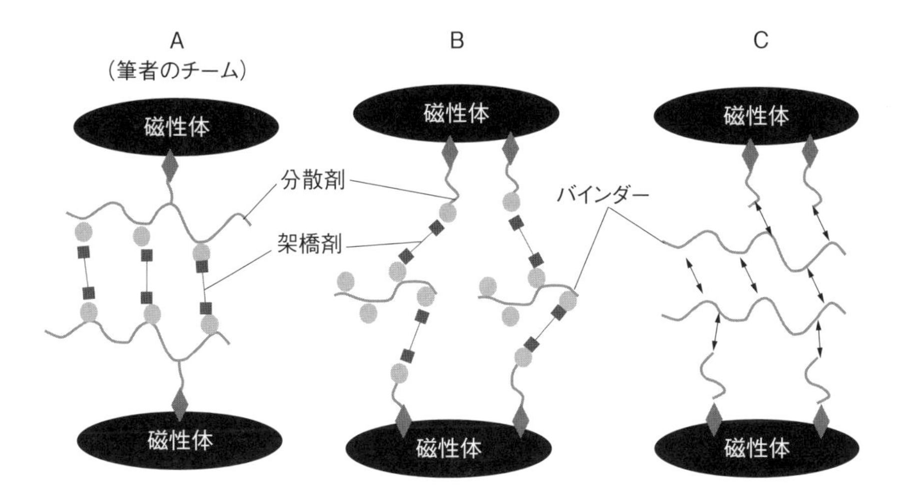

図7-1　磁気記録材料開発に関する3つアプローチ
これまではイソシアネート架橋可能なバインダーと低分子量の分散剤が使われていた。Bはその既存技術の改良型。筆者のチームが開発した分散剤は、既存の分散剤の官能基や化学構造を一新して高分子量化したもの。高分子量化すると分散剤の使用量が減らせ、記録密度が高まる。Cは全く新規の分散剤。架橋方式も電子線照射に変更する。

筆者がリーダーを務める開発チームの人数は5人。筆者以外は全て米国人だ。他の2つの開発チームも5～6人の構成で、全て米国人だった。オフィスで話す言葉は当然ながら英語で、日本語を使うのは家族と話すときぐらい。そんな遠い異国の地で、チームリーダーとしての責任を背負いながら開発レースに勝ち抜かなければならない。当時は意識していなかったが、大きなストレスを抱えていたのだと思う。

開発成果の評価は、公平を期すため独立の評価部門が行う。その時、筆者にとって許しがたい事態が起こった。それまで良好な評価結果を得られていた我々の試作品が、最も重要な最終局面での評価で、耐久性の目標を大きく下回っているという結果が出たのだ。標準サンプルや過去のサンプルのデータを下回っていたので、評価に問題があったとしか考えられない。当時32歳で血気盛んだった筆者は、評価のやり直しを評価チームに要求した*1。しかし、評価チームは再評価を拒絶。その理不尽な態度に冷静さを失い、「売り言葉に買い言葉」となり、感情的な対立に発展した。1988年1月のことである。

その直後、技術担当役員のMichael Sheridan（マイケル・シェリダン）*2から突然呼び出しがかかった。セントポールの冬は厳しい。その日も曇り空で外の気温は－20℃くらい。「怒られるのだろうな」と思いながら沈んだ気持ちで役員の部屋を訪ねた。すると、シェリダンは愛嬌のある笑顔を浮かべながら一言。「大久保さん、バケーションを取ってきなさい」。筆者が「今、正念場なので時間が取れません」と答えると、「時間はなんとでもなる。君には休暇が必要だ」と。呆気にとられていると、「話は以上。もういいよ」みたいな感じで退出を促された。

人は感情には逆らえない

役員から直接休暇を取れと言われた以上、従うしかない。確かに寸暇を惜しんで開発に没頭していたので、まとまった休暇はずっと取っていなかった。それで2週間、妻と幼い息子2人と一緒に米国フロリダ州に旅行することにした。その効果は絶大だった。最初は仕事のことが頭から離れなかったが、さすがに1週間を過ぎたあたりから頭が切り替わった。フロリダはメジャーリーグの主要キャンプ地の1つであることからも分かるように、1月でも温暖な気候だ。家族と一緒のゆったりした時間を楽しんだ。

そしてセントポールに戻った筆者は心機一転、行動を起こした。新しい試作品を作って、評価部門に評価を依頼したのである。新しい試作品というところがミソだ。つまり、評価のやり直しではない。評価部門の顔を立てたのである。頭に血が上っていてはこうした知恵は出てこないが、冷静になると道は見つかるものだ。評価結果は、我々のチームがもくろんでいた通りで、3つのチームの中で最も優れたデータだった。この結果によって、製品には我々の技術が採用されることが決まった。開発レースに勝ち抜くことができたのである*3。あの時、シェリダンに「感情的な言動は不適切だ。もっと理性的に行動しなさい」と叱責されていたら、どうだったろうか。相手が役員なので「はい」と答えたろうが、とても納得はできなかったはずだ。

シェリダンの対応は、心のマネジメントの基本を明快に示している。人は論理より感情を優先させてしまう生き物だ。それが人間の本質である。筆者が評価部門と対立したように、不公平な扱いを受けたと感じると、損と分かっていても黙ってはいられない。だから、シェリダンはこうした状況から一旦遠ざけ、冷却期間をつくったのである。

シェリダンが心のマネジメントを意識していたかどうかは分からないが、3Mのマネジャーたちはシェリダンに限らず、人間の本質をよく理解しているように思う。人間の本質と相容れないような組織運営は、短期的には可能かもしれないが、少し長いスパンで見ると必ず破たんする。「君は部下なのだから、私の考えに従いなさい」というような上下関係を笠に着た指示をしたり、部員の成果を横取りしたりするマネジャーを3Mでは見たことがない。部員の心を動かすマネジメントの基本は、人間の本質に沿ったマネジメントを実践することなのである。

人の本質を理解してこそのマネジメント

こうしたマネジメントを実践するには、まず人間の本質に向き合わなければならない。本質とは何であろうか。**図7-2**は、筆者が3Mで技術者として、あるいはマネジャーとして学んだ、組織をマネジメントする上で重要な人間の本質をまとめたものである*4。試作品の再評価の例は、「⑤不公平に扱われたと感じると、自分の利益を犠牲にしても相手を罰する」の項目に当たる。

皆さんは**図7-2**を見て気づかれるかもしれない。「①おいしいものは、独り占めしたい欲求を持つ」や「③満たされている状況では変化を好まない」の項目は、企業の組織運営とは相反する内容となる。社員が、「おいしいものを独り占め」し、「現状に満足して新しい挑戦に消極的」だったら、企業の成長は難しいからだ。このため、この2つの項目に関しては、人間の本質に反するマネジメントをせざるを得ない。しかし、前述のように、人間の本質と相容れないような組織運営は、短期的には可能かもしれないが、少し長

図7-2　組織をマネジメントする上で重要な人間の本質
感情には逆らえないのが人間の本質だ。だから、部員の心を動かすマネジメントの鉄則とは、「人間の本質に沿ったマネジメントを実践すること」である。加えて、「マネジメントが人間の本質と対立する場合は、その対立を払拭する、もしくは緩和するような工夫をマネジャーが意図的に実施すること」である。この8つの人間の本質に関しては20章で詳しく解説する。

いスパンで見ると必ず破綻してしまう。

ここにマネジメントを工夫する余地がある。人間の本質と対立するような指示や組織運営に対しては、両者の対立が致命的にならず許容範囲に収まるような状況をつくるのだ。

例えば、3Mには「技術は（個人や事業部ではなく）会社に帰属する」という基本方針がある。これは「①おいしいものは独り占めしたい」という欲求と対立する。そのため3Mは、この基本方針を徹底した上で、技術を積極的に公開した方が個人にとっても事業部にとってもメリットになるような仕組みをつくった（4章参照）。すなわち、部員の心を動かすマネジメントの鉄則とは、「人間の本質に沿ったマネジメントを実践する」だけではなく、「人間の本質と対立する場合は、その対立を払拭する、もしくは緩和するような工夫をマネジャーが意図的に実施すること」である。

安定を好む部員に挑戦を促す

「技術は会社に帰属する」という基本方針への対応は、主にトップマネジメントの役割だが、現場のマネジャーが主役となる心のマネジメントがある。それは「③満たされている状況では変化を好まない」に関するものだ。失敗するかもしれない挑戦は、極力避けるのが人間の本質である。これをそのまま受け入れてしまってはハイリスク／ハイリターンのイノベーションへの挑戦はできない。

4章でも紹介した都営バスのラッピング広告のケースを心のマネジメントの視点で見直してみよう。これは、2000年に東京都交通局からバスの車体に広告を掲載したいという要請を受け、広告の回転率を上げるために広告を印刷したフィルムを短時間で貼り替えられる接着剤（強い接着力を持ちながら、加熱すると短時間で剥がせる接着剤）を開発した事例だ。

その加熱すると簡単に剥がせるという機能を実現するアイデアを提案したのは30代前半の技術者で、当時担当していた仕事はとても順調に進んでいた。すなわち「満たされた状況」だった。新しい接着剤の開発に挑戦することは、彼にとっては大きなリスクを背負うようなものだ。実際、3Mは23年間にわたって同機能の実現に取り組んでいたが、実用化には至らなかった。そのため、彼は順調に進んでいる仕事を担当しながら、接着剤の開発を手掛けたいと考えていた。人間の本質を考えれば当然のことだ。

筆者はそのアイデアを聞いて、集中して開発すれば必ず成功すると直感した。逆に、既存の仕事を抱えながらの二足のわらじ状態では、成功するまでに時間がかかるか、あるいは失敗するかもしれないと考えた。

筆者は、社内の既存技術をサーベイした結果から、要素技術の多くが既に確立していること、開発対象は加熱すると短時間で剥がせる機能に絞り込めることを示した上で、「今の仕事から外れて、新技術の開発に集中するならやってもらう」と提案した。「リスクを取れ」という提案である。彼は「少し考えたい」と言ったが、数日後に筆者の提案を受け入れた。3Mの多くの技術者が長年取り組んでも開発できなかった技術にチャレンジすることに誇りを感じていたかもしれない。

ここから具体的なマネジメントが始まる。まず、役職のない一般社員だった彼をチームのリーダーに据えた。さらに、折に触れ「期待しているぞ」「君のことはしっかり見ているぞ」というメッセージを送り続け、開発費の面でも全面的にサポートした。基礎的な研究は、スリーエム ジャパンの相模原事業所（相模原市）内にあるコーポレートリサーチラボラトリーと協力して進めていたが、交渉して研究の優先度を上げてもらった。

その結果、接着剤の開発に全力を投入した彼は、約2年間で実用化に成功した。今では都営バスに限らず多くの路線バスや鉄道車両に、この接着剤を用いたラッピング広告が使われている。彼はこの開発で社内の技術賞を受け、昇進も果たした。

今すぐにできること

心のマネジメントに関しては、すぐに実践できることがある。「⑥『笑顔』と『名前』にポジティブに反応する」に関することだ。

筆者は米国の3Mに赴任して、日本とは違うなと思ったことがある。それは、プロジェクトの進捗や成果を役員会で報告する際、必ず多数の個人名を挙げることだ。「開発の方向を決める際にAさんの指摘が大きく貢献した」「Bさんの実験が突破口を開いた」などである。

名前を挙げるということは、確実に個のやる気を引き出すことにつながる。しかも費用は掛からない。口頭での報告に盛り込めば、その個人の上司である役員の頭の中に確実に刻み込まれる（文書に掲載するだけだと読まれない可能性がある）。その役員が、部員に対して「報告会で君が褒められていたよ」

と伝えれば、部員はうれしいに決まっている。これも人間の本質だ。

そして笑顔である。筆者が技術担当役員のシェリダンの部屋を訪ねた時、「愛嬌のある笑顔」で迎えられたと紹介した。これが大切だ。マネジャーが不機嫌な顔をしていると職場は暗く、部員は不安になってしまう。

＊1　筆者がここまで情熱をつぎ込めたのは、自分の技術的アイデアである高分子量タイプの分散剤を自ら開発し、それを製品化するという、いわば自分自身のプロジェクトだったことが大きい。単に上司に指示されたプロジェクトだったなら、ここまで情熱をつぎ込めなかったかもしれない。6章で紹介したように、自分自身のプロジェクトは、困難にぶつかってもそれを克服するエネルギーが心の底から湧いてくる。

＊2　シェリダンは、日本に来た際に筆者の高分子量タイプの分散剤を高く評価し、筆者を3Mセンターに招聘してくれた人でもある。筆者はまず、分散剤の開発プロジェクトを成功させ、引き続いて製品化プロジェクトのリーダーに指名された。

＊3　製品化されたコンピューターのデータ記録用の磁気テープは、顧客に高く評価され、10年間で約1000億円を売り上げた。

＊4　人間の本質である以上、性別や年齢、国籍に関わらない。筆者は、日本や米国、中国、東南アジアで仕事をしてきたが、どこの国でも、年齢や性別を問わず通用した。

［第Ⅱ部］

イノベーションを創出させるマネジメント

イノベーションの設計図 組織の設計編 ①

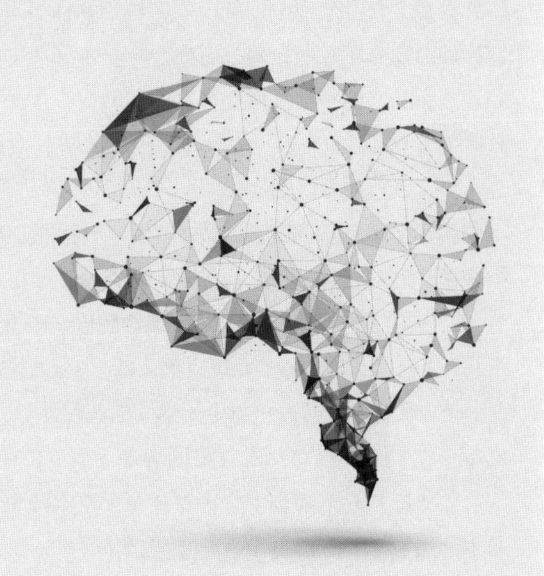

8章

「心を動かす」マネジメントを飛躍させる脳科学

部員の「心を動かす」マネジメントの鉄則として、「人間の本質に沿ったマネジメントを実践すること」「人間の本質と対立する場合は、その対立を払拭する、もしくは緩和するような工夫をマネジャーが意図的に実施すること」であると紹介した。しかし、これは簡単なことではない。具体例として前章で挙げた「休暇取得の助言」や「リスクテークの提案」などは、その状況では有効だったが一般性があるわけではない。状況に合わせ指示内容を変える必要がある。

筆者は「より良いマネジメントとは何か」と今も悩み続けている。多くのビジネス書や心理学関連の書籍、著名な経営者の名言集などを読んでみたが、概念的なものが多く、現場でのマネジメントに役立つものはほとんど見つけられなかった。その中の唯一の例外が脳科学である。脳科学の基礎知識を身に付けたとしても部員の心を動かすマネジメントがすぐにできるわけではない。しかし、脳科学は何が最も基本的なことかを、科学的な裏付けを持って教えてくれる。「イノベーションの設計図」の各項目に確固たる足掛かりを与えてくれるのだ（**図8-1**）。

脳科学とは、脳の機能、ひいては心の状態などを、神経細胞（ニューロン）や分子レベルで明らかにしていく分野のことだ。近年、機能的磁気共鳴画像装置（fMRI）や陽電子放射断層撮影装置（PET）などの画像技術が急速に進歩したことで、ある心の状態（例えば、やる気に満ちた状態）の時に、脳内でどのような細胞の活性化や生化学反応が起きているかが、かなりつかめるようになってきた。そのため、心のマネジメントに有効なツールとなり得るのだ。

ここでは、心を動かすマネジメントを実践する上で、何が最も重要で最も基本的なことかを解説する。まずはイノベーションを含めた創造的な仕事の

組織の設計	変わらないトップマネジメントの姿勢
	① 技術は会社に帰属する ② 理念に適合しない社員と向き合う勇気 ③ 妥協のない企業倫理 ④ 成長と利益の両立の飽くなき追求 ⑤ 人財発掘・リーダー育成の組織的情熱
	イノベーションを育む企業(組織)文化を構築する仕組み
	① 経営資源(強みの基盤)の情報を社内で共有する仕組み ② 自主性のある人材を創るマネジメントの規律を定義する仕組み ③ 非公式のアイデアを公式のアイデアに変換する仕組み ④ 公式のアイデアから非公式のアイデアを創出する仕組み ⑤ 暗黙知の伝承を可能にするメンターを育成する仕組み
	イノベーションを創出させるマネジメント
	① 到達可能かつストレッチな目標設定を繰り返すマネジメント ② 心の安全地帯を作り、挑戦させるマネジメント ③ 感動を生む顧客との接触を創出するマネジメント ④ 無意識下の記憶を強化するマネジメント ⑤ Whyを繰り返し、論理的に考え抜かせるマネジメント ⑥ 機会は示すが、実行は自ら決断させるマネジメント ⑦ 共感を得るコミュニケーションのマネジメント ⑧ 名誉を感じさせる褒め方のマネジメント ⑨ 貢献した人の名前の見える化のマネジメント ⑩ 自主的な協力の行動を昇進プロセスに結びつけるマネジメント

図8-1　イノベーションの設計図 組織の設計編

マネジメントの特徴を押さえておこう。

創造的な仕事は「マネジメント2.0」で

マネジメントの手法は、「目に見えるもの」をベースとして管理する場合と「目に見えないもの」をベースとして管理する場合では大きく異なる。例えば、「○の上に△を載せなさい」というマネジャーの指示に対して、作業者が逆に△の上に○を載せた場合、マネジャーはそのミスにすぐに気づくことができる。生産ラインの標準作業の構築などは、こうした目に見えるものをベースとしたマネジメントの典型である。筆者はこれを「マネジメント1.0」と呼んでいる。一般に、マネジメント1.0は、目に見える現象や数字を管理指標とするので、確実な管理をしやすい。そのため、多くの企業が「見える化」に力を入れている。

ところが、イノベーションなどの創造的な仕事は、マネジメント1.0が通じにくい。創造的な仕事は、これまでにないアイデアを生み出すことが出発点になるからだ。マネジャーは部員の頭の中を見ることはできないので、「アイデアを考えています」と話す部員の言葉を信じるしかない。そのアイデアが提案という形で具体化するまで良し悪しは分からないのである。マネジャーが部員に対してできることは、アイデアを生み出せるように部員の頭が活発に働くような環境を整えた上で、部員のやる気を引き出すことだけだ。このように目に見えないものをベースとして管理するマネジメントを筆者は「マネジメント2.0」と呼んでいる。マネジメント2.0においては、人の脳の特徴を理解しなければならない。それには、脳を活性化させる方法を教えてくれる最新の脳科学が役立つ。

多数を助けるために1人を犠牲にするか

まずは6章で紹介した「感情は論理よりも強し」という事実を、脳の構造から説明してみたい。我々ホモ・サピエンスは約20万年前に登場し、氷河期など厳しい環境と生存競争を生き抜いてきた[*1]。その脳の構造はとても複雑だが、マネジメント2.0の視点からは、古い脳と新しい脳の2層構造が注目される（**図8-2**）。古い脳は「大脳辺縁系」と呼ばれ、怒りや喜びといった急激な感情の動き（情動の表出）、意欲、記憶などをつかさどる。一方、新しい脳は「大脳新皮質」と呼ばれ、論理的で分析的な思考や言語機能などをつかさどる。つまり、感情をつかさどる脳と論理思考をつかさどる脳が共存している。

ここで、大脳辺縁系と大脳新皮質の働きを実感してもらうために、「トロッコ問題」を考えてみたい。この問題は、2つの異なる状況で、「多くの人を助けるために、他の1人を犠牲にすることは許されるか」を問う倫理学の有名な思考実験である。

最初の状況はこうだ（**図8-3**）。あなたはブレーキが効かないトロッコが高

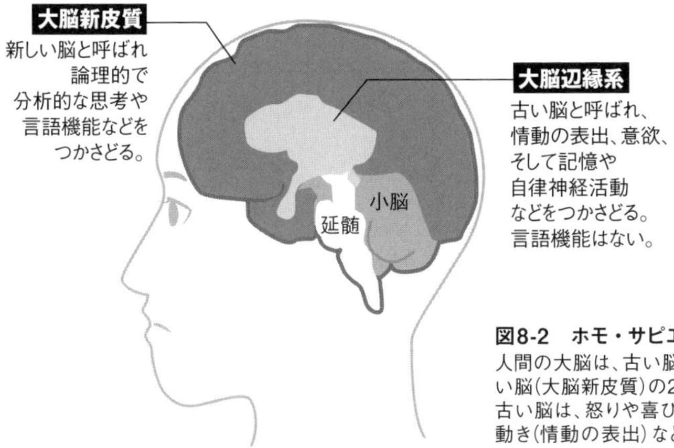

大脳新皮質
新しい脳と呼ばれ
論理的で
分析的な思考や
言語機能などを
つかさどる。

大脳辺縁系
古い脳と呼ばれ、
情動の表出、意欲、
そして記憶や
自律神経活動
などをつかさどる。
言語機能はない。

小脳
延髄

図8-2　ホモ・サピエンスの脳の構造
人間の大脳は、古い脳(大脳辺縁系)と新しい脳(大脳新皮質)の2層構造になっている。古い脳は、怒りや喜びなどの急激な感情の動き(情動の表出)などを、新しい脳は論理的な思考や言語機能などをつかさどる。

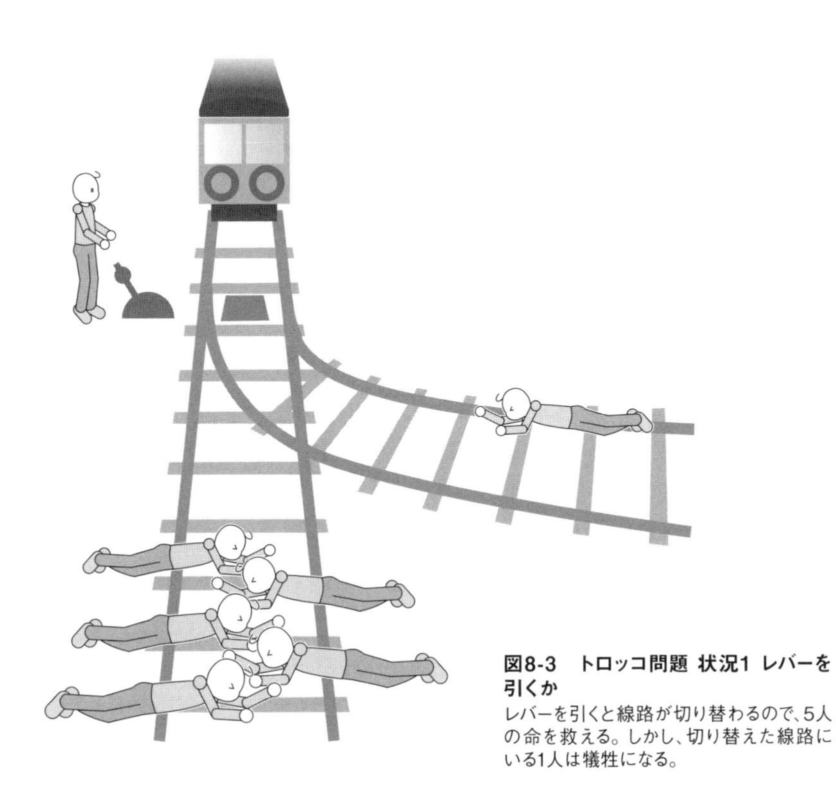

図8-3　トロッコ問題 状況1 レバーを引くか
レバーを引くと線路が切り替わるので、5人の命を救える。しかし、切り替えた線路にいる1人は犠牲になる。

速で走っているのに気づく。そして、線路の前方にその場から離れられない5人の作業員がいるのが見える。目の前にあるレバーを引くと線路を切り替えることができ、5人の作業員の命を救える。ところが、変更された線路の先には1人の作業員がおり、あなたがレバーを引くとその作業員はひかれてしまう。

ここで質問となる。「あなたはレバーを引きますか。この行為は犯罪と見なされません」。大脳新皮質をフル回転させて論理的に考えると、「5人の命は1人の命よりも価値がある」という結論に至り、レバーを引いて5人の命を救い、1人を犠牲にするという判断を、あなたはするかもしれない。実際に、この質問に対しては「レバーを引く」と答える人が多いと、M.Hauser（ハウザー）氏は報告している[1) *2]。一方、D.Greene（グリーン）氏は、こうした判断をする際の脳の活動をfMRIで測定している。すると、大脳新皮質にある「前頭前野」の活動が活発化していることが分かった[2)]。

古い脳が論理を超えて決定する

2番目の状況は次の通りだ（**図8-4**）。ブレーキが効かず高速で走るトロッコの前方に5人の作業員がいるという状況は同じである。あなたは線路に架かる橋の上に立っていて、目の前には体の大きな人がいる。あなたが背中を押せばその人は線路の上に落ちてトロッコの進路をふさぎトロッコを止められる。その結果、5人の命を救うことができる。しかし、あなたが落とした人は死んでしまう。

そして質問。「あなたは、体の大きな人の背中を押しますか。この行為は犯罪と見なされません」。この場合は「押さない」という人が大多数を占めた[1)]。もし、押さないと答えた人に「『5人の命は1人の命よりも価値がある』という論理的な意思決定はどうなったのですか」と聞くと、「自分で手を下して人を橋から落とすなんてできるはずがない」と答えるのだろう。グリーン氏は「押さない」と判断した人の脳の活動もfMRIで調べており、古い脳である大脳辺縁系にある「後部帯状回」が活性化されていることが分かった

図8-4 トロッコ問題 状況2 背中を押すか
体の大きな人の背中を押して線路に落とせば、トロッコを止めることができる。しかし、あなたが落とした人は確実に死んでしまう。

という[2)]。

2番目の状況のトロッコ問題では、「5人の命を救うために1人を犠牲にすることは許される」という論理的思考よりも、「自分が犠牲者を直接つくることは嫌だ」という感情に基づく意思判断が優先されたことになる。直接手を下して人を死に至らしめるという行為に対しては、感情をつかさどる大脳辺縁系が強烈な拒否反応を示し、論理的な思考を排除した。つまり、「感情は論理よりも強し」という人間の本質は、いかなる論理的思考をも超越して古い脳が決めているのだ。

MustをWantに転換

大脳辺縁系には言語機能がないので感情を言葉で正確に表現することは困難である。皆さんは「論理的に正しいと思うが、納得できない」と思ったことはないだろうか。いわゆる腹落ちしないという感覚だ。この感覚が大脳辺縁系からのメッセージなのである。だからマネジャーは、部員が腹落ちした状態（すなわちやる気がある状態）で仕事をできるように、環境を整えなければならない。

では、どうすれば部員が腹落ちした状態をつくり出せるのか。そのポイントは、部員の心を「◯◯しなければならない（Must）」という状態から「◯◯したい（Want）」という状態に変えることだ。Mustとは、状況を分析して論理的に導き出された結論であり、強制力を伴うので部員はストレスや不安を感じてしまう。一方、Wantは大脳辺縁系が活性化し、ストレスから解放された心の状態である。こうした状態だとアイデアが生まれやすい。やる気を引き出すマネジメントの鉄則は、見方を変えれば、部員の心の状態をMustからWantに変換させることといえる。

ここではマネジャーの力量が問われる。MustからWantへの変換のために筆者が提唱しているのが、脳科学の知見に立脚した「SSRイノベーション・マネジメント・スパイラルプロセス」（以下、SSRマネジメント）である。これがマネジメント2.0の具体的なアプローチだと筆者は考えている。

Stretch→Support→Rewardを反復

語頭のSSRとは「Stretch（背伸びした目標の設定）」「Support（精神面を含めたさまざまな支援）」「Reward（正当な評価と報酬）」の頭文字を取ったものだ。SSRマネジメントでは以下の3つのステップを繰り返すことで、部員のやる気を高めながら能力向上を図っていく〔**図8-5**（a）〕。

ステップ1（Stretch：背伸びした目標の設定）

新しいことに挑戦するには、「満たされている状況では変化を好まない」

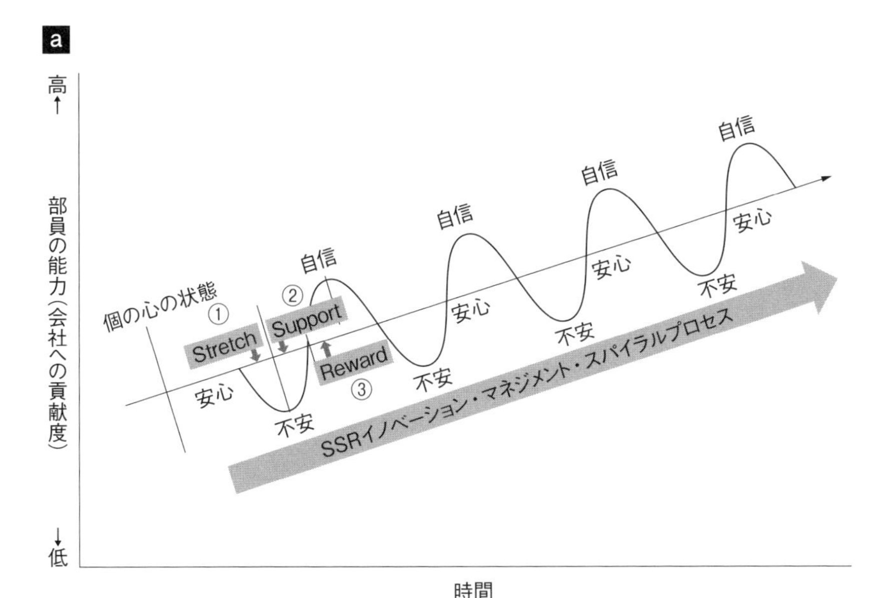

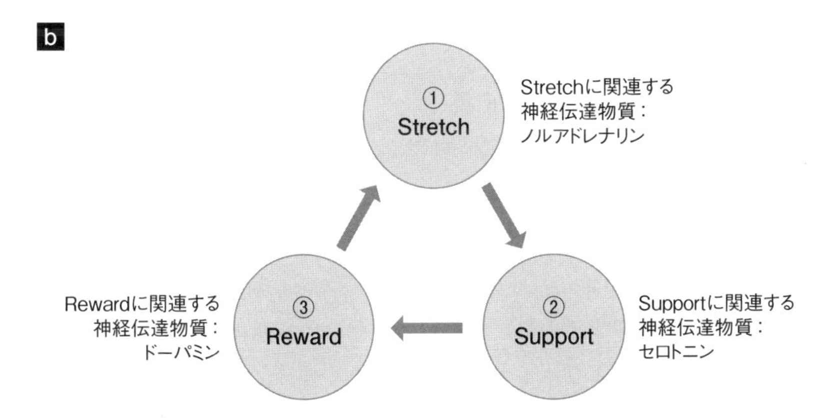

図8-5 「心を動かす」SSRイノベーション・マネジメント・スパイラルプロセス

マネジャーが部員に対して、「Stretch(背伸びした目標の設定)」→「Support(精神面を含めたさまざまな支援)」→「Reward(正当な評価と報酬)」を繰り返すことで、部員の能力を向上させ会社への貢献度を高めていくことができる(a)。Stretchにはノルアドレナリン、Supportにはセロトニン、Rewardにはドーパミンが深く関係する(b)。

という人間の本質と戦わなければならない。それには部員の心を「安心」している状態から連れ出さなければならない。創意工夫なしでは達成できないような高い目標を部員に示すことが典型だ[*3]。今のままが続くことはないと気づかせるのだ。安定した状態から不安定な状態に変化すると、人間は「不安」になり臨戦状態となる。緊張感が高まり注意力も増してくる。

ステップ2（Support：精神面を含めたさまざまな支援）

「不安」状態が長く続くと人間は不調を来すものである。そのため、適宜「不安」の状態から「安心」の状態に変えなければならない。マネジャーが部員のために心の安全地帯を用意するのだ。具体的には、部員の挑戦をマネジャーが応援していることを行動と言葉で伝えることによって、マネジャーの本気を部員に信じてもらう。

ステップ3（Reward：正当な評価と報酬）

「安心」から「自信」の心の状態に変換させる。具体的には、部員の成果に対して会社が敬意を持って正当に評価し、昇進や昇給で処遇する。こうした事実が、新しいStretchに対する挑戦を楽しめる“根拠なき自信”を部員の中につくることになる。

心は脳内の化学物質で変化する

こうしたSSRマネジメントは、脳科学とどんな関係があるのだろうか。それは、ノルアドレナリン、セロトニン、ドーパミンという3つの神経伝達物質が鍵を握っている〔**図8-5**（b）〕。Stretchにはノルアドレナリン、Supportにはセロトニン、Rewardにはドーパミンが対応する。

最新の脳科学の研究成果から、感情、つまり心の状態は、脳内の神経細胞間のネットワーク、およびネットワークをつなぐ神経伝達物質と深く関係することが分かりつつある〔**図8-6**（a）〕。神経細胞は脳内に1000億個以上あり、樹状突起を介して約1万の他の神経細胞と結合することができる。これによって神経細胞は、非常に複雑なネットワークを形成する。神経細胞同士の結合部[*4]にはシナプスという小さな隙間がある。1つの神経細胞の先端に電

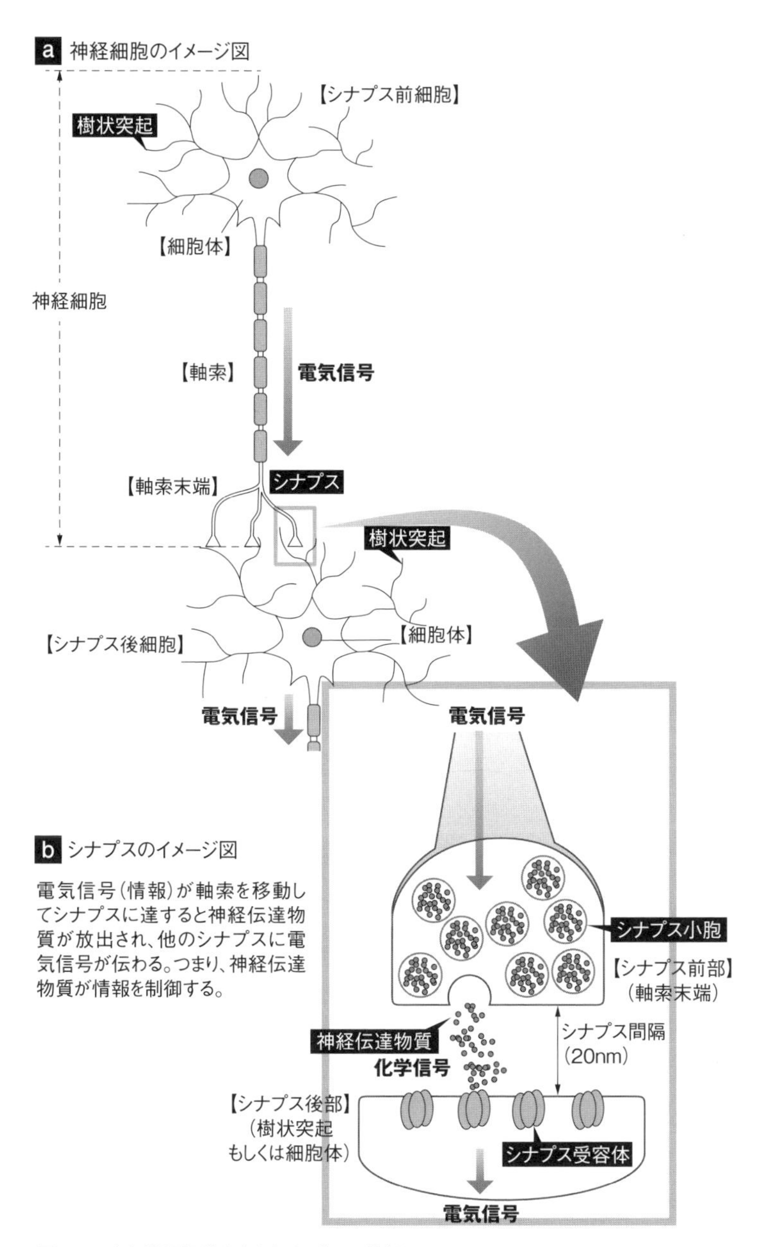

図8-6　(a) 神経細胞と(b) シナプスの仕組み

気信号が達すると、その神経細胞の先端部分に蓄えられていた神経伝達物質が放出され、これが別の神経細胞に到達することで電気信号として情報が伝わる仕組みだ[3)]〔**図8-6**（b)〕。

神経伝達物質の代表的なものが、前述したノルアドレナリンやセロトニン、ドーパミンなのである。「神経伝達物質は、脳内の無数の経路を移動する情報の流れを制御するので、我々の気分や感情、思考、心理状態に大きな影響を及ぼす」[4)]。つまり、Stretch→Support→Rewardの3つのステップは、我々の心の状態に強い影響を与える、代表的な神経伝達物質の作用と重ね合わせることができる。これは、SSRマネジメントの3つのステップが人間の本質に沿っていることを示している。

ノルアドレナリンは、危険などが迫った際に大量に放出される物質で、心身を緊張状態にして注意力や集中力を高める効果がある。しかし、この緊張状態を長く維持すると、逆に注意力や集中力が低下してしまう。セロトニンにはこうした緊張をほぐし、精神を安定させる効果がある。ドーパミンは、意欲や自信を高める効果がある物質で、目標を達成したり褒められたりしたときなどに放出される。

脳科学の知見から分かることは、我々の感情や心は、我々の意志とは別のところで化学物質によって大きく影響を受けているということだ[*5]。逆を言うと、特定の神経伝達物質を放出しやすい環境をつくれば、部員の心の状態を整えて人間の本質に沿った3つのステップをスムーズに回すことが可能になるはずだ。これが、脳科学が教えてくれる、やる気を引き出すマネジメントにおいて最も基本的なことである。

例えば、朝に日光に当たるとセロトニンが増えて、(程度に違いはあるが)精神が安定する。部員に「最近、日光に当たっているか」と聞くことは、すぐにできるSSRマネジメントの第一歩である。この他にも脳科学を活用した具体的なマネジメント法は多数あるので、それは折を見て次章以降に紹介していきたい。SSRマネジメントの一つひとつはささいなことである。しかし、小さなことの積み重ねが、大きな違いを生む。

筆者の社内での主な役割は複数の部署・部門が関わるプロジェクトの仕事の進め方（プロセス）を革新することだ。常に多数のプロジェクトが並行して走っており、その分野も研究開発だけではなく、生産性の向上や在庫管理システムの刷新、サプライチェーンの再編成などさまざまだ。こうした大きく異なるプロセスの革新に対しても、脳科学に基づいたやる気を引き出すマネジメントは大きな効果を上げている。部員のやる気や挑戦心を、マネジメントによって引き出すことは可能なのである。

＊1　全ての人間は生物学的には同一種で、ホモ・サピエンスに属する。白人や黒人、黄色人などは「人種」と呼ばれることが多いが、科学的な根拠はなく生物学上の種としての違いはない。DNAの解析からは、ホモ・サピエンスは他の生物種に比べて遺伝的に均一性が高いことが分かっている。そのため、脳科学の知見は人種や民族の違いにかかわらず適用できると考えられる。

＊2　思考実験なので、実際に「レバーを引くかどうか」とは別問題である。

＊3　3Mの場合は「イノベーションを実現しないと昇進も昇給も見込めない」という人事評価の前提があるので、今の状態にとどまることは難しい。人事制度的にも社員の挑戦を促している。

＊4　隙間があるので厳密に言えば結合はしていない。隙間の距離は20nm程度である。

＊5　神経伝達物質の幾つかは、その作用を利用した精神疾患の治療薬として使われている。

9章

背伸びした目標を
達成可能な目標に転換

ここからは、Stretch、Support、Rewardのそれぞれのステップにおいて、マネジャーは具体的に何をすればよいかという実践的なマネジメント法を紹介していきたい。これらのステップは、「イノベーションの設計図」の多くの項目を含んでおり、イノベーションの創出において極めて重要となる（図9-1）。

到達可能な目標設定を繰り返す

最初はStretch、すなわち「背伸びした目標の設定」を取り上げる。マネジャーとして心得ておくべき重要なことは、現在のレベルとかけ離れた非現実的な目標を設定してはならないという点である。最大限努力しても絶対に達成できないと感じてしまう目標では、部員のやる気は到底引き出せない。部員は、マネジャーの指示なので「ベストを尽くす」などと一見前向きに答えるが、その場合の「ベストを尽くす」とは、「目標は到底達成できないが、やれることはやりますからご承知おきください」という意味であることが多い。心から納得はしていないのだ。そんな状態では、誰も考えていなかったアイデアを追求する情熱は湧いてこない。こうした目標設定は個人や組織のやる気を奪い去るので、絶対にやってはならない。

マネジャーがもう1つ頭に入れておくべき基本がある。背伸びした目標は、部員にとって「できれば避けたいものである」ということだ。それは人間の本質に根差す自然な感情である。7章で説明したように、人は本能的に安定を求める。成功するかどうか分からない、背伸びした目標への挑戦は、安定を崩すことに他ならない。脳はハイリスクであるイノベーションを拒絶するのである。そのため、部員のやる気を引き出すためにマネジメント上の工夫が必要になる。

目標設定の際に、3Mではシックスシグマ*の「ブリッジ・ツー・エンタイトルメント（Bridge-to-Entitlement）」という考え方を使っている。到達可能と信じられる目標を段階的に設定し、一つひとつクリアしていくマネジ

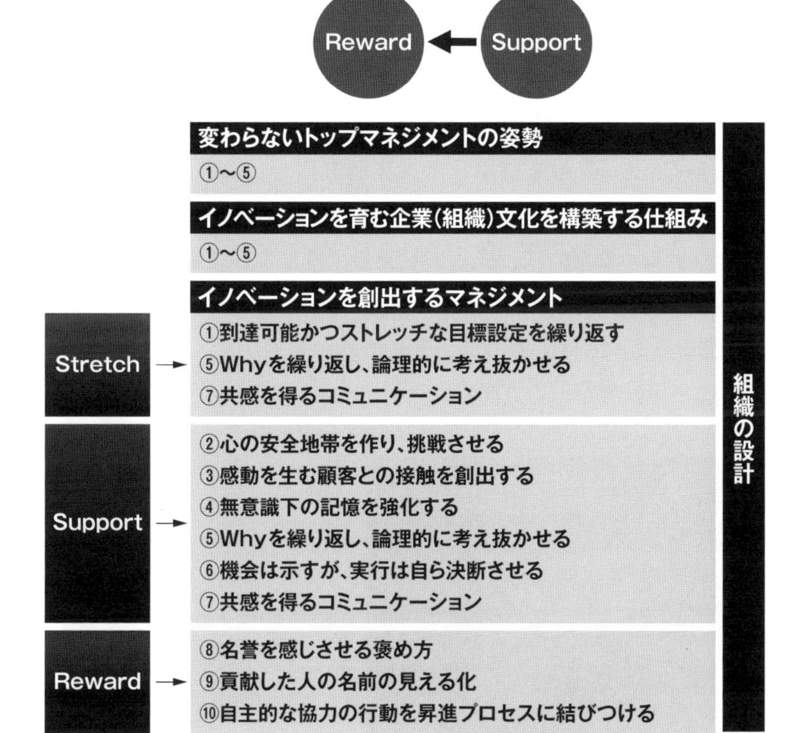

図9-1　「SSRマネジメント」と「イノベーションの設計図 組織の設計編」の関係
「SSRイノベーション・マネジメント・スパイラルプロセス」(SSRマネジメント) は、イノベーションマネジメントの中核であり、イノベーションの設計図 組織の設計編の「イノベーションを創出するマネジメント」の10項目が全て含まれている。

メント手法である。これによって最終目標であるエンタイトルメントを達成していく。エンタイトルメントは事業としてのあるべき姿を明示しており、目標とする利益率などの経営指標が盛り込まれている。それがとても実現できそうもない最終目標（背伸びした目標）であっても、そこに至る幾つかの中間目標を設定し、それらをクリアしていくことで段階的にエンタイトルメントの達成を目指す。

Bridge-to-Entitlementとは、最終目標のエンタイトルメントに向けて、幾つもの橋を架けていくという意味だ。これなら、マネジャーは最初の中間目標を「やれば何とかなりそう」というレベルに設定でき、安定が崩れることによる部員の不安を低減できる。

高齢者が夜でも交通標識を見やすく

Bridge-to-Entitlementを適用した具体例を紹介しよう。交通標識に使われる再帰性反射シートである（**図9-2**）。現在の交通標識は、夜でも表示内容を分かりやすくするために、光って見えるようになっている。と言っても、信号機とは異なり交通標識そのものが発光するわけではない（一部発光するものもある）。光って見えるのは、クルマのヘッドライトの光を、光の来た方向（つまり運転者がいる方向）に反射させているからだ。この反射を再帰

図9-2　3Mの再帰性反射シートを使用した交通標識
クルマのヘッドライトの光を反射するので夜間でも見やすい。

性反射という。

交通標識は、ベースとなる金属製の板材に再帰性反射シートを載せ、さらに標識の内容を光透過性のあるインクで印刷したフィルムなどを重ねた構造をしている。再帰性反射する光の量が多いほど明るくなり、夜間でも見えやすい。光量を表す指標としては再帰性反射係数（$cd/lx/m^2$）が使われる。1940年代に実用化した再帰性反射シートには球状のガラスビーズが使われており、その後に改良が進められたものの、再帰性反射係数は$300cd/lx/m^2$程度にとどまっていた（**図9-3**）。これだと交通標識として視認性が十分ではなく、さらなる向上が求められていた。

そこで3Mの開発チームは、反射のメカニズムがガラスビーズとは大きく異なるプリズム型の開発に挑戦した。プリズム型としては、60%の面積が反射に貢献する一般的なプリズム型と、ほぼ100%の面積が反射に貢献するプリズム型フルキューブの2つの構造を検討した。前者の再帰性反射係数は$600cd/lx/m^2$、後者は$1000cd/lx/m^2$である。

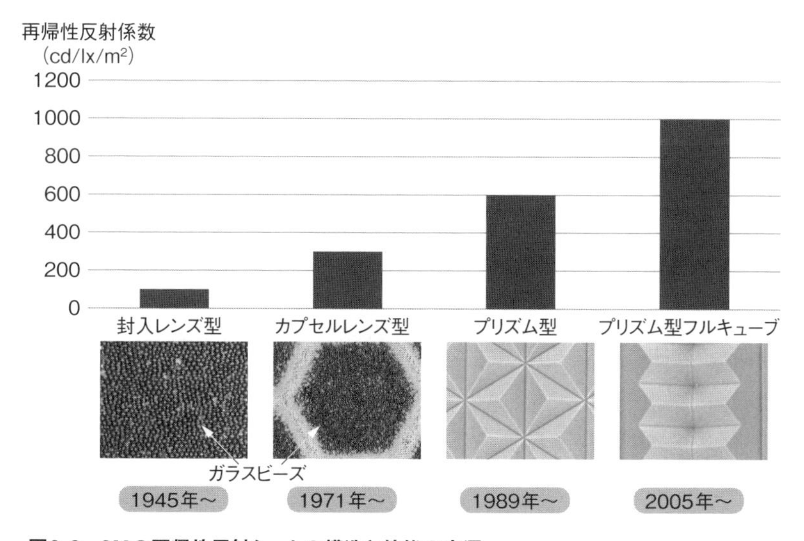

図9-3　3Mの再帰性反射シートの構造と性能の変遷
プリズム型の商品化から16年かけて、エンタイトルメントであるプリズム型フルキューブを実現した。

当然明るいプリズム型フルキューブの方が望ましいが、当時、それを量産する技術が確立されていなかった。そこで、プリズム型フルキューブはエンタイトルメントとし、プリズム型の開発に集中した。その結果、1989年にガラスビーズを用いたタイプの約2倍の明るさを備えたプリズム型再帰性反射シートを製品化したのである。この明るさは当時としては画期的で、この新製品は一気に普及した。

しかし、開発チームはエンタイトルメントを忘れなかった。特に先進国では高齢化が進むので、さらに見えやすい交通標識が必要という信念があった。そして、プリズム型の製品化から16年を経た2005年、ついにプリズム型フルキューブの製造技術を開発し、製品化に成功したのだ。再帰性反射係数はプリズム型の1.5倍以上、ガラスビーズを用いたタイプの3倍以上に高めた（**図9-3**）。

再帰性反射に貢献する面積を60％に高めるのも、そこからさらに100％に向上させるのも背伸びした目標である。ただ、最初から100％に挑戦していたら製品化できただろうか。時間がかかり過ぎて失敗したかもしれない。社会のニーズに的確に応えるには、到達可能と信じられる背伸びした目標を設定して、段階的に実現していくことが有効だと筆者は考えている。

イノベーションの事業化で重要な効率性

図9-4は、イノベーションのプロセスにおける創造性と効率性のバランスの経時変化を示したものだ。前半では、顧客の価値に貢献するアイデアをできるだけ多く生み出すことが重要となる。そして、そのアイデアを実現する新しい技術の開発や新たな仕組みの構築が必要となるので創造性の重要度が高い。ここでは創造性を重視したマネジメント2.0を適用する（8章参照）。一方、後半では創出された多数のアイデアの中から、実現性や効率性に最も優れた1つのアイデアを絞り込む必要がある。さらに事業化に近づくにつれ、生産性向上やコスト削減、社内外での協力体制が重要になってくるので、効率性の比率が高まる。ここでは効率性を重視したマネジメント1.0が効果を

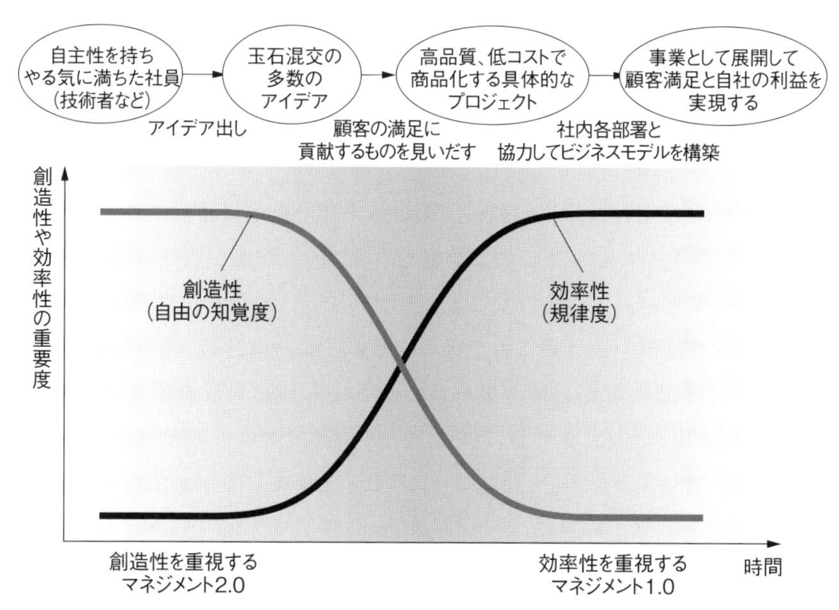

図9-4　イノベーション・マネジメントにおける創造性と効率性の時系列変遷

発揮する。

再帰性反射シートの事例は、技術的アイデアを実現する際、すなわち創造性の比率が高いイノベーションの前半プロセスにBridge-to-Entitlementの手法を適用したものだが、効率性の比率が高い後半のプロセスでも同手法は有効となる。次に、効率性を重視したマネジメントプロセスにおけるBridge-to-Entitlementの活用事例を紹介しよう。

生産性向上で粗利益率を高める

少し前のことだが、スリーエムジャパンは他にないユニークな機能を持った新製品を発売した。しかしその製品の粗利益率は会社平均を大きく下回っていた。早急にその改善計画を立てなければ、ビジネスとしての価値を失ってしまう。できなければ撤退という判断もあり得た。そこで、粗利益率がなぜ低いのかを徹底的に調べた。最大の原因は生産時の収率が低いことだった。

収率は化学反応における生産性を表す指標で、原料が製品になる割合のこと。収率が低いということは、原料の多くが製品にはならず無駄になっていることを意味する。粗利益率を改善するには、収率を引き上げることが不可欠。そう焦点が絞られた。

新製品の製造工程は、出発原料であるAを化学反応によってB、C、そしてD（最終製品）へと変えていく連続した3つの工程から成る（**図9-5**）。詳しく分析すると、以下のようなことが分かった。A→Bの収率X1の向上は、コーティング速度を上げることで実現できる。これは、約3カ月の改善活動を通して達成できる見通しが得られた。しかも新たな設備投資は不要だ。B→Cの収率X2を向上させるには、国内の承認で対応可能な比較的小規模な設備投資が必要となる。それはコーティング方式の部分改良で、約6カ月が必要という結果が得られた。一方、C→Dの収率X3の向上には、グローバルレベルでの承認が必要な比較的大規模な設備投資が必要だった。乾燥工程の延長工事をしなければならないので、約12カ月の期間がかかる。この他、6カ月の期間で達成できる新たな製品設計を導入することによりX1、X2、

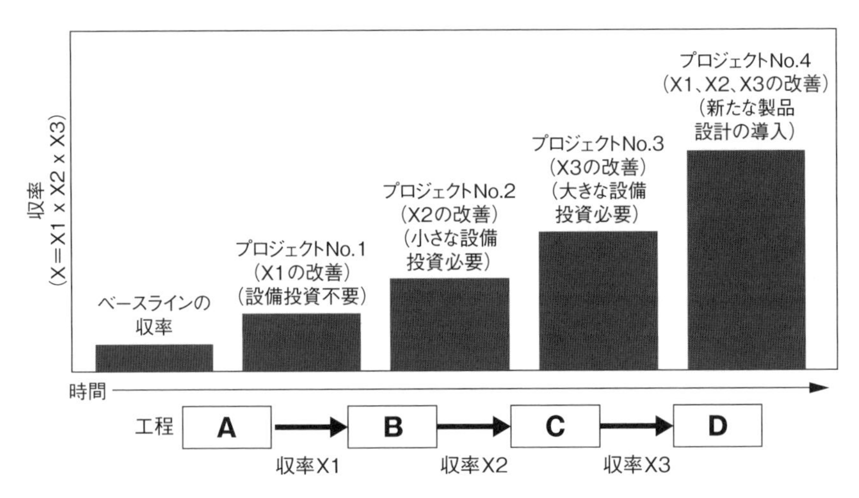

図9-5　ある製品の収率向上プロジェクトの段階的目標
4つの目標を段階的にクリアすることでエンタイトルメント(最終目標)を達成した。

X3の全てを改善する見通しを立てることができた。

ここでのエンタイトルメントとは、収率を高めて会社平均以上の粗利益率を達成することだが、そのためにいきなり大きな設備投資はできない。この新製品の場合は、X1のコーティングプロセスの改善、X2の国内承認を得ての設備投資、X3のグローバル承認が必要な設備投資、さらに製品設計の改善と段階的に実施した。それによって収率を高め、エンタイトルメントを実現したのである。

目標は顧客ニーズが前提

人間の本質と相反する背伸びした目標を部員に納得してもらうためには大きな前提条件がある。収益を高めることによる事業としての持続可能性の確保がその1つだが、もう1つは社会や顧客のニーズに的確に応えることだ。再帰性反射シートの反射光量を高めることは、高齢者にも交通標識を見やすくするという社会ニーズに応えるものだ。社会に貢献するという使命感が、高いハードルに挑戦するという勇気を奮い立たせる。新製品の収率向上も顧客ニーズへの対応が根底にある。収率向上は粗利益率だけでなく価格競争力の向上にもつながる。価格競争力が高まれば、新製品を使える顧客が増えるので、多くの顧客ニーズに対応できる。社会や顧客に貢献したいという気持ちが、背伸びした目標への挑戦を支えるのだ。

実はさらにもう1つ、大事なことがある。それは、現場におけるマネジャーと部員のコミュニケーションだ。これについては次章で紹介する。

---

* シックスシグマ　顧客にとっての価値を高める全てのプロセスにおいて、品質を向上させるためにばらつきを最小化しようとする経営変革手法。

10章
なぜやるかを腹落ちさせるコミュニケーション技術

本章では、Stretchを実践する上で大事なもう1つのこととして、現場でのマネジャーと部員のコミュニケーションについて紹介する（図10-1）。部員とのコミュニケーションの基本は「Why（なぜやるか）→How（どのようにやるか）→What（何をやるか）」を共有することだ。特にWhyの共有が重要になる。この考え方は、サイモン・シネック（Simon Sinek）氏が「ゴールデンサークル」として提唱しているものである[1)]。

Whyを重視するコミュニケーション

筆者の経験からも、部員が納得していないような素振りを見せるとき、目標のハードルの高さよりもWhyの共有が不十分であることが多い。例えば、製品の在庫回転率*を向上させるプロジェクトを技術者の部員に担当してもらったことがある。この部員からは当初、熱意があまり感じられなかった。確かにこのプロジェクトは、新製品の開発などに比べると地味だし、気が重い交渉も必要となる。営業部門は売れる時に在庫がない状態を本能的に回避したいと思うので、在庫削減に対する抵抗感が非常に強い。そこを説得しなければならない。

そんな仕事よりも新製品の開発を担当したいと思っても不思議ではない。在庫回転率向上プロジェクトの目標の高さ（背伸びした目標）そのものよりも、むしろ「なぜそれを自分がやらなければならないのか」という疑問が彼を立ち止まらせていたのである。そこでこう説明した。「会社への貢献という視点で考えてほしい。君のプロジェクトが成功すれば、年間10億円のキャッシュが生まれる。一方、新製品の開発では、その製品の利益率が10%だとすると、10億円の利益を達成するには年間100億円の売り上げが

組織の設計	
	変わらないトップマネジメントの姿勢
	① 技術は会社に帰属する
	② 理念に適合しない社員と向き合う勇気
	③ 妥協のない企業倫理
	④ 成長と利益の両立の飽くなき追求
	⑤ 人財発掘・リーダー育成の組織的情熱
	イノベーションを育む企業(組織)文化を構築する仕組み
	① 経営資源(強みの基盤)の情報を社内で共有する仕組み
	② 自主性のある人材を創るマネジメントの規律を定義する仕組み
	③ 非公式のアイデアを公式のアイデアに変換する仕組み
	④ 公式のアイデアから非公式のアイデアを創出する仕組み
	⑤ 暗黙知の伝承を可能にするメンターを育成する仕組み
	イノベーションを創出させるマネジメント
	① 到達可能かつストレッチな目標設定を繰り返すマネジメント
	② 心の安全地帯を作り、挑戦させるマネジメント
	③ 感動を生む顧客との接触を創出するマネジメント
	④ 無意識下の記憶を強化するマネジメント
	⑤ Whyを繰り返し、論理的に考え抜かせるマネジメント
	⑥ 機会は示すが、実行は自ら決断させるマネジメント
	⑦ 共感を得るコミュニケーションのマネジメント
	⑧ 名誉を感じさせる褒め方のマネジメント
	⑨ 貢献した人の名前の見える化のマネジメント
	⑩ 自主的な協力の行動を昇進プロセスに結びつけるマネジメント

図10-1 イノベーションの設計図 組織の設計編

必要になる。君のプロジェクトは、会社にとって売り上げ100億円の新製品の開発に匹敵する貢献をするんだ」。

企業は何のために存在するのだろうか。さまざまな意見があるとは思うが、ここでは「顧客や社会に貢献して利益を上げ、会社としての持続的成長を追求するため」と考えたい。すなわち、これが「会社のWhy（存在意義）」である（**図10-2**）。では「顧客や社会への貢献」と「持続的成長」をどのように実現していけばよいのだろうか。製造業の場合は、製品が主役になる。顧客ニーズに応え、しかも利益を上げる製品を造り、それを多くの顧客に買ってもらえばよい。これが「会社のHow」である。3Mの場合、具体的には「全製品の利益率分析に基づいて、製品ごとに利益を改善する」というプロセスになる。

それぞれの製品における事業収益を合計すると、全社の利益、すなわち「会

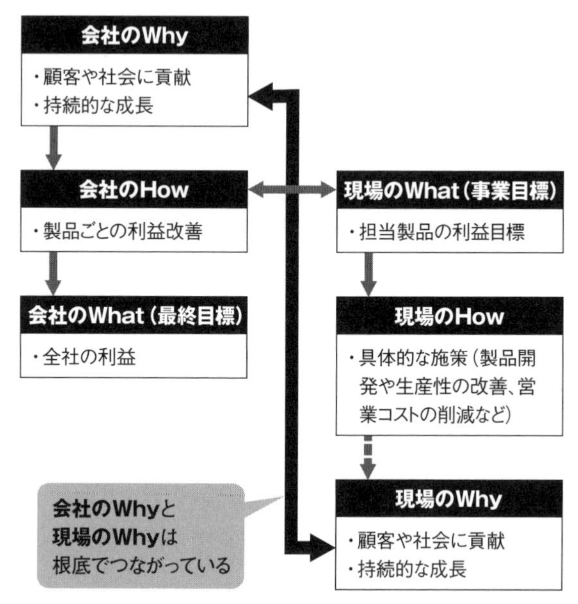

図10-2 「会社のWhy、How、What」と「現場のWhy、How、What」の関係
現場の実務では、事業目標（現場のWhat）が会社から示されるため、現場のHowが議論の中心となり、Whyの議論が希薄になりがちだ。しかし、会社のWhyと現場のWhyは、根底でつながっているので、Whyの議論を忘れてはならない。

社のWhat」となる。経営の実務では「全社の利益目標」を掲げ、それを実現するために会社のHowを決めていくのでWhatとHowが強調されるが、根底にあるのは「顧客や社会への貢献」「持続的成長」というWhyだ。それ故、全社の利益目標の利益には、顧客や社会に貢献することによって生まれる利益という前提がある。

会社のHowである「製品の利益改善目標」は、「現場のWhat」として落とし込まれる。その目標を実現するための対応策がその「現場のHow」である。具体的には、販売戦略の見直しや改善活動による製造コストの削減、営業コストの削減、価格改定、投資を伴う製造コストの削減、新製品への置き換えなどだ。これに新規プロジェクトとして、イノベーションによる新技術や新製品の開発が加わる。ところが、現場のWhat（製品の利益改善目標）

は、所与のものとして会社から示されることが多いので、実際のプロジェクトでは現場のHowを重視するあまりWhyに対する意識が希薄になりがちだ。そのため、現場のWhyに対する理解が不十分となるケースが出てくる。「なぜこれをやるのか」という問いに対して「目標の利益を達成するためです」と答えるような状況だ。これでは、担当者のやる気はなかなか湧いてこない。上から指示された義務としての仕事になってしまい、自分のプロジェクトとは思えないからだ。

実際は、「現場のWhy」と「会社のWhy」は根底でつながっているので、そこまで立ち返って考える必要がある（**図10-2**）。根底にあるのは「顧客や社会に貢献すること」「利益を上げることで持続的成長を実現すること」である。

在庫回転率向上プロジェクトを担当した技術者に対しては、「利益を上げて会社に貢献する」というWhyだけでなく、「顧客から得る利益を大切にする」というWhyも合わせて丁寧に説明した。我々が上げる利益は、顧客や社会に貢献した結果なのである。こうして稼ぎ出した利益である以上、それを大切にすることは当然だ。そのために知恵を絞りたゆまぬ努力を続けなければならない。在庫回転率向上という無駄の撲滅プロジェクトは、顧客から得た利益を大切にする活動の一環なのである、と。この意義（Why）を感じ取ったその技術者は熱意を持ってプロジェクトに取り組み、粘り強い努力で在庫回転率の向上を実現させた。

オウム返しの質問を投げかける

在庫回転率向上プロジェクトを担当した技術者が「なぜ自分がその仕事をやらなければならないのか」と感じた理由は、技術者出身の筆者にはよく分かる。しかし、やる気が出ない理由がはっきりしないことも往々にしてある。マネジャーが部員に提示した「現場のWhy、How、What」に対して、「腑に落ちない」あるいは「違和感がある」という反応を示す部員はいるものだ。その場合、部員に理由を聞いても答えられないことが多い。なぜならば、部員自身もその理由をはっきりとは分からないからだ。その感情は、大脳辺縁系（古い脳）の恐れや不安を直観的に判断する領域で生まれているが、古い脳は言語機能を持たないので、その感情を言葉で表現することができない（8章参照）。

そんなときマネジャーは、部員が「腑に落ちない」理由を明確にする手助けをしなければならない。その際に効果的なのは、説明しようと四苦八苦して話している部員が発した言葉の中から、キーワードになりそうなものを選んで、オウム返しに「○○がポイントなのかな？」と問いかけることだ。他の人に聞かれると、その言葉が「腑に落ちない」感情と合っているかどうか分かることが多い。

例えばこんなプロジェクトを想定しよう。「低摩擦のコーティング材が欲しいという顧客ニーズがある（Why）」。それには「現行のコーティング材の主成分ポリマーの分子構造を変えればよい（How）」とのアイデアが出ている。こうして顧客ニーズに応えることができれば、「コーティング材の売り上げ・利益を拡大できる（What）」。この場合の背伸びした目標とは、技術面では低摩擦の分子構造をいかにして開発するかである。ところが、このシナリオに対して担当者が何となく腑に落ちないようだった。

担当者　「摩擦係数を下げたいという顧客が多いんです。昨日もある自動車メーカーでその話を聞きました」
マネジャー　「低摩擦がポイントなの？」
担当者　「そうです。みなさん、そう言います」
マネジャー　「低摩擦だと、どんなメリットがあるの？」
担当者　「メリットですか？ 摩擦が小さいと発熱が下がると言っていたな…。そうか。本当のニーズは発熱を抑えることかな。それなら、技術的なハードルが高く時間もかかる分子構造の変更ではなく、摩擦係数を下げられる上に、熱伝導率を上げられる添加剤を加える方法で顧客の問題を早期に解決できるかもしれない」

マネジャー　「それいいね。早速、顧客に確認してみたら」

こんな会話で、腑に落ちない理由を明確にしていく。オウム返しで聞いてくれる人がいない場合は、自分が腑に落ちない理由を話して録音し、その内容を自分で聞くという方法を勧めている。これである程度客観的な立場に立てる。

多くの場合、「何をすべきか（What）」や「どのようにすべきか（How）」を理解しているが、「なぜすべきか（Why）」について理解していないことが、腑に落ちないという感情を生むと考えられる。その理由をはっきりさせることで、「腑に落ちない」という感情は解消し、「腹に落ちた」という感情が生まれる。その結果、やる気が出てくる。

コミュニケーションにおけるマネジャーのリーダーシップとは、部員が理解できるWhyに基づいてHow、そしてWhatを一貫して説明する「真摯さ」といえる（**図10-3**）。一方、部員のフォロワーシップとは、マネジャーが説明するWhyの内容が理解できないとき、理解したふりをしないで納得できるまで質問する「勇気」だ。部員はマネジャーの真摯さに応え、マネジャーは部員の勇気を後押しする。こうしてチームの一体感を高めていく（本章末のCOLUMN参照）。

逆境に強い人材を育てる

Stretch（背伸びした目標）を起点とするSSRマネジメントは、最終目標を達成できる確率を高めるだけでなく、もう1つの大きな効果がある。部員の成長だ。幾つもの修羅場をくぐり抜けることによって、大抵のことには動じなくなるのだ。

ただし、背伸びした目標を最初に部員に設定する際には配慮が必要となる。その部員がどれくらいのストレスに耐えられるか分からないので、ある程度努力すれば目標を達成できるレベルに設定するのがよい。部員が小さな成功物語を作れるようにして、自信を付けてもらう。特に若手に対しては、こう

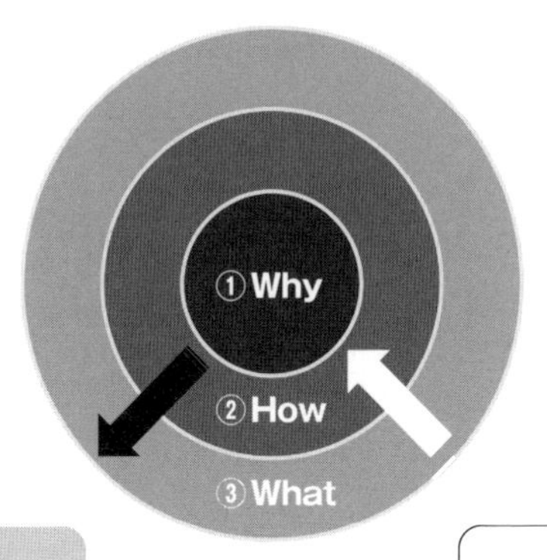

リーダーシップ

マネジャーは、Why（なぜ）がHow（どのようにして）そしてWhat（何を）に一貫してつながっていることを部員が「腹落ちする」まで真摯な態度で説明する。

フォロワーシップ

部員は、What（何を）がHow（どのようにして）、そしてWhy（なぜ）に一貫してつながっていることを自らが「腹落ちする」まで勇気を持って質問する。

図10-3　一貫性のある「Why、How、What」に基づいてコミュニケーションを取る
マネジャーの指示する内容に一貫性のある「Why-How-What」がないと、部員は腹落ちした気持ちにはならない。コミュニケーションにおけるマネジャーのリーダーシップとはその一貫性を説明する「真摯さ」といえる。一方、部員のフォロワーシップとは、マネジャーの説明するWhyの内容が理解できるまで質問する「勇気」だ。サイモン・シネック氏が提唱する「ゴールデンサークル」（Why、How、Whatの同心円）をベースに、一部追加して作成した。

した配慮が重要だ。このようにマネジャーが背伸びした目標（ストレスがかかる目標）を設定する段階を、筆者は「Stretch1.0」と呼んでいる。

Stretch1.0によって目標を達成し、成功を重ねることで自信を付け、部員のストレス耐性は強化される（**図10-4**）。ストレス耐性が高まれば、より大きなストレスがかかる高い目標に対応できるようになる。さらに自信が深まれば、大きなストレスがかかる高い目標をものともせず、顧客の価値創造に貢献する背伸びした目標を自らの意思で決められるようになる。このように、自由意思に基づいて自ら目標を設定できる段階を、筆者は「Stretch2.0」と呼ぶ。Stretch1.0と2.0では人間の脳内の活動が大きく異なることが分かっている。マネジャーの指示に基づく1.0の段階では、脳はストレスに対応して神経伝達物質のノルアドレナリンを放出して注意力と集中力を高める（**図**

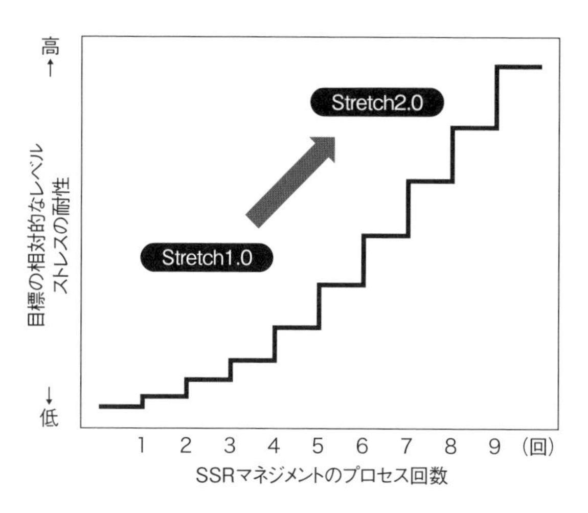

図10-4　SSRマネジメントで部員のストレス耐性を高める
「Stretch（背伸びした目標の設定）」、「Support（精神面を含めたさまざまな支援）」、「Reward（正当な評価と報酬）」の3つのステップから成るSSRマネジメントのサイクルを重ねることで、より高いレベルの目標を設定でき、部員のストレス耐性も高まる。その結果、マネジャーに指示された目標の達成を目指す「Stretch1.0」レベルから、大きなストレスがかかる高い目標をものともせず、顧客の価値創造に貢献する背伸びした目標を自らの意志に基づいて設定できる「Stretch2.0」のレベルに徐々に移行していく。

10-5）。しかし、ストレスが長期間続くと、ノルアドレナリンが枯渇して注意力や集中力が低下してしまう。ストレスが常態化すると、抗ストレスホルモンであるコルチゾールが副腎皮質から過剰に分泌され、記憶をつかさどる海馬細胞（歯状回の顆粒細胞）にダメージを与えてうつ病に至る場合があることが報告されている。マネジャーはこの危険性を常に頭に入れておく必要がある。部員に示した目標が適切であるかを定期的な面談において判断しなければならない。部員の言動に元気がなかったり表情に笑顔がなかったりしたら、ストレスを緩和させるような具体的な対応を取る。背伸びした目標が部員にとって耐え難いストレスになっていると判断した場合は、すぐに目標を変更しなければならない。

一方、自由意思に基づくStretch2.0の環境では、脳はノルアドレナリンとともにドーパミンを放出し、注意力と集中力に加えて喜びと充実感を感じながら背伸びした目標に挑戦できるようになる（**図10-6**）。多くの人が不可能

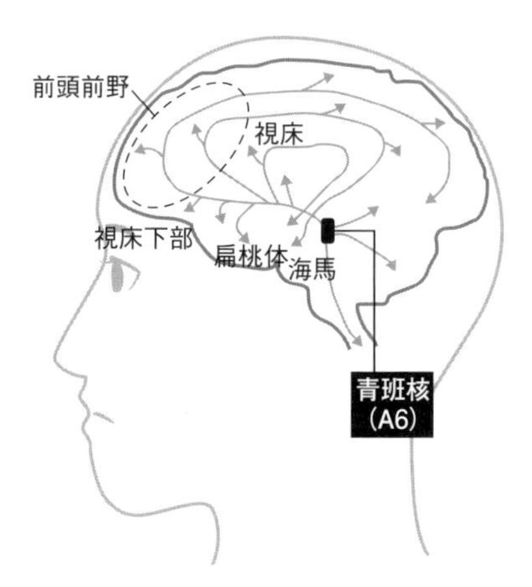

図10-5　ノルアドレナリン神経系（別名A6神経系）

ストレスに反応して、青班核に存在する神経細胞はノルアドレナリンを放出し、視床、視床下部、海馬、扁桃体などに投射（情報を受け取り作用すること）しつつ、前頭前野を経て大脳皮質の全域に投射することにより、闘争あるいは逃避反応を起こさせる。

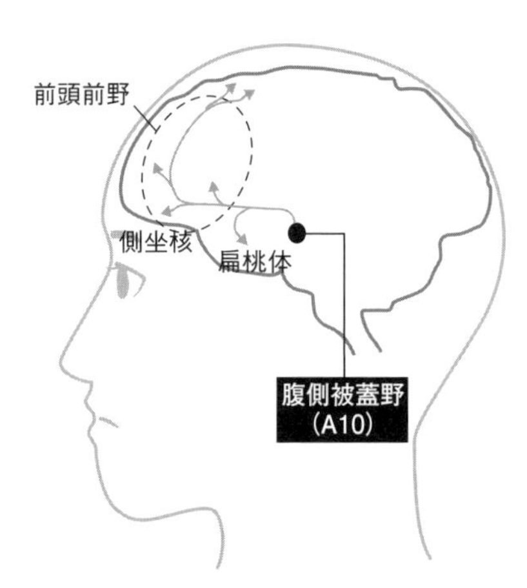

図10-6　報酬系ドーパミン神経系（別名A10神経系）

報酬が手に入りそうだと認識することに反応して、腹側被蓋野に存在する神経細胞はドーパミンを放出し、側坐核・扁桃体などの大脳辺縁系に投射しつつ、前頭前野に投射することにより、注意力を集中して、欲しいものを手に入れようとする反応を起こさせる。

だと考える目標に対しても、根拠なき自信とわくわくする気持ちに後押しされながら、自らの意思で挑戦することを決めるため、ストレスに対して大きな耐性を持つのだ。このレベルのストレス耐性を持つイノベーティブな人材、特にリーダーを育成することが、「SSRイノベーション・マネジメント・スパイラルプロセス（SSRマネジメント）」が目指す究極の目標である。

最後にSSRマネジメントを含め、イノベーションをマネジメントする際の前提として強調しておきたいことがある。それは、「失敗の責任を担当者に負わせてはならない」ということだ。イノベーションはもともと困難な挑戦なので、結果として失敗に終わることがある。あるいは目標を達成しても、市場の変化などで実用化されない場合もある。その責任を一方的に担当者に押し付けるようでは、誰もイノベーションに挑戦しなくなる。3Mの場合は、結果の責任はマネジャーや会社が負う。

典型例がある。7章で紹介したコンピューターのデータ記録磁気テープに使う高密度磁気記録媒体だ。3Mは高密度記録媒体に大きな需要があると判断したため、3つの候補技術の開発をそれぞれ別のチームに担当させ、開発を競わせていた。採用される技術は1つだけだ。筆者は、その中の1つのチームのリーダーだった。このプロジェクト全体の責任者（マネジャー）は技術担当役員のMichael Sheridan（マイケル・シェリダン）。1980年代後半、米国でのことである。

最終的には筆者のチームが開発した材料を使って製品化することが決まった。つまり、他の2チームは開発に失敗したことになる。その時、マネジャーのシェリダンはどうしたか。失敗した2チームのリーダーのうちの1人を、商品化プロジェクトのリーダーに指名したのだ。これには筆者の日本への帰国が決まっていたことが関係していたかもしれないが、いずれにしても戦略商品を世に送り出す仕事は社内の注目を集める花形の仕事だ。失敗したリーダーへの評価の高さがうかがえる。彼はその期待に応えて商品化に成功し、高密度磁気記録媒体を大ヒット商品に導いたのである。

---

* 在庫回転率　効率性を示す指標で、「在庫回転率＝売上高（もしくは売上原価）／棚卸資産額」で表される。在庫回転率が高いことは、在庫としてとどまっている時間が短いことを意味し、効率に優れる。

COLUMN

部員を怒鳴りつけたくなったときは

マネジャーと部員でコミュニケーションを深めていくことは理想だが、現実にはそうとばかり言っていられない場合もある。例えば、計画の遅れが突然明らかになったときなどだ。突発的な状況の変化が原因の場合は、マネジャーとしても「仕方がない」と受け入れられるが、もし原因がかなり前にあり、その報告を部員が怠っていた場合や繰り返し遅れが発生した場合などは、怒りがふつふつと沸いてくるだろう。その怒りから部員を怒鳴りつけたくなるかもしれない。「お前のおかげでチームのこれまでの努力が台無しだ。子どもじゃないんだから、最低限のことくらいしてもらわなきゃ困る」と。

もちろん、そんなことを言ってはいけない。非が明らかに部員にある場合には、厳しい指導は必要だ。しかし、人格を否定するような発言は不要だし効果もない。

業務の進捗管理の基本は、いつまでに何を完了するという計画だ。この計画が、開発チームなどの組織を貫くルールとなる。計画に想定外の遅れが生じた場合、遅れの原因を作った個人、すなわちルールを破った人を罰したくなる。プロジェクトがビジネス面で重要であるほど、責任の追及はエスカレートしやすい。

マネジャーが担当の部員にその罰を与えているとき、その場面を見た同僚の部員たちの脳は、大脳辺縁系の「扁桃体」で引き起こされた恐怖反応が、「恐ろしい」という意識を生じさせる「島皮質」を活性化させて不快な気持ちになる。猛烈に怒っているマネジャーの姿を見ている同僚の部員たちの脳は、無意識にそれを見るのを嫌がっているのである。

一方、上司の脳では全く逆の反応が起きている。活性化している領域は、島皮質ではなく報酬回路にある「側坐核」で、ここが活性化すると快感が湧いてくるらしい。部員を叱りつけているマネジャーの脳は、意識はしていないがその行為を喜んでいる。そのため、遅延の責任を追及する発言はエスカレートする可能性が高いのだ。なぜならば、罰を与える行為は、無意識の脳では不快感（すぐにその行為をやめてほしいと望む）ではなく快感（もっとその行為を追求したいと望む）に基づくからである。

これは、「ルール違反に対する罰を与えることは快く感じる」（7章参照）という人間の本質である。ロンドン大学ウェルカム・トラスト神経画像化研究センターのBen Seymour（ベン・ソイマー）氏はこう指摘する。「私たちの脳には、不公正な人に対する天罰の意識が報酬回路に付加されているようです。社会的な行動を行う私たちホモ・サピエンスは、不公正な人の搾取から自らを守る必要があります。（中略）それは、相手の痛みを見る快感がもたらしている可能性がある」。

そのため、マネジャーは、人間の本質との対立を払拭もしくは緩和する工夫を意図的にしなければならない。3Mでは、中興の祖であるWilliam L. McKnight（ウィリアム・L・マックナイト）が「マネジメントの理念」として以下のように明文化している。「（前略）重大な過ちはマネジメントが独裁的になり、責任を委譲した部員に対し、仕事のやり方まで事細かに指示を与えるところにある。マネジメントに辛抱する能力がなく、過ちに対して破壊的に批判的であるならば、自主性は損なわれる」（5章参照）。

では具体的にはどうすればよいのだろうか。意外なことに「トイレに立つ」のが有効だ。相手が自分の視界にない状態で10分程度の時間を置くと、興奮は収まるものである。冷静になれば、論理的な思考が回復して合理的な解決方法を引き出せる。例えば、部員だけでは対応が困難だと思えば、一部の対策を部員の代わりにマネジャーが実行する、などである。

11章

部員に「心の安全地帯」を作る

1996年初頭から夏にかけて、筆者を含む5人の技術者は、強まっていく不安の中で仕事を続けていた。3Mは同年の初め、我々が所属する磁気記録媒体事業部をスピンオフさせることを決めたからだ。同事業は、3Mとは資本関係がない米Imationが引き継ぐ。我々5人の仕事は、当時日本が最先端を走っていた磁気記録媒体の製造技術を、Imationが引き継ぐ米国カリフォルニア州カマリロにある製造拠点に移転することだった。

今までの仕事がなくなる？

それは、かなり微妙な仕事である。スピンオフによって、これまで我々が担っていた磁気記録媒体関連の仕事は、3Mの中からなくなってしまう。そのため、技術移転を終えた後、我々にどんな仕事が待っているのか、果たして仕事自体あるのか、そんな不安が頭から離れなかった。技術移転の仕事は1996年2月に始まり同年8月に終える予定だったが、その期限が近づくにつれ、「取り残される」という不安がますます大きくなっていった。なにしろ、我々が技術移転の仕事をしている間にも、次々と磁気記録媒体事業部の同僚たちの新しい仕事が決まり、去っていくのだ。

技術移転プロジェクトのリーダーだった筆者は、部員のそんな不安を痛いほど感じていた。そして6月、その不安を東京にいる住友スリーエム（現スリーエムジャパン）副社長のHarold J. Wiens（ハロルド・J・ウインズ）にメールで打ち明けた。「私たち5人は、スピンオフの最後の仕事として、カリフォルニアで技術移転をしていますが、同僚が次々と新しい仕事に異動していくのを見て、チームメンバーたちが将来に不安を覚えています」と。

東京から西海岸に駆け付けた副社長

間髪を入れずに返事が来た。「君たちの次の仕事には私が責任を持つ。何も心配は要らない。チームメンバーにもそう伝えてください」。さらにしばらくして「金曜日に海辺のレストランを予約しました。メンバー全員を招待します」と書かれたメールが届いた。我々がレストランに行くとハロルドがいて、「セントポール（米国ミネソタ州）の自宅に用があって米国に一時帰国したんだが、日本に戻る前に君たちの顔を見たくなった」と言った。わざわざ西海岸に立ち寄ったのは、我々を励ますことだけが目的で、仕事とは離れた個人的な行動だった。実際、ハロルドはカマリロの3Mのオフィスは訪ねず、彼がカリフォルニアに来たことを知っているのは我々だけだった。そんな経緯から「自宅に帰った方がついでで、本当の目的は技術移転チームを励ますことだったのではないか」と我々は感じた。これをきっかけにチームから「取り残される」という不安は消え、「技術移転の有効性を高めるためにベストを尽くす」という前向きな気持ちに変わった。

実際、この仕事を終えた我々にはしっかりとした仕事が待っていた。2人はコーポレート研究所、1人は工業製品事業部マーケティング部、1人は米大学MBA留学（自己都合よる退社）、そして筆者は新規事業開発グループのマネジャーである。この技術移転は、イノベーションの事例ではないが、現場の不安を取り除くのにマネジメントの役割がいかに大きいかを端的に示している。筆者はこうしたマネジメントを「心の安全地帯を作る」マネジメントと呼ぶ（**図11-1**）。

「背伸びした目標」に部員が挑戦するには、一方で部員へのSupport、中でも「心の安全地帯を作る」マネジメントが欠かせない。これは、「SSRイノベーション・マネジメント・スパイラルプロセス」（以下、SSRマネジメント）の2つ目のステップである「Support（精神面を含めたさまざまな支援）」の柱を成す。

部員が効率的かつ効果的に仕事をするために、会社は「ヒト、モノ、カネ」といった経営資源を整える必要がある。こうしたハード面のSupportを、筆

組織の設計

変わらないトップマネジメントの姿勢

① 技術は会社に帰属する
② 理念に適合しない社員と向き合う勇気
③ 妥協のない企業倫理
④ 成長と利益の両立の飽くなき追求
⑤ 人財発掘・リーダー育成の組織的情熱

イノベーションを育む企業(組織)文化を構築する仕組み

① 経営資源(強みの基盤)の情報を社内で共有する仕組み
② 自主性のある人材を創るマネジメントの規律を定義する仕組み
③ 非公式のアイデアを公式のアイデアに変換する仕組み
④ 公式のアイデアから非公式のアイデアを創出する仕組み
⑤ 暗黙知の伝承を可能にするメンターを育成する仕組み

イノベーションを創出させるマネジメント

① 到達可能かつストレッチな目標設定を繰り返すマネジメント
② 心の安全地帯を作り、挑戦させるマネジメント
③ 感動を生む顧客との接触を創出するマネジメント
④ 無意識下の記憶を強化するマネジメント
⑤ Whyを繰り返し、論理的に考え抜かせるマネジメント
⑥ 機会は示すが、実行は自ら決断させるマネジメント
⑦ 共感を得るコミュニケーションのマネジメント
⑧ 名誉を感じさせる褒め方のマネジメント
⑨ 貢献した人の名前の見える化のマネジメント
⑩ 自主的な協力の行動を昇進プロセスに結びつけるマネジメント

心の安全地帯を作り、挑戦させるマネジメント

↓

具体的な行動指針

1.心の底から(無意識で)生まれる「ありがとう」を引き出す
2.インフォーマルなコミュニケーションを大切にする
3.セロトニン神経系を活性化する生活を助言する

図11-1　イノベーションの設計図 組織の設計編
Supportのステップでは、「イノベーションを創出させるマネジメント」の②〜⑦が重要になる。本章は、その中の②「心の安全地帯を作り、挑戦させるマネジメント」を紹介する。

者は「Support1.0」と呼ぶ。何をすべきかが明確になっている仕事に対しては、Support1.0だけで事足りるであろう。しかし、イノベーティブな課題の場合は、Support1.0だけでは不十分だ。誰もやったことがないアイデアに挑戦したり予想もできないような困難にぶつかったりすると、人はどうしても不安になる。イノベーションはそうしたことの連続だ。この時、心が折れないようにするために、部員の不安を取り除いたり緩和したりするSupportが不可欠となる。いわばソフト面のSupportだ。これを筆者は「Support2.0」と捉え、中でも最も重要なのは「心の安全地帯を作ること」だと考えている。

心の底からの「ありがとう」

冒頭で紹介した技術移転のケースでは、ハロルドの行動によってチーム全員の心から将来への不安が一掃された。心の安全地帯を作ることができたのである。我々は、心の底から「ありがとう」と言いたい気持ちだった。これはとても重要なことだ。「心の安全地帯を作る」マネジメントがうまくいくと、部員は心の底から「ありがとう」と言いたくなる。表面的な関係だけではこうした感情は湧いてこない。我々が安心したのは、ハロルドがプライベートの時間を使ってわざわざカリフォルニアまで会いに来てくれ、食事に招いてくれたからである。事務的に考えればメール1本で済ますことができるのに、である。

なぜ我々は安心したのだろうか。それは、「安心」は無意識の状態で感じるものだからだ。マネジャーには人間性や器の大きさ、そしてどれだけ部員のことを親身になって考えられるかが問われることになる。「いつでも相談においで」と言うマネジャーでありながら、いざ部員が相談したら、ちょっと迷惑そうな顔をされて通り一遍の話しか聞けなかったというのでは、部員の心に安全地帯は作れない。マネジャーの表面的なSupportに対しては、部員も表面的な「ありがとう」で応えるだけだ。心の琴線に触れることはできない。

筆者の経験からすると、相手の琴線に触れるには、相手がどんな人かを知ることがまず重要になる。「そんなことは当たり前だ」と叱られそうだが、ここに近道はない。例えば、こんなことがあった。

Integrityという言葉が部員を変えた

筆者の下で、スリーエムジャパングループ全体の業務プロセスの改革を担当していたAさんが、部長に昇格して他の部署に異動する際にあいさつに来た。2015年のことだ。「僕が2年前に大久保さんの部署に入るために面接を受けた時のことを覚えていますか」と聞く。私は全く覚えていなかったので、「覚えていない」と正直に答えた。Aさんは面接の際、自分の能力を印象づけようと、これまでの実績を力強くアピールしたという。「それを聞いた大久保さんが言ったんです。『君にはIntegrityがあるね』と」。Integrityは真摯さを意味する英語だ。筆者は常々、社会人として最も大切な資質は真摯さだと考えていたので、相手が真摯であるかどうかには敏感だった。Aさんの話ぶりと、過去の仕事での対応の仕方（つまりはその行動）にIntegrityを感じたのだと思う。

ところがその面接の時には、AさんはIntegrityという言葉の意味を知らなかった。後で調べてみると、「真摯さ」という意味だと知ったと言う。Aさんはその時、それまで自分がやってきたことはIntegrityという言葉でサマライズでき、Integrityこそが自分の強みだということに気づいた。「その強みを生かせるように2年間頑張りました。大久保さんは、その軸を見いだしてくれました。ありがとうございます」と。彼の2年間の頑張りは大きな成果を上げた。だからこそ部長に昇進したのである。

筆者は、自分が何を話したか忘れていたくらいなので、何かの効果を狙ってIntegrityという言葉を持ち出したわけではない。しかし、結果的にはAさんの琴線に触れることができた。この事例は、自分の良いところや誇りにしていることを理解してくれる人がいると、大きな心の支えになることを示している。一方、表面的な褒め方ではかえって逆効果になることもある。「君の働きで売り上げが増えた。えらいぞ」という褒め方は、「結局は数字だけか」

という部員の反感を生む可能性があるので注意が必要だ。

肩の力を抜いた雑談を大切に

マネジャーが、個々の部員が人として何を大切にしているのか、何を誇りにしているのかを感じ取り、それに寄り添うにはインフォーマルな時間を大切にするとよい。その方が、人間性が出て来やすいからだ。筆者は2005年から2年間、セントポールにある3Mの研究開発の中核拠点コーポレート・リサーチ・プロセス・ラボラトリーで、約70人の研究者（うち約30人が博士）から成る組織をマネジメントした。その時には、会議や報告会といったフォーマルなコミュニケーションに加えて、インフォーマルなコミュニケーションを大切にした。

その1つは、研究者が報告書などを提出したら、翌朝にコーヒーカップを持ってその研究者を予約なしで訪ねることである。そして、「実験の結果をもっと詳しく教えてくれない？」「あの成果に関して、事業部からの引き合いはあるの？」などと具体的で率直な質問をする。ここでは、報告書提出の翌朝というスピードも大切である。技術移転のケースでも、副社長のハロルドは筆者からメールの問い合わせに直ちに返信した。もちろん翌朝までに報告書を精読する時間はない。だから大まかな内容しか頭に入っていなかったが、それでも必ず何かコメントをするようにした。この迅速なレスポンスは、担当の研究者にとって「昨日提出したばかりなのに、もう読んでくれた」「自分のことを気にかけてくれている」といったポジティブな印象を与える。

2つ目は、研究や開発を次のフェーズに進めるかどうかを判断する会議で、「No Go（取りやめ）」となった場合だ。筆者は、すぐにそのテーマを担当する研究者の所に行き、「まだ、終わったわけじゃない。15％カルチャーを使えば研究を続けられる」と励ます。「（マネジャーとして）君の信念を尊重している」ということを伝えるためだ。こうしたやり取りから部員の人柄や価値観が分かってくるのだ。

インフォーマルなコミュニケーションは新しいこと、すなわち成功が保証されないことへの挑戦が生む不安を軽減する効果がある。特にイノベーションに挑戦する仕事においては、事務的ではない心がこもったSupportによって「部員の心に安全地帯を作る」ことは、マネジャーにとって大切な仕事なのである。

脳科学が示すSupportの効用

ここで、SSRマネジメントの最初のステップである「Stretch（背伸びした目標の設定）」からSupportへの流れを脳科学の視点から見てみよう。背伸びした目標を課せられる、すなわちStretchの状態では、ストレスを感じて脳内に神経伝達物質のノルアドレナリンが放出される。すると、その働きで交感神経系が優位になり、闘争あるいは逃避反応が生じる。心拍数は高まり動作も俊敏になる。心は恐怖と不安を伴う状態である。このような状態で新しいアイデアを生み出すことは難しい。恐怖と不安の状態を変えるのがSupportである。Supportを脳科学の視点から見ると、ノルアドレナリンの働きを抑制する神経伝達物質のセロトニンを放出する「縫線核群」（以下、セロトニン神経系）を活性化するマネジメントといえる（**図11-2**）。

セロトニンには、ノルアドレナリンやドーパミンが過剰であれば抑制し、

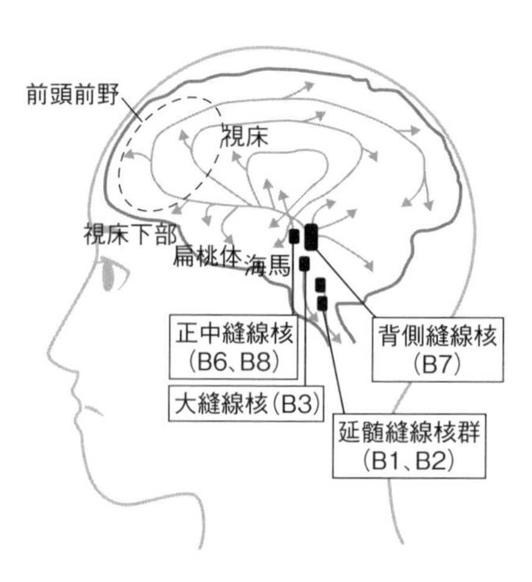

図11-2　縫線核群（セロトニン神経系）
太陽の光を浴びる、リズム運動、スキンシップ、見返りのない無償な親切行為などに反応して、縫線核群に存在する神経細胞はセロトニンを放出し、視床、視床下部、海馬、扁桃体などに投射（情報を受け取り作用すること）しつつ、前頭前野を経て大脳皮質の全域に投射する。これにより、ドーパミンやノルアドレナリンなどの感情的な情報をコントロールし、精神を安定させる。

少なければ増やすといった調整機能がある。セロトニンが欠乏するとノルアドレナリン（不安）やドーパミン（興奮）の暴走を抑制しにくくなる。平静心を保てるように脳内のセロトニンが適度に分泌している状態は、心に安全地帯を作ることができた状態である。**図11-3**は、セロトニン分泌量の違いによる思考の傾向の違いを説明している。コップの水を半分飲み干した事実をどのように解釈するかについて考えてみる。これは心理学などでよく引かれる例だが、半分の水が入ったコップを観察するとき、脳内のセロトニンの

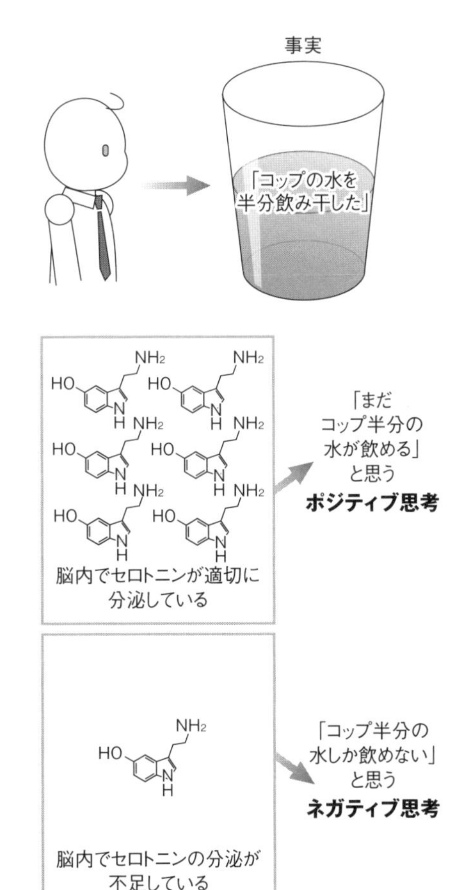

図11-3　セロトニン分泌量と思考の傾向

セロトニンは、ノルアドレナリンやドーパミンが過剰であれば抑制し、少なければ増やすといった調整機能がある。セロトニンが欠乏するとノルアドレナリン(不安)やドーパミン(興奮)の暴走を抑制できにくくなる。

分泌が適量ある場合は、「まだコップ半分の水が飲める」とポジティブに捉える傾向がある。一方、脳内のセロトニンが欠乏すると、「コップ半分の水しか飲めない」とネガティブに考えてしまうことが多い。

困難な状況でもポジティブ思考で対応するために、脳内のセロトニン分泌量を適度に保つことが大切になる[1)]。そこで、筆者も実践している生活術を紹介したい（**図11-4**）。セロトニンの原料は、必須アミノ酸の一種であるトリプトファンである。これは、肉や魚、豆、種子、ナッツ、豆乳、乳製品などに豊富に含まれている。太陽光（3000ルクス以上の光）を浴びることにより、食物から摂取したトリプトファンは脳幹の縫線核でセロトニンに変換され、セロトニンが適度に分泌されて心のバランスを保つことに貢献する（**図11-5**）。太陽が沈む夕方から夜にかけては、歩く、呼吸する、リズム運動（よく噛んで食べるなどでもいい）、グルーミングがセロトニン神経系を活性化させる。

グルーミングは、もともとは動物の「毛づくろい」のことだが、人間にとっては家族間でスキンシップを持ったり、気持ちの上で触れ合ったりすること

原料の摂取	①必須アミノ酸であるトリプトファン（セロトニンの原料となる）を摂取する。 •食材では肉、魚、豆、種子、ナッツ、豆乳や乳製品などに豊富に含まれる。 •セロトニンは脳血液関門を通過できないので脳内活動に貢献するサプリメントとして摂取できない。
光の活性化因子	②太陽の光（3000ルクス以上の光）を浴びる。
光以外の活性化因子	③リズム運動（歩く、呼吸、そしゃく）をする。 ④グルーミング（信頼する心を引き出すオキシトシンの分泌も促進する）。 •スキンシップをする。 •人と人とが近い距離で時間と場を共有する。 ⑤見返りのない無償な親切行為。
活性化の有効性促進	⑥上記①～⑤の行動を持続する。

図11-4　セロトニン神経系が活性化する生活習慣

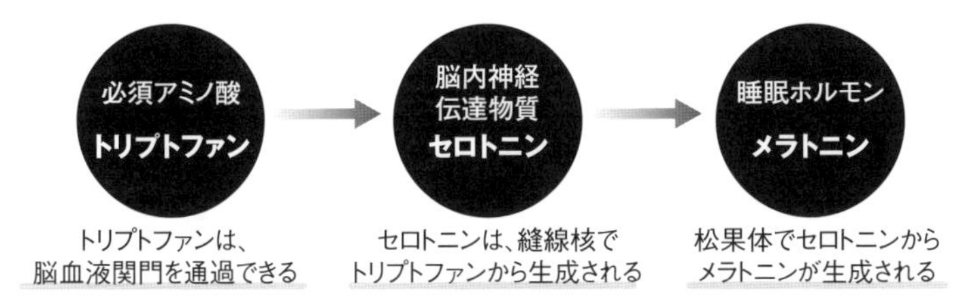

図11-5　トリプトファン−セロトニン−メラトニンの化学反応経路
食物から摂取したトリプトファンは脳幹の縫線核でセロトニンに変換され、セロトニンが適度に分泌されて心のバランスを保つことに貢献する。夕方から夜にかけて作られるセロトニンは、脳内の松果体でメラトニンに変換される。メラトニンは心と体の疲れをすっきりと取る働きがある。

などに当たる。気持ちの上での触れ合いとは、人と人とが時間と場を共有することである。例えば、家族団らんの食事や仕事仲間との居酒屋での語らいなどである。

夕方から夜にかけて作られるセロトニンは、脳内の松果体でメラトニンに変換される（**図11-5**）。メラトニンは昼間体内に蓄積した活性酸素を睡眠中に中和する働きがあり、心と体の疲れをすっきりと取る働きがある。

アイデア創出を活性化する環境づくりの1つである「質の良い睡眠を取る」ためにはメラトニンに変換する原料であるセロトニンを適度に分泌させておくことが欠かせない。つまり、セロトニン神経系が活性化する生活習慣を部員に助言することは、Supportマネジメントの重要な要素なのだ。

12章
「アイデアが出てこない」を打破するには

ある企業の研究所長から顧客の課題を解決するためのブレーンストーミングについて相談を受けたことがある。「何回やっても、良いアイデアが出てこない」と、彼は話す。ブレーンストーミングは、何人かで集まり、あるテーマに沿って自由に議論しながら連想を広げ、アイデアを創出する発想法だ。日本でも広く行われているが、「良いアイデアが出てこない」という話もよく聞く。

アイデア創出を助けるものは何か

図12-1は、アイデア創出のための教育プログラムを提供している米スタンフォード大学d.schoolがまとめたブレーンストーミングの8つの原則である。「質より量」や「突飛なアイデア大歓迎」など、皆さんも聞いたことがあると思う。こうした原則に沿って議論することはとても大事だが、原則を守ればアイデアが必ず湧いてくるというものでもない。実際のブレーンストーミングにおいて、最も大切なのは質の高い参加者をそろえることである。ただし、ここで言う「質が高い参加者」とは勉強ができる人のことではない。顧客が困っている問題に直接関わっており、それを自分の問題と捉えた経験がある人や、新しいアイデアに挑戦して失敗や成功を経験している人のことである（特に失敗の経験が重要だ）。さらに、こうした経験を踏まえた上で、自分たちの技術や組織の強みと弱みを身に染みて知っている人を加えてもよいだろう。いずれも、“経験の引き出し”を数多く持っている人である。

筆者の経験からすると、経験のない人だけで長い時間かけて真剣に議論しても価値のあるアイデアが生まれる確率は低い*。挑戦した経験がない人たちが集まって、マーケティング会社がまとめた顧客ニーズを眺めながらブ

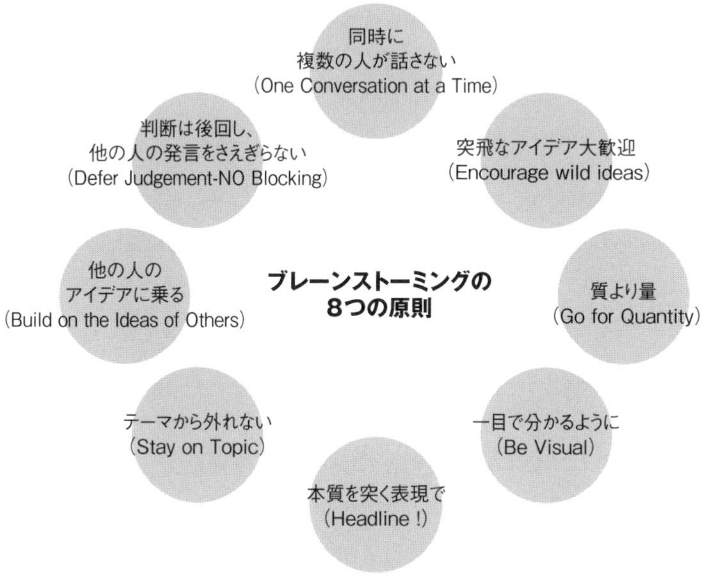

同時に
複数の人が話さない
（One Conversation at a Time）

突飛なアイデア大歓迎
（Encourage wild ideas）

質より量
（Go for Quantity）

一目で分かるように
（Be Visual）

本質を突く表現で
（Headline !）

テーマから外れない
（Stay on Topic）

他の人の
アイデアに乗る
（Build on the Ideas of Others）

判断は後回し、
他の人の発言をさえぎらない
（Defer Judgement-NO Blocking）

ブレーンストーミングの
8つの原則

図12-1　ブレーンストーミングの8つの原則
ブレーンストーミングで新しいアイデアを創出するためには守るべき8つの原則がある。この8つの原則は、米スタンフォード大学d.schoolがまとめたものを筆者が和訳した。

レーンストーミングをしても、良いアイデアは創出できないのだ。だから、その研究所長には、「（前述のような）豊富な経験を持った人を加えてブレーンストーミングをすると有益ですよ」と答えた。

ではどうすればそのような経験を得られるのか。ここに「Support（精神面を含めたさまざまな支援）」マネジメントの出番がある。こうした経験を積めるように部員を支援するのだ。前章では、新しいことに挑戦する際に生まれる不安を解消・軽減する「心の安全地帯を作る」ことを目的としたSupportマネジメントを紹介した。本章では、新しいアイデアを生み出すための攻めのSupportについて述べたいと思う。

創造的な仕事は手順に従ってする作業などとは異なり、見える化することが難しい。なぜなら、創造の源泉であるアイデアは、全て個人の脳の中で生まれるからだ。脳の中は見える化できないので、アイデア創出を促すには部員の脳が活性化するように支援するしかない。その際に大事なことは、意識下および無意識下の記憶をいかにして強化するか、である（図12-2）。

単なる情報ではなく実際に経験したことが、なぜアイデアを生む源泉になるのだろうか。それは、経験したことは深く心（実際には脳）に刻み込まれ、強固な記憶（経験の引き出し）になるからだ。これは、記憶と学習の根源的なメカニズムとして脳科学の分野で注目されている長期増強（long-term potentiation：LTP）と呼ばれる脳のメカニズムからも指摘されている（本章末のCOLUMN参照）。

経験がアイデアに直結するという例としては、3Mが実施している「テクニカル・フォーラム（テクフォーラム）」が参考になる。テクフォーラムは、まだ製品に採用されていない、もしくは開発中の技術を持ち寄って、他の技術者にアピールする草の根レベルの技術交流会である。技術者が自主的に運営しており、会社は費用を負担するが口は一切出さない。

既に紹介したように、落ちない付箋紙「ポスト・イット ノート」の商品化にも、このテクフォーラムが大きく貢献した。3M中央研究所の研究者であるSpencer F. Silver（スペンサー・F・シルバー）は1968年、「くっつくけど、簡単に剥がせる接着剤」を発明した。その後、テクフォーラムの分科会で、「この技術を活用した顧客の課題を解決できる画期的な製品があるはずだ」と情熱を込めて訴えた。当然サンプルも用意していたはずだ。その場にいた工業用テープの技術者Art Fly（アート・フライ）は、教会で賛美歌を歌う際に歌集からしおりが落ちて困った時（これは社内発表の約1年後のことだ)、「くっつくけど、簡単に剥がせる接着剤」の記憶、つまりテクフォーラムで経験したことがよみがえった。それが、1980年のポスト・イット ノートの発売につながった。

簡単に剥がせる接着剤の紹介がテクフォーラムではなく、単なる報告書だったらどうなっていただろうか。現在、開発中の（従っていつ実用化できるか分からない）技術を一覧にし、詳細な解説を付けた技術報告書が回覧されたとする。あなたは1年後に、その内容を覚えているだろうか。恐らく覚

組織の設計	**変わらないトップマネジメントの姿勢**
	① 技術は会社に帰属する
	② 理念に適合しない社員と向き合う勇気
	③ 妥協のない企業倫理
	④ 成長と利益の両立の飽くなき追求
	⑤ 人財発掘・リーダー育成の組織的情熱
	イノベーションを育む企業(組織)文化を構築する仕組み
	① 経営資源(強みの基盤)の情報を社内で共有する仕組み
	② 自主性のある人材を創るマネジメントの規律を定義する仕組み
	③ 非公式のアイデアを公式のアイデアに変換する仕組み
	④ 公式のアイデアから非公式のアイデアを創出する仕組み
	⑤ 暗黙知の伝承を可能にするメンターを育成する仕組み
	イノベーションを創出させるマネジメント
	① 到達可能かつストレッチな目標設定を繰り返すマネジメント
	② 心の安全地帯を作り、挑戦させるマネジメント
	③ 感動を生む顧客との接触を創出するマネジメント
	④ 無意識下の記憶を強化するマネジメント
	⑤ Whyを繰り返し、論理的に考え抜かせるマネジメント
	⑥ 機会は示すが、実行は自ら決断させるマネジメント
	⑦ 共感を得るコミュニケーションのマネジメント
	⑧ 名誉を感じさせる褒め方のマネジメント
	⑨ 貢献した人の名前の見える化のマネジメント
	⑩ 自主的な協力の行動を昇進プロセスに結びつけるマネジメント

**無意識下の記憶を強化する
マネジメント**

↓

具体的な行動指針

1.感動の刺激を活用してアイデアに必要な情報の記憶を促進させる

2.海馬でシータ波が出る(わくわくする感情が生まれる)環境をつくり、神経細胞に記憶された情報の多様な組み合わせを作る

3.質の良い休憩や睡眠によって神経細胞に記憶された情報の整理を促進させる

図12-2　イノベーションの設計図 組織の設計編
Supportのステップでは、「イノベーションを創出させるマネジメント」の②〜⑦が重要になる。本章は、その中の④「無意識下の記憶を強化するマネジメント」を紹介する。

えていないだろう。覚えていない以上、その技術で解決できる顧客の課題に出会ったとしても、何の対応もできない。技術報告書を読むという目から入力された情報だけでは、強固な記憶にはならない。その点、テクフォーラムでの経験は全く異なる。五感で感じとった体験は、深く心に刻み込まれるからだ。

テクフォーラムの成果は、ポスト・イット ノートだけではない。1960年代に開発された3次元表面を自由に設計できる高精細表面技術が好例だ。もともとオーバーヘッド・プロジェクター（OHP）のレンズ向けに開発され

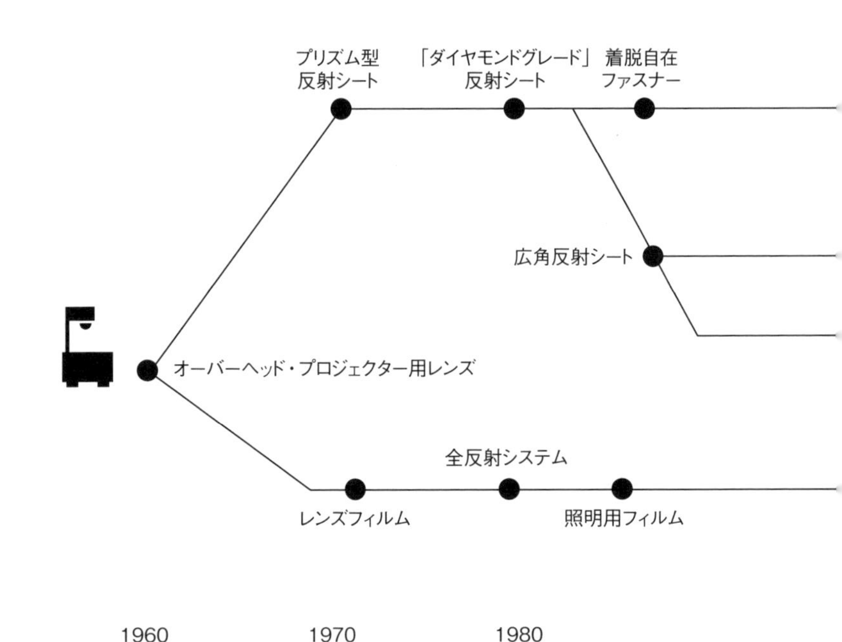

図12-3　高精細表面技術の発展
オーバーヘッド・プロジェクターのレンズ向けに開発された高精細表面技術をベースにした製品。多様な技術開発に成功し、テープ、医療品、ファスナー、粘着剤、研磨材、反射材などに用途を広げていった。中核となる技術をさまざまな用途分野や技術領域で発展させることはテクフォーラムの主要成果の1つである。

たものだが、テクフォーラムにおける技術者の交流の中から、さまざまな技術開発が進み、非常に多様な用途が生まれていった（**図12-3**）。9章で紹介した従来品の3倍の明るさを持つ交通標識用再帰性反射フィルムもその1つである。

心に刻み込まれるような経験は、顧客の現場を訪ね、顧客の課題に直に接することでも生まれる。6章で紹介したマスキングテープが典型である。研究室やオフィスにこもっているだけでは、経験の引き出しを増やすことはできない。マネジャーは積極的に部員を外に出してさまざまな経験を積ますこ

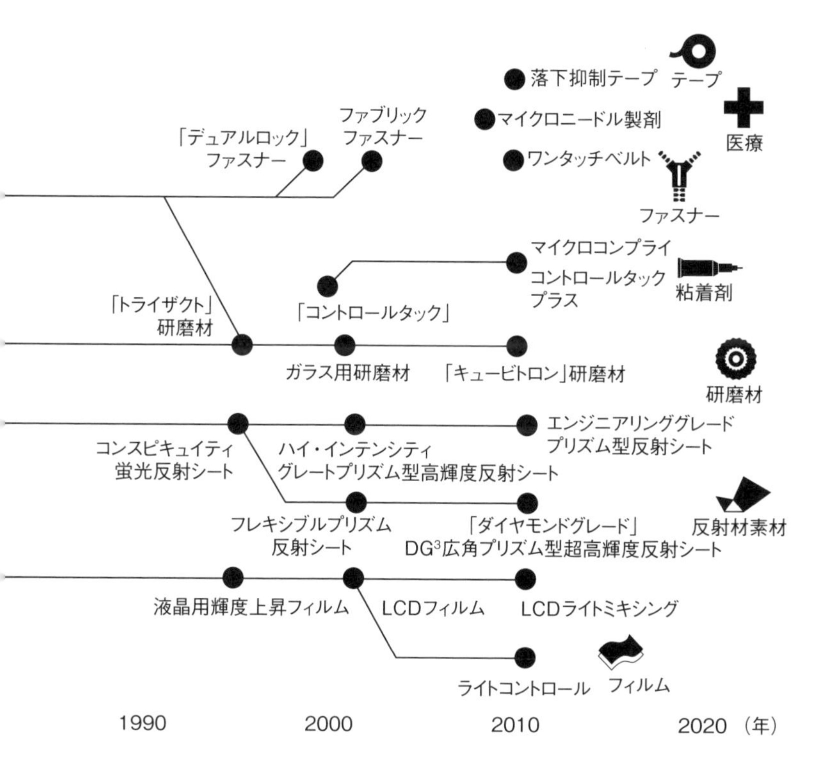

とを心掛けたい。それがアイデアの種になる。

無意識を活性化する

実はもう1つ、アイデアの創出に欠かせないことがある。それは、集中して仕事をした後の休憩もしくは睡眠である。例えば、いくら集中して考えても分からなかった問題が休憩を挟んだらスッと解けたり、四苦八苦していた作業がある日突然上達したりすることがある。それは、集中して頑張った後の休憩もしくは睡眠の効果だといわれている。

こうした現象は、最新の脳科学の研究からも裏付けられている。脳が1日に消費するエネルギーは約400kcalだが、このうち本を読んだり仕事をしたりという意識的な活動に使われるエネルギーは5%に過ぎない。20%は脳の細胞の維持や修復に使われるが、残りの75%で脳は謎の活動をしているという[1)](**図12-4**)。この謎の活動に関して、米ワシントン大学教授のMarcus E. Raichle（マルクス・E・レイチャル）氏は、脳活動の画像解析の結果から大きな手掛かりを見つけた。意識して活動している時に比べてぼんやりしている時の活動度が約20倍に高まっている神経細胞のネットワークを発見したのだ。これが謎の活動の主役なのではないかと考えられている。

そのネットワークは、Default Mode Network（以下、DMN）と呼ばれる[1、2)]。前頭葉内側と後部帯状回とがネットワークとしてつながり、同調して活性化をしているという。「ぼんやり」する時間を意図的につくっておくと、DMNが活性化して無意識下で情報が整理され、新しいアイデアを生み出す環境を整えることができるというのだ。ぼんやりの効用は日ごろの仕事の中に簡単に組み込むことができる。例えば、筆者は1日のスケジュールを組むとき、会議と会議の間に15分間の何もしない時間を入れるようにしている。これは、DMNの活性化を意図したものだ。

休暇の効果も大きい。7章で紹介したが、筆者と評価部門の間で感情的な対立が起こりそうになった時、マネジャーのMichael Sheridan（マイケル・シェリダン）が筆者に2週間の休暇取得を指示した。これも、DMNを活性

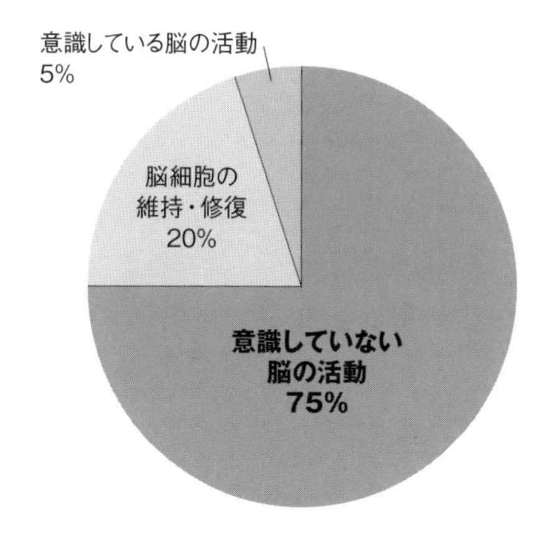

図12-4　脳のエネルギー消費比率
人の脳が1日に消費するエネルギーは約400kcal。このうち意識的な活動に使われるエネルギーは5%にしか過ぎない。20%は脳の細胞の維持や修復に使われるが、残りの75%で脳は無意識下での謎の活動をしている。

化させたマネジメントの事例といえる。実際に休暇による気分転換によって、筆者は問題解決のアイデアをつかんだ。良質な睡眠は特に効果的だ。睡眠には記憶した段階ではバラバラな情報を価値のある情報に整理する効果がある。夜までセロトニンの分泌を適量に保ち、眠りに就く際にセロトニンをメラトニンに変化させることで睡眠の質が向上する。

部員に対して、強い印象を残すような経験をさせて経験の引き出しを増やしたり、DMNを活性化させてバラバラの情報を無意識に統合できるようにしたりすることは、Supportマネジメントの大きな柱である。意識的に仕事に集中し、その後、あえて頑張らずに休憩や睡眠を取り、無意識下で活性化している脳に頑張ってもらう。そして、整理された情報をありがたく頂戴する。このような過程を活用すれば、部員たちの脳を活性化できる。そんな彼らが集まったブレーンストーミングからは、価値あるアイデアが必ずや生まれてくることだろう。

＊ これは経験を持たない人をブレーンストーミングから排除するという意味ではない。最初から経験豊富な人はいない。特に若手は経験が少ない。若手はブレーンストーミングに参加すること自体が経験になる。しかし、経験豊富な人が皆無の場合は、大きな成果は期待できない。

COLUMN

経験すると、心に刻み込まれるのはなぜか

心に深く記憶されるということは、神経細胞レベルで見ると、その出来事に対する強固な神経細胞のネットワークが形成されることを意味する。脳には約1000億個の神経細胞があり、神経細胞は互いに情報（信号）をやり取りしている。神経細胞同士の情報接点（シナプス）の数は約1000兆にも達する。それらによって巨大で緊密な神経細胞のネットワークが形成されている。記憶はこの神経細胞のネットワークの中に存在している。

経験で得た情報は、まず海馬に短期的に記憶される。海馬には、長期的に記憶すべき情報（長期記憶）を選択する機能がある。ここで選択された長期記憶は海馬から側頭葉に伝達されて貯蔵される（**図12-A**）。コンピューターに例えるならば、海馬はメモリー、側頭葉はハードディスクといえる。

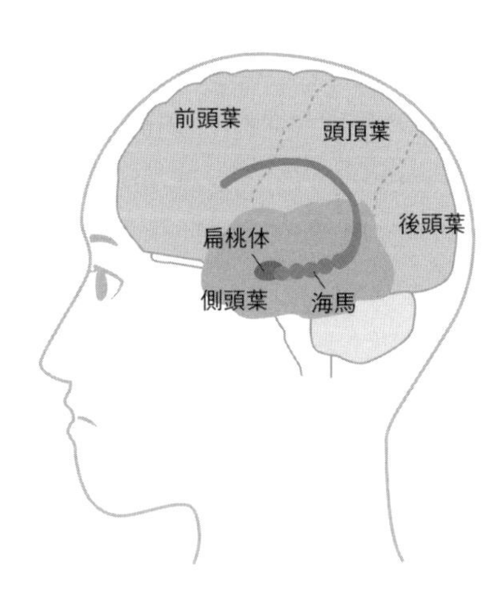

図12-A　記憶における海馬と側頭葉の役割
視覚に関係する脳の領域(視覚野)、言語に関する領域(言語野)、聴覚に関する脳の領域(聴覚野)などさまざまな感覚を通して脳に入ってきた情報は一旦海馬に記録される。海馬と前頭葉の連携によって、海馬よりも長く大容量の情報を保存できる側頭葉に情報の記録を移す。

次にいかにして神経細胞のネットワークの中で情報が伝わるかを見ていこう。「見る」「聞く」「嗅ぐ」「なめる」「触る」などの五感に対する刺激は、神経細胞の軸索を電気信号として伝わり、末端にあるシナプス前細胞に到達する（**図12-B①**）。電気信号の電荷は、細胞外にあるCa^{2+}をシナプス前細胞の中に取り込む働きがある（同②）。シナプス前細胞に入ったCa^{2+}は、細胞の中にある小胞を細胞の表面まで引き寄せ（同③）、小胞に入っているグルタミン酸（神経伝達物質）を放出させる。放出されたグルタミン酸は、向かい側のシナプス後細胞のあるレセプターに向かう。こうして電気信号が、グルタミン酸による化学信号に変換される。

グルタミン酸がシナプス後細胞のレセプターに接触すると、AMPA（α-アミノ-3-ヒドロキシ-5-メソオキサゾール-4-プロピオン酸）レセプターのゲートが開いて細胞外にあるNa^{+}が細胞内に入り込む（同④）。この刺激によってシナプス後細胞において電気信号が発生する。つまり、化学信号は再び電気信号に変換される。ここで注意すべきなのは、神経伝達物質そのものがレセプターのチャネルを通過するわけではなく、Na^{+}を通過させるチャネルを開くという役割を担っていることだ。

そして、複数のシナプス後細胞から集まった電気信号が閾値（しきいち）（活動電位が約15mv）を超えると、新たな電気信号が発信されて神経細胞の中を伝わっていく（同⑤）。これを神経細胞の「発火」と呼ぶ。このようにして神経細胞のネットワークの中を電気信号が流れることで記憶が生まれる。一方、閾値を超えない電気信号に対しては次の神経細胞の発火が起きず、情報は伝達されない。つまり、神経細胞でAll or Noneの選択が自動的に行われている（**図12-C**）。これが、印象的な経験は記憶されるが、単に報告書を読んだだけのような情報は忘れ

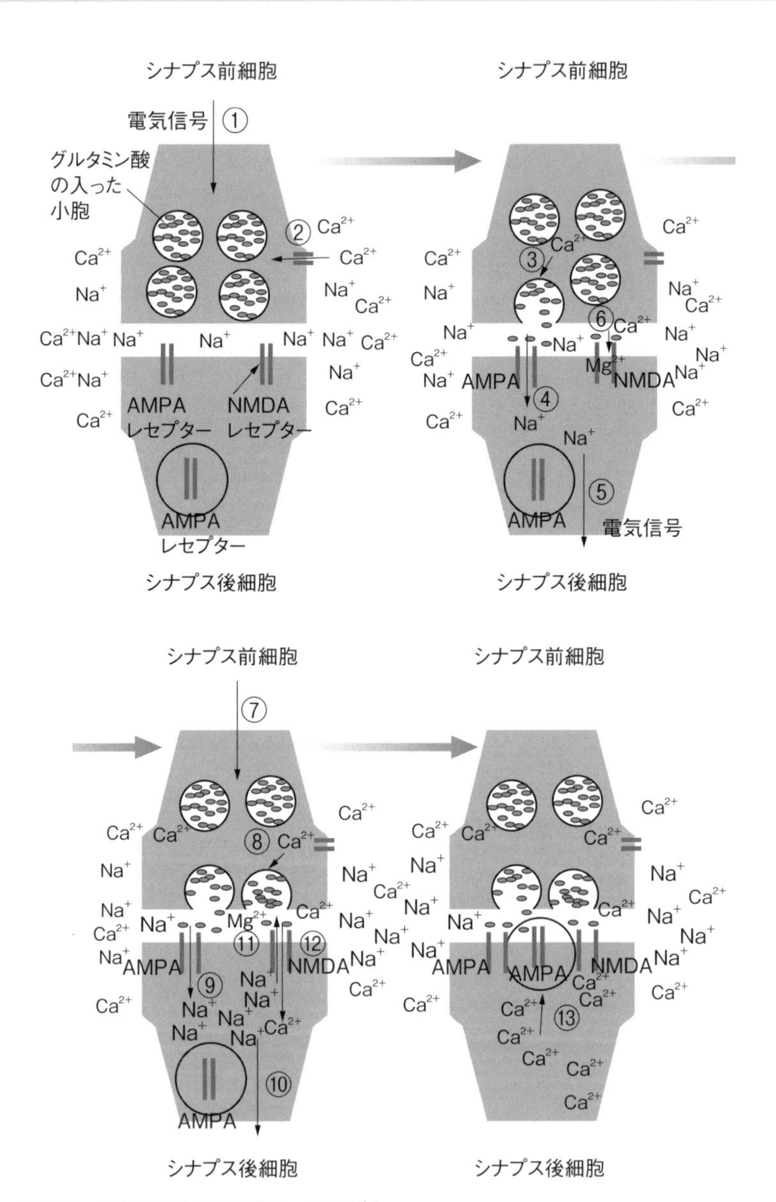

図12-B　長期増強(LTP)の発生メカニズム

神経細胞ネットワークは繰り返し刺激を受けることによって感度が高まっていく。脳科学の分野では、この現象を長期増強と呼ぶ。AMPAはα-アミノ-3-ヒドロキシ-5-メソオキサゾール-4-プロピオン酸、NMDAはN-メチル-D-アスパラギン酸の略記。

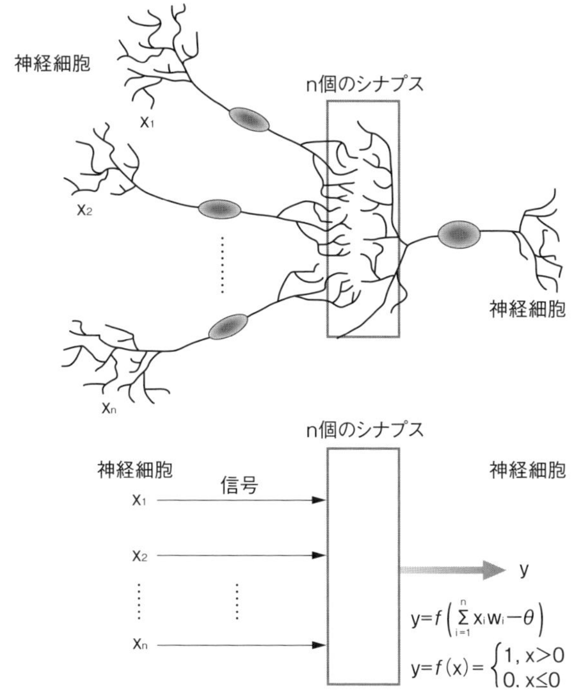

図12-C　神経細胞の信号伝達のモデル図
神経細胞同士で信号が伝達されるには、信号強度の閾値を超える必要がある。閾値を超えない場合は伝達されない。信号伝達の効率を向上させる方法は、[1] 閾値を下げること、[2] 入力総和を上げること、の2つである。

去られる理由である。

海馬の神経細胞には、ノルアドレナリンやセロトニン、ドーパミンなどの神経伝達物質の刺激を受けると、前述の閾値が下がるという性質がある。それらの神経伝達物質は、感動すると多く分泌されるので、感動を伴った経験は長期間記憶に残りやすい。さらに、長期増強（long-term potentiation：LTP）と呼ばれるメカニズムがある[3、4]。それは、信号を受け取るシナプス（シナプス後細胞）の感度が高まることで、信号の伝達性が向上するメカニズムのことだ。

図12-Bをもう1度見てほしい。シナプス後細胞にはNa^+を通過さ

せるAMPAレセプターに加え、Ca^{2+}を通過させるNMDA（N-メチル-D-アスパラギン酸）レセプターがある。グルタミン酸によってNMDAレセプターのゲートも開くが、その中にはMg^{2+}が詰まっていてCa^{2+}は細胞内に入ることができない（同⑥）。ところが、繰り返し強い電気信号が伝わると（同⑦）、グルタミン酸がさらに放出される（同⑧）。AMPAレセプターから入り込むNa^{+}が増え、シナプス後細胞内のNa^{+}濃度が高まっていく（同⑨）。高濃度のNa^{+}は電気信号に変換される（同⑩）のと同時に、Mg^{2+}をNMDAレセプターから細胞外に押し出す（同⑪）。すると、空いたNMDAレセプターのゲートを通じて、細胞の外にあったCa^{2+}が流れ込むのだ（同⑫）。

Ca^{2+}の濃度が高まると、シナプス後細胞内にあるAMPAレセプターをシナプス後細胞の表面に引き寄せる（同⑬）。表面に集まったAMPAレセプターにより、さらに多くのNa^{+}が細胞内に取り込まれ、電気信号の強度が高まる。これによって信号伝達がよりスムーズになる。加えて、細胞内で濃度が高くなったCa^{2+}は、新しいシナプスを発芽させる働きも持つ。これがLTPのメカニズムである。つまり、神経細胞のネットワークは繰り返し刺激を受けることによって感度が高まっていく。脳の中では、まさに「継続は力なり」なのである。LTPメカニズムを活性化させるためには、見る、聞く、嗅ぐ、なめる、触るといった五感の全てを活用し、さまざまな経路から神経細胞に情報を送り込めばいい。それ故、単に資料を読むだけではなく、現場に出掛けて実際に経験することが効果的なのだ。

13章

「人を動かすリーダー」を育成するマネジメント

マネジャーは、部内や課内に複数のプロジェクトを抱えているのが普通だ。その複数のプロジェクトに対し、マネジャー自身が事細かに指示を出すことは現実的ではない。時間的に不可能だし、それでは人材が育たない。そんなときはプロジェクトのリーダーを指名し、リーダーが中心となってプロジェクトを進めるのが一般的である。ここでは、「人を動かす」リーダーを育成する「Support（精神面を含めたさまざまな支援）」マネジメントをテーマにしたい。最も大事なことは「共感を得るコミュニケーションのマネジメント」をリーダーに身に付けてもらうことである（**図13-1**）。

会議では5分前に席に着く

事例に沿って紹介していく。最初の事例は、リーダーが、プロジェクトメンバーの信頼を素早く確実に得るための実践的なアドバイスだ。

筆者は、初めてプロジェクトのリーダーに指名した部員に対して必ず話すことがある。それは、「（プロジェクトが始まった当初は）会議には絶対に遅れてはいけない。遅くとも開始5分前には席に着くように。君が議事録を作るのであれば、会議終了後24時間以内に提出するとよい」ということだ。まるで口うるさい人の小言のように聞こえるかもしれないが、これは信頼を得るためにとても大切なことだ。筆者は、これがなぜ大切なのかを伝えるために、脳科学が明らかにした人の心の動きを併せて説明する。

会議に早めに来たり、時間を置かず議事録を提出したりすることが3回ぐらい続くと、プロジェクトメンバーの脳下垂体後葉からオキシトシンというホルモンが分泌される。すると、「あの人はいつも早い。真剣にプロジェクトに取り組んでいる」という「信頼の記憶」が脳の中で作られる。オキシト

組織の設計

変わらないトップマネジメントの姿勢

① 技術は会社に帰属する
② 理念に適合しない社員と向き合う勇気
③ 妥協のない企業倫理
④ 成長と利益の両立の飽くなき追求
⑤ 人財発掘・リーダー育成の組織的情熱

イノベーションを育む企業(組織)文化を構築する仕組み

① 経営資源(強みの基盤)の情報を社内で共有する仕組み
② 自主性のある人材を創るマネジメントの規律を定義する仕組み
③ 非公式のアイデアを公式のアイデアに変換する仕組み
④ 公式のアイデアから非公式のアイデアを創出する仕組み
⑤ 暗黙知の伝承を可能にするメンターを育成する仕組み

イノベーションを創出させるマネジメント

① 到達可能かつストレッチな目標設定を繰り返すマネジメント
② 心の安全地帯を作り、挑戦させるマネジメント
③ 感動を生む顧客との接触を創出するマネジメント
④ 無意識下の記憶を強化するマネジメント
⑤ Whyを繰り返し、論理的に考え抜かせるマネジメント
⑥ 機会は示すが、実行は自ら決断させるマネジメント
⑦ 共感を得るコミュニケーションのマネジメント
⑧ 名誉を感じさせる褒め方のマネジメント
⑨ 貢献した人の名前の見える化のマネジメント
⑩ 自主的な協力の行動を昇進プロセスに結びつけるマネジメント

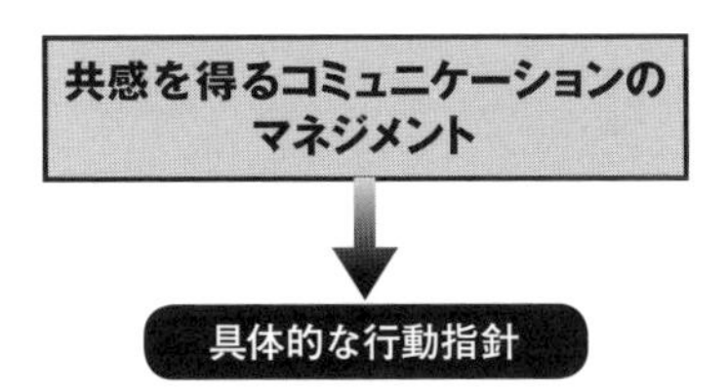

1.オキシトシン神経を活性化させる言動により、第一印象から「信頼する」心を形成させる

2.小さな成功物語を実現させながらストレス耐性を徐々に向上させる

3.個々の理解力に合わせて、Why-How-Whatについて腹落ちするまで根気強く丁寧なコミュニケーションを実行させる

図13-1　イノベーションの設計図 組織の設計編

Supportのステップでは、「イノベーションを創出させるマネジメント」の②～⑦が重要になる。本章は、その中の⑦「共感を得るコミュニケーションのマネジメント」を中心に紹介する。

シンというホルモンは扁桃体に働いて、その人（この場合はリーダー）に対する警戒心を解くとともに、側坐核にも作用してその人の近くにいることを心地よく感じさせる（**図13-2**）。そして、信頼の記憶は海馬に保存され、これが第一印象となる。

信頼の記憶が一旦作られると、その後、仮に会議の開始や議事録の提出が遅れたとしても、信頼の記憶が強く作用して「体調が悪いのではないか」「電車が遅れたのかな」という善意に基づいた反応が生まれやすい。一方、最初の段階で3回ぐらい会議などに遅刻すると、「信頼できないレッテル」が貼られ、「あの人はいつも遅れる」という記憶（第一印象）が定着する。1度「信頼できないレッテル」が貼られると、その後ずっと「会議開始5分前に着席」を続けたとしても、1回でも会議に遅れたら「やっぱりな」というネガティブな反応を生みやすい。こうした説明を添えると、「会議に遅れるな」という、

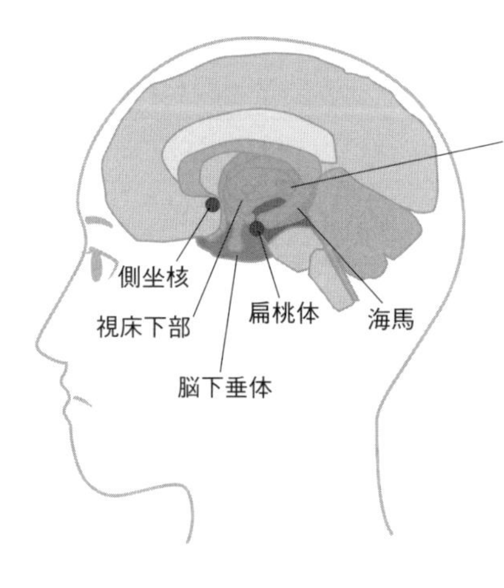

オキシトシンは9個のアミノ酸から成るペプチドホルモンで、視床下部の室傍核と視索上核の神経分泌細胞で合成されて脳下垂体後葉から分泌される。

オキシトシンの作用

(1)中枢神経での神経伝達物質として
オキシトシンは扁桃体に働いてその人に対する警戒心を解き、側坐核に働いてその人の近くにいることを心地よく感じさせる神経伝達物質として作用する。

(2)末梢組織で働くホルモンとして
オキシトシンは血流を介して体内の重要な協調・調節の機能を補助する末梢組織で働くホルモンとしても作用する。末梢組織では主に平滑筋の収縮に関与し、分娩時には子宮収縮させる。また乳腺の筋線維を収縮させて乳汁分泌を促すなどの働きを持つ。

図13-2　人を信頼する脳のメカニズム
人が人を信頼する際には、オキシトシンというホルモンが大きな役割を果たしている。

小言のような助言を納得してくれる。腹落ちしてもらえるのである。
筆者がマネジメントの話をする際に、脳科学が解明した脳の働きを引き合いに出すのは、実施するマネジメントの科学的な根拠を示すことにより、説得力が高まるからだ。脳科学の話をする前までは、筆者が「人を動かす」方法論を部下のリーダーたちに話しても、理解はするがなかなか腹落ちまでには至らなかった。それは当然でもある。なぜならば、リーダーたちは筆者と同じ経験をしていないからだ。前章で紹介したように、読んだり聞いたりしただけの情報は忘れやすく、実際に経験したことは記憶に残りやすい。しかし、リーダーたちに筆者と同じ経験はさせられないし、課題には直ちに対応する必要があるので経験させる時間的余裕もない。そんなとき、脳科学による科学的根拠を示すと説得力が高まり、「腹落ちしました」という答えが返ってくることに気づいた。科学的根拠は経験の代わりになり、強い印象を与えて話の内容を心に深く刻み込ませることができる。脳科学は普遍性のある説明ツールなのだ。

リーダーのストレスを緩和する

2番目の事例は、リーダーの「ストレス耐性を鍛える方法」に関するものだ。あるマネジャーから、こんな相談を持ち掛けられた。「初めてリーダーに任命した部員が、プロジェクトをうまく運営できないのです。これまでの実績から、その部員にリーダーシップがあることは間違いありません。しかし本人は落ち込んでいて、『自分は力不足なのでは』と悩んでいます」という。
そこで筆者は、メンバーとしてプロジェクトに参加する場合と、リーダーとしてプロジェクトを引っ張る場合では仕事の内容が大きく異なることを伝えた。例えばリーダーには、「課題の設定や分析、改善といった一連のプロセスを管理し、メンバーや会社が進捗状況を理解できるように見える化する」「初めてのメンバーとコミュニケーションを円滑に取りながらチームの一体感を醸成していく」*[1]といったことが求められる。これらは、初めてリーダーになった人にとっては経験のない仕事である。不安になるのは自然なことだ。

その不安を緩和することはマネジャーの仕事である。そこで筆者はこのマネジャーに、「リーダー初心者に対しては、未経験の仕事をいかにして進めるかについて助言しなければならない。その際、あなたの助言を相手が納得しているかどうかに注意する必要がある。相手の目や素振りを見れば分かるはずだ。納得するまで丁寧なコミュニケーションを続け、その上で何としてもプロジェクトを成功させる。成功経験はリーダーを大きく成長させ、次のプロジェクトではさほど不安を感じなくなる。こうしてリーダーを育成していくとよい」と助言した。さらに脳科学の説明も加えた。「プロジェクトに成功したという事実は、そのリーダーの側頭葉に強固な記憶として残る。次のプロジェクトという新しいストレスがかかったときには、その記憶が引き出される。そして、前の成功体験が『今回もなんとかなるよ』と感じさせてくれる」と。

相手に合わせた行動が必要

3番目の事例は、メンバーの動機づけに関するものだ。1年間プロジェクトを率いてきた若いリーダーにメンタリング[*2]する機会があった。彼は、メンバーのモチベーションを高めるにはどうすればよいかで悩んでいた。筆者は彼に尋ねた。

筆者「君は、個々のメンバーの理解力に合わせて行動を変えていますか」
若いリーダー「いいえ、変えていません。しかし、そこまでやる必要がありますか」
筆者「あります。リーダーならやらなければいけません」

ここで筆者が話したのは、前章で紹介した神経細胞の信号伝達モデルである。これは、神経細胞のネットワークが活性化するには、伝達される電気信号の強度がある閾値(しきいち)を超えなければならないという、「神経細胞で自動的に行われているAll or Noneの二者択一のメカニズム」のことだ（**図13-3**）。

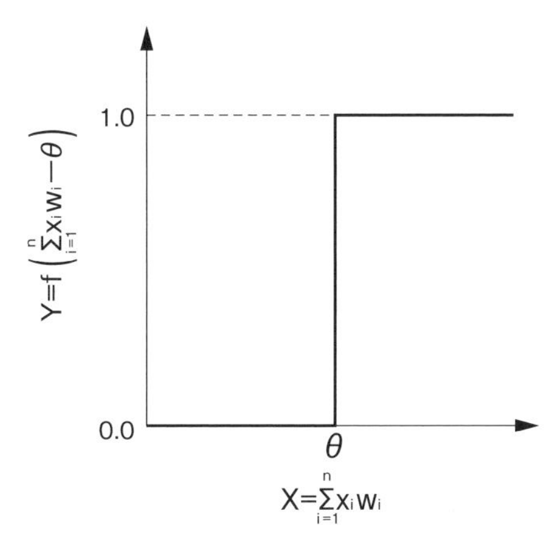

$$\left(\sum_{i=1}^{n}x_iw_i-\theta\right)>0 \Rightarrow Y=1\ (\mathrm{All})$$

$$\left(\sum_{i=1}^{n}x_iw_i-\theta\right)\leq 0 \Rightarrow Y=0(\mathrm{None})$$

θ：閾値
x_i：i番目の入力側の神経細胞の信号
w_i：i番目の入力側の神経細胞の信号の荷重（0~1の実数値）
Y：出力側の神経細胞の出力信号

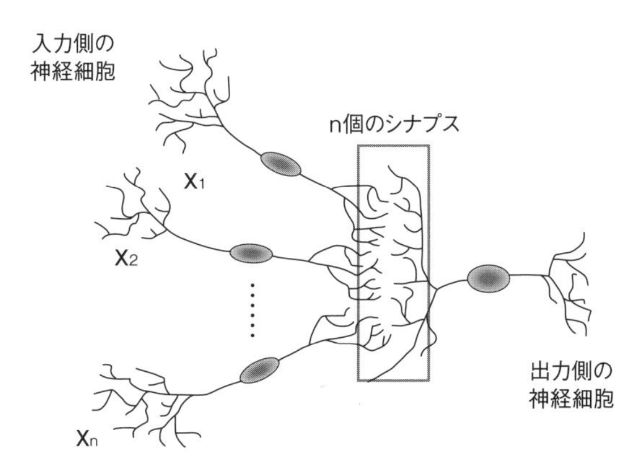

図13-3　シナプスの信号伝達のモデル式
信号強度が閾値を越えない入力は伝達されない。

このメカニズムに沿って、メンバーのモチベーションを高める、つまり動機づけすることを説明すると次のようになる。まず、メンバーを動機づけできた状態をY=1（All）、動機づけできていない状態をY=0（None）とする。メンバーによって閾値が異なるので、リーダーの行動がどのメンバーに対しても同じだと、あるメンバーでは閾値を超えずにNoneの状態にとどまる可能性がある。しかし、個々のメンバーの理解力に合わせて行動を調整すると、メンバー全員をAllの状態、すなわち動機づけできた状態に導ける。

職場の上下関係（Line Power）ではなく、人としての影響力によってマネジメントするInfluence Managementで、メンバーの動機づけをするのがリーダーの役割である。その若手のリーダーは「よく分かりました。もうひと頑張りしてみます」と答えた。

タイミングを図り何度も話す

4番目の事例は、論理的思考が定着しないメンバーに関するものだ。3Mでは論理的思考をベースにした問題解決手法*3を整備しており、プロジェクトメンバーは、その手法を習得することが求められる。習得に際しては、リーダーがメンバーに対して問題解決手法をコーチングすることが多い。ところが、あるリーダーは「何度教えても習得できない人がいる」と言う。

問題解決手法の習得が目標レベルに達するとコーチングは終了する。多くの場合、コーチングの終了から時間が経過すると習得レベル（論理的思考力）が下がっていくが、あるレベルで安定する。この安定するレベルを可塑性率と呼ぶ（**図13-4**）。つまり、可塑性率は、問題解決の手法がどれだけ自分のものになっているかを示す指標である。可塑性率は人によって異なる。そのリーダーの悩みを言い換えると、コーチングを繰り返しても可塑性率が上がらない人がいるということだ。

そこで、神経細胞の信号伝達モデルの話をした。問題解決手法の習得は、経験を伴わない座学である。そのため、そもそも強固な神経細胞のネットワーク（記憶）を形成することは難しい。自分のものにするためには繰り返し学

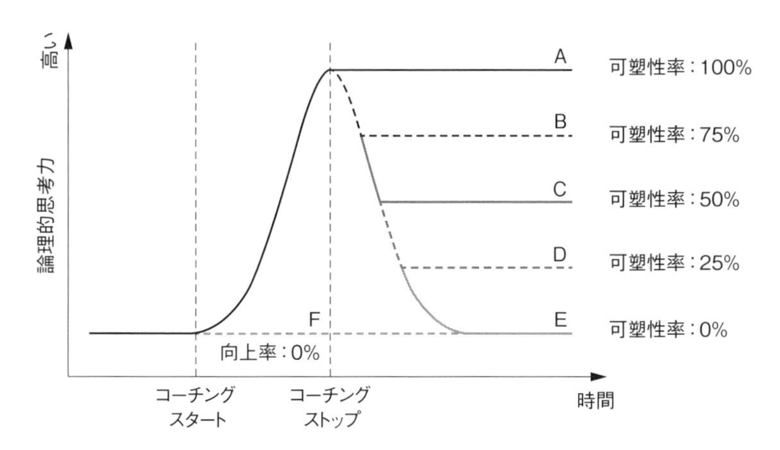

図13-4　コーチングによる論理的思考力の向上に関するモデル

論理的思考力の習得過程は人によりさまざまである。A〜Eはコーチングを受けている間は論理的思考力は高くなることを示す。Aはコーチングの終了後も論理的思考力は低下しない（可塑性あり）、B〜Dはコーチングの修了後に論理的思考力は低下するが元の論理的思考力より高い（部分的な可塑性あり）。Eはコーチングの修了後に論理的思考力は低下し、元の論理的思考力に戻る（可塑性なし）。中にはFのようにコーチングしても論理的思考力が全く向上しない人もいる。

ぶしかない。実際、可塑性率が最初0％でも、コーチングを繰り返すことで向上していくことが多い。しかし、中には可塑性率がなかなか上がらない人もいる。その場合の対策は、コーチングを繰り返すタイミングを早めることだ。可塑性率が低い人は、コーチングで学んだ内容を忘れ始めるのが早い傾向がある。その忘れ始める段階で先手を打って神経細胞のネットワークを刺激する（コーチングする）のだ。こうしたコーチングを粘り強く繰り返して神経細胞の信号強度を高めることで、信号強度の閾値を超えることができ、強固な記憶を形成できる。

筆者の経験上、3番目と4番目の事例で取り上げた神経細胞の信号伝達モデルは、脳科学の成果を例にした助言の中で最も納得性が高い。なぜ相手が腹落ちした気持ちになるのか考えてみた。

稀代の発明家トーマス・エジソン氏は「天才とは1％のひらめきと99％の努力である」という言葉を残した。一般的には「天才として素質があっても努力なしでは成功はできない」と理解されている。しかし、発言の趣旨はそれとは全く異なるという説もある。本来の趣旨は、「ひらめきのない努力は成功に結び付かない」という説だ。筆者はこちらの説を支持しているが、ひらめきは、どのようにしたら得られるのかが疑問だった。ところが、最近の脳科学の研究成果から、ひらめきは神経細胞の信号伝達によって誘発されることが分かってきた。神経細胞の伝達モデルは、閾値の99%でも結果はNoneだが、さらに努力を重ねて1%を積み増せばAllになることを示している。つまり、「ひらめきとは、99%の努力の上に、さらに1%の努力を積み重ねること」と解釈できる。

イノベーションへの挑戦は、成果が出ていないときには全く仕事が進んでいないように外からは見える。これは、Y=0（None）の状態だから当然だ。しかし、入力信号の総和はゼロではない。入力信号の総和がまだ閾値に達していないだけで、仕事は確実に進んでいるのだ。成果がない状況はつらい。しかし、意気消沈してはいけない。あと一歩で閾値を超え、Allに変わるかもしれないからだ。私は、プロジェクトのリーダーたちにこの話をした後で、「あと一歩の努力に集中しよう」と助言する。これはリーダーたちの心に響くことが多い。

＊1 そのプロジェクトチームは、さまざまな部署から集まったメンバーで構成されていた。プロジェクトは1つの部内（課内）で完結しないことも多い。その場合、リーダーは、それまで全く知らなかったメンバーとも円滑にコミュニケーションを取る必要がある。

＊2 **メンタリング** 人の育成、指導方法の1つ。指示や命令にではなく、メンター（Mentor）と呼ばれる指導者との対話によって、本人の気づきによる自発的・自立的な発達を促す。3Mでは、部署を超えてメンターを依頼できるボランティアに近いメンタリングの仕組みがある。

＊3 **3Mの問題解決手法** 3Mでは、Define（問題の明確化）- Measure（データ収集）- Analysis（データの統計的分析）- Improve（解決策の立案と実施）- Control（解決案の定着）といったプロセスをシステム化した「DMAIC」や、「FMEA（Failure Mode and Effects Analysis：故障モード影響解析）」などのツールから成る問題解決手法を導入している。

14章 「創造のための時間」をつくる3つのステップ

「やらなければならない仕事が山積み。とても創造的な仕事に取り組む時間的な余裕なんてない」。皆さんもこんな状況ではないだろうか。本章は「Support（精神面を含めたさまざまな支援）」の1つとして、こうした状況を打破し、部員が創造的な仕事に取り組める時間をつくり出すためのマネジメントをテーマにする。具体的な内容は、**図14-1**に示した3つのステップである。すなわち、「すべきことを洗い出して優先順位をつける（ステップ①）」、それぞれについて「Stop（中止）、Keep（継続）、Modify（修正）、Change（創出）を判断し、これを基に優先順位を見直す（ステップ②）」、「ModifyもしくはChangeの場合は、何を（What）、誰が（Who）、いつまでに（By When）を決定する（ステップ③）」である。

これらは、当たり前に見えるかもしれないが、「言うは易く行うは難（かた）し」だ。だから実務面では、いかにしてこのステップを実行するかが課題となる。その際に重要となるのが、「Whyを繰り返し、論理的に考え抜かせる」「（マネジャーは）機会は示すが、実行は（部員）自ら決断させる」という2つのマネジメント手法だ（**図14-2**）。

前者のWhyを繰り返す分析手法としては、トヨタ自動車の「なぜなぜ分析」が広く知られているが、3Mも独自の分析手法を構築している*。この手法

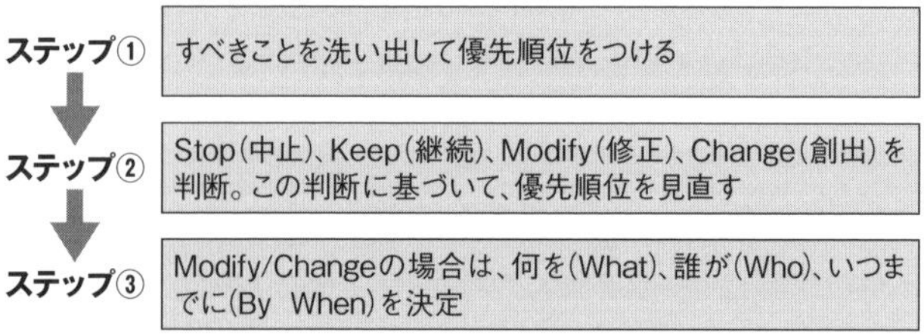

ステップ①	すべきことを洗い出して優先順位をつける
ステップ②	Stop（中止）、Keep（継続）、Modify（修正）、Change（創出）を判断。この判断に基づいて、優先順位を見直す
ステップ③	Modify/Changeの場合は、何を（What）、誰が（Who）、いつまでに（By When）を決定

図14-1 「創造のための時間」をつくる3つのステップ
実務面では、いかにしてこのステップを実行するかが課題となる。今回は、この3つのステップを実施するためにマネジャーがすべきことを紹介する。

を活用すれば、根本原因を論理的に突き止めることに役立てられる。一方、後者の判断や決定を部員に任せるマネジメントは、プロジェクトに対する部員の思いを強くすることにつながる。単に上司から「やれと言われた仕事」

組織の設計

変わらないトップマネジメントの姿勢

① 技術は会社に帰属する
② 理念に適合しない社員と向き合う勇気
③ 妥協のない企業倫理
④ 成長と利益の両立の飽くなき追求
⑤ 人財発掘・リーダー育成の組織的情熱

イノベーションを育む企業(組織)文化を構築する仕組み

① 経営資源(強みの基盤)の情報を社内で共有する仕組み
② 自主性のある人材を創るマネジメントの規律を定義する仕組み
③ 非公式のアイデアを公式のアイデアに変換する仕組み
④ 公式のアイデアから非公式のアイデアを創出する仕組み
⑤ 暗黙知の伝承を可能にするメンターを育成する仕組み

イノベーションを創出させるマネジメント

① 到達可能かつストレッチな目標設定を繰り返すマネジメント
② 心の安全地帯を作り、挑戦させるマネジメント
③ 感動を生む顧客との接触を創出するマネジメント
④ 無意識下の記憶を強化するマネジメント
⑤ Whyを繰り返し、論理的に考え抜かせるマネジメント
⑥ 機会は示すが、実行は自ら決断させるマネジメント
⑦ 共感を得るコミュニケーションのマネジメント
⑧ 名誉を感じさせる褒め方のマネジメント
⑨ 貢献した人の名前の見える化のマネジメント
⑩ 自主的な協力の行動を昇進プロセスに結びつけるマネジメント

Whyを繰り返し、論理的に考え抜かせるマネジメント

具体的な行動指針

1. 経営者視点で現場を観察させ、部分最適ではなく全体最適からの課題を発見させる
2. 課題設定/課題解決の標準化された論理的なプロセスを使って行動させる
3. 選択した行動がその効果の有効性を立証するまで行動のPDCAサイクルを回させる

機会は示すが、実行は自ら決断させるマネジメント

具体的な行動指針

1. 消極的な「やらされ感」から積極的な「やろうという意思」へ変換させる
2. 前に進むように引っ張るのではなく、「根拠なき自信」を引き出し背中を押す
3. 自由意思で決定した新しい取り組みという自覚から困難にぶつかったときに「諦めない」心を引き出す

図14-2　イノベーションの設計図 組織の設計編

Supportのステップでは、「イノベーションを創出させるマネジメント」の②～⑦が重要になる。本章は、その中で⑤「Whyを繰り返し、論理的に考え抜かせるマネジメント」と⑥「機会は示すが、実行は自ら決断させるマネジメント」を紹介する。

ではなく、「このプロジェクトは自分の仕事だ。成功させるのは自分しかいない」という思いが湧いてくるからだ。

忙しい理由は分かっているはず

近年のグローバル化やIT化に伴って仕事の全体量が増えている。それにもかかわらず、簡単には人を増やせないというのも現実だ。その結果、1人当たりの業務量はどんどん増えていく。そこに、すぐに処理しなければならない仕事が割り込み、“モグラたたき”に忙殺される。負の連鎖に陥り、チーム全体が疲労困憊（こんぱい）してしまう。これが多くの現場に共通する状況だろう。

負の連鎖を断ち切るためにマネジャーが最初にすべきことは、ステップ①の業務の仕分けである。それぞれの業務が会社の目標と明確につながり、顧

オリジナル

C&E Matrix								
Yの重みづけ(W)(Rating of Importance to Customer)		10	7	5	3	…	Total Score(Z) Z=Σ(XY×W)	優先順位
		出力(Output)						
		Y1	Y2	Y3	Y4	…		
入力(Input)		顧客のニーズ	市場規模	競争優位性	実現可能性			
X1	Aプロジェクト	9	9	9	9		225	1
X2	Bプロジェクト	9	9	9	3		207	2
X3	Cプロジェクト	9	9	3	9		195	3
X4	Dプロジェクト	9	3	9	3		165	4
X5	Eプロジェクト	9	3	3	3		135	5
…			XY値					
…								

XとYとの関連付け(XY)：0 相関なし　1 少し影響する　3 中程度影響する　9 強く影響する

図14-3　C&E マトリクスの活用例

C&Eマトリクス(Cause and Effect Matrix)ツールの目的は、個別のプロジェクトを総合点(Total Score)で評価することだ。そのためにアウトプット指標(例えば「顧客のニーズ」など)とインプット指標(各プロジェクト)からXY値を算出する。XY値は、各プロジェクトが「顧客ニーズ」などにどれだけ影響するかを示す。数値は経験とノウハウで人が決める。この値に「Yの重みづけ：W」を掛けて合算したものがTotal Scoreだ。プロジェクトの優先順位を見直す際には、C&Eマトリクスも見直して最新の状況を盛り込む。

客と会社にとって価値があることなのかを考えて優先順位を決める。その際、「なぜ、この業務をやるのか」というWhyの問いかけが有効となる。Whyを繰り返すことで、現在抱えているプロジェクトと会社の「あるべき姿」との関係（優先順位）を明確にしていく。優先順位が明確になったら、その優先順位と部内（課内）の「ヒト、モノ、カネ」の状況の両方を考慮して各業務に対するアクションを判断する。

各業務に対するアクションとしては、「中止する（Stop）」「そのまま継続する（Keep）」「修正する（Modify）」「新しいことを創出する（Change）」という4つがある（**図14-1**のステップ②）。3Mでは各業務に対するアクションを判断する際、C&Eマトリクス（Cause and Effect Matrix）を使うことが多い（**図14-3**）。

見直し(Check)								行動計画(Plan)	
C&E Matrix									
Yの重みづけ(W) (Rating of Importance to Customer)		10	7	5	3	…	Total Score(Z) Z=Σ(XY×W)	判断	優先順位
		出力(Output)							
		Y1	Y2	Y3	Y4	…			
入力(Input)		顧客のニーズ	市場規模	競争優位性	実現可能性				
X1	Aプロジェクト	9	9	9	3		207	Modify	2
X2	Bプロジェクト	0	3	9	3		75	Stop	
X3	Cプロジェクト	9	9	3	9		195	Keep	3
X4	Dプロジェクト	9	3	9	9		183	Modify	4
X5	Eプロジェクト	9	9	3	3		177	Modify	5
X6	Fプロジェクト	9	9	9	9		225	Change	1
…			**XY値**						

全体の人員が限られる以上、Stopの判断を躊躇してはならない。多くの業務（プロジェクト）を抱え込んだままでは共倒れになるだけだ。Stopの判断は部員にはできないので、マネジャーが決断するしかない。

Modifyあるいは Changeを選択した場合は、併せて「何を（What）」「誰が（Who）」「いつまでに（By When）」を必ず決めなければならない（**図14-1**のステップ③）。「ベストを尽くす」だけで満足するのではなく「成果を出す」ために必要なWhatとWhoを、期限付き（By When）で明確にするのだ。これを決めないと物事は前に進まない。成果を確実に出すためには、マネジャーは、自分の上司も含めて各人の役割を考えることが大切である。上司の決裁が必要なことも多いので、彼ら（上司）にも動いてもらう必要がある。

攻めの対応が時間を生む

これまで述べてきた3つのステップを実施する上では、以下の点を常に頭に置いておく必要がある。実際の取り組みは、(a) 今起きている問題の原因を特定した上でそれを取り除く「是正処置（Corrective Action）」と、(b) それを一般化して問題発生のリスクを減らす「予防処置（Preventive Action）」に分けられる。前者が事後的な対応、つまり「守りの対応」であるのに対し、後者は事前的な「攻めの対応」といえる。いずれの対応でも大事なのは、根本原因を特定することだ。根本原因を特定できなければ有効な対策を立てられない。そして、根本原因の追究には、Whyの繰り返しが有効となる。

さらに念頭に置くべきことは、是正処置と予防処置の二者択一ではなく、両立させる計画を立てることだ。是正措置は、今起きている問題への緊急対応なので実施の有無に選択の余地はない。しかし、予防措置の方は、差し迫った問題ではないので後回しにされやすい。そこに飛び込み仕事が入ってさらに後回しにされ、結局手つかずのまま放置されることになりかねない。これは絶対に避ける必要がある。特に、独創的な新製品や新技術の開発は初めてのことが多いので、未知の問題が発生しやすい。そのため、予防措置が極めて重要となる。予防措置をしなくてもすぐには問題が起きないので切迫感を持ちにくく、予防措置に費やす時間や手間、コストを負担に感じてしまいがちだ。しかし、実用化後に問題が発覚した場合の負担に比べれば、予防措置の負担は圧倒的に小さい。

例えば、ある新製品で品質に関する苦情が発生したことがある。その原因の1つとして、新製品導入前の市場テストの際に設定した顧客の条件（例えば年齢）が不十分で、実際に購入した顧客が含まれていなかったことが判明した。こうしたすれ違いを新製品導入プロセスの共通課題と捉えることができれば、今後の新製品の事前市場テストに新たなチェック項目として加えることで、新製品に対する顧客の不満を未然に防ぐ予防措置になる。

予防措置の軽視が多くの是正措置を生み、部員の時間を奪う。これが、負の連鎖に陥るきっかけになることも多い。それ故、予防措置に取り組むことは時間的余裕を生み、創造に使える時間をつくるのである。

申し送り事項や流用設計に注意

では予防措置を考えるときに何に目を向ければよいのだろうか。筆者の経験では、「申し送り事項」の中に問題が潜んでいることが多い。イノベーションには時間がかかるので、途中で担当者が変わることがある。当然、前の担当者から引き継ぐ際には多くの申し送り事項がある。例えば、化学・素材メーカーであるなら、材料の組成や製造プロセス、調達先や各種試験データなどだ。組立メーカーならば、機構や組立方法、加工法などが申し送り事項となるだろう。

申し送り事項を、所与のものとしてそのまま受け入れてはいけない。前任者が決めた後で状況が変わっていることがかなりあるからだ。例えば材料の調達では、別メーカーが品質安定性に優れた材料を商品化していたり、新材料が開発されていたりすることがある。同様に流用設計についても、設計時と状況が変わっている可能性がある。

明快な論理が出発点

負の連鎖に陥っている状況では､是正措置と予防措置を､スピード感を持って同時に実施する必要がある。これも「言うは易く行うは難し」である。部員たちはモグラたたきのような是正措置に忙殺されながら、効果が出るまでに時間がかかる予防措置に取り組まなければならない。しかも、負の連鎖にある事業に対して会社が人を増やす可能性は低いので、現在の人員で対応せざるを得ない。その結果、部員の負荷は、ギリギリで回している現状よりもさらに高まることが予想される。それを乗り越えるには部員全員が「頑張るぞ」という気概を持つ必要があるが、簡単なことではない。

それを実現するには、「なぜ、今、頑張るのか」を全員に腹落ちしてもらうことが重要となる。マネジャーは、メンバー全員が参加する会議を開き、頑張る理由を分かりやすく明快（Crystal Clear）に説明すべきだ。この際には､「理に適っている」ことが最低条件となる。それでも納得しない人には、1対1の面談の場を設け、相手の理解程度を見極めながら徹底的に話し合う。相手の抵抗する感情に寄り添いながらも、あくまでも論理的に話さなければならない。例えば、「多忙だからという理由で予防措置を避けていると、同じ原因から引き起こされる問題が一向に減らず、それらの対応であなたの多忙な状況は改善されない。そんな状況でやりがいを感じますか。このままでいいのですか」と、客観的な事実に基づいて誠実に話し、相手自らが「この状況を改善したい」「大変だが予防措置も同時にやるぞ」と意思を決定するように導くのである。

これが冒頭で紹介した「（マネジャーは）機会は示すが、実行は（部員）自ら決断させる」マネジメントである。その際､「予防措置が有効に働けば、是正措置に取られる時間が劇的に減り、創造的な仕事に取り組める」という将来につながる見通しを示すことも極めて重要である。

論理に加えて感情にも訴える

こうした論理的な説明に加えて、相手の感情に訴えることも必要になる。

それにはマネジャーと部員との信頼関係が不可欠だ。「是正措置と予防措置を同時に実行することが、組織にとって重要であり、個にとってもメリットがある」とマネジャー自身が本気で信じていることを、相手に信用してもらわなければならない。そのためには論理だけに頼らず、態度や表情など全身で情熱（Passion）を表現する。その情熱を部員に感じ取ってもらうことが大事なのだ。

人間や霊長類などの高等動物の脳内には、ミラーニューロンと呼ばれる神経細胞がある。ミラーニューロンは、他の個体の行動を見ることで活性化し、まるで自分が同じ行動をしているような反応を脳内に引き起こす。鏡のような反応をするので、ミラー（Mirror）ニューロンと名付けられた。マネジャーの情熱はこのミラーニューロンの働きによる非言語コミュニケーションとして、相手に伝わるのである（**図14-4**）。内に秘めた情熱ではミラーニューロンが機能しない。だから、相手に伝えられるように全身で情熱を表現しなければならない。「感情は論理より強し」が人間の本質なので、マネジャーの

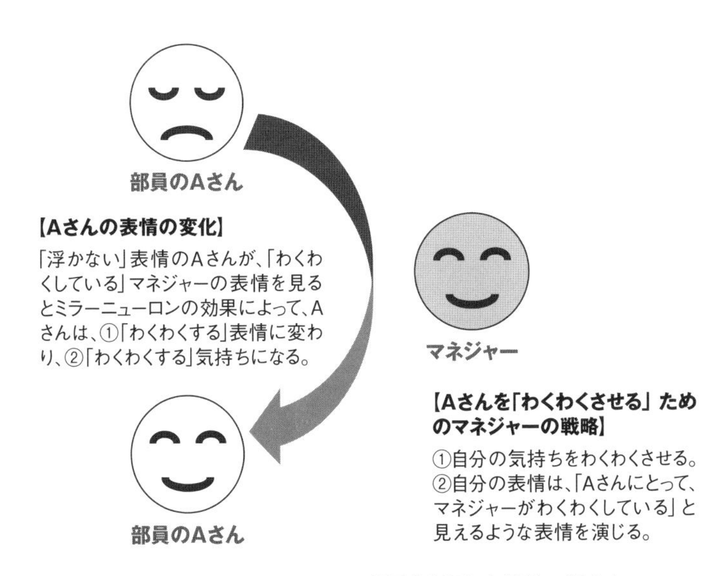

図14-4　ミラーニューロンの効果を利用した情熱の伝え方

情熱は部員の心に強く響く。情熱を“伝染させる”こともマネジメントの重要な仕事だ。

「不良品を流出させた根本原因まで遡及し、再び同じ原因から不良品が生まれないように未然に防ごう。そのための『新製品の開発・製造・市場導入プロセス』を作り上げよう」。この目標は、誰もが同意できる内容である。しかし、それを実現するには、意図的で綿密、そして誠意と情熱を込めたマネジメントが必要になる。特に負の連鎖を正の連鎖に転換することは難しく、高度なマネジメント能力が不可欠だ。

最後に、こうしたマネジメントを実践する上での基本的な前提について触れておきたい。論理的説明と熱い情熱を持ってしても、部員のやる気を引き出せないことがある。多くの場合、最大の障害になるのは不信感だ。例えば、過去に「懸命に取り組んで成果を上げても不平等な評価を受けた」ことがあると、マネジャーの誠意を込めた働きかけも全て空虚に感じられてしまう。不信感は強く心に刻み込まれるので、本人が論理的に理解し、情熱のある上司に接しても不信感の方が勝ってしまう。不平等な評価をされたのが本人ではなく同僚であっても同じ反応を引き起こす。不平等を感じると自分の利益を犠牲にしても相手を罰したくなるのだ（本章末のCOLUMN参照）。不信感を生む状況は絶対に避けなければならない。つまり、「会社を信じる心」が部員に根づいていることが最も基本的な前提なのである（5章参照）。それには、個々のマネジャーだけではなく、経営陣を筆頭とした会社全体が「信じるに足るマネジメント」を常に実践しなければならない。

＊ 3MのWhyを繰り返す分析手法では、下記の3点に留意した活動を行っている。①Whyの視点を個人ではなくプロセスに向けて問題の根本原因を遡及する。②根本原因の是正処置後、変更したプロセスが正しく機能しているかを測る評価指標を定期的にモニターし、変更の有効性を確認する。有効性が不十分の場合は、根本原因の遡及に戻って検証する。③問題が発生した事象だけでなく、同様なプロセスの課題を持つリスクのある事象に対しても変更処置を行い、予防活動として展開する。

COLUMN

不平等を感じると自分の利益を犠牲にしても相手を罰す

不平等を感じたとき、人はどんな行動に出るかを示す「最後通牒ゲーム」という心理実験がある。内容は以下の通りだ。

「AさんとBさんに合計1万円をあげます。その際、Aさんには、Bさんとの1万円の分配比率を決める権利を与えます。Bさんには、Aさんが提案した分配比率を拒否できる権利を与えます。ただし、Bさんが拒否した場合は、AさんもBさんも1円ももらえません」。

Aさんの提案が、「5000円ずつ」だった場合、Bさんはこれを受け入れる。しかし、「Aさん9000円に対してBさんは1000円」だった場合は、Bさんは拒否する。この時の脳内では、大脳皮質の島皮質が活性化して「不平等だ」という不快感が生まれる。その不快感を解消するために提案を拒否するのである。決定に際しては脳内で尾状核が活性化し、不快感を快感に転化させることが分かっている。この実験から「不平等を感じると自分の利益を犠牲にしても相手を罰する」ことが人間の本質であると推察される。

個人への評価を「不平等だ」と感じると、会社への不信感が強固な長期記憶となる。会社への不信感は、新たな挑戦に対するネガティブな反応を引き起こすことが多い。たとえその新しい挑戦の重要性を本人は論理的に理解し、かつ上司が情熱を持って働きかけたとしても「どうせ公正な評価は得られない」と感じてしまうのだ。

こうした状況に陥らないようにマネジャーは動かなければならない。それには個人の貢献を見える化することが肝心である。以前にも紹介したが、例えば「成果発表の際、貢献した人の名前を口頭と文字で必ず盛り込む」という方法は、不平等を感じさせないためにも効果的である。費用もかからず、誰にでもすぐできることなのでぜひ試みてほしい。

15章

安易な「褒めて伸ばす」は通用しない

入社7年目でトップクラスの営業成績を上げていたAさんが、筆者たちの部署に異動してきた。それまでのAさんの仕事は、医療関連製品を病院などの医療機関に売り込むことだった。Aさんは、顧客（医師など）が必要とする製品を的確に判断する製品知識と、顧客の懐に飛び込んで信頼を得るコミュニケーション力が抜きん出ており、それが彼の営業成績を支えていた。

未知なる仕事は困難だが…

ところが、である。Aさんの異動後の新しい仕事は、従来とは全く異なるものになった。重大な問題が起きている（もしくは予見される）事業やプロジェクトに対し、そのビジネスプロセス全体を分析した上で改革し、持続的な成長の軌道に乗せるという仕事だ。当然ながら、対象となる製品・サービス分野は多岐に渡り、ビジネスプロセスも開発、製造、営業、マーケティング、一般業務などさまざまだ。しかも多くの場合、複数のプロセスが組み合わさっている。Aさんがこれまでやってきた仕事は「特定の商品を特定の顧客に売る」というシンプルな構図だが、これからの仕事は「さまざまな製品・サービス、さまざまなプロセス、さまざまな人と現場」を扱う複雑なものである*[1]。未知なる仕事に踏み込むというのは必然的に新たな挑戦となる。その点でイノベーションと共通するといえる。

Aさんは社内公募制度に応募し、本人の希望で我々の部署に異動してきた。そのため、新しい仕事に対して情熱も意欲も持っていた。しかし、新しい仕事に不可欠なデータ解析のスキルを身に付ける機会がなく、未習得の状態だった。すぐに大きな壁にぶつかった。データ解析のスキルとは、人・物の動きや現場で起きている現象などを、要素に分解してデータ化し、そのデータを解析することによって事業の問題点を明確にしていくスキルのことだ。問題を論理的に解決する際、最初の段階で必要となる。

Aさんはその時、ある工業製品のプロジェクトを担当していた。同僚がサポートし、粘り強く丁寧にデータ解析の手法をコーチングしたが、スキル向上は遅々として進まず、Aさんの情熱と意欲は空回りするばかりだった。担当プロジェクトの業務革新も一向に進まない。その上、本人が大きく落ち込んでしまった。「これまでトップセールスマンだった自分が、ここではお荷物になっている」と感じているようだった。

まず「得意から始める」

こんなとき、マネジャーは何をすればよいのだろうか。全てのケースに通用する公式はたぶんないだろう。しかし、筆者がその時に心に決めたのは、「何があってもAさんを信じ、期待しよう」ということだ。その上で、まずAさんが得意な仕事をアサインして元気を取り戻してもらおうと考えた。どんな人でも、落ち込んで心が不安定な状態では実力を発揮できない。まず褒めることから始めた。「君の得意なのは現場でのコミュニケーションだよね。それは大きな強みだと思うよ。他人が集めたデータに基づいた解析が課題解決につながらないなら、現場で生きたデータを集めてみてはどうだろう」。

「はい。確かにそうだと思います」と納得したAさんに、その工業製品の営業の現場に1週間出張してもらった。Aさんは営業担当者に同行して顧客を訪ね、顧客との会話を通じてこれまでに知られていないデータを次々と引き出した。現場の営業担当者から大いに感謝されたAさんは、その出張をきっかけに元気と自信を徐々に取り戻していった。

そしてAさんは、新しいデータを基に苦手なデータ解析に取り組み、悪戦苦闘の末に現状把握に基づいたプロセスマップを作り上げた。プロセスマップとは、事業の流れ（プロセス）を把握するために、「必要な活動」「意思決定ポイント」「再作業ループ」「引き継ぎ」など、プロセスに含まれるあらゆる要素を図示したものだ（**図15-1**）。それを使って営業生産性（1人当たりの売上高など）を高める「あるべき姿」のプロセスマップを描き、「現状」と「あるべき姿」とのギャップ分析に基づいて営業生産性の向上策を次々と実施した。

プロジェクト開始から1年後、Aさんは営業生産性を改善する具体的アプローチを役員会で報告した。それは、事業を大きく成長させるための"成功の方程式"といえる内容で、Aさんの発表を聞いた役員たちからは拍手が湧き起こった。役員会で拍手が起きるのは異例なことである。Aさんは今、こうした成功体験を経て元気いっぱいである。「まるで歯が立たなかったデータ解析スキルを自由に使いこなせるようになった。今後は、他のスキルの習得にも挑戦したい」と話している。

成果に対して何で報いるか

Aさんの経験を紹介したのは、それが本章のテーマである「Reward（正当な評価と報酬）」マネジメントの本質を突いているからである。Reward

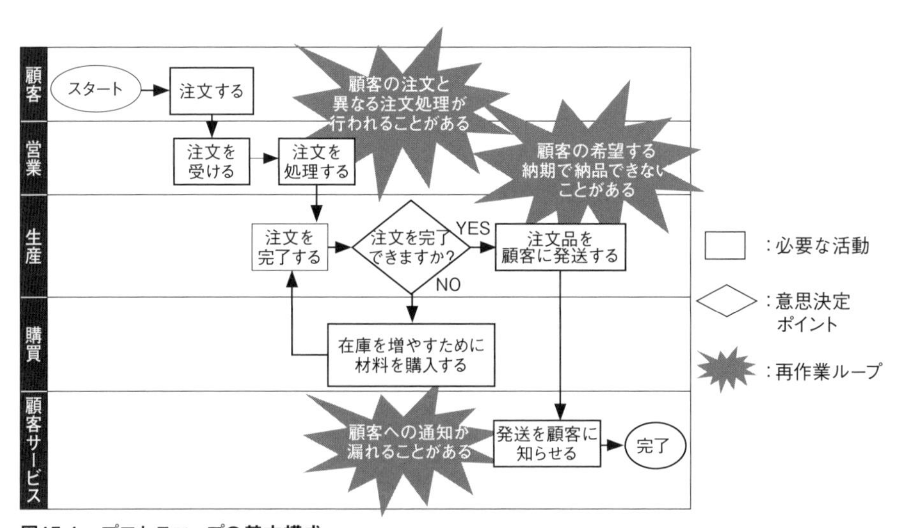

図15-1　プロセスマップの基本構成

上図は、「注文から出荷まで」の全プロセスを例として、プロセスマップの基本構成を示したもの。プロセスの流れを明確にするために、「必要な活動」「意思決定ポイント」「再作業ループ」などの項目のみを図示した。実際には「顧客」から「顧客サービス」の各プロセスの各項目ごとに、問題点や注意点を具体的かつ網羅的に記載する。その際には生のデータが必要不可欠となる。プロセスマップを使うことで、問題点や注意点を見える化できる。それを活用して包括的で効率的な問題解決策を立案する。

は金銭的な報酬を意味することが多い。しかし、Rewardマネジメントにおける Rewardとは、金銭的な報酬だけではない。正当な評価とそれに伴う名誉、自分自身の能力向上、仕事に対する自信、新たな仕事に挑戦する機会の獲得などによって複合的に構成されるものだ（**図15-2**）。「何らかの見返り」と言い換えることができるかもしれない。

組織の設計

変わらないトップマネジメントの姿勢

① 技術は会社に帰属する
② 理念に適合しない社員と向き合う勇気
③ 妥協のない企業倫理
④ 成長と利益の両立の飽くなき追求
⑤ 人財発掘・リーダー育成の組織的情熱

イノベーションを育む企業（組織）文化を構築する仕組み

① 経営資源（強みの基盤）の情報を社内で共有する仕組み
② 自主性のある人材を創るマネジメントの規律を定義する仕組み
③ 非公式のアイデアを公式のアイデアに変換する仕組み
④ 公式のアイデアから非公式のアイデアを創出する仕組み
⑤ 暗黙知の伝承を可能にするメンターを育成する仕組み

イノベーションを創出させるマネジメント

① 到達可能かつストレッチな目標設定を繰り返すマネジメント
② 心の安全地帯を作り、挑戦させるマネジメント
③ 感動を生む顧客との接触を創出するマネジメント
④ 無意識下の記憶を強化するマネジメント
⑤ Whyを繰り返し、論理的に考え抜かせるマネジメント
⑥ 機会は示すが、実行は自ら決断させるマネジメント
⑦ 共感を得るコミュニケーションのマネジメント
⑧ 名誉を感じさせる褒め方のマネジメント
⑨ 貢献した人の名前の見える化のマネジメント
⑩ 自主的な協力の行動を昇進プロセスに結びつけるマネジメント

名誉を感じさせる褒め方のマネジメント

具体的な行動指針

1. **必要なときにはいつでも会い、言うことを真剣に聞き、自分の考えをオープンに話すことで、部員が「誠実に対応されている」と実感させる**
2. **丁寧で徹底的なコーチングと積極的に褒めることで、「課題を解決するカタ」を身に付けたという自己認識を引き出す**
3. **丁寧で徹底的なコーチングと積極的に褒めることで、「苦しみを乗り越えてやり遂げた」という自己認識を引き出す**
4. **部員の成果に対する報酬として、「専門家として尊敬されている仲間からの賛辞」を見える化する**
5. **部員の成果に対する報酬として、到達可能かつストレッチな新しい目標を与える**

図15-2　イノベーションの設計図 組織の設計編
「Reward（正当な評価と報酬）」のステップでは、「イノベーションを創出させるマネジメント」の⑧～⑩が重要になる。本章は、その中の⑧「名誉を感じさせる褒め方のマネジメント」を紹介する。

Aさんにとって、今回のプロジェクトのRewardとは何だろうか。金銭的なものは全くなかった。得たのは、仲間や経営陣から称賛を受けるという名誉、自身の成長の実感、仕事に対する自信などだ。それは、新たな挑戦の機会（新しい目標）にもつながっている。筆者は、他人（顧客や同僚、上司、経営陣など）が褒めることを「Reward1.0」、自分が褒めることを「同2.0」と呼んでいる。この2つの「褒める」がAさんに対するRewardなのである。

Rewardマネジメントの基本は、Rewardの複合的な構造を理解した上で、部員に対してRewardのさまざまな側面をバランスよく適用していくことである。そして褒めることによって、得られたRewardを本人に気づかせる（自己認識させる）ことだ。Aさんの場合は、マネジャーが「見事にスキルを身に付けたね」「君の仕事の可能性は大きく広がったよ」などと語りかけたことである。自分がやり遂げたことを理解して褒めてくれれば、誰であってもうれしい。「部員がやり遂げたことを褒める」、これが褒め方の鉄則である。マネジャーは、部員が何をやり遂げたのかを見極めるための時間と手間を惜しんではならない。「何でも褒めればいい」というわけではないのだ。何でも褒めていると、逆に部員から「あのマネジャーは何も分かっていない」と思われてしまう。

何度か指摘したように、イノベーションを担う組織にとって、最大の障害は会社への不信感である。そして、不信感は「不公平、あるいは理不尽な扱いを受けたとき」に生まれる。つまり、Rewardマネジメントの巧拙によって大きく左右される。それ故、Rewardマネジメントは、社員のやる気を引き出すための要諦なのである。

知恵とお金は釣り合わない

心理学では、「やる気」のことを「動機づけ」された状態と表現する。そして動機づけを、「外発的動機づけ」と「内発的動機づけ」という2つに分類している。

外発的動機づけとは、賞罰による動機づけのことである。簡単に言えば、アメとムチのことだ。この動機づけの手法は、人間だけではなくサルやネズミにも通用する。例えば、ネズミに対し、アメ（エサなど）が得られる行動とムチ（電気ショックなど）が下される行動を設定すると、ネズミはアメの行動を増やしてムチの行動を回避するようになる。一般に、マニュアルが決まっていて成果が段階的に得られ、進捗などを見える化できる業務に対しては、外発的動機づけは有効である。見える化された進捗を常にフォローし、それに対応してアメやムチを与える仕組みを構築できれば、大きな効果が期待できる。

一方、内発的動機づけは、行動することで得られる楽しさや満足感、そして期待感による動機づけといえる（本章末のCOLUMN参照）。楽しみや期待感があるから積極的に参加するし、自発的に学習し、最大限に努力する。いわば、個人の内面から湧き出るやる気である。イノベーションはマニュアルがなく段階的に進捗するわけでもないので、内発的動機づけが極めて重要となる（**図15-3**）。

会社と社員の関係は、会社からの報酬（給与）を得ることで、社員は家計を維持・拡大するというのが基本である。そのため、社員のやる気を引き出すには、報酬を増やすという外発的動機づけが重要なことは言うまでもない。しかし、それだけでは不十分であることも、特に創造的な仕事では明らかである[*2]。例えば、会社の成長に貢献したプロジェクトに対して、社長賞と副賞100万円で

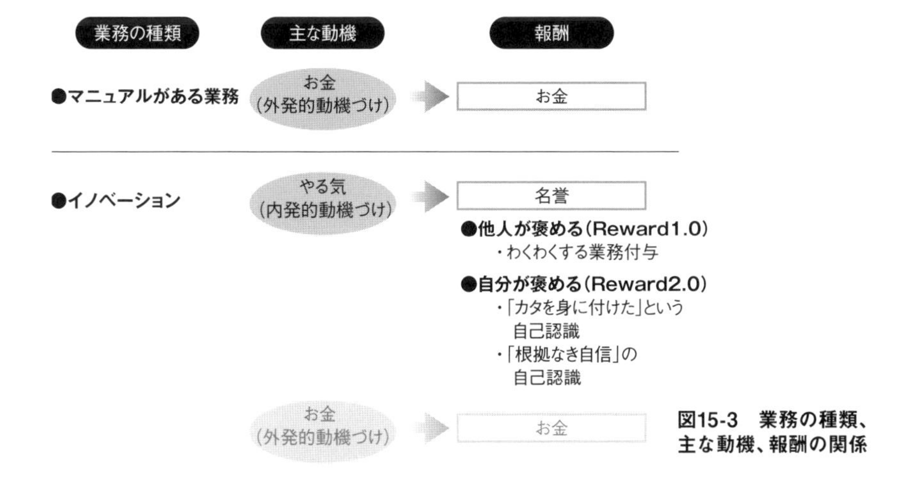

図15-3　業務の種類、主な動機、報酬の関係

処遇するという外発的動機づけを考えてみよう。初めて手にする副賞の100万円は、プロジェクトメンバーを大いに喜ばせ、次の挑戦へのやる気を引き出すだろう。しかし、次に受賞した場合はどうだろうか。同じ100万円では最初の時より喜びは小さくなるはずだ。喜びを保つ手っ取り早い方法は、副賞を200万円に増額することだが、それでは際限なく増額していかなければならない。

私は、このような状況が生じる理由として「上位概念を下位概念で評価するからだ」と考えている。会社の成長に貢献したプロジェクトの根底にあるのは「知恵」である。その知恵を、副賞の「お金」で評価する状況になっている。知恵とお金はどちらが上位の概念だろうか。もちろん知恵の方が上位だ。下位概念で上位概念を評価されると人は満足しないのである。では、どうすればよいのだろうか。知恵よりも上位の概念で評価すればよい。知恵の上位概念とは、尊敬や賞賛を伴った「名誉」である。知恵を名誉で評価すると、受賞者の満足度は毎回高いレベルを維持できる。この点、3Mの「グローバル・エクセレンス賞」はよく練られていると思う。

知恵は名誉で評価する

3Mのグローバル・エクセレンス賞のことは、皆さんご存じないと思うので少し説明したい。この賞は、技術、製造、品質、営業、マーケティング、スタッフなどの分野ごとに、グローバルレベルで革新的成果を上げた個人を表彰する賞のことだ。推薦するのはそれぞれの分野の専門家で、技術分野なら実績のある技術者たちとなる。会社は選考に口を出さない。仕事の内容をよく知っている仲間が評価するので、ある意味とても厳しい評価になる。選考ではまず日本国内で推薦され、次にアジア地域、最後にグローバルで推薦されると同賞の受賞が決まる。

授賞式は、技術などの分野ごとに開催される。受賞者は、湖畔のリゾート地Wonewok（米国ミネソタ州）にある3Mの保養施設に招待されるが、その時には自分の最も大事な人を連れて行くことができる。例えば筆者の同僚のBさんが2014年に受賞した際には奥さんと参加した。Bさんは、あるB to

Bの事業で利益率を大幅に拡大するアプローチを見いだし、そのアプローチが他の事業にも広く適用できることを示したことが高く評価された。

受賞パーティーでは、トップマネジメントから奥さんに、Bさんの受賞理由が詳細に説明された。Bさんによると、「彼女は専門知識がないので、内容はほとんど理解していないようだったが、とてもうれしそうに見えた」という。トップマネジメントの話を通じて、Bさんが会社から敬意を払われていることを感じ取ったからではないだろうか。トップマネジメントをはじめとする、3Mの他の参加者は、一様に受賞者を賞賛し敬意を払う。Bさんは続けて、「彼女の僕を見る目が少し変わったような気がする。尊敬の念のようなものが加わったかもしれない」と少し照れながら話した。身近にいる大事な人から尊敬されることで、気分が悪いはずはない。

グローバル・エクセレンス賞の副賞はトップマネジメントのサインが入った盾である。かなり立派なものだ。Bさんが居間に飾ったら、子どもが奥さんに「それ何?」と聞いてきたという。奥さんは、誇らしげに子どもに賞の説明をした。それを聞いた子どもは「お父さん、えらいんだね」と喜んだ。Bさんの受賞は、本人、奥さん、子どもに名誉という感情を生み出した。筆者が奥さんに「授賞式はいかがでしたか」と聞くと、「また招待されたい。仕事をもっと頑張るよう、彼に発破をかけています」と楽しそうな表情で答えた。

Rewardはやる気を加速する

グローバル・エクセレンス賞そのものには、金銭的な報酬は一切ない。しかし、受賞は会社に貢献したことの明確な証拠なので、この功績が人事考課に反映されて昇進や昇給につながる。つまり、毎月の給与が増えるわけだ。昇給は副賞などの一時金とは違ってロングタームで効く。しかも、その昇給は上司と本人以外には分からない。グローバル・エクセレンス賞は「外発的動機づけ」と「内発的動機づけ」のバランスが絶妙だと思う。

両者を活用したRewardマネジメントは、部員が成し遂げた成果を組織の中で「見える化」させると同時に、部員に対しては困難を乗り越えた自身の力量を自己認識させる。こうしたRewardマネジメントによって「SSRイノベーション・マネジメント・スパイラルプロセス（SSRマネジメント）」の効果を格段と高めることができる（**図15-4**）。これが、前述した「Rewardマネジメントは、社員のやる気を引き出すための要諦」の具体的な効果である。その結果、「新しいストレッチされた目標も必ず達成できる」という手応えと「根拠なき自信」を生み、次の目標に挑戦したいというやる気を加速することができるのだ。

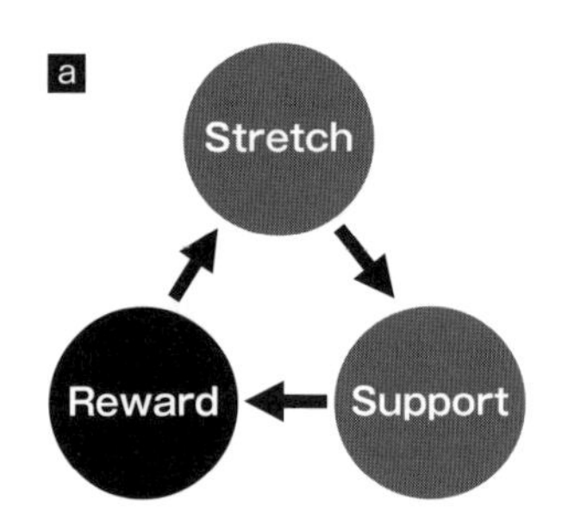

第1ステップStretch：マネジャーは達成可能と考えるが、部員にとっては到達に自信が持てないほど高い「ストレッチされた目標」に挑戦。

第2ステップSupport：部員の不安を安心に転化させ、部員の潜在能力を最大限に引き出す。

第3ステップReward：成果を正当に評価することで、部員に成果を自己認識させ、次のストレッチされた目標に挑戦したいというやる気と「次も到達できるはず」という「根拠なき自信」を引き出す。

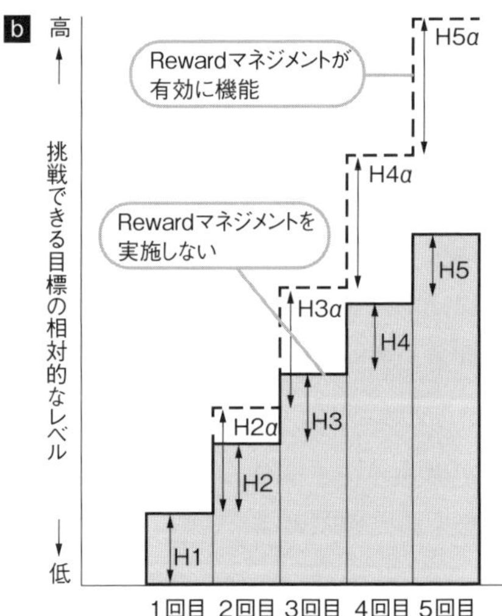

図15-4　SSRマネジメントの仕組みとRewardマネジメントの効果

(a)は、SSRマネジメントの基本的な仕組み。「Stretch(背伸びした目標の設定)」「Support(精神面を含めたさまざまな支援)」「Reward(正当な評価と報酬)」を繰り返すことで、部員のやる気を高めながら能力向上を図っていく。(b)は、Rewardマネジメントの効果。Rewardマネジメントが有効に働けば、格段に高い目標に挑戦することができる。

＊1　筆者たちの部署は、問題を抱える事業に対して基本的には1人の担当者を決める。担当者は、現場と協力しながら現状の問題点を明確にし、その根本原因を取り除く業務改革を成し遂げなければならない。

＊2　マニュアルがあるような業務でも内発的動機づけは大事である。しかし、イノベーションなどマニュアルが作れない業務では、アメとムチのマネジメントの適用が困難なので、内発的動機づけに根差したマネジメントの重要性がより高くなる。

COLUMN

期待がドーパミンの放出を促し、やる気を高める

何らかのRewardが予測された場合、大脳辺縁系の側坐核でドーパミンの放出が増える。ドーパミンはやる気を高める効果を持つ神経伝達物質だ。つまり、脳は何か重要なことが起きそうだと認識するとやる気を出すのである。

Wolfram Schultz（ヴォルフラム・シュルツ）氏らは、サインを出した何秒か後にジュース（報酬）がもらえるという、サルを対象とした実験を報告している[1)]。この実験の特徴は、サインと報酬の関係における確率を調べたことである。報酬を得る確率が0%の場合、つまり、いくらサインを出してもジュースが出てこないと、当然ながらドーパミンは放出されない。ところが予想とは異なり、100%報酬がもらえる場合もドーパミンは放出されなかった。ドーパミンの放出が最大になったのは、半々の確率で報酬をもらえる場合だ。つまりドーパミンの放出は、報酬（ジュース）に対してではなく、うまくすると報酬がもらえるかもしれないという期待、言い換えるとドキドキ感によって放出させるのである。脳というものは“不確実さ”を楽しむようにできているのだ。

16章

「自分で自分を褒める」のすごい効果

1996年、米国アトランタ五輪で銅メダルに輝いた女子マラソンの有森裕子選手は、レース直後のインタビューでこう語った。「メダルの色は銅かもしれませんけど…、終わってから何でもっと頑張れなかったのだろうと思うレースはしたくなかったし、今回は自分でそう思っていないし…。初めて自分で自分を褒めたいと思います」。彼女は涙をこらえながら言葉を絞り出した[*1]。それを見た筆者は、「すごいぞ、有森さん。大したもんだ」と思いながら、思わず膝を打った。

本章もテーマは「Reward（正当な評価と報酬）」マネジメントである。まず「自分が褒める（Reward2.0）」ことのプラスアルファの効果を紹介する。次に「貢献した人の名前の見える化のマネジメント」に入りたい（図16-1）。

「自分を動かす」セルフマネジメント

有森選手は、五輪で2大会連続でのメダル獲得という偉業を成し遂げたが、たとえ小さな達成であっても、イノベーションへの挑戦では自分を褒めることが大切である。筆者のささやかな経験をお話ししよう。

筆者は2015年からピアノを始めた。それまでピアノに触ったこともなかったが、少し前に電子ピアノを買った。最初に知り合いから指使いの基本を教えてもらい、後は独学である。始めた頃は、楽譜を見ながらぎこちなく鍵盤を押すのが精一杯だった。ところが半年強たった頃から、練習を積んだ曲であれば、頭の中に譜面と鍵盤を思い浮かべることができ、目を閉じたまま弾ける。お気に入りはベートーベンの「歓喜の歌」[*2]。人前で披露するほどの腕前ではないが、目をつぶってピアノを叩きながら1人で悦に入っている。年を取っても、新しいことに挑戦できることを自らの体験を通して実感でき

組織の設計	
	変わらないトップマネジメントの姿勢
	① 技術は会社に帰属する
	② 理念に適合しない社員と向き合う勇気
	③ 妥協のない企業倫理
	④ 成長と利益の両立の飽くなき追求
	⑤ 人財発掘・リーダー育成の組織的情熱
	イノベーションを育む企業(組織)文化を構築する仕組み
	① 経営資源(強みの基盤)の情報を社内で共有する仕組み
	② 自主性のある人材を創るマネジメントの規律を定義する仕組み
	③ 非公式のアイデアを公式のアイデアに変換する仕組み
	④ 公式のアイデアから非公式のアイデアを創出する仕組み
	⑤ 暗黙知の伝承を可能にするメンターを育成する仕組み
	イノベーションを創出させるマネジメント
	① 到達可能かつストレッチな目標設定を繰り返すマネジメント
	② 心の安全地帯を作り、挑戦させるマネジメント
	③ 感動を生む顧客との接触を創出するマネジメント
	④ 無意識下の記憶を強化するマネジメント
	⑤ Whyを繰り返し、論理的に考え抜かせるマネジメント
	⑥ 機会は示すが、実行は自ら決断させるマネジメント
	⑦ 共感を得るコミュニケーションのマネジメント
	⑧ 名誉を感じさせる褒め方のマネジメント
	⑨ 貢献した人の名前の見える化のマネジメント
	⑩ 自主的な協力の行動を昇進プロセスに結びつけるマネジメント

貢献した人の名前の見える化の マネジメント

具体的な行動指針

1.マネジャーが、成果に貢献した部員の名前を見える化する際、技術視点とビジネス視点という2つの視点で発表の場を設定する

2.プロジェクトの成果に対して、実務で貢献した人(担当者)とマネジメント(サポート)で貢献した人(マネジャー)を区別し、それぞれ分けて見える化する

3.「Looks Good戦略」の適用

図16-1　イノベーションの設計図 組織の設計編

「Reward（正当な評価と報酬）」のステップでは、「イノベーションを創出させるマネジメント」の⑧～⑩が重要になる。本章は、その中で⑧「名誉を感じさせる褒め方マネジメント」の続きと、⑨「貢献した人の名前の見える化」を紹介する。

た（本章末のCOLUMN参照）。

こうした小さな達成に対しても、筆者は自分を褒める。つまり、ピアノを弾くことを通じて、[1] できなかったことができるようになったことに気づき「自分を褒める」のだ。さらに、[2] やればできるという「根拠なき自信」が湧いてくるし、[3] 次の挑戦を楽しみにするという感情は、自分で自分の背中を押し、普通は躊躇（ちゅうちょ）してしまう行動であっても実行するという「勇気ある決断」を促す。[1] の「自分を褒める」はSelf-recognition（自己認識）、[2] の「根拠なき自信」はSelf-confidence（自己信頼感）、[3] の「勇気ある決断」はSelf-decision（自己決定）につながる（**図16-2**）。

この3つのプロセスは、セルフマネジメントのプロセスそのものである。つまり、「自分が褒める（Reward2.0）」のプラスアルファの効果とは、セルフマネジメントを身に付けることなのだ。たとえ趣味のピアノで根づいたプロセスであっても、自然と仕事に生かせる。このプロセスが、仕事の技量を向上させたいという思いを後押しし、会社の成長にも貢献できるようになる。

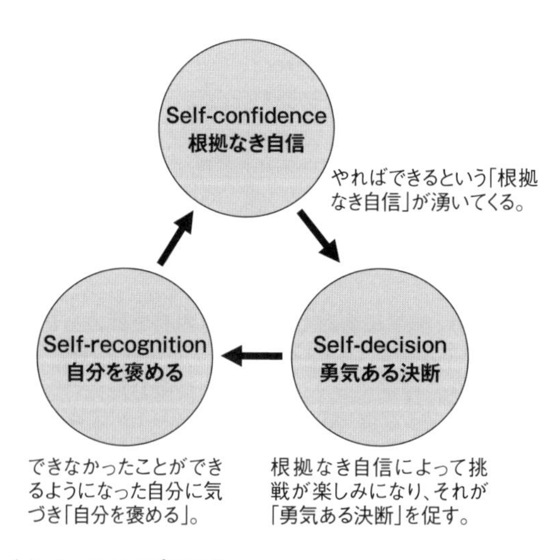

図16-2　セルフマネジメントの3つのプロセス
「自分を褒める」がきっかけになって、図中の3つのプロセスが回り出すことが多い。それがセルフマネジメントの確立につながる。

“Otafuku”2重らせんが理想

このセルフマネジメントは、いわば「自分で自分を動かす」ためのアプローチだ。一方、これまで本書で紹介してきた「SSRイノベーション・マネジメント・スパイラルプロセス」（以下、SSRマネジメント）は、マネジャーがリードするアプローチである。すなわち、「人を動かす」ためのアプローチである。マネジャーがリードする「人を動かす」マネジメントと、部員による「自分を動かす」セルフマネジメントが呼応するようになると、チーム全体の能力を飛躍的に高めることができる。これこそがイノベーション・マネジメントが目指す、あるべき姿だ。

その概念を**図16-3**に示す。左右両側に、それぞれが3つのプロセスから成

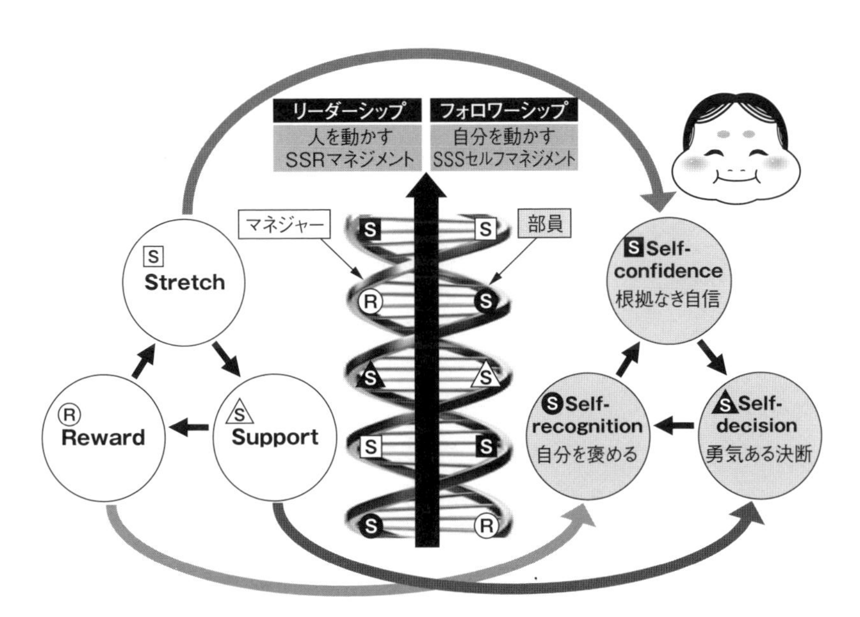

図16-3 「“Otafuku”2重らせん」の概念図
2重のらせん階段を上がるように、部員とマネジャーが一緒に成長していく。

る2つのサイクルがある。左側は、マネジャーがリードする「人を動かす」サイクルだ（SSRマネジメント）。一方の右側は、部員が「自分を動かす」サイクルである。これは、「Self-confidence」「Self-decision」「Self-recognition」を繰り返して自らの能力を高めていくアプローチであることから、それぞれの頭文字を取って「SSSセルフマネジメント・スパイラルプロセス」（以下、SSSセルフマネジメント）とした。

まずステップ①で、マネジャーは部員に対して「Stretch（背伸びした目標の設定）」マネジメントを実施し、その高い目標に対して部員が「根拠なき自信（Self-confidence）」を持って挑戦する。ステップ②では、部員の果敢な挑戦に対してマネジャーが「Support（精神面を含めたさまざまな支援）」マネジメントを行う。その支援を受けながら、部員はさまざまな局面で「勇気ある決断（Self-decision）」を下し、プロジェクトを前に進める。ステップ③では、マネジャーは「Reward（正当な評価と報酬）」マネジメントを実施する。部員は自身の成長を自己認識して「自分を褒める（Self-recognition）」。そして、マネジャーは2回目のStretchマネジメントに入る。

こうして、つながった2つのらせん階段を上るように、部員とマネジャーがともに成長していく。一連の流れの中では、Rewardマネジメントと「自分を褒める」プロセスは最後に来るが、この2つは1回目のサイクルと2回目のサイクルの連結部分である。すなわち、1回目の仕上げと2回目の起点になるので、極めて重要なプロセスだ。

マネジャーと部員が実践する2つのスパイラルプロセスは、分かちがたく結びついており、**図16-3**の中央に示したようにDNAの2重らせんのような構造になっている。全体的な形が福を呼ぶ「お多福」の顔に似ていることから、筆者はこの概念図を「“Otafuku”2重らせん」と呼んでいる。マネジャーのリーダーシップとはSSRマネジメントを遂行する能力のことであり、部員のフォロワーシップとはSSSセルフマネジメントを遂行する能力であると考えている。

2重らせんの階段をマネジャーと部員が一緒に上っていくのが、筆者が考えるイノベーション・マネジメントの理想である[*3]。SSSセルフマネジメントを実践できる状態にある部員は、イノベーションに自らの意思で挑戦するし、マネジャーは彼らの能力を最大限に引き出すことができる。

脚本を書いて演出し、役を演じる

"Otafuku"2重らせんを実現するに際して、マネジャーの心構えについても触れておきたい。大切なのは、「演じる」ことである。マネジャーと部員が本音を出し合い、腹を割って話すことが大切なことは言うまでもない。ただ、それだけではなく、マネジャーは「役を演じる」ことも必要だ。筆者は企業（事業）と演劇はよく似ていると考えている。演劇は観客に楽しんでもらうこと、企業は顧客に価値を提供して喜んでもらうことが目的だ。演劇が舞台で演じられるように、会社も舞台だと考えてみてはどうだろうか。

マネジャーは、計画（脚本）を描き、部員（役者）を動かして（演出して）、顧客への価値を創出する。自らも舞台に立ち、役を演じる。部員を動かすためには、「部員が腹落ちする」ほど説得力がある計画を描くことが必要となる。計画を実行する際には、マネジャーは演出家の役割を果たす。部員に対して褒めるべき点は褒め、厳しく指導すべき点は厳しく指導しなければならない。「したいことをする」のではなく、「すべきことをする」のが役を演じる基本である。初めの慣れないうちは、言動がぎこちなく「あの人は本心を言っていない」と思われるかもしれないが、次第に習熟し、無意識に演じることができるようになる。

筆者が「役を演じる」ことを考えるきっかけになったのは、7章で紹介した磁気製品の開発後のことである。それが大ヒットすると、何人もの経営幹部が、その磁気製品をかなり大げさに褒めるのである。日本人の感覚からすると多少わざとらしく感じるほどである。それだけでなく、米国の技術発表会に招待され、講演を依頼された。名誉と称賛を持って処遇されたわけだ。その時、こう考えた。その対応が単に役を演じた、意図的に作られたものだったとしても、そこに善意があることに間違いはない。であれば、「素直に喜べばいい」と。この経験が、役を演じることがマネジャーには必要だという確信につながった。

貢献した人の名前の見える化

ここからはRewardマネジメントの1つ「貢献した人の名前の見える化のマネジメント」の勘所に入る。これまでに何回か指摘したように、役員会や社内の技術報告会などで成果を発表する際に、貢献した人の名前を文書や口頭で必ず見える化することが大切だ。本人にとって大きなやりがいにつながり、費用も掛からないのでぜひとも実践したい。ここでは、その際の3つの具体的な行動指針を紹介する（**図16-1**）。

最初の行動指針は、「マネジャーが、成果に貢献した部員の名前を見える化する際、技術視点とビジネス視点という2つの視点で発表の場を設定する」である。技術視点の発表の場とは、例えば社内の技術報告会など技術者が参加する場のことだ。メーカーの場合、技術および技術者が価値づくりの源泉になることが多い。そうした技術者たちに、技術の内容を詳しく示しながら、具体的な貢献の内容を明らかにする。一方、ビジネス視点の発表の場とは、役員会などの経営者の視点がメーンとなる場のことである。役員会では、参加する全ての役員が技術に詳しいとは限らない。そのため、技術的な説明は概略とし、ビジネス面での貢献を重点的に伝える。当然、資料や口頭発表の内容も変える必要がある。

2番目の指針は、「プロジェクトの成果に対して、実務で貢献した人（担当者）とマネジメント（サポート）で貢献した人（マネジャー）を区別し、それぞれ分けて見える化すること」である。プロジェクトの成果は、総体としては1つのものだが、直接の担当者とマネジャーは担う役割が異なる。従って分けて評価した方がよい。多くの場合、プロジェクトの実務担当者の名前は比較的簡単に見える化できるが、プロジェクトをサポートしたマネジャーの見える化は見落とされがちである。これを確実にしないと、マネジャーが不公平な扱いを受けたと感じたり、逆に直接の担当者を押しのけて全て自分の成果にしたりすることが起きる。マネジャーの貢献を見える化することは、マネジャーの「役を演じる」やる気にもつながるのでとても重要である。

3番目が、「Looks Good戦略の適用」である。Looks Goodとは、ある人が周囲や上司から褒められるような状態のこと。例えば、あなたのおかげでAさんがLooks Goodに見える化されたとすると、Aさんはあなたの意見を好意的に聞くようになる。これは、筆者が経験的に学んだことだ。

Looks Good戦略とは、こうした現象を念頭に置き、誰かの成果を見える化する際に、その見える化に自分が一役買っていることをさりげなくアピールすることだ。いわば人脈づくりである。他の人（特に、ステークホルダー）から「ヒト、モノ、カネ」でサポートしてもらうためには、それを依頼する前にその人の成果達成を積極的に支援するとよい。支援の事実を積み上げることで人脈が広がり、いざという時にサポートを受けやすくなる。すなわち、「Give, Give, Give and Take」なのである。

＊1 有森選手は、アトランタ五輪の前回に当たるスペイン・バルセロナ五輪の女子マラソンで銀メダルを獲得した。しかし、その後、けがや体調不良に襲われ、一時は走ることさえできない状態だった。アトランタ五輪は、それに打ち勝った復活の銅メダルである。

＊2 「歓喜の歌」は、ベートーベンの交響曲第9番「合唱」の最終楽章で歌われる曲。歌詞もあるが、ピアノなど向けに曲だけにしたアレンジがある。「歓びの歌」「喜びの歌」ともいわれる。

＊3 SSSセルフマネジメントの3つのプロセスを途切れることなく実践してきた部員は、マネジャーとしての能力を持つようになる。つまり、SSSセルフマネジメントは、次のマネジャーを育てるのにも有効となる。

年を取っても脳を活性化させる軸索のミエリン化

脳が成長するのは、若い頃、特に幼児期であることが分かっている。例えば、年を取ると新たな外国語の習得に苦労するのは脳の成長期(臨界期)を過ぎたからだと説明されることがある。

そんな中、年を取っても脳の神経細胞(ニューロン)のネットワークの強化や伝達速度の高速化を進めるメカニズムがある。それがミエリン化だ。楽しいと感じながら、「見る、聞く、触る」といった感覚情報を脳に入力すると、楽しいという気持ちによって放出する神経伝達物質が、神経細胞ネットワークにおける電気信号の伝達効率を向上させる。それが繰り返されると、軸索を伝導する電気信号の速度が飛躍的に高まる。「通勤のために走行していた一般道路が、繰り返し走行していると高速道路に変身した」と例えられる[1)]。これがミエリン化と呼ばれる現象だ。

ミエリン化のミエリンは、神経細胞の細胞体から伸びる軸索を覆うミエリン鞘(しょう)(髄鞘)から採られた。ミエリン鞘が形成された状態のことをミエリン化した状態という。ミエリン鞘は脂質に富んだ白い物質の多層構造体で軸索に巻きついている。中枢神経系(脳や脊髄)では、グリア細胞の一種であるアストロサイトとオリゴデンドロサイトの働きによってミエリン鞘は形成される(**図16-A**)。そのメカニズムは以下の通りだ。

特定の軸索から繰り返し大量の電気信号が発せられると、それが引き金となって軸索からATP(Adenosine TriPhosphate)が分泌される。軸索の活動をモニターするアストロサイトがATPによる刺激を受けて化学物質のLIF(Leukemia Inhibitory Factor)を分泌する。すると、LIFによる刺激を受けたオリゴデンドロサイトによって軸索の周りにミエリン鞘が形成される。

ミエリン鞘自体は絶縁体だが、電気信号を素早く伝える効果がある。

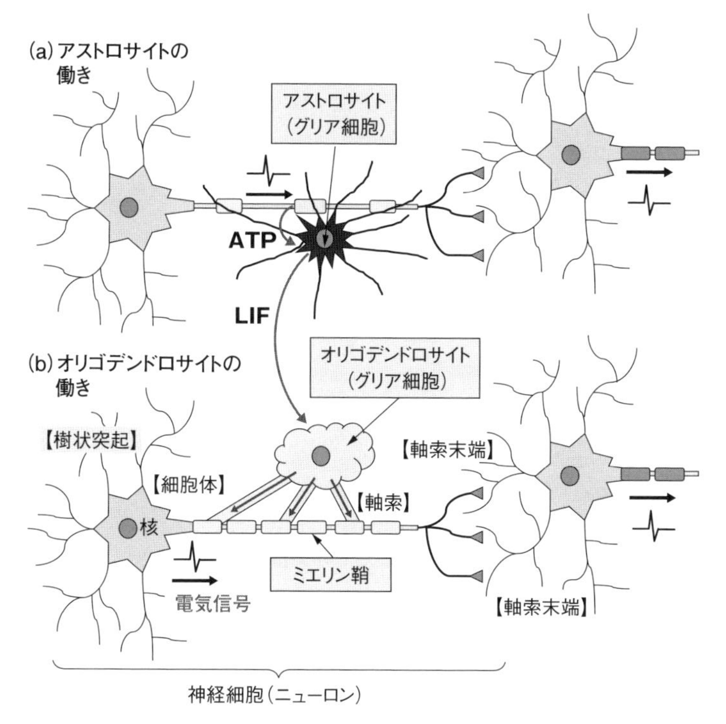

図16-A　神経細胞の軸索のミエリン化のメカニズム
アストロサイトとオリゴデンドロサイト(いずれもグリア細胞の1種)が神経細胞に働いてミエリン鞘が形成され、軸索がミエリン鞘で覆われるミエリン化が進む。

軸索のところどころにはミエリン鞘が途切れた隙間(ランビエ絞輪)がある。ミエリン化すると、信号はこの隙間で跳躍して伝播する。信号伝導速度は、ミエリン化していない状態だと時速約4kmだが、ミエリン化すると最大で100倍の時速約400kmに達する(**図16-B**)。

もっとも、ミエリン化の大半は幼児期に起こる。子どもは周囲の世界や自分についての知識をどんどん吸収しながら、ミエリン鞘を作っていく。しかし、繰り返しの努力が必要になるが、年を取ってもミエリン化は起こるのだ。好奇心を持って諦めずに挑戦していると、脳の中でミエリン化が起こり、神経細胞のネットワークは、高速で情報信号を伝達するようになる。新しいことに挑戦するとき、初めはぎこちなく、なかなかうまくいかない。しかし、繰り返し努力することにより、より円滑に、より自然に、より余裕を持ってできるようになる。諦めない努力に対して脳は決して裏切らない。

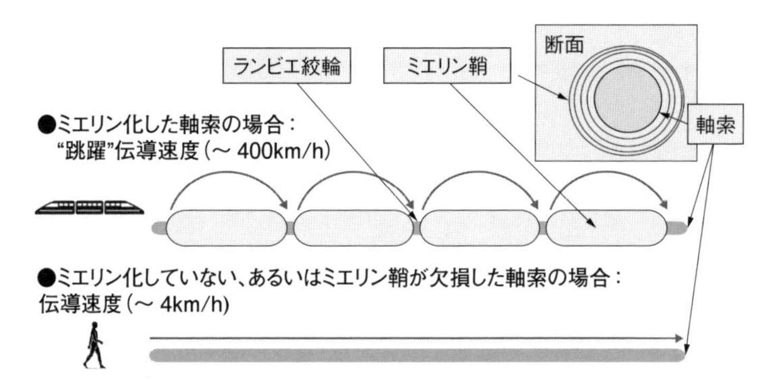

図16-B　ミエリン化による軸索伝導速度の高速化のイメージ
軸索がミエリン鞘で覆われるミエリン化が起こると、軸索の信号伝導速度は、最大で約100倍に高まる。

17章

他部署への貢献も高く評価する

ここまで、「イノベーションに強い組織の設計」の中の「イノベーションを創出させるマネジメント」の詳細を紹介してきた。基本的な考え方は次のようなものだ。

[1] イノベーションのような創造的な仕事は、決してマニュアル化できない
[2] それ故、成功の確率を高めるためには、イノベーションの担い手である部員のやる気を引き出し、彼らの頭の中（脳）を活性化するしかない

その具体的な方法が、「Stretch（背伸びした目標の設定）」「Support（精神面を含めたさまざまな支援）」「Reward（正当な評価と報酬）」という3つのステップを繰り返し、部員の能力向上を図っていくマネジメントである。筆者は3つのステップの頭文字を取って「SSRイノベーション・マネジメント・スパイラルプロセス」（以下、SSRマネジメント）と呼んでいる。

本章ではまず、SSRマネジメントの中のRewardに関するマネジメントの1つとして、「自主的な協力の行動を昇進プロセスに結びつけるマネジメント」を紹介する（**図17-1**）。これにより、「イノベーションを創出させるマネジメント」を構成する10項目の説明を一通り終えることになる。そして本章の最後で、イノベーションを実践する際に、会社からの積極的な支援が望めない場合の気構えに触れたい。イノベーションを強く求められている現場はかなり疲弊し、不満を募らせているようだ。筆者が講演などで話した時に、「会社としてイノベーションを支援する仕組みがない」「部員に新しいことに挑戦しようという気概が乏しい」と嘆くマネジャーが多いことに気づいた。そこでは、「そんな状況をいかに打破すればよいのか」がテーマになる。

組織の設計

変わらないトップマネジメントの姿勢

① 技術は会社に帰属する
② 理念に適合しない社員と向き合う勇気
③ 妥協のない企業倫理
④ 成長と利益の両立の飽くなき追求
⑤ 人財発掘・リーダー育成の組織的情熱

イノベーションを育む企業(組織)文化を構築する仕組み

① 経営資源(強みの基盤)の情報を社内で共有する仕組み
② 自主性のある人材を創るマネジメントの規律を定義する仕組み
③ 非公式のアイデアを公式のアイデアに変換する仕組み
④ 公式のアイデアから非公式のアイデアを創出する仕組み
⑤ 暗黙知の伝承を可能にするメンターを育成する仕組み

イノベーションを創出させるマネジメント

① 到達可能かつストレッチな目標設定を繰り返すマネジメント
② 心の安全地帯を作り、挑戦させるマネジメント
③ 感動を生む顧客との接触を創出するマネジメント
④ 無意識下の記憶を強化するマネジメント
⑤ Whyを繰り返し、論理的に考え抜かせるマネジメント
⑥ 機会は示すが、実行は自ら決断させるマネジメント
⑦ 共感を得るコミュニケーションのマネジメント
⑧ 名誉を感じさせる褒め方のマネジメント
⑨ 貢献した人の名前の見える化のマネジメント
⑩ 自主的な協力の行動を昇進プロセスに結びつけるマネジメント

自主的な協力の行動を
昇進プロセスに結びつけるマネジメント

1.経営者の視点で、他部署の部員の専門性も把握する
2.経営者の視点で、部署を超えて社内の課題を把握する
3.経営者の視点で、協力してくれた他部署の部員に対して昇進のための推薦状を書く

図17-1　イノベーションに強い組織の設計
Reward(正当な評価と報酬)のステップでは、「イノベーションを創出させるマネジメント」の⑧～⑩が重要になる。本章は、その中の⑩「自主的な協力の行動を昇進プロセスに結びつけるマネジメント」を紹介する。

部署を超えた協力を機動的に

まず、「自主的な協力の行動を昇進プロセスに結びつけるマネジメント」について説明する。さまざまな商品・サービスがあふれている現在、大きな価値を持つ新商品・新サービスを生み出すことがますます難しくなっている。そんな中、多くの企業が実践しているのが、部署の垣根を超えた協力である。多様なものの見方や技術を持った人材が集まり、自分たちの得意分野を持ち寄れば新しい価値を生み出せる可能性が高まるからだ。その際に重要になるのが、「自主的な協力の行動を昇進プロセスに結びつけるマネジメント」である。他部署のプロジェクトに自主的に協力してプロジェクトの成功に貢献しても、何の見返り（Reward）もないようでは協力が長続きしない。協力者の昇進や昇給につながるRewardマネジメントを実施する必要がある。

筆者が、このRewardマネジメントの重要性を認識させられたのは、2005～2007年に、米3Mコーポレート・プロセス・リサーチ・ラボラトリー（Corporate Process Research Laboratory）において研究部長を務めたときだ。同研究所の技術者たちは、それぞれの技術分野の専門家として認められており、専門分野の技術開発によって事業部の製品開発を支援する役割を担っている。各技術者の主な業務は、アサインされた技術開発を進め、それぞれに決められた年間目標を達成することである。

しかし、仕事はそれだけではない。全ての技術者は、事業部が抱える多様な課題に対して自分に何ができるかを日頃から考え、その解決を目指して熱心に技術開発に取り組んでいた。これは主業務とは別の自主的な活動である。3Mには、「会社の成長に貢献すると信じる自主的活動は、上司の承認なしに、つまり自由意思で実施できる」という「15％カルチャー」がある。技術者たちは、その仕組みを利用して事業部の支援を行っていたのだ。研究所では、次のような内容の会話をよく聞いた。

「自分の専門をよく知っている、A事業部製品開発部門のマネジャーから、『ウチの技術課題の解決に協力してほしい』という相談を受けた」

「テクフォーラムに参加したら、B事業部が抱えている課題に対し、自分の専門技術が役立ちそうだったので協力を申し出た」

筆者にとって、次の3点が新鮮で興味深かった。[1] 筆者の部署に所属する部員の専門分野を、他の部署のマネジャーが詳しく把握している、[2] 一方で筆者の部署に所属する部員も、他の部署の技術課題をよく知っている、そして、[3] 自主的に協力するという、部署を超えた活動がごく普通に頻繁に行われている。

他部署への協力が昇進につながる

では、なぜ自主的な協力活動が活発なのだろうか。その理由は、筆者の部署に所属する部員の昇進手続きの際に分かった。昇進の手続きの一環として、彼が仕事で関わった他部署のマネジャーにその部員の昇進に対する推薦状を依頼した。3Mでは推薦状の内容が昇進の判断を大きく左右する。数字で表されるような実績は、昇進の検討の俎上に載せる入場券にすぎず、その実績に対して本人がどのくらい貢献したかは、推薦状で分かるようになっている。そのため、推薦状を書く方も真剣だ。良いことだけを書くわけではない。

筆者が依頼したマネジャーは全員、具体的で詳細な貢献の内容をまとめた推薦状をすぐに書いてくれた。その部員と一緒に仕事をした他部署の技術者が、推薦状を作成するために直属のマネジャーに協力していたのだ。この時、昇進候補の部員は、他部署のマネジャーから自分への推薦状が提出されることを知っていたと思う。

「部署は違っても、自分の貢献をしっかりと見てくれている」という信頼があるからこそ、部署を超えた自主的な協力活動が活発化するのだ。これが3Mにおける「自主的な協力の行動を昇進プロセスに結びつけるマネジメント」である。そのマネジメントの行動指針は、[1] 経営者の視点で、他部署の部員の専門性も把握する、[2] 経営者の視点で、部署を超えて社内の課題を把握する、[3] 経営者の視点で、協力してくれた他部署の部員に対して昇進のための推薦状を書く、という3つである。

イノベーションに積極的に挑戦する人材は、間違いなく会社の宝である。経営者の視点に立つことにより、マネジャーは自然とそのような人材を育てようという気持ちになる。マネジャーは自分の部署にこだわらず、全社的な視点で人材育成に取り組むようにしたい。つまり、All for Oneの姿勢だ。その人材の直属のマネジャーだけに会社の宝を育てる役割を担わせるのは荷が重すぎる。具体的には次のようにするとよいだろう。解決すべき課題に取り組むプロジェクトを立ち上げる際、マネジャーは自分の部署の部員だけではなく、必要に応じて他部署の部員に協力を依頼する。加えて、技術の交流の場などを通じ、自分たちが抱えている課題を積極的に見える化する。課題が外から分かるようになると、他部署からの協力を得やすくなる。

「協力を依頼する」と「協力を申し出る」がごく普通に行われる組織にすることが、イノベーションを成功に導く可能性を高めてくれる。さらに、忘れてならないのは、自分の部署の目標達成に貢献してくれた他部署の部員に対しては、その部員の昇進につながる明快な形、3Mの場合は推薦状で“お返し”をすることだ。推薦状という制度がない場合でも、何らか形で貢献を見える化すべきである。

イノベーションは甘くない

ここまで紹介してきたイノベーションを創出させるマネジメントは、マネジャーにとって手間のかかるものである。イノベーションを担う部員に対しては、高い成果を求めるものの、その達成のために部員を励まして不安を和らげなければならないし、丁寧にコーチングしてスキル向上の支援もしなければならない。そして、目標達成の暁には大いに褒める必要がある。マネジャーは部員の行動や精神状態に、常に気を配らなければならない。そこまでする必要があるのか、と思われるかもしれないが、やはり、その必要性は高い。

3Mは、「世界で最もイノベーティブな会社になる」ことを目指している。

そのため、会社の組織や制度は、この目標を達成するために整備されている。例えば、技術者のような専門職は、イノベーションを実現しない限り、高い評価は得られない。与えられた仕事を効率的にこなすだけでは、昇進や昇給に限界がある。責任ある仕事や大きな仕事をしたければイノベーションで実績を上げるしかないのだ。そのため、「イノベーションを成し遂げられなかったら大変なことになる」という切迫感を常に抱えている。それに打ち勝ちながら、イノベーションに挑戦しているのだ。

もともと失敗するかもしれない（あるいは、失敗する可能性が高い）イノベーションへの挑戦は、本能的に安定を求める人にとって、できれば避けたいものである。本能に逆らいながらも、新たな挑戦に導くためには、背中を押す手厚いマネジメントが欠かせない。そのため、イノベーションを創出させるマネジメントの大部分は、こうした挑戦者を支援する仕組みになっている。厳しい言い方かもしれないが、挑戦しようとしない者は相手にされない。甘くはないのだ。それが、「世界で最もイノベーティブな会社になる」ことを目指すということである。

尊敬されるマネジャーが鍵

ここからはイノベーションを実践する際、会社からの積極的な支援が望めない場合の気構えに入りたい。前述したように、イノベーションに挑戦する際の自社の環境に対して、危機感を持っているマネジャーは多い。中には「イノベーションへの挑戦に対して、上司のサポートは何もない」と言い切るマネジャーもいた。危機感は不満の裏返しでもある。そんな状況で一介のマネジャーは何をできるのだろうか。

実は3Mでも、1948年以前にはイノベーションの創出のために明快な仕組みはなかった。それでも、中興の祖であるWilliam L. McKnight（ウィリアム・L・マックナイト、5章参照）のマネジメントが適切だったため、幾つもの大きなイノベーションに成功した。その後、マックナイトのマネジメントの本質を見極め、後に続く者が仕組みを構築し、経験を積み重ねながらブラッシュアップして現在に至っている。マックナイトは、既に社長だったが、マネジメントのプロフェッショナルでもあった。1人のマネジャーにできることは大きい。皆さんの会社でもイノベーションを育む仕組みがない中で、優れたマネジャーのリーダーシップによりイノベーションに成功したケースがあるはずだ。

会社としての仕組みがなくても、マネジャーがSSRマネジメントを実践すれば、イノベーションに挑戦するやる気を引き出せる。「Stretch（背伸びした目標の設定）」「Support（精神面を含めたさまざまな支援）」「Reward（正当な評価と報酬）」という3つのステップを繰り返すことで、部員のやる気と能力は確実に高まっていく。その結果、マネジャーは部員から信頼され、尊敬されるようになる。この「尊敬される」というのが鍵である。尊敬されるマネジャーが率いる部署は、イノベーションを成功させてビジネスに貢献する可能性が高い。そして、イノベーションを成功させた部署のマネジメントが他部署でも共有され、会社全体の仕組みに展開する可能性も少なからずある。

「会社にイノベーションを活性化させる仕組みがない」あるいは、「イノベー

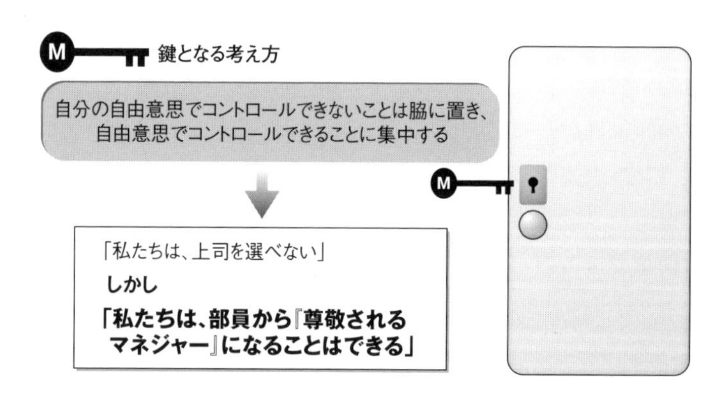

図17-2　マネジャーの迷いを解消させる鍵
組織のクオリティーを高めるために、マネジャーが会社に対してさまざまな提案をすることは、マネジャーの重要な仕事の1つだが、不幸にして効果を発揮しないこともある。その場合は、自分のできる範囲のこと、すなわち部員に尊敬されるマネジャーになることを行動指針とする。

ションへの挑戦に対して、上司のサポートは何もない」と嘆く人たちに対し、筆者はこう話す。「今すぐ部員から尊敬されるマネジャーになるための一歩を踏み出そう」と。自分の上司は変えられないが、部員から尊敬されるマネジャーを目指すのは自分次第だ。つまり、自分の自由意思でコントロールできないことは脇に置き、自由意思でコントロールできることに集中するのだ(**図17-2**)。尊敬されるマネジャーになるように「自分が自分を変革する」ことは、自分の自由意思と努力によって実現できる。ここがスタートだ。個々のマネジャーが率先して自己変革を進めていけば、どんな組織でも大きく変わることができる。

18章

メンターは
マネジメントを超える

ここではマネジメントの範囲を超える領域、つまりマネジメントが届かない部分について説明したい。これは、かなり個人的な内容になる。

良い仕事をするにはプライベートも充実していることが望ましい。それが間違いないことには、皆さんも同意していただけると思う。家族や恋人、友人、恩師などの支えは、仕事のやる気を高め、困難に打ち勝つ強さを与えてくれる。このように、仕事の上下関係と離れて自分の味方になり、精神的にも支えてくれる人をメンターという。多くの企業では新入社員などに対し、仕事やプライベートの悩みの相談に乗ってくれる先輩を配するメンター制度を導入している。その場合のメンターは狭い意味のメンターで、本来のメンターは職場の人とは限らないもっと広い概念だ。

ただし、広い意味でのメンターに恵まれるために、マネジメントができることはさほど多くはない。結局は本人の生き方と、人との出会いに負う部分が大きいからである。ここでは、こうした広い意味でのメンターをテーマにしたい。

データをして語らしめよ

言うまでもなく、メンターの存在はとても強い心の支えになる。メンターの生き方や言葉は、物事を考える際の原点となり、考えを進めていく上での座標軸となる。少なくとも筆者にとってはそうである。仕事をする上で、筆者の最大のメンターは大学時代の2人の恩師であり、その言葉が心の支えとなった。

筆者は、九州大学工学部応用化学科4年生と同大学大学院工学研究科修士課程の2年間、合わせて3年間（1977～1980年）を、高分子の構造と物性を研究する故高柳素夫先生の研究室で学んだ。高柳先生は当時教授で、高剛性のアラミド繊維の構造を明らかにするなど、高分子化学の分野で多くの成果を上げられていた。高柳先生が口癖にしていたのが、「データをして語らしめよ」である。これが筆者にとっての最初の心の支えだ。

例えば、ある物質の温度（t）と剛性（k）の関係を調べる実験で、**図18-1**(a)のようなデータが得られたとしよう。一見すると温度が上がるに従って、剛性も向上しているように見える〔同（b)〕。しかし、少し考えてみると、1度ピークがあって最後は下がっている可能性があることが分かる〔同（c)〕。いずれにせよ、これではデータが不足だ。「データをして語らしめる」にはさらに実験を行って追加のデータを集め、統計的に有意であることを証明しなければならない。

データ重視の姿勢は、科学者および技術者の大切な基本だ。筆者は技術者時代に、「このデータからはこの結論以外導き出せない」というところまで、すなわち「データが自ら語り出す」まで徹底的に実験を繰り返した。その結

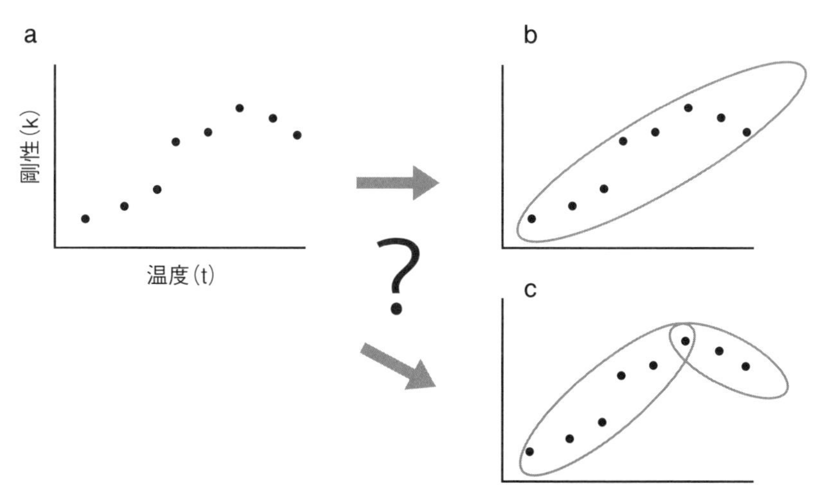

図18-1 「データをして語らしめよ」
ある物質の温度(t)と剛性(k)の関係を調べる実験で、(a)のようなデータが得られた場合、温度が上がるに従って剛性も向上しているように見える(b)。しかし、1度ピークがあり、そこから最後は下がっている可能性もある(c)。これだとデータ不足で「データをして語らしめる」ことはできない。

果、データの信頼性が高まり、プロジェクトを正しい方向に導いてくれた。さらに言えば、顧客調査といった、実験よりも不確実性が残るデータに関しても、データの客観性と妥当性を高めるために、最大限の努力をした。客観性と妥当性が高ければ高いほど、説得力が高まるからだ。私の頭の中には「データをして語らしめよ」という言葉が、必要な時にいつでも参照できる形で大切に保管されている。

「超えよ限界」か、「知れよ限界」か

もう1つ、心の支えとしている言葉がある。それは筆者が研究室に所属していた当時、助教授だった梶山千里先生*が話してくれたことだ。「破れ常識、超えよ限界」と「守れ常識、知れよ限界」である（**図18-2**）。

梶山先生がある企業の研究所を訪ねた際、「破れ常識、超えよ限界」というスローガンが掲示してあった。先生はこれを見て、研究によってこれまでの常識を覆し、限界を突破することができれば素晴らしいと感じた。その一方で、「それだけでいいのかな」という違和感があったという。その違和感が何なのかを熟慮し、たどり着いたのが「破れ常識、超えよ限界」と「守れ常識、知れよ限界」の組み合わせだ。

「破れ常識、超えよ限界」というのは徹底した攻めの考え方である。一方、「守れ常識、知れよ限界」は守りの考え方である。梶山先生が強調したのは「攻

図18-2　攻めと守りを両立させることが重要
「破れ常識、超えよ限界」と「守れ常識、知れよ限界」は矛盾する考え方ではない。両立させることが重要となる。下地の陰陽の文様は本文で後述する『ビジョナリーカンパニー ―― 時代を超える生存の原則』でアイコンとして使われている。

めと守りの両立を考えろ」ということだった。これだけだと分かりにくいと思うので実例で説明したい。以前、米3Mにおいて、筆者が担当した高密度磁気記録媒体の製品開発の事例を紹介した（7章参照）。これを別の視点で見ると、両立の具体的な意味が浮かび上がってくる。

その高密度磁気記録媒体は、コンピューターのデータ記録用磁気テープに使うもので、当時（1980年代後半）社内の3つのチームが別の技術で開発を競っていた。製品化されるのは1つのみだ。筆者がリーダーを務めるチームは頭1つ抜け出し、開発過程で他のチームを上回る結果を出していた。ところが、最終の試作品の評価で耐久性が目標を大きく下回ってしまった。評価試験は独立した評価部門が行う。我々の試作品の耐久性は、標準サンプルや過去の試作品のデータさえも下回っていたので、評価試験に何らかの不備があったのだ。我々は再評価を求めたが、評価部門は拒否した。結果、「売り言葉に買い言葉」で、感情的な対立に至った。「データをして語らしめよ」を信条としていた筆者は、その基本となるデータをいい加減に扱われたことが許しがたかった。

そんな状況で当時のマネジャーの示した判断は、筆者に有無を言わせず2週間の休暇を取らせることだった。家族と温暖な米国フロリダ州に出かけたが、その時にひらめいたのが再評価ではなく、新しい試作品を評価してもらうことだ。実際は同じ条件で作るので、実質的には前に評価したのと同じ試作品だ。しかし、新しい試作品の評価なので評価部門の顔が立つのである。この発想の原点には、攻めと守りを両立させるという梶山先生の教えが（当時は意識していなかったが）あったと思う。学生時代に植え付けられた考え方は、ハードルの高い仕事に挑戦する際、貴重な道しるべとなった。

ここで言う両立とは、単純に「足して2で割る」ものではない。Jim Collins（ジム・コリンズ）氏とJerry Porras（ジェリー・ポラス）氏が、著書『ビジョナリー・カンパニー 時代を超える生存の原則』（日経BP、1995年）で説く、「『ORの抑圧』をはねのけ、『ANDの才能』を活かす」に通ずるものである（**表18-1**）。

A	B
利益を超えた目的	現実的な利益の追求
基本理念を核とする保守主義	リスクの大きい試みへの大胆な挑戦
カルトに近いきわめて同質的な文化	変化し、前進し、適応する能力
長期的な視野に立った投資	短期的な成果の要求
哲学的で、先見的で、未来志向	日常業務での基本の徹底

表18-1　ORではなくANDを実現する
表中のAとBは『ビジョナリー・カンパニー 時代を超える生存の原則』の中で、どちらかの選択を迫る『ORの抑圧』として紹介されているものだ(一部を抜粋)。AとBは、事業計画の立案や製品開発を進める上で対立する考え方で、多くの場合、OR(二者択一)を迫るものである。しかし、同書ではORではなくANDに転換することが重要であると指摘し、それを『ANDの才能』と呼んでいる。

「心の支え」メンター

マネジメントは、「マネジャー」と「部員」の関係が基本となる。そのため、マネジャーによる、部員のやる気を引き出すためのアプローチや、部員が自ら考えて動くように導くためのアプローチを、これまで紹介してきた。新しいことに挑戦するイノベーションでは、これらの資質が大切だからだ。しかし、イノベーションを育む組織をつくるには、両者を結ぶマネジメントだけではまだ足りないのではないか、と最近考えるようになってきた。マネジャーや部員の個々人を支えてくれるメンターの存在が、極めて重要だと思うのである。筆者の最大のメンターは2人の恩師だが、人は、それぞれ他人とは異なる「心の支え」を持っているのではなかろうか。

人によって歩んできた道が違うので、何を「心の支え」にしているのかが異なるのは当然である。その心の支えを大切してほしい。それは、最後の最後まであなたを支えてくれるからだ。イノベーションに挑戦する人材は、直接の上司に当たるマネジャーだけではなく、前章で紹介した他部署の部員やマネジャー、そしてメンターなど、多くの人の支えによって大きく成長するのである（図18-3）。

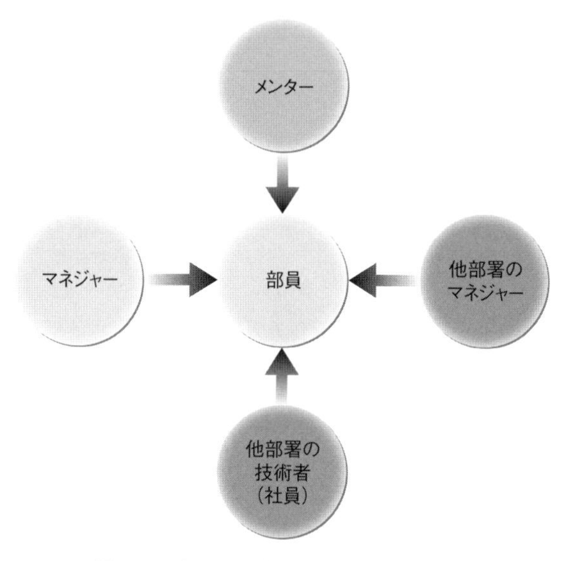

図18-3　部員の人材育成に貢献する支援者

3つの「迷いを解く鍵」

人との出会いから「心の支え」を獲得する――。これは、マネジメントの視点からすると、偶然に頼った他力本願とも取れる。では、マネジメントの働きかけで、部員の「心の支え」をつくる方法はないのだろうか。最後に、筆者が「自分を動かす」マネジメントと、「人を動かす」マネジメントの実践を通じてたどり着いた、部員の「心の支え」につながる「迷いを解く鍵」について紹介したい。以下の3つだ（**図18-4**）。

1番目の鍵は、「我々ホモ・サピエンスは、誕生以来約20万年間に及ぶ環境変化と生存競争を乗り越えて生き残った」という事実である。荒波を生き抜いてきた先祖のDNAを、我々は持っている。遠い祖先からつながる命のリレーにおいて、たった1人が欠けただけでも現在の自分は存在しない。つまり、自分が持っているDNAは、先人たちの努力と幸運によって生存競争を勝ち抜いたDNAである。このDNAを受け継いでいるという自己認識は、やればできるという「根拠なき自信」を支えてくれる。

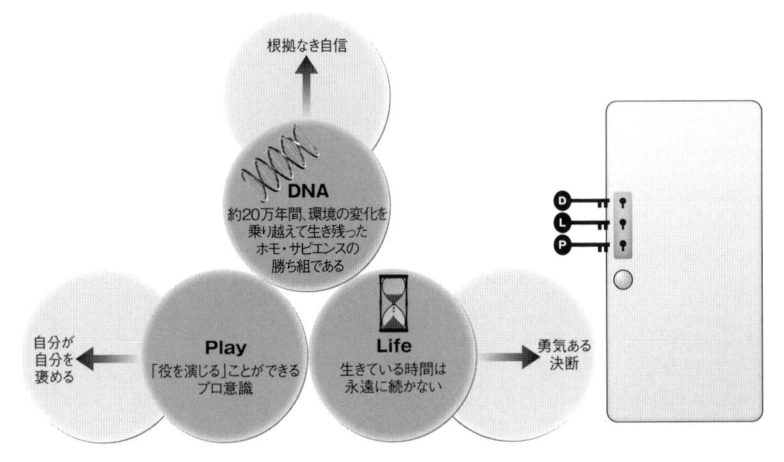

図18-4　3つの「迷いを解く鍵」のDNA、Life、Playの概念

2番目の鍵は、「生きている時間は永遠には続かない」という真理である。「100年後に自分は存在していない」という真理と「何もせずに寿命を迎えるのは嫌だ」という自然な感情は、「勇気ある決断」をする際、背中を押す効果がある。

3番目の鍵は、「役を演じる」という、プロフェッショナルとしての職業倫理である。たとえ「やりたくないこと」であっても、それが自分に求められた役割であるならば、「やりたいこと」と同じ情熱を持って全力を尽くすのがプロである。顧客（もしくは会社）からもらったお金は、顧客（もしくは会社）の満足に確実に変換しなければならない。この職業倫理は、「やりたいことではなく、やるべきことをやる」が基本となる。そして、目標を達成したときに「今日は第三のビールではなく、本物のビールを飲もう」というようにささやかな「自分が自分を褒める」という満足感・高揚感につながる。

筆者は、この3つの「迷いを解く鍵」にそれぞれ、「DNA」、「Life」、「Play」とタイトルを付けている。DNAは「根拠なき自信」に、Lifeは「勇気ある決断」に、Playは「自分が自分を褒める」に展開できる。

マネジャーが3つの「迷いを解く鍵」を発信することにより、部員の「心の支え」をつくり出すことは可能である。そのためには、論理的に説得するような堅い話し方ではなく、それとなく気づかせるように誠意を込め個人として話す方が、真意が伝わりやすい。部員はDNA、Life、Playの3つの鍵を受け取ることで、新たな挑戦に躊躇（ちゅうちょ）する心が変化し、「根拠なき自信」「勇気ある決断」「自分が自分を褒める」によって、さまざまな課題に自ら挑戦できるようになる。

＊ 梶山千里先生は、後に九州大学総長を経て福岡女子大学理事長・学長を務めた。高分子固体物性の構造論的研究を展開し、高分子材料や有機超薄膜の粘弾性緩和機構を明らかにした。また、粘弾性追随型疲労試験機、走査型粘弾性顕微鏡などの手法を世界に先駆けて提案、開発し、高分子の疲労機構の解明や、高分子固体表面に特異的な分子運動特性を明らかにした。

19章

「いかんともしがたい上司」への対抗策

イノベーションに挑む組織のマネジメントで特に重要なことは、部員の一人ひとりのやる気を引き出すことである。これが上司たるマネジャーの使命であり、プロフェッショナルとしての腕の見せ所だ。しかし、自分の上司に、こうしたプロがなるとは限らない。「上司は選べない」のである。

マネジメントのプロではない上司

「やたらと高い目標（ノルマ）は設定するのに、なぜそれが重要なのかを説明しない」「部員の成果を自分の功績にしてしまう」「暗い顔で後ろ向きの発言を繰り返し、部員を不安にさせる」――。こんなマネジャー（上司）は極端な例かもしれない。しかし、似たような行動を取る上司は決して珍しくはない。少なくとも筆者には、講演などの機会を通じてそんな上司に関する悩みが数多く耳に入ってくる。

ここでは、こうした上司、つまりマネジメントのプロフェッショナルではない上司への対抗策を紹介する。このテーマを選んだきっかけは、修士課程2年の学生から、切実な質問を受けたことである。筆者は、工学系大学院の学生に対してイノベーション・マネジメントの集中講義を行ったことがある。その時質問をした学生は、イノベーションに挑戦するやる気や勇気を引き出すためのマネジメントが重要なことは分かったという。しかし一方で、就職をしている先輩から、イノベーション・マネジメントを実践できる上司はほとんどいないと聞いていると話した。

その上で彼の質問は、「上司のイノベーション・マネジメントに期待できないとき、イノベーションへのやる気を高めるために自分自身で何ができるか」という内容だった。これから就職する学生にさえ、そんな不安を抱かせたのだ。マネジメントに対する不安や不満は根強い。これまでも、「いかんともしがたい上司」への対抗策を部分的に盛り込んできたつもりだが、ここでまとめて紹介したい。

納得できない目標を設定される

上司のマネジメント能力の不足はどんな場面で顕著になるのだろうか。その具体例を「SSRイノベーション・マネジメント・スパイラルプロセス」（以下、SSRマネジメント）の流れに沿って見ていく（**図19-1**）。

最初のステップである「Stretch（背伸びした目標の設定）」において、上司の重要な仕事は、適切な目標の設定と、それを部員に腹落ちさせることだ。ところが、会社が設定した挑戦的な目標を「上が決めたことだから」と言っ

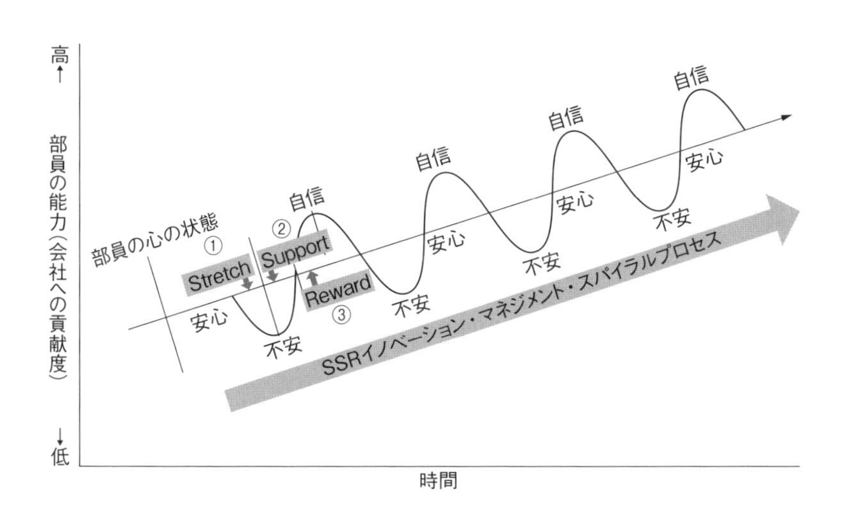

図19-1　部員のやる気を引き出す「SSRマネジメント」の仕組み
「SSRイノベーション・マネジメント・スパイラルプロセス」（SSRマネジメント）は、「Stretch（背伸びした目標の設定）」「Support（精神面を含めたさまざまな支援）」「Reward（正当な評価と報酬）」の3ステップを繰り返すことで、部員のやる気を引き出しながら能力向上を図るマネジメント法である。マネジャーには、リーダーシップやコミュニケーションといった専門的な技量が必要となる。マネジメントのプロフェッショナルになるには、このような専門的技量を身に付け、不断の努力でそれを磨き続けなければならない。

て、十分な説明なし（あるいは利益目標を達成するためという説明だけ）で部員に割り振る場合がある。大切なのは、この目標（What）がなぜ必要なのか（Why）を部員に説明して腹落ちしてもらうことなのに、そのプロセスが全くない。部員は、当然ながら納得がいかない。そのため、指示された目標は、義務的にしなければならないこと（Must）になってしまい、達成するための情熱が湧いてこない。

これは明らかに上司のコミュニケーション不足である。この場合の対抗策は、部員自らがフォロワーシップを発揮することだ（**図19-2**）。具体的には上司に対して、指示されたWhatの背景にあるWhyを自分が腹落ちするまで聞くことである（10章参照）。それでも実感できなければ現場を訪ねるとよい。例えば、「ある顧客の課題を解決せよ」と指示されたとしよう。上司の状況説明だけで顧客が困っている根本原因が分からない場合は、実際に自

	マネジメントのプロフェッショナルではない上司の行動	やる気を引き出すための部員の対抗策
Stretch	•Whyの十分な説明をしないでWhatのみを指示する	•「フォロワーシップ」で対応する
Support	•部員の不安な気持ちを理解しない	•「セロトニンの分泌」を活性化させる
	•アイデア創出に行き詰まっているときに声を掛けてくれない	•同僚や他部署の人たち、顧客などと議論する •「ひらめきは99%の努力とさらに1%の努力である」を思い返す
	•相談しても何の助言もしてくれない	•自分の自由意思でコントロールできないことは脇に置き、自由意思でコントロールできることに集中する
Reward	•褒めない	•自分で自分を褒める

図19-2　マネジメント・プロフェッショナルではない上司の行動に対する部員の対抗策

分が顧客を訪問できるように上司に提案する。そして、顧客から課題の内容を直接聞き、顧客の現場を実際に見て回る（6章参照）。顧客の困っている状況が分かってくると、義務（Must）だった目標が、顧客の課題を解決したいという、内面から湧き上がるWantに変換される（8章参照）。

Wantをベースにした内的動機に基づくプロジェクトは、困難に直面しても、「まだ何かできるはずだ」「もうひと踏ん張りがんばろう」というポジティブな姿勢につながりやすい。一方、単に指示されただけのプロジェクトは、困難に対してネガティブな反応を示す傾向がある。「やはり問題が出てきた」「初めからうまくいかないと思っていた」などと反応し、すぐに諦めてしまう。フォロワーシップとは、上司に指示された仕事を黙々とこなすことではない。やる気が出る状況をつくるために、主体的に動くのがフォロワーシップである。

困難に挑む不安への対抗策

SSRマネジメントの「Support（精神面を含めたさまざまな支援）」は、上司の力量不足が最も出やすいステップである。お金（費用や投資資金の用意）、人員、時間などの資源の配分は重要なサポートだが、それはイノベーション以外でも同じこと。イノベーション・マネジメントにおけるSupportの本質は「心のマネジメント」である。

成功するかどうか分からないイノベーションにおいては、部員は挑戦への不安と失敗への恐怖から逃れられない（11章参照）。人は不安や恐怖を感じていると、自由で柔軟な発想ができず集中力も下がってしまう。その結果、実力が発揮できない。それ故、不安や恐怖を軽減する心のマネジメントが重要なのだ。ところが、多くの日本の企業では、「部員の心を理解する」「部員を安心させる」という行動は、マネジメントの基本的な機能としてではなく、上司の性格次第と捉えられているようだ。すなわち、「Aさんはきめ細かい気配りができるので、部員は安心して仕事ができる」。一方、「Bさんは熱心だが視野が狭いので、部員の気持ちをくみ取るタイプではない」といった具合である。

しかし、心のマネジメントがイノベーションにとって決定的に重要である以上、性格頼みにしてはいけない。上司は部員の心を理解するための技量を意識して身に付け、しかも磨き続けなければならない。では、そんな問題意識を持たない上司に当たった部員はどうすればよいのだろうか。その上司は「部員の不安な気持ちを理解しない」だろうから、部員は自分で対処するしかない。まずすべきことは、イノベーションに挑戦しているのだから不安なのは当然だと割り切ることである。その上で筆者は、不安に対抗するための脳科学的なアプローチを取り入れている。具体的には、脳内の神経伝達物質であるセロトニンの分泌を活性化させることだ。

不安を感じているときには、別の神経伝達物質ノルアドレナリンが分泌されている。ノルアドレナリンは注意力を強化するが、判断力への悪影響が懸念される。そのノルアドレナリンの働きを抑えるのがセロトニンである。セロトニンの分泌が増えると、心が安定して冷静に判断できるようになる。セロトニンの分泌を増やすには11章で示した生活習慣を取り入れるとよい。脳科学の成果を活用して、不安に対抗するのである。

議論がひらめきのきっかけに

「アイデア創出に行き詰まっているときに声を掛けてくれない」というのも、心のマネジメントを身に付けていない上司にはありがちだ。特に部署全体としては計画が順調に進んでいるとき、個別のプロジェクトに対する関心が薄くなることがある。部署として順調であっても、一部のプロジェクトが遅延している場合、担当者にとっては切実な状況だ。彼の評価は、担当するプロジェクトの進捗で決まるからである。声を掛けたり議論をしたりすることは、「君のことはちゃんと見ているよ」というメッセージにもなる。それだけで部員の不安軽減につながるし、その議論の中から新しいアイデアがひらめくこともある。議論は不可欠なのである。

上司との議論が期待できない場合は、同僚や他部署の技術者·マネジャー、顧客などと議論するとよい。社内の技術発表会や学会などを利用するのも手だ。何より、内にこもらないことが大切である。

もう1つ、心構えとして筆者が実践していることがある。それは、13章で指摘した「ひらめきは99%の努力とさらに1%の努力である」という言葉を思い返すことだ。これは、脳の神経細胞（ニューロン）における情報伝達のアナロジーから考えた。神経細胞を結ぶシナプスが信号を伝達するには、信号強度がある閾値（しきいち）を超える必要がある。その閾値を100とすれば、たとえ99に達していても信号は伝わらない。イノベーションにも同様に閾値があると考え、今は成果が得られずアイデアに行き詰まっているように見えても、閾値の一歩手前まで到達していると信じる。そして、「あと1つの努力が道を開く」と念じて自分を奮い立たせ、スパートをかけるのだ。

上司の中には「相談しても何の助言もしてくれない」人もいる。その人は、マネジメントの基本を全く身に付けていないわけだが、現実にはそんな人が上司になることもある。そんなときは、「自分の自由意思でコントロールできないことは脇に置き、自由意思でコントロールできることに集中する」しかない（17章参照）。

課題の中には、自分のコントロールできる範囲を超え（例えば上司は選べない）、自分の努力では解決できないものがある。そのような課題の解決にエネルギーを費やすのは無駄だ。そこは腹を決めて、自分の努力で解決できることにエネルギーを集中させた方がよい。それでも悩むときは、「先人たちの努力と幸運によって生存競争を勝ち抜いたDNAを自分は持っている」「何もせずに寿命を迎えるのは嫌だ」「役を演じるというプロフェッショナルとしての職業倫理」を意識して自分に問いかけよう（18章参照）。「今、何をすべきか」「自分は何がしたいのか」と。

褒めない上司

最後は、3つめのステップである「Reward（正当な評価と報酬）」で多いケースである。それは、部員の仕事の成果に対して、「褒めない」上司だ[*1]。対抗策は、「自分で自分を褒める」である（16章参照）。成果を上げている以上、過去の自分と比べて成長していることは間違いない。そこで、具体的な成長のポイントを明確にし、そこを自分で褒めるのである。自身の成長は心のよりどころになる*2。他の人に褒められるかどうかという相対的な基準ではなく、自分の中に絶対的な基準を設定するのだ。それには心を強く保ち続ける必要がある。これは困難なことだが、強い心を育てることは、今後の大きな財産になる。

ここまで、力量不足の上司への対抗策を紹介してきたが、皆さんは対症療法的で後追いの対応だと感じたかもしれない。確かにその通りだ。根本の原因が上司の力量不足にあり、「上司を選べない」以上、抜本的な解決はなかなか難しい。しかし、会社の組織をデザインするという高次の視点（つまり経営の視点）から見ると、根本的な解決の道が開けてくる（**図19-3**）。部員だけではなくマネジャーを成長させる仕組みを、組織として構築するのだ。

マネジャーは部課単位で見れば大きな責任と権限を持つリーダーだが、社

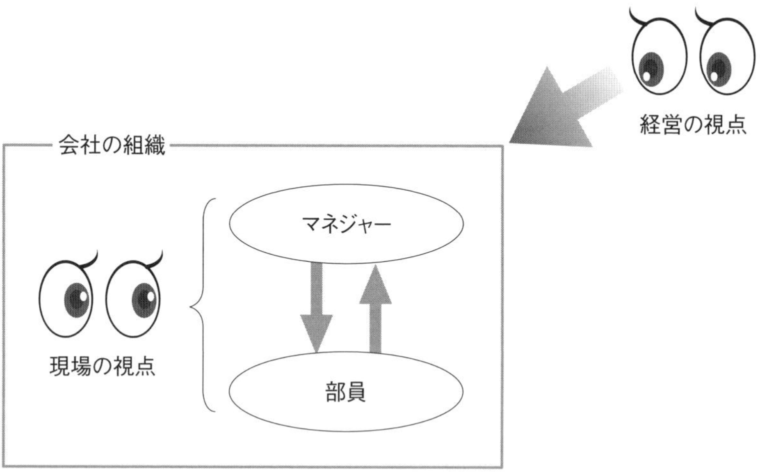

図19-3　経営の視点で組織をデザイン
マネジャーと部員の関係という現場の視点ではなく、より高次の経営の視点から会社の組織全体を見直すことで根本的な解決につなげることができる。

会人として見れば発展途上の人材である。成長を続けなければならない。次章以降は、部員とマネジャーを共に成長に導くための組織としての仕掛けを紹介する。

＊1 「褒めてくれない」というと、些末なことに感じられるかもしれない。しかし、イノベーション・マネジメントにあっては、成果や達成を褒めるというのはとても大切なことだ。「褒めない」ことは「正当な評価が得られない」ことにつながり、「貢献が社内に認められない（見える化されない）」ことにもなる。極端な場合には、部員の成果を上司が自分の功績にしてしまうことさえある。

＊2 心のよりどころがあると、人の本性に基づく「不公平に扱われたと感じると、自分の利益を犠牲にしても相手を罰する」というネガティブな感情を抑えられる。ネガティブな感情が引き起こす行動は非生産的であるだけではなく、感情的なしこりを部内に残しやすい。

［第Ⅲ部］

イノベーションを育む企業（組織）文化を構築する仕組み

イノベーションの設計図 組織の設計編 ②

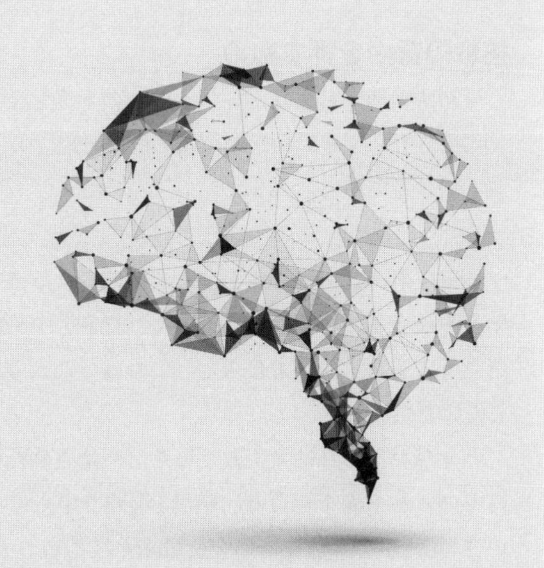

20章

「創造性に富む組織」の根底には何があるか

「イノベーションに強い組織」を構築する上で、大きな要素の1つとなる「イノベーションを育む企業（組織）文化を構築する仕組み」の解説に入る（**図20-1**）。「イノベーションに強い組織は、意図的に創ることができる」。これがテーマだ。ただし、組織の構造や権限の割り振りといった形式的な組織論を展開するわけではない。もともと企業の組織は世界中で似通っている。トップに社長がいて経営会議があり、その下に事業部、部、課というヒエラルキーを成している。イノベーションに強い組織の本質は、こうした組織の構造にはない。例えば、「イノベーション部」と名付けた部を新設してもイノベーションが活発になるわけではない。では何がイノベーションに強い組織をつくるのだろうか。

挑戦の背中を押すもの

最初に実例から入りたい。ホンダの元経営企画部長の小林三郎氏は、著書『ホンダ イノベーションの神髄』（日経BP、2012年）の中で、こんなエピソードを紹介している。

本田技術研究所は以前、全く業種の異なるＡ社との間で、研究員の交換留学をやったことがある。7～8人の若手・中堅の技術者を2カ月間、互いの研究所に派遣する予定だった。いわば「他人の飯を食う」経験をさせようとしたのだ。

ところが、これは大失敗だった。派遣された技術者はどちらも「仕事にならない」と不満を募らせ、結局1週間で中止になった。その理由が振るっている。Ａ社から本田技術研究所に来た技術者の不満は「指示が曖昧で何をやっ

組織の設計	
	変わらないトップマネジメントの姿勢
	① 技術は会社に帰属する ② 理念に適合しない社員と向き合う勇気 ③ 妥協のない企業倫理 ④ 成長と利益の両立の飽くなき追求 ⑤ 人財発掘・リーダー育成の組織的情熱
	イノベーションを育む企業（組織）文化を構築する仕組み
	① 経営資源（強みの基盤）の情報を社内で共有する仕組み **② 自主性のある人材を創るマネジメントの規律を定義する仕組み** **③ 非公式のアイデアを公式のアイデアに変換する仕組み** **④ 公式のアイデアから非公式のアイデアを創出する仕組み** **⑤ 暗黙知の伝承を可能にするメンターを育成する仕組み**
	イノベーションを創出させるマネジメント
	① 到達可能かつストレッチな目標設定を繰り返すマネジメント ② 心の安全地帯を作り、挑戦させるマネジメント ③ 感動を生む顧客との接触を創出するマネジメント ④ 無意識下の記憶を強化するマネジメント ⑤ Whyを繰り返し、論理的に考え抜かせるマネジメント ⑥ 機会は示すが、実行は自ら決断させるマネジメント ⑦ 共感を得るコミュニケーションのマネジメント ⑧ 名誉を感じさせる褒め方のマネジメント ⑨ 貢献した人の名前の見える化のマネジメント ⑩ 自主的な協力の行動を昇進プロセスに結びつけるマネジメント

図20-1　イノベーションの設計図 組織の設計
本章から、「イノベーションを育む企業（組織）文化を構築する仕組み」を解説する。これまで述べた通り、現場でのマネジメントによってイノベーションが成功する可能性を高めることができる。しかし、企業（組織）文化の後押しがあれば、時間とエネルギーを大幅に節約できる。

たらいいのか分からない」というもの。一方、本田技術研究所からＡ社に派遣された技術者の不満は「『あれをやれ』『これをやれ』と、やたらと指示が細かくて仕事にならない」というものだった。双方の不満は正反対だったのである。

これは、研究所という同じ組織であっても、会社によって全く異なる原理で運用されていることを示している。ここで言う原理とは、実は文化のことだ。文化というと抽象的なイメージがあるが、ここではシンプルな捉え方をしよう。つまり、「何かをしようとしたとき、どんな思いでどんなやり方で実施するか」である。その企業（組織）ごとの特徴が企業（組織）文化である。

3Mには文化というキーワードが入ったイノベーションのための仕組みがある。これまで何度も紹介した「15％カルチャー」だ。この仕組みを使うことで、技術者や研究者はマネジャー（上司）の承認なしに、自分の判断で開発や研究に挑戦できる。その業務を15％カルチャーでやっていると話せば、進捗などをマネジャーに報告する必要はない。逆にマネジャーは口を出してはならない。マネジャーは、「自分の配下の部員が何をやっているか分からない」という、恐怖にも似た不安定な状態に、じっと耐えなければならない。これに耐えるのが3Mの文化だ。15％カルチャーのことを、社外の人が間違えて15％ルールと言うことがあるが、ルールではない。あくまでもカルチャーなのである。

一方で、研究者や技術者の行動を厳格に管理する企業もある。毎日、やったことを業務日誌にまとめて提出させる。それに対してマネジャーが事細かに指示を出す。部員は指示に従って研究や開発を黙々と進める――。これは極端な例かもしれないが、イノベーションへの挑戦では、研究者や技術者の自主性を生かした方が、管理を徹底するよりも成功の可能性が高まる、と筆者は考えている。「自主的に取り組む」と「言われたことだけをやる」という違いは、企業（組織）文化の違いから生まれる。これをもう少し掘り下げて考えてみた際に、筆者が「なるほどな」と触発された本がある。子ども向けの絵本『スイミー ちいさな かしこい さかなの はなし』*（好学社）である。

文化は水の流れのようなもの

スイミーは主人公の小さな魚の名前だ。仲間の小さな魚が赤色であるのに対し、1匹だけ黒色である。物語では、スイミーをリーダーにして一致団結し、小さな魚が天敵の巨大マグロに対抗する様子が描かれている。その対抗策は、ユーモアと創造性に富んでいる。スイミーの周りに仲間の赤い魚が集まり、大きな魚に“変身”するのだ。スイミーが頭の部分に位置取りすると、黒色のスイミーはちょうど目のように見える。天敵のマグロは、自分より大きな魚が来たと勘違いして逃げていく。

筆者はこの物語を読んで、「どうしたら大きな魚に素早く変身できるだろうか」と考えた。そこから思い至ったのが「水の流れと『スイミー』のモデル」である（**図20-2**）。ここからはスイミーの物語とは離れるが、一定の水の流れがあると大きな魚に素早く変身しやすいはずだと筆者は考えた。水の流れがないと魚は勝手な方向に泳いでしまい、うまく大きな魚に変身できない。水の流れがあると、泳ぐ方向がそろっているので素早く変身できるし、変身するために使う体力（エネルギー）も少なくて済む。大きな魚が現れたとき、「自分が目になるので、みんなで大きな魚のふりをしよう」というスイミーの提案（リーダーシップ）に素早く対応できる。その結果、捕食されるのを高い確率で防げるだろう。

水の流れがなければ、スイミーは、多くの仲間の魚に対して、1つの方向に沿って泳ぐように説得した上で、大きな魚のふりをしようと、さらなる説得を重ねなければならない。その目的を達成するためには、かなりの時間とエネルギーが必要になるはずだ。説得している間に大きな魚に捕食されてし

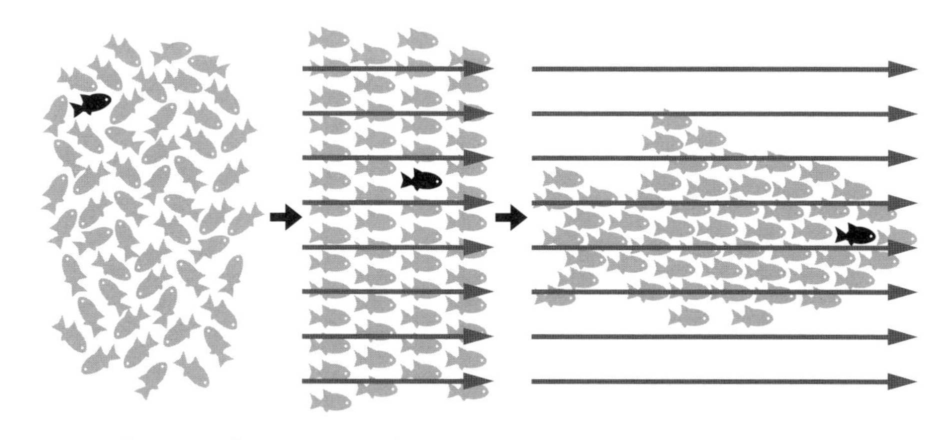

図20-2　「水の流れと『スイミー』のモデル」
水の流れがあれば、スイミーと仲間の魚たちの泳ぐ方向がそろうので、素早く大きな魚に変身できる。

まうかもしれない（これは現実の世界ではライバル企業に先を越されることを意味する）。

スイミーの物語をマネジメントの仕組みに置き換えてみよう。スイミーによる「大きな魚のふりをしよう」という働きかけは「マネジメント」に相当する。それに従って、仲間の魚が大きな魚に見えるように集まるのは「部員のやる気」もしくは「フォロワーシップ」だ。それをスムーズにできるようにする水の流れが企業（組織）文化なのである。

小さな魚が、変身という創造的な行為に挑戦するためには、スイミーの働きかけ（マネジメント）と仲間の魚の協力（部員のやる気）があれば事足りるかもしれない。マネジャーと部員が強固な信頼関係で結ばれていれば、これまで述べてきたように、積極的にイノベーションに挑戦する部員を育て、イノベーションの成功の可能性を高めることができる。しかし、その上で水の流れに相当する企業（組織）文化が後押しすれば、時間とエネルギーを大幅に節約できるのだ。

企業文化の水路モデル

企業（組織）文化を水の流れに例えて説明してきたが、少し抽象的過ぎるかもしれない。ここからは、具体的に企業（組織）文化の本質を探っていこう。新入社員が会社で仕事を始めるときの状況を思い浮かべながら考えてほしい。

彼らは、創造的な仕事で会社に貢献できるようになりたいと考えている、ごく真っ当な新入社員である。一方、経営者も彼らが1日でも早く一人前に育ち、先輩たちと同じ仕事をできるようになってほしいと期待している。こうした両者の思いがかなう職場には、イノベーションを加速する企業（組織）文化が構築されていると考える。両者の思いがかなう職場と、かなわない職場では何が違うのだろうか。それを明確にするには、高いところから低いところに水が流れる水路をイメージすればよい（**図20-3**）。ここでも水の流れを企業（組織）文化と考える。水そのものはやる気を持った個人の集合体だ。

「感情は論理より強し」の傾向がある人間の本質

[1]おいしいものは独り占めしたい欲求を持つ
[2]分かち合う・協力し合う心を持っている
[3]満たされている状況では変化を好まない
[4]ルール違反に対する罰を与えることは快く感じる
[5]不公平に扱われたと感じると、自分の利益を犠牲にしても相手を罰する
[6]「笑顔」と「名前」にポジティブに反応する
[7]「恐れ」と「喜び」の感情が、新しいことに挑戦する力を創出させる
[8]信じる心が新しいことに挑戦する勇気を与える

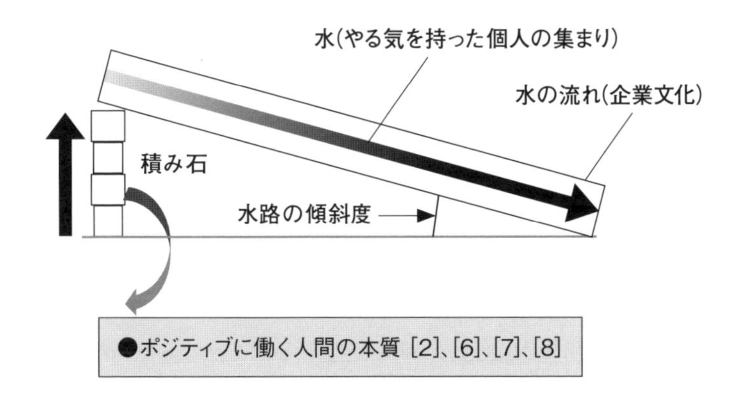

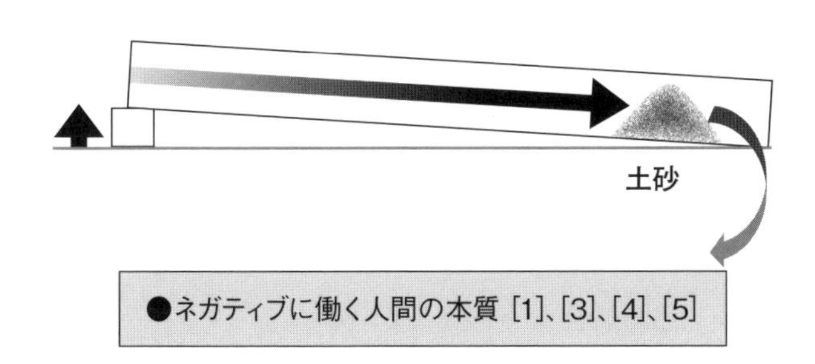

図20-3　企業文化の「水路モデル」
人間のポジティブな本質は、水路の傾斜度を高めて個人のやる気を後押しする働きがある(上)。
一方、ネガティブな本質は土砂のように水路を塞ぎ個人のやる気を阻害する(下)。

企業（組織）文化がうまく働くと、水がスムーズに流れ、個人のやる気が生かされる。しかし、水路を土砂が塞ぐと水が流れなくなる。この水の流れを阻む土砂とは何であろうか。それは、ネガティブな人間の本質のことである。

企業（組織）文化を考える上で、人間の本質についての理解を欠かすことはできない。人間の大脳には、進化的に古い大脳辺縁系（古い脳）と、後から発達した大脳新皮質（新しい脳）の2層構造が見られる。古い脳は怒りや喜びなど急激な感情の動きを、新しい脳は論理的な思考や言語機能などをつかさどる。脳科学や心理学の成果から、人間は、論理（新しい脳）より感情（古い脳）を優先する傾向が強いことが分かっている（7章参照）。つまり、感情（古い脳）が人間の本質を決めているのだ。

創造に関係が深い8つの人間の本質

筆者はイノベーションに関わる人間の本質には、次の8つがあると考えている。

[1] おいしいものは独り占めしたい欲求を持つ

この本質を社内での行動に即して考えるとこうなる。「他人に情報を提供しても、会社からは何の評価も得られない」という企業（組織）文化があったとしよう。その時「おいしいものは独り占めしたい」という本質が前面に出てくる。そして、ほとんどの人が有益な情報を他者に提供せず、情報を囲い込んでしまう。マネジャーが画期的な技術情報を部外秘にしたり、自分の開発技術を部内の人にも隠したりという状況が生じやすい。こんな職場では新入社員の教育がおざなりになって、なかなか成長しないだろう。

[2] 分かち合う・協力し合う心を持っている

［1］とは逆に「会社が他者への情報提供を積極的に評価する」という文化があるとどうなるだろう。例えば、自分が開発した技術を使って他の人が成果を上げたとき、開発した技術者も高く評価されるという場合だ。すると、「分

かち合う・協力し合う」本能が発揮され、技術者は積極的に情報を教え合うようになる。こんな職場なら新入社員は多くの支援を受けられるはずだ。

[3] 満たされている状況では変化を好まない

人は基本的に保守的である。同じ仕事を続けるだけで会社からある程度満足できる評価を得られるならば、あえて新しいことに挑戦しようとはしない。こんな職場に慣れた新入社員は、挑戦しようという気持ちが湧かなくなるだろう。

[4] ルール違反に対する罰を与えることは快く感じる

この本質は、例えば次のような場面で顕在化する。指示通りに動かずに目標を達成できなかった部員に対して、マネジャーが注意するときだ。マネジャーが厳しく指導することは必要だが、冷静でなければならない。しかし、感情的になって容赦なく破壊的に怒鳴りつけてしまうことがある。この時、マネジャーは罰を与えることによって快感を得ているのだ。こうした扱いを受けた部員は、その後やる気は持てないし自主的な行動もしなくなる。それを見た新入社員は委縮してしまう。

[5] 不公平に扱われたと感じると、自分の利益を犠牲にしても相手を罰する

この本質は、技術を提供した技術者がほとんど評価されず、その技術を活用して成果を出した人だけが評価される企業文化で顔を出す。これはどう考えても不公平だが、開発技術者は「相手を罰したい」と思っても、具体的な方法がないので不満が内にこもってしまう。結果、会社に対する不信に発展するケースが多い。彼は、二度と他者に価値ある情報を提供しないだろう。新入社員は暗い職場だと感じるかもしれない。

[6]「笑顔」と「名前」にポジティブに反応する

これは、笑顔で話しかけ名前を呼んでくれるマネジャーや先輩への反応と

して出てくる。そんなマネジャーや先輩がいると、部員の心に安全地帯が作られて挑戦に積極的になり、困難を克服する力も高まる。新入社員も生き生きと仕事をするだろう。

[7]「恐れ」と「喜び」の感情が、新しいことに挑戦する力を創出させる

恐れが挑戦する力を創出させるのは、例えば、新たな挑戦をしない者は降格になるという文化がある場合だ。恐れは危機感につながる。一方、喜びが挑戦する力を創出するのはある意味で当然だろう。挑戦に成功した喜びは、次の挑戦への原動力になる。恐れと喜びは正反対の感情だが、いずれも挑戦を後押しする力になる。これを知った新入社員は、社会人と学生の違いを実感するかもしれない。

[8] 信じる心が新しいことに挑戦する勇気を与える

部員が良かれと思ってやった自主的な行動が失敗したときが、部員の中に会社を信じる心が生まれるかどうかの分水嶺となる。前向きな失敗を称賛する文化があると、信じる心が根づく。一方、徹底的に批判されるだけだと、会社を信じるどころか不信感しか残らない。会社を信頼できると、新しいことに挑戦するやる気が湧いてくる。新入社員も前向きな気持ちになるはずだ。

このような人間の本質は、脳の中に深く刻み込まれているので、変えることはほとんど不可能である。だが、できることはある。文化という水の流れによって、イノベーションが加速する要因を強め、阻害する要因を抑制するのだ。創造性に富む組織の根底には、こうした企業（組織）文化が必ずある。

このことから、イノベーションに強い組織をつくるためにすべきことが、浮かび上がってくる。すなわち、イノベーションにネガティブに働く人間の本質である［1］、［3］、［4］、［5］を抑制すると同時に、ポジティブに働く人間の本質である［2］、［6］、［7］、［8］を強化する文化をつくればよい。人間のネガティブな本質を水路上の土砂に例えたが、ポジティブな本質は、水路

の傾斜を急にして水の流れを速くする積み石のようなものだ。筆者は、そのための系統的なアプローチ法「Can RUBシステム」を提案している。次章以降、Can RUBシステムの具体的な中身を紹介していきたい。

＊ オランダ出身の米国の絵本作家Leo Lionni（レオ・レオニ）氏の作品。日本語訳は詩人の谷川俊太郎氏。

21章

組織の創造力に磨きをかける10の仕掛け

「Can RUBシステム」の詳細な説明に入る前に、中核となる考え方を明確にしておきたい。**図21-1**は、Can RUBシステムが備える10の仕掛けと、8つの人間の本質の相関関係である。人間の本質は、イノベーションに対して

Can RUBシステムの10の仕掛け

【Can Recognize】
①技術を見える化する仕掛け
②技術情報の発信を活性化する仕掛け
③技術の会社への帰属を律する仕掛け

【Can Utilize】
④自主性の尊重と失敗の許容を奨励する仕掛け
⑤自主的行動の自由を与える仕掛け
⑥自主的行動を資金でサポートする仕掛け
⑦技術の交流を活性化する仕掛け

【Can Believe】
⑧自主的行動による成功者を栄誉で称える仕掛け
⑨自主的行動による成功者の「失敗から学んだ成功物語」を見える化する仕掛け
⑩自主的行動による成功者に進路選択の自由を与える仕掛け

イノベーションと深く関係する8つの人間の本質

【ポジティブな人間の本質】の出現の強化
□ 分かち合う・協力し合う心を持っている
□ 「笑顔」と「名前」にポジティブに反応する
□ 「恐れ」と「喜び」の感情が、新しいことに挑戦する力を創出させる
□ 信じる心が新しいことに挑戦する勇気を与える

【ネガティブな人間の本質】の出現の抑制
■ おいしいものは独り占めしたい欲求を持つ
■ 不公平に扱われたと感じると、自分の利益を犠牲にしても相手を罰する
■ 満たされている状況では変化を好まない
■ ルール違反に対する罰を与えることは快く感じる

→ 本質の出現を強化　　---→ 本質の出現を抑制

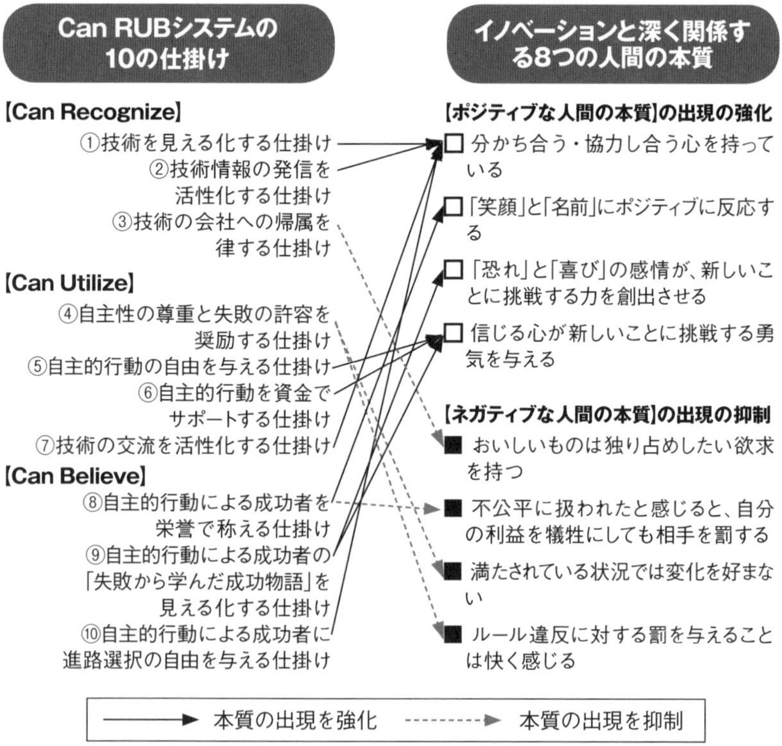

図21-1　「Can RUBシステム」の仕掛けと人間の本質の相関関係
Can RUBシステムの10の仕掛けは、イノベーションに対してポジティブに作用する人間の本質の出現を強化し、ネガティブに作用する人間の本質の出現を抑制するように設計されている。

ポジティブに作用するものを上段に、ネガティブに作用するものを下段にまとめて記載した。これを見て分かるように、Can RUBシステムが備える10の仕掛けは、ポジティブな本質を強化し、ネガティブな本質を抑制するように設計されている。これがCan RUBシステムの中核となる考え方だ。

Can RUBとは、英語で「磨くことができる」という意味である。企業文化をイノベーションに強い文化に磨き上げるという思いを込めて名付けた。具体的には、3つのシステムを磨き込んでいく。3つのシステムとは、「Can Recognize（気づくことができる）」システム、「Can Utilize（使うことができる）」システム、「Can Believe（信じることができる）」システムのことである（**図21-2**）。RUBは、Recognize、Utilize、Believeの頭文字でもある。

「気づくこと」から始まる

まずは、「Can Recognize（気づくことができる）」システムと、それを構成する仕掛けについて説明する。Can Recognizeシステムは、「自分の仕事（行動）と会社のビジョン・戦略とのつながり」「自分をサポートしてくれる仲間」「強みとなる経営資源（形式知）」に「気づくことできる」という3つの柱がある。そして、この3本柱を確実に実現するために、組織を動かすための具体的な仕掛けが組み込まれている。まず、3つの気づきについて説明しよう。

●自分の仕事（行動）が会社のビジョン・戦略につながっていることに気づくことができる

「何のために仕事（会社での行動）をするのか」を考えることは、とても重要で基本的なことだ。社会人としてのアイデンティティーに直結する。もちろん収入を得るためではあるが、それだけではない。ここが揺らいでいると文化を育てようがない。

個々の社員が「何のために仕事をするのか」を腹落ちするためには、経営者が会社のビジョン・戦略の中で、どのような“場”（市場や製品、技術など）でイノベーションに挑戦するべきかについて明確にしなければならない。そ

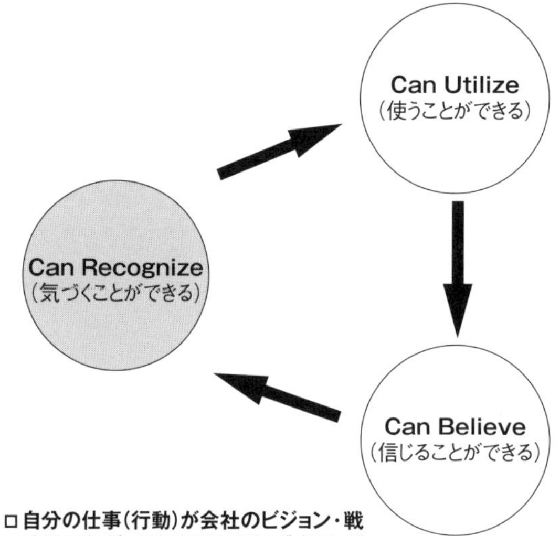

- □強みとなる経営資源を自由意思で使うことができる。
- □自主的活動に時間を使うことができる。
- □自主的活動に必要なお金を使うことができる。

仕掛け

④自主性の尊重と失敗の許容を奨励する仕掛け
⑤自主的行動の自由を与える仕掛け
⑥自主的行動を資金でサポートする仕掛け
⑦技術の交流を活性化する仕掛け

- □**自分の仕事（行動）が会社のビジョン・戦略につながっていることに気づくことができる。**
- □**自分をサポートしてくれる仲間に気づくことができる。**
- □**強みとなる経営資源（形式知）に気づくことができる。**

仕掛け

①技術を見える化する仕掛け
②技術情報の発信を活性化する仕掛け
③技術の会社への帰属を律する仕掛け

- □自主的活動は、同僚から尊敬されると信じることができる。
- □自主的活動は、会社から評価されると信じることができる。
- □他人の自主的活動をサポートすることは、会社から評価されると信じることができる。

仕掛け

⑧自主的行動による成功者を栄誉で称える仕掛け
⑨自主的行動による成功者の「失敗から学んだ成功物語」を見える化する仕掛け
⑩自主的行動による成功者に進路選択の自由を与える仕掛け

図21-2　イノベーションに強い企業文化を構築する「Can RUBシステム」
「Can RUB」は、「Can Recognize（気づくことができる）」システム、「Can Utilize（使うことができる）」システム、「Can Believe（信じることができる）」システムの3つのシステムで構成されている。3つのシステムは本来同等だが、今回はCan Recognizeシステムの説明が中心となるので、図ではCan Recognizeシステムに関わる部分の字を大きくした。

して、その“場”における目標達成は、顧客価値の創造や社会の課題解決、会社と社員の成長と成功に直結するものでなければならない。どのような“場”を選択するかはトップマネジメントの仕事である。例えて言えば、トップマネジメントは豊かな漁場を見つけなければならない（**図21-3**）。魚のいない漁場では、社員がいくら頑張っても得るものは少ないからだ。努力が実る可能性が高い“場”に社員を導くことは、経営者の責任である。

東レの炭素繊維事業は、それを端的に示す例だと筆者は思う。欧米の主要化学メーカーが撤退する中で、東レは炭素繊維の研究開発に50年以上にわたって投資を続けた。今では、炭素繊維の活用によって航空機の軽量化が進み、大幅な燃費改善を実現している。これは顧客の航空機メーカーだけではなく、社会的にも価値のあることだ。加えて、炭素繊維事業は東レの屋台骨を支える主要事業の1つに育った。

月刊誌『日経ものづくり』には東レの経営幹部のこんなコメントが紹介されている。「価値を見抜く眼力が、先輩の経営陣にあったということです。炭素繊維の研究をやめろと言った社長は1人もいません。材料の価値を見抜く力

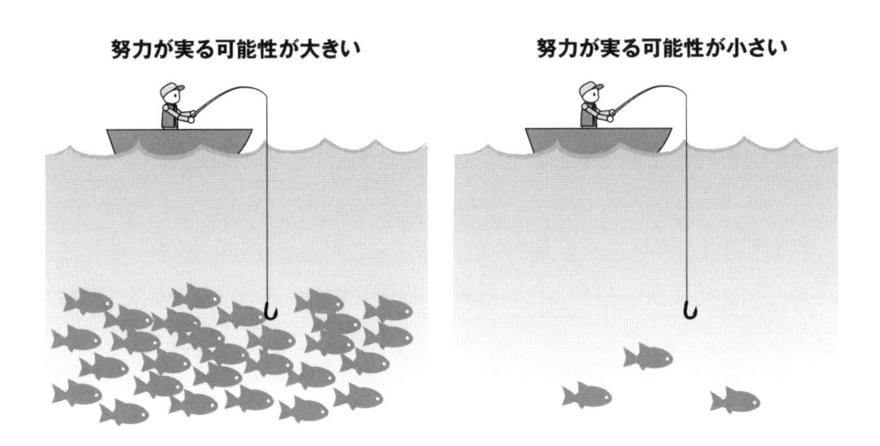

図21-3　成長が見込める“場”に誘導するビジョン・戦略
成長が見込める“場”（市場・製品・技術）とは、魚がたくさんいる漁場のようなものである。社員の努力が実る可能性が大きい。

が極めて大事で､我々（現在の経営陣）もそうありたいと思っています」*[1]（同誌2014年5月号、特集「製造業 次の一手」、p.43)。

顧客や社会への価値提供、および会社と社員の成長と成功につながるビジョン・戦略は、「何のために仕事をするのか」という問いに明快に応えてくれる。それによって、自分の仕事（行動）が会社のビジョン・戦略につながっていることに気づくことができる。

●自分をサポートしてくれる仲間に気づくことができる

2本目の柱が、仲間のサポートに対する気づきである。入社して間もない社員にとって、仕事に役立つ情報が社内のイントラネットに公開されているだけでも大きなサポートになる。加えて、その情報に対する疑問などを情報の発信者に直接質問でき、発信者が素早く丁寧に答えてくれれば、自分をサポートしてくれる仲間の存在を強く感じるはずだ。社員同士の信頼関係も生まれてくる。このような信頼に基づいた関係を磨き込む必要がある。

●強みとなる経営資源（形式知）に気づくことができる

新しい技術の開発であっても、それに役立つ技術が社内の他の部署に眠っていることがかなりある。しかも、その技術は限られた担当者にしか分からない暗黙知になっているケースも多い。それを形式知化し、強みとなる経営資源として社内で共有することが重要となる。共有する形式知は記憶に残りやすくするため、理解しやすく面白いように工夫しなければならない。技術情報は、必要な人は誰でもアクセスできるようにすることも大事だ。

このような3つの柱、つまり3つの「気づくことができる」を磨くことは、イノベーションに強い企業文化の構築に必ず役立つ。この3つの柱を具体的な方法に落とし込んだものが、以下の3つの仕掛けである（**図21-2**）。

これらの仕掛けは4章で説明したが、その際は主に実務面でのメリットを中心に紹介した。ここでは文化に焦点を当てたい。矛盾するようだが、イノベーションに強い企業文化を構築するための仕掛けとはいうものの、単に仕掛けを導入しただけで企業文化がつくれるわけではない。仕掛けを導入した段階では、「仏作って魂入れず」の状態だ。魂を入れる過程でこそ、企業文化が育まれるのである。3つの仕掛けはイノベーションに強い企業文化をつくるのに有効だが、企業文化もまた3つの仕掛けを効果的に働かせるのに不可欠になる。仕掛けと企業文化はクルマの両輪であり、2つが同期することで、仕掛けの有効性が高まり、企業文化が確立していけるのだ。

技術を見える化する

最初の仕掛けは、「技術の見える化」である。3Mの例を挙げよう。3Mは現在、5万5000種類以上の製品を世界で販売している。こうした膨大な製品には多種多様な技術が使われている。全ての技術を理解している技術者は、当然ながらいない。そこで、多種多様な技術を見える化するためのデータベース「テクノロジープラットフォーム」(技術基盤) をイントラネット上に公開している。

テクノロジープラットフォームは、さまざまな技術を「材料」「プロセス」「機能」「アプリケーション」という4つの大項目に分け、それぞれの項目ごと、個別のテクノロジープラットフォームにアクセスできるようになっている。プラットフォームの数は46ある。例えば、「Ab (研磨材)」や「Ad (接着・接合)」などが個別のテクノロジープラットフォームの例に相当する (4章参照)。この仕掛けの特徴は、その技術に詳しい社内の専門家の連絡先を明示していることだ。彼らに連絡を取って、疑問などを直接質問することができる。テクノロジープラットフォームの例はポジティブな人間の本質である「分かち合う・協力し合う心を持っている」を引き出し、仲間の存在と強みになる経営資源 (形式知) に気づくことを促してくれる。

技術情報を積極的に発信

2つ目は、「技術情報の発信を活性化する仕掛け」だ。多くの企業で技術発表会や技術展示会、交流会など、技術情報を積極的に発信する場を設けていることと思う。これらは典型的な技術情報の発信を活性化する仕掛けといえる。こうした仕掛けの重要性を、『日経ものづくり』誌の記事で改めて感じたことがある。その記事には、消してまた書けるボールペン「フリクションシリーズ」（パイロット）の発売に至った経緯が紹介されている。今では定番商品になった消せるボールペンだが、「消して、また書ける」ことにどれだけのニーズがあるか判然とせず、商品化はすんなりとは決まらなかったという。

世界中の販売会社の幹部が日本に集まる国際社内ミーティングでのことだ。フリクションは開発中の新技術の1つとして会場で紹介されていた。すると、それを見たフランスの販売会社の社長であるMarcel Ringeard氏が、「すぐにでもフランスで売りたい」とパイロット営業企画部に声を掛けてきた。（中略）

フランスの小学生の多くは、学校で授業のノートを取る際にシャーペンではなく、万年筆やボールペンなどを使っている。しかも、消して書き直す習慣もある。修正するときには消しペン（修正液）を使っていた。そのため書き損じたり修正したい箇所が出てきたりすると、消しペンでその部分をなぞり、乾くのを待ってから書き直していた。

こうした煩わしさをなくせるので（中略）、Ringeard氏は「絶対売れる」と太鼓判を押した。

これを受けて商品化が決まり、日本に先行する形で、2006年1月にフランスを中心とした欧州で発売した。（同誌2014年1月号、特集「ヒットの本質」、pp.36-38）

フリクションシリーズの発売には、技術情報の積極的な発信が決め手になったのである。3Mでは「テクニカル・フォーラム（テクフォーラム）」が技術情報を発信する仕掛けとなっている。多数の社内の技術者たちが直接交流し、ポスターセッションなどを通じて開発中の技術をアピールする。その結果、新しい用途のアイデアが浮かんだり技術の高度化のための助言が得られたりする。

落ちない付箋紙「ポスト・イット ノート」の商品化にテクフォーラムが大きく貢献したことを紹介したが、筆者自身も大いに助けられた経験がある。筆者がかつて光を当てると硬化する接着剤を使った技術開発を担当した際、硬化反応がうまくいかず遅々として開発が進まなかった。ところが米国で開催されていたテクフォーラムに参加したところ、その分野の専門家から有益な助言を得ることができたのである。筆者は帰国を2日後に控えていたので、日程的にはとても厳しかったが、その専門家は翌朝6時に彼のオフィスに来るように言い、十分に時間を取って相談に乗ってくれた。業務命令だけで動く組織なら、そんなことはあり得ない。「見も知らぬ日本の技術者に対し、朝6時に出勤して自分の本業には全く貢献しない助言を行うべし」という内容では、そもそも業務命令として成り立たないだろう。

ここが文化なのである。テクノロジープラットフォームの技術情報が更新されずに放置されていれば誰も見なくなるだろうし、テクフォーラムでの問いかけに対し、不誠実な答えしか返ってこなければ、みんな参加しなくなる。これは前述の「仏作って魂入れず」の状態だ。それに魂を入れる過程とは、自分が担当する技術分野のテクノロジープラットフォームを丹念に更新して最新の状態を維持し、面識のない他の事業部の技術者からの質問に対しても丁寧に答え、テクフォーラムで真摯に議論して助言する、ことなどだ。こうした過程で企業文化が育まれ、根づくのである。

しかし、「本業が忙しいので、なかなかそこまで手が回らない」と思う人が多いかもしれない。3Mでは、ここでも文化が顔を出す。何回も紹介したように、3Mには「15%カルチャー」という不文律がある。自分の判断で業務時間の15%程度を、会社の成長に貢献すると自ら信じる活動に使ってよいというものだ。

他の技術者からの相談に乗ったり議論に応じたりするのは、この15%カルチャーの時間の一部が使われる[*2]。そのため、相談を受けた者は必ず応じなければならないし、実際に応じるのである。まさに文化である。

技術は開発者や事業部のものではない

3つ目は、「技術の会社への帰属を律する仕掛け」である。この仕掛けは、トップマネジメントの経営判断が大元になっている。「製品は事業部に帰属するが、（業務で開発した）技術は会社に帰属する」というのが3Mを貫く不可侵のルールだ。これを前提として多様な企業文化が育っている。

まず、事業部や個人が技術を囲い込まないという文化が生まれた。それが発展すれば、自分が開発した技術を積極的にアピールし、他事業部を含めて全社で共有するという文化が育ってくる。加えて、オリジナリティーへの過度なこだわりがなくなり、「積極的にまねをする」という文化も出てくる。3Mでは、社内の既存技術を活用（模倣）した製品が大ヒットしたケースが数多くある。この場合は、製品の開発技術者だけではなく、その製品に使われた既存技術を開発した技術者も高く評価される。

この「既存技術の開発者を高く評価する」ことは極めて重要だ。これがあるからこそ、技術の共有化が進み、「技術の会社への帰属を律する仕掛け」が成り立つといっても過言ではない。なぜなら、開発技術者にとっても、その技術を会社の技術としてさまざまな部署で製品化してもらった方が“得になる”からだ。Art Fly（アート・フライ）のリーダーシップによるポスト・イット ノートの商品化は、「くっつくけれど、簡単に剥がせる接着剤」が開発されてから10年以上も後のことだ。それでも接着剤の開発者であるSpencer Silver（スペンサー・シルバー）の功績は高く評価されている。

この仕掛けは、ネガティブな人間の本質である「おいしいものは独り占めしたい欲求」を抑制し、マネジャーが画期的な技術情報を部外秘にしたり、自分の開発技術を部内の人にも隠したりするのを予防する。そして、仲間と強みになる経営資源（形式知）の存在に気づかせてくれる。トップ主導でなければ、ラインが異なり上司も業務命令系統も違う技術者同士が、平等な立場で自由に交流や情報交換をすることは困難である。そう考えると、イノベーションにおけるトップマネジメントの役割は極めて重要なことが分かっていただけるだろう。

最後に1つ、付言したい。最初の磨くべき柱である「自分の仕事が会社のビジョン・戦略につながっていると気づくことができる」に関しては、仕掛けをあえて書かなかった。これには、経営者が「顧客や社会への価値提供、および会社と社員の成長と成功につながる明快なビジョン・戦略」を語る必要があるが、企業として最も基本的なことなので、経営者にとっては最重要の仕事の1つだからだ。従って、どの企業でも自前の仕掛けを必ず持っているはずだ。それを、トップマネジメントがしっかりやるかどうかだけの問題である。

＊1　東レの経営陣による「材料の価値を見抜く力」が発揮されたのは炭素繊維だけではない。近年、海水の淡水化に大きな貢献を果たしている逆浸透膜に対しても東レの経営陣は一貫して価値を疑わなかった。

＊2　ここで、「テクノロジープラットフォーム」や「テクフォーラム」での質問への対応と、「15%カルチャー」が連携していることが極めて重要である。それぞれの仕掛けが孤立しているのではなく、有機的に連携することにより仕掛け全体の有効性が大きく高まる。

22章

技術、時間、お金の障壁を崩す仕掛け

「Can Utilize（使うことができる）」システム、およびそれを構成する4つの仕掛けを説明する（**図22-1**）。このシステムは、イノベーションを育む企業文化を構築する「Can RUBシステム」の中の2番目のシステムだ。Can RUBシステムの最初のシステム「Can Recognize」が有効に機能し、価値ある情報に「気づくことができた」としても、その情報を使わなければ、宝

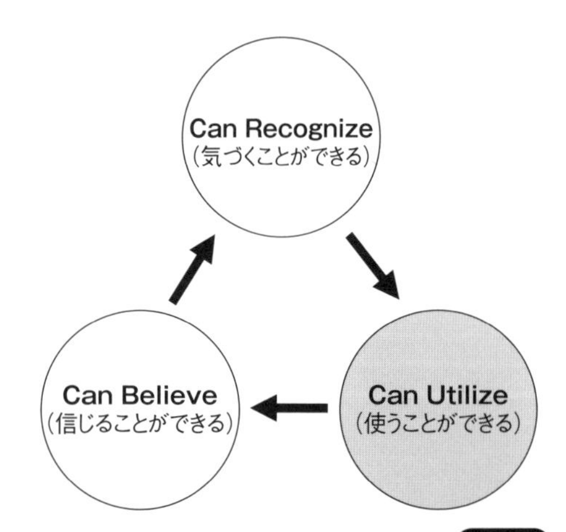

- 強みとなる経営資源を自由意思で使うことができる。
- 自主的活動に時間を使うことができる。
- 自主的活動に必要なお金を使うことができる。

仕掛け
- ④自主性の尊重と失敗の許容を奨励する仕掛け
- ⑤自主的行動の自由を与える仕掛け
- ⑥自主的行動を資金でサポートする仕掛け
- ⑦技術の交流を活性化する仕掛け

図22-1 「Can RUBシステム」の2番目のシステムは「Can Utilize（使うことができる）」
「Can RUBシステム」において、「Can Recognize（気づくことができる）」システムで気づいたことを業務に使えるようにするシステムが、「Can Utilize（使うことができる）」である。気づいても使えなければ宝の持ち腐れになってしまう。

の持ち腐れとなる。「気づく」だけにとどまらず、実際に「使う」につなげる仕掛けが必要だ。そのためのシステムがCan Utilizeである。

Can Utilizeには、後述する4つの仕掛けが組み込まれている。ただし、この4つの仕掛けを使いこなすには大きな前提がある。それは、「満たされている状況では変化を好まない」という人間の本質を突き崩すことだ。これは経営者にしかできない。Can Utilizeに入る前に、前提となる、経営者による社員の意識改革について説明したい。

挑戦せざるを得ない

例えばこんなケースを考えてみよう。過去に挑戦したプロジェクトが成功し、1つの事業を確立できた。今では事業として成熟し、会社の平均的な利益率を確保している。その場合、全く新しい事業に挑戦する気が起きるだろうか。多くの人は、現行の事業を維持・強化しようと考えるのではないだろうか。過去の成功体験と将来の失敗への不安が、「現在の“場”(市場や製品、技術など)」から「新しい“場”」に挑戦することを躊躇(ちゅうちょ)させるのである。その結果、失敗する確率が少ない低リスクの現在の“場”にしがみついてしまう(**図22-2**)。

ほとんどの社員は、会社の持続的成長を実現するためには新しい“場”に挑戦しなければならないことを知っている。しかし一般論として理解しているだけで、いざ自分のこととなると体が動かない。いわば「分かっちゃいるけど変われない」という状態に陥る。これが、「満たされている状況では変化を好まない」という本質がもたらす結果である。この現象は大企業で特に起こりやすい。自分が変えなくても「誰かが変えてくれるだろう」と思ってしまうからだ。社員にすれば、変わらなくても処遇が同じなら、敢えて失敗の危険を冒してまで新しいことに挑戦する理由がない。しかし、成長を続けたいなら、経営者は社員に「変わらなければならない」と思わせなければならない(**図22-3**)。時に社員の恐怖心に働きかけることも必要になる。社員の意識を変えるのは経営者の仕事なのだ。

図22-2　過去の成功体験と将来の失敗への不安が挑戦を阻む
過去の成功体験と将来の失敗への不安が「新しい"場"」への挑戦をためらわせる。結果として、「現在の"場"」にとどまるという意思決定を導く。

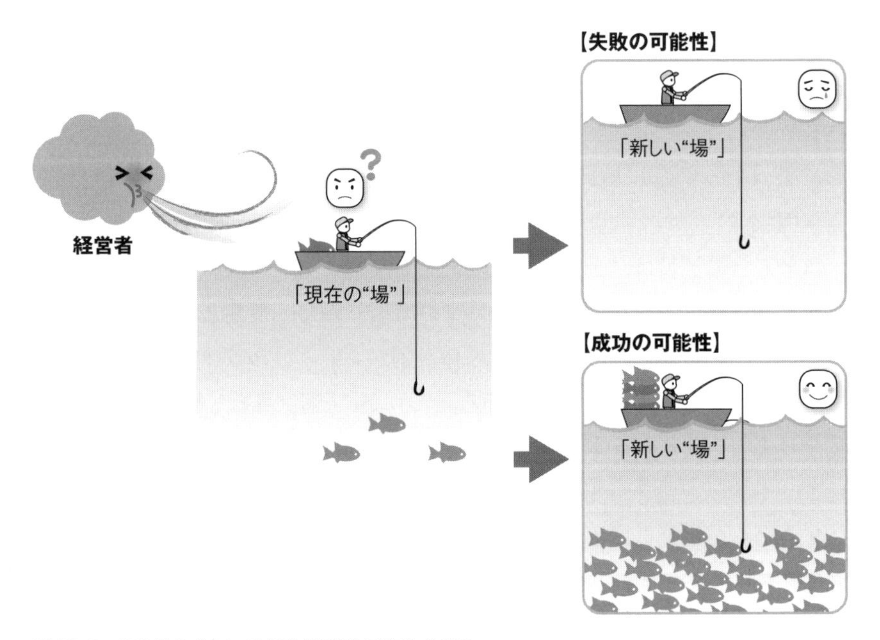

図22-3　変わりたくない社員を強制的に変わらせる
「現在の"場"」から「新しい"場"」に挑戦した場合、失敗することもあれば成功することもある。持続的成長を望むのであれば、新しい"場"に挑戦することを強制する仕掛けや、社員の挑戦心を引き出す経営者のリーダーシップが必要である。

2016年2月に、変われない組織の課題に対しての指針が「イノベーション100委員会レポート」として公表された。経済産業省は、「大企業からイノベーションは興らない」という定説を覆すため、イノベーションに関して先駆的な取り組みを行っている日本の大企業経営者をメンバーとしたイノベーション100委員会をベンチャー創造協議会の下に設立した。2015年10月から、17人の経営者に対して座談会とインタビューを実施し、イノベーションを生み出すための大企業経営のあり方等に関するレポートを取りまとめている(**図22-4**)。

その中で、「課題4：現場のアイデアがことごとく弾かれる（問題意識を持つ現場が集めた課題や課題解決のアイデアが、中間管理職や組織の壁に阻まれ、組織の知見として吸い上げられていない。結果、将来の事業機会を逃している)」と「指針4：社員が存分に試行錯誤できる環境を整備する（アイデアから事業化までのプロセスを整備するとともに、想いを持って試行錯誤を繰り返す人材の活動が評価され、支援される環境を整備する)」が記述されている。問題意識を持つ現場の人たちが、その問題解決の試行錯誤に挑戦することを阻害されるのではなく、その挑戦が評価されるような環境をつくることが経営者の仕事であると。

3Mの経営陣は、社員が変わらざるを得ないように仕向けている。例えば、「売上高の3分の1は過去5年以内に開発された製品が生み出す」という経営目標がある。個人の目標は、この経営目標に基づいて決めていくので、「変わらなければならない」の強制力となる。加えて、挑戦をしない者は人事考課で高い評価を得られない。その結果、昇進や昇給もごく限られ、大きな仕事を任されることもない。社員は新しいことに挑戦せざるを得ないのである。

「気づく」から「使う」へ

こうした「挑戦しなければならない」という環境を前提として、イノベーションを加速させるのがCan Utilizeシステムである。常に挑戦を求められる環境は、社員にとって過酷な状態だが、Can Utilizeシステムでは、そん

【イノベーションを阻む5つの課題】
課題1：今までの成功モデルから脱却できない。 環境が激変する中、これまで生み出してきた価値の維持に注力している。結果、プロセスを含めた既存の成功モデルから脱却できず、新しいモデルへの転換機会を逃している。
課題2：既存事業による短期業績に注力し過ぎる。 短期業績に焦点を合わせ、既存事業にリソースを集中させている。結果、本来行うべき中長期戦略のリソースが不十分になり、環境変化への経営的備えができず、成長機会を逃している。
課題3：顧客の本質的なニーズを捉えられない。 目の前の顧客ニーズに応えようとするあまり、顧客自身も気づいていない課題や価値を探索できていない。結果、将来顧客に訴求する製品・サービスの開発機会を逃している。
課題4：現場のアイデアがことごとく弾かれる。 問題意識を持つ現場が集めた課題や課題解決のアイデアが、中間管理職や組織の壁に阻まれ、組織の知見として吸い上げられていない。結果、将来の事業機会を逃している。
課題5：内部リソースにこだわりすぎる。 内部リソースへの過信や、外部リソースへの機会探索意識の低さによって、自前主義に陥っている。

【イノベーションを興すための経営陣の5つの行動指針】
指針1：変化を見定め、変革のビジョンを発信し、断行する。 将来起こる様々な社会変化を独自の視点で見定め、それを乗り越えるための変革のビジョンを社員に発信し続けるとともに、自らも断固とした行動を起こすことで、新しい価値を生み出す事業モデルを構築する。
指針2：効率性と創造性、2階建ての経営を実現する。 短期的な業績を上げるための“効率性の向上”と中長期の事業機会を探索する“創造性の強化”を同時並行かつ異なる経営スタンスで行うことで、中長期の成長を実現する。
指針3：価値起点で事業を創る仕組みを構築する。 潜在的なニーズを基に、価値起点でのソリューションやビジネスモデルを構築する動きを奨励し、必要な教育体制や組織的な仕組みを構築する。
指針4：社員が存分に試行錯誤できる環境を整備する。 アイデアから事業化までのプロセスを整備するとともに、想いを持って試行錯誤を繰り返す人材の活動が評価され、支援される環境を整備する。
指針5：組織内外の壁を越えた協働を推進する。 企業の内部の縦割り構造や、企業同士の壁を越えて、自組織以外の知恵や考え方、技術を積極的に活用し、内外の知見を組み合わせた協働による価値創出を推進する。

図22-4　イノベーションを阻む5つの要因と、それを打破するための5つの行動指針

レポートは、イノベーション100委員会の委員である17人の経営者が参加した座談会とインタビューに基づいてまとめられた。事務局である経済産業省のWebサイトに全文が掲載されている。「イノベーション100委員会」で検索すると見つけやすい。

な社員を安心に導くことができる。Can Utilizeシステムは、3つの「使うことができる」が柱となっている。

●強みのある経営資源を自由意思で使うことができる

3Mでは「テクノロジープラットフォーム」によって、社内の技術が網羅的にデータベース化されており、この技術は自由に使ってよい。他の事業部の技術であっても特段に許可を取る必要はない。とてもオープンな環境である*1。

●自主的活動に時間を使うことができる

これは15%カルチャーのベースになっている考え方だ。自分の自由意思で使える時間を確保し、社員の自主性に期待する。

●自主的活動に必要なお金を使うことができる

自主的活動は、時間だけではなくお金も必要になる。時間があっても、資料や材料などを購入したり市場を調査したりする資金がなければ大したことはできない。そのための資金を確保するための道を用意する。Can Utilizeには、この3つの「使うことができる」を具現化するための仕掛けが4つある。「Recognize（気づくことができる）」で3つの仕掛けを紹介したので、通しで考えると4～7つ目の仕掛けとなる。3Mを例として具体的な内容を紹介したい。

自主性を尊重し、失敗を許容する

4つ目の仕掛けは、「自主性の尊重と失敗の許容を奨励する仕掛け」である。3Mの場合は、「マックナイトの手紙」だ（**図22-5**、5章も参照）。William L. McKnight（ウィリアム・L・マックナイト）は3Mの中興の祖といえる存在で、1929年から20年間にわたって社長を務め、その後も会長として経営を担った。マックナイトの手紙とは、彼が1948年に3Mの全ての管理職に向けて送ったものだ。マネジャーに対して、社員の自主性尊重の重要性を説き、社員の失敗の許容を促している。

「権限と責任を委譲された社員が有能であるならば、与えられた職務を自らのアイデアで自らが考案した方法で果たしたいと願うようになる。（中略）（これは）奨励すべきだと私には思える」の箇所では、有能な人材には新しいアイデアを自分のやり方で試みたい欲求があることを指摘し、会社と管理職はそれを奨励し、阻害してはならないとする。

一方、「過ちは起こる。しかし、それでも過ちを犯した者が自分を正しい

親愛なる管理職の皆さんへ

事業が成長するにつれ、管理職は責任を委譲し、委譲された社員の自主性の尊重がますます必要となる。これにはかなりの忍耐がいる。権限と責任を委譲された社員が有能であるならば、与えられた職務を自らのアイデアで自らが考案した方法で果たしたいと願うようになる。このような願望を社員が持つことは、当社の望むところであり、社員の起用方法が当社の事業方針や業務運営の方法におおむね沿う限り、むしろ奨励すべきだと私には思えるのである。

過ちは起こる。しかし、それでも過ちを犯した者が自分を正しいと信じているのなら、長期的に見てその過ちはそれほど重大ではない。むしろ重大な過ちはマネジメントが独裁的になり、責任を委譲した部下に対し、仕事のやり方まで事細かに指示を与えるところにある。

マネジメントに辛抱する能力がなく、過ちに対して破壊的に批判的であるならば、自主性は損なわれる。当社が引き続き成長していくためには、自主性を持つ社員が大勢いることが不可欠である。

William L. McKnight

図22-5　マックナイトの手紙
3Mの中興の祖であるWilliam L. McKnight は1948年、マネジメントの理念と題した手紙を全管理職に送った。3Mの成長の原動力はイノベーションにあると説き、社員の自主性尊重を強く促し、マネジャーに対して厳格な規律を求める内容だ。

と信じているのなら、長期的に見てその過ちはそれほど重大ではない。むしろ重大な過ちはマネジメントが独裁的になり、責任を委譲した部下に対し、仕事のやり方まで事細かに指示を与えるところにある。マネジメントに辛抱する能力がなく、過ちに対して破壊的に批判的であるならば、自主性は損なわれる」と書いている。ここでは、社員の失敗を許容し、失敗を責めてはならないとマネジャーを戒めている。そして最後は「当社が引き続き成長していくためには、自主性を持つ社員が大勢いることが不可欠である」と締めくくられる。

この手紙を「仕掛け」と考えることには異論があるかもしれない。しかし、3Mの中では現実的に仕掛けとして機能している。3Mのマネジャーは、部員に仕事を指示する際や部員の失敗に直面したとき、マックナイトの手紙を思い出す。そして彼の考えに沿った行動を取るのである。

この仕掛けは、「自主性の尊重」と「失敗の許容」が対になっていることが重要である。「挑戦しなければならない」環境では、自主性の尊重が必要なことは言うまでもないが、その挑戦が失敗に終わったときに執拗に非難されるとしたら誰も挑戦などしなくなる。加えてこの仕掛けには、マネジャーに対して、ネガティブな人間の本質である「ルール違反に対する罰を与えることは快く感じる」の出現を抑制し、感情的になって部員を容赦なく怒鳴りつけてしまうような行動を防ぐ効果がある。さらに部員およびマネジャーに対して、「満たされている状況では変化を好まない」というネガティブな本質を抑えてくれる。

「成長に貢献」と信じればやって良し

5つ目は、「自主的行動の自由を与える仕掛け」だ。3Mでは、「15%カルチャー」がこれに相当する。15%カルチャーの特筆すべき特徴は、「会社の成長に貢献すると自らが信じる」ことなら上司の許可がなくてもやってよいということだ。これは、社員の主観を信用していることを意味する。「会社の成長に貢献する」と本人が信じさえすれば、やってよいのだ。加えて、活

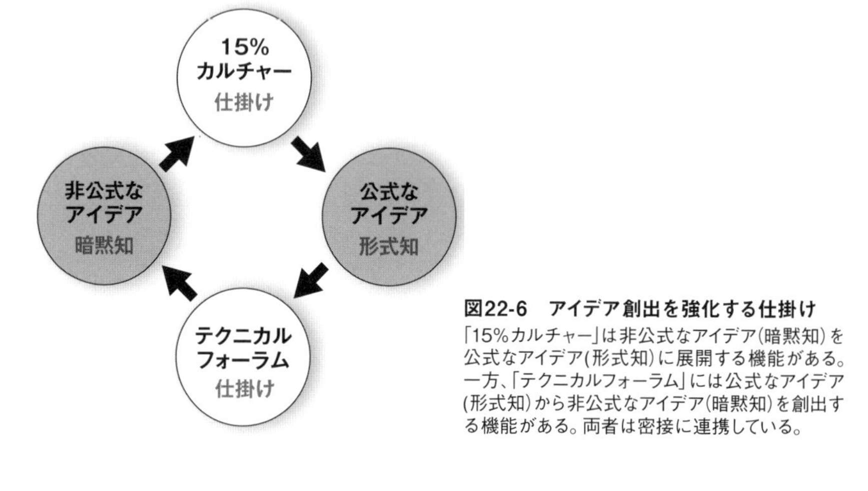

図22-6　アイデア創出を強化する仕掛け
「15%カルチャー」は非公式なアイデア(暗黙知)を公式なアイデア(形式知)に展開する機能がある。一方、「テクニカルフォーラム」には公式なアイデア(形式知)から非公式なアイデア(暗黙知)を創出する機能がある。両者は密接に連携している。

動内容や進捗状況、結果を報告する必要がないので、マネジャーは何をやっているか分からない。つまり、結果としてうまくいかなかったとしてもマネジャーは知りようがない。従って、失敗を恐れずに挑戦できる。

15%カルチャーによって確保できる時間は自らの自主的活動だけではなく、他の人の手助けや人脈の形成などにも使われる。そのため、技術者同士の交流が進んで、技術の完成度を高められる。その結果、非公式のアイデアを公式のアイデアに引き上げる機能もある（**図22-6**）。15%カルチャーには、ポジティブな人間の本質である「信じる心が新しいことに挑戦する勇気を与える」の出現を促すこともできる。

資金あっての自主的活動

6つ目は、「自主的活動を資金でサポートする仕掛け」である。3Mには、ごく初期のアイデアの段階からフィージビリティー調査、サンプル作製まで、さまざまな段階で必要な資金をサポートする仕掛けがある。アイデア段階での資金サポートは大きな額が必要ないので、通常の事業予算の中から支出する。さらに資金だけではなく、会社のさまざまな設備を使うことができる。例えば研究部門では、他の部署の実験設備であっても、彼らの仕事に影響がなければ使うことができる。

段階が進んでさらに多くの資金が必要になると、3Mでは「ディスカバリープログラム」と「ジェネシスプログラム」によって資金サポートを受けられる。いずれも技術的なイノベーションを支援するプログラムで、ディスカバリープログラムがアイデア段階、ジェネシスプログラムは事業化を意識したアイデアが対象になる。

前者は年に4回、後者は年に2回の募集があり、チーム・個人に限らず応募できる。チームで応募する場合でも、あくまでも個人の集まりとしてのチームである*2。テーマも組織横断的なものが推奨されている。いずれのプログラムも非公式のアイデア段階のテーマなので、応募時に詳細なデータは不要だ。応募書類の量は、長くてもA4用紙で10枚ぐらいである。委員会がその応募書類を審査してプログラムへの採用の可否を判断する。採用されれば、具体的な開発を進めるために必要な資金が提供される。事業化を意識したテーマで応募するジェネシスプログラムからは多くの製品が巣立ち、会社の成長に大きな貢献を果たしている*3。

「自主的活動を資金でサポートする仕掛け」には、ポジティブな人間の本質である「信じる心が新しいことに挑戦する勇気を与える」の出現を促す。さらに、掛け声だけでなく資金も出すことよって、会社が社員の自主性を本気で尊重していると、社員が信じることができる。

技術情報は発信と交流が不可欠

7つ目は、「技術の交流を活性化する仕掛け」である。3Mでは、「テクニカル・フォーラム（テクフォーラム）」がこの役目を担っている。テクフォーラムは前章で、「技術情報の発信を活性化する仕掛け」として紹介した。しかし発信だけではなく、交流を活発にする仕掛けでもある。つまり、技術情報の発信を一過性のものにとどまらせずに、継続的な交流に発展させるのである。テクフォーラムの会場でのポスターセッションなどを発信の場とすれば、その後の議論、さらにはフォーラム後のやり取りは技術者同士の交流が深まる場になる。

継続的な交流が多くの新製品を生み出した典型例を紹介しよう。1960年代に開発された3次元表面を自由に設計できる高精細表面テクノロジーである。これはオーバーヘッド・プロジェクターのレンズ向けに開発された加工技術だが、テクフォーラムにおける技術者の交流の中から、さまざまな技術開発が進んだ。1990年代に実用化した液晶ディスプレー用輝度向上フィルム「BEFシリーズ」や、2005年実用化の従来品の3倍の明るさを持つ交通標識用再帰性反射フィルム（9章参照）などが高精細表面テクノロジーをベースにしている。

しかも、開発から50年以上経た今でも進化を続けている。2015年11月にスリーエム ジャパンが発売したコンクリート床面を保水養生するシートは、同技術を活用したものだ（**図22-7**）。

コンクリート床は、コンクリート本来の強度を発現させるために水分を含んだ状態を一定時間保持する養生というプロセスがある。そのため、施工後

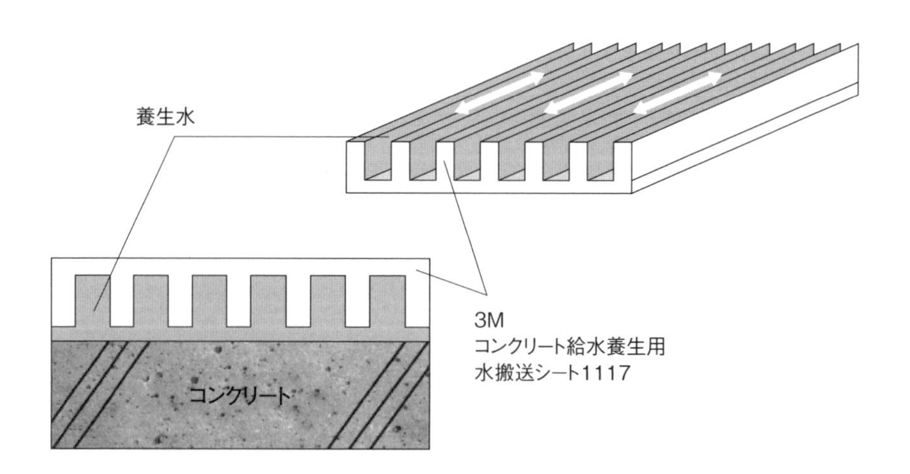

図22-7　コンクリート床面を保水養生するシートの仕組み
樹脂製シートの表面に微細な溝が切ってある。これをコンクリートの床面にかぶせると、毛細管現象により、水が微細な溝を伝わってシート全体に行き渡る。2015年11月に「3Mコンクリート給水養生用 水搬送シート1117」の商品名で発売された。

に散水など作業が必要となる。開発した樹脂製シートは、表面に微細な溝が切ってあり、コンクリートの床面にかぶせると、毛細管現象によって水をシート全体に行き渡らせることができる。そのため、均一な養生を実現でき、コンクリートの仕上がり品質を高められる[*4]。このシート表面に微細な溝を切るプロセスに高精細表面テクノロジーが活用されている。このように、テクフォーラムを通じての技術者同士の交流は、多様な応用分野の獲得に大きく貢献しているのである。

＊1 これには仕掛けは不要だ。経営者が「他の事業部の技術であっても自由に使ってよい」と意思決定すればよい。

＊2 個人としてではなく、部課といった組織単位では応募できない。部課単位のテーマは通常の事業の枠組みで対応する。

＊3 ジェネシスプログラムの資金補助を受けて成功した製品の例としては、高精細表面テクノロジーを活用した研磨材の「トライザクト」や輝度上昇フィルムの「BEFシリーズ」、全く新しい多層構造のフィルムを適用することで液晶ディスプレーの輝度を約2倍に向上させた「DBEFシリーズ」など多数ある。

＊4 品質向上以外にも、養生に使ったアルカリ性の廃水の削減、作業者の負担軽減、トータルコストの削減などのメリットがある。

23章

あなたは会社を信じられますか

ここでは、「Can Believe（信じることができる）」システムについて説明する（図23-1）。同システムは、イノベーションを育む企業文化を構築する「Can RUBシステム」を構成する3システムのうち3番目となる。

信頼関係が創造のスタート地点

信頼は組織を動かす最も基本的な力である。トップマネジメント*が社員を信じず、社員もトップマネジメントを信じない状態が続けば、会社の存続すらおぼつかない。中でもイノベーションは会社と社員の信頼関係が特に重要になる。イノベーションは、担当者自身の能力に負うところが大きく、失敗する可能性も高い。信頼関係がない中で、イノベーションに挑戦することはとても難しい。集中できないし、失敗のリスクを担当者個人が負うことになる。

「なぜ、イノベーションが必要なのですか」という素朴な質問を受けたことがある。確かにある種のトップマネジメントにとっては、イノベーションは不要ともいえる。例えば、自分の在職期間のことだけを考えているトップマネジメントだ。そうしたトップマネジメントは、イノベーションへの投資はすぐには回収できないので、今の利益を減らすお荷物と考える。こんなトップマネジメントの下ではイノベーションなど望むべくもない。

変えるもの、変えないもの

トップマネジメントの役割をレジリエンス経営とイノベーションの視点からまとめたのが図23-2である。レジリエンス経営は、折れない経営、逆境を乗り越える経営ともいわれる。経営環境の激変によって、これまでの自社

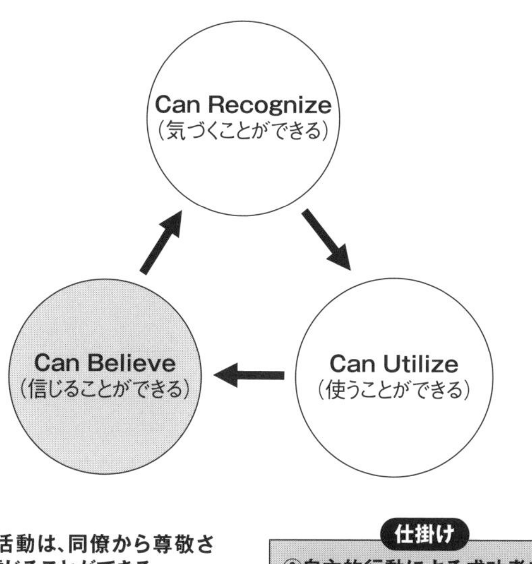

- □ 自主的活動は、同僚から尊敬されると信じることができる。
- □ 自主的活動は、会社から評価されると信じることができる。
- □ 他人の自主的活動をサポートすることは、会社から評価されると信じることができる。

仕掛け

⑧自主的行動による成功者を栄誉で称える仕掛け

⑨自主的行動による成功者の「失敗から学んだ成功物語」を見える化する仕掛け

⑩自主的行動による成功者に進路選択の自由を与える仕掛け

図23-1　「Can RUBシステム」の3番目のシステムは「Can Believe（信じることができる）」
「Can RUBシステム」において、勇気を持ってイノベーションに挑戦する活動を経営者・組織がサポートしていると信じるように導くシステムが、「Can Believe（信じることができる）」である。

の強みが全く通用しなくなったときに、いかに適応するかを重視する。グローバル経済に突入し、経営環境が短期間で大きく変化する時代に即した経営理論である。

図23-2に示したように、経営環境の変化に対し、トップマネジメントが持つ直接的な武器は短期的戦略である。変化した顧客のニーズに対応して新たな価値創造を実現するために、今ある経営資源を「選択と集中」することが短期的戦略である。ここでは敏捷性が重要となる。経営環境が変われば経営判断も変わるので、朝令暮改もある程度はやむを得ない。短期的戦略を実

施する場面だけを見れば、トップマネジメントが一貫性を欠くように見え、信用できないと感じられるかもしれない。

しかし、トップマネジメントの役割は、短期的戦略の実行だけではない。

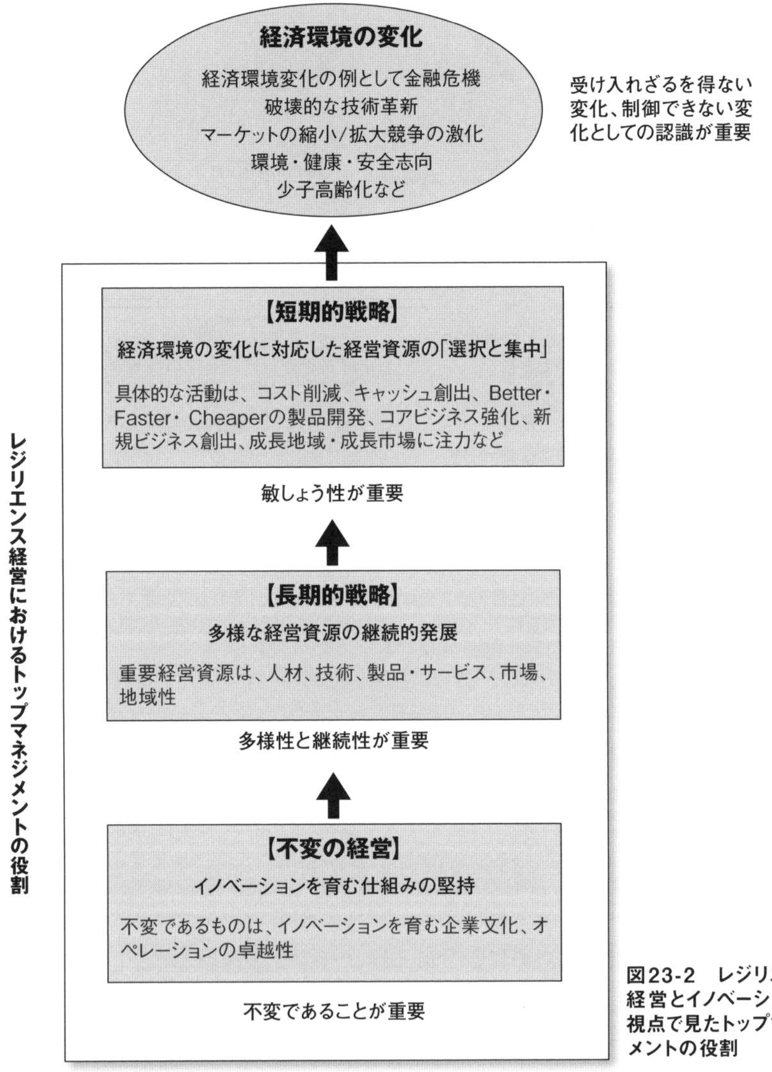

経済環境の変化

経済環境変化の例として金融危機
破壊的な技術革新
マーケットの縮小/拡大競争の激化
環境・健康・安全志向
少子高齢化など

受け入れざるを得ない変化、制御できない変化としての認識が重要

【短期的戦略】

経済環境の変化に対応した経営資源の「選択と集中」

具体的な活動は、コスト削減、キャッシュ創出、Better・Faster・Cheaperの製品開発、コアビジネス強化、新規ビジネス創出、成長地域・成長市場に注力など

敏しょう性が重要

【長期的戦略】

多様な経営資源の継続的発展

重要経営資源は、人材、技術、製品・サービス、市場、地域性

多様性と継続性が重要

【不変の経営】

イノベーションを育む仕組みの堅持

不変であるものは、イノベーションを育む企業文化、オペレーションの卓越性

不変であることが重要

レジリエンス経営におけるトップマネジメントの役割

図23-2　レジリエンス経営とイノベーションの視点で見たトップマネジメントの役割

その時に必要な経営資源がなければ「選択と集中」のやりようがないなど、短期的戦略には大きな制約があるからだ。ない袖は振れない。そこで重要になるのが短期的戦略の奥にある長期的戦略である。これは、将来起こり得る経済環境の変化を見越して多様な経営資源（イノベーションの種）を育成することだ。ここでは継続性が重要となる。具体的に経営資源を投入するイノベーション分野としては、人材、技術、製品、サービス、市場、地域性である。

トップマネジメントの仕事は、ここでも終わらない。長期的戦略のさらに奥に「不変の経営」が不可欠である。これは、何が起きてもイノベーションを育む仕組みを堅持するという、トップマネジメントの確固たる姿勢だ。経営哲学といってもよいだろう。

トップに必要な「不変な姿勢」

この姿勢は、トップマネジメントが変わっても常に不変でなければならない。トップマネジメントの交代とともに姿勢が大きく変わっていては、たとえ現在のトップマネジメントが「自主性を尊重する」「イノベーションへの挑戦の失敗は許容する」などと発言して社員を激励しても、額面通りには受け取れないからだ。トップマネジメントが変わった途端、意気揚々と屋根に上ったはしごを外されるかもしれない。

こうした状況では、新しいアイデアに挑戦する情熱やエネルギーが消沈し、集中力や実行力を発揮できない。次に任命されるトップマネジメントによって空手形になる可能性がある激励では、やる気は湧いてこない。それを打ち破るには、イノベーションを支援するトップマネジメントの姿勢が「絶対に変わらない」と確信してもらう必要がある。これこそが「会社を信じることができる」の源泉である。会社が社員から信用されるには、トップマネジメントが常に信じるに足る経営を実践しなければならない。トップマネジメントには規律が求められるのである。こうした信頼関係を基盤として、「Can Believe」システムは構成されている（**図23-1**）。このシステムは、以下の3つの「信じることができる」が柱になっている。

・自主的活動は、同僚から尊敬されると信じることができる。
・自主的活動は、会社から評価されると信じることができる。
・他人の自主的活動をサポートすることは、会社から評価されると信じることができる。

これら3つの柱を仕掛けに落とし込んだものが、**図23-1**に示した⑧〜⑩である。

創造的な成果には栄誉で応える

8つ目の仕掛けは、「自主的行動による成功者を栄誉で称える仕掛け」である。3Mの場合は、栄誉を基軸にした表彰制度である（15章参照）。選考はまず世界各国の国内、次にアジアや欧州といった地域、最後にグローバルレベルで行われる。グローバルレベルでエクセレントと評価されると“金メダル”に相当するような賞を授与される。受賞者は、パートナー（妻や夫、あるいは恋人など）とともにWonewok（米国ミネソタ州）の保養施設で丁寧に準備された授賞式に招かれる。受賞パーティーではトップマネジメント自らがホストとなり、称賛と敬意をもってもてなされるのだ。これは、授賞式だけにとどまらない。受賞を知った職場の同僚からも尊敬の眼差しを送られる。加えて、家族にも大きなことをやり遂げたと、誇りに思ってもらえる。

受賞に際して金銭的な報酬は一切ない。ここで重要なことは、受賞で得られるのは栄誉や敬意などの精神的なものに限られるということだ。金銭とは完全に切り離されている。つまり、会社への貢献に対し、徹底的で純粋な謝意を示すのだ。そのことで、受賞者は大きな喜びと充実感を得られ、それは次の挑戦への糧となっていく。金銭的な報酬は受賞とは別のところ、つまり通常の人事考課で対応する。受賞は会社への貢献の証しだ。そのため、人事考課に反映されて昇進や昇給につながる。

こうした表彰制度は、ネガティブな人間の本質である「不公平に扱われたと感じると自分の利益を犠牲にしても相手を罰する」を抑制し、「会社を信じる心」を育てる。さらに、この仕掛けは「笑顔と名前にポジティブに反応する」というポジティブな本質をうまく利用しているともいえるだろう。

成功者の経験を全社で共有

9つ目の仕掛けは、「自主的行動による成功者の『失敗から学んだ成功物語』を見える化する仕掛け」である。3Mでは『A Century Innovation』の発行がそれに当たる（**図23-3**）。同書は3Mの創業後100年にわたるイノベーショ

✓顧客の問題を解決したときに初めてイノベーティブとされる。
✓イノベーションは上司の指示に従うことからではなく、個人の自主性から生まれる。
✓心が「やめるな」とささやいたときは、その声を信じよ。
✓「顧客に密着する」とはつまり、顧客の現場に赴き、ともに暮らし、彼らに見えるものを見るということである。
✓市場を徹底的に知ることによって、顧客が何を望み、何を必要としているかを予見せよ。
それも、顧客がそれとまだ気がつかないうちに。
✓「品質とは何か」は顧客に聞け。いずれにせよ、品質の水準は決して落としてはならない。
✓考え出して、信じて、達成すること。創造性と信念に結びついた忍耐は、今もなお、長期にわたる成功を約束する最高の秘訣である。
✓イノベーションは、熱気に富む人たちが構成する多様で小さなグループの中で開花する。
✓良い社員にチャンスを与えて支援し、たくましく成長するのを見守ること。
✓最も成功しているイノベーターたちは、自分で構築した人脈を通じて相互作用し、知識と問題を共有している。
✓生まれたばかりのアイデアは、どんなに優れたものであっても、スポンサー（支援者）とチャンピオン（擁護者）がいなければ死んでしまう。
✓スポンサーは、社員のキャリアが前進し、進路から外れないように力を貸す。
✓チャンピオンは、新しいアイデアや製品に対する理解を促すための、説得力を持つロビイストである。躊躇せずにリスクを取ることは、彼の肩書きよりも重要である。
✓メンターになれ。決して後悔はしない。メンタリングを受けながら成功した人は、その後、他の人々のメンタリングに成功することが多い。
✓研究開発への一貫した長期投資がイノベーションを成功させるためのカギである。

図23-3　『A century of innovation, The 3M Story』の15の言葉
「A century of innovation, The 3M Story」は、3Mの創業後100年にわたるイノベーションを開発ストーリーとして詳しく紹介している。一つひとつの開発ストーリーには、イノベーションを成し遂げた本人が、こうした経験を通じてつかんだ教訓が添えられている。同書では、この言葉を「時の試練に耐えた真実（Time-Tested Truths）」と呼ぶ。図中の15の言葉は、その一部を紹介したもの。同書の発行は創業100年に当たる2002年。書籍の他、Webサイトでも公開されている。「century of innovation 3M」で検索すると見つけやすい。

ンの開発ストーリーである。先人たちの多様な製品・技術に関するイノベーションが、敬意とともに生き生きと詳しく紹介されている。単純な成功物語ではなく、いくつも失敗を繰り返し、苦悩した経緯も書いてある。

一つひとつのストーリーには、イノベーションを成し遂げた本人によって、こうした経験を通じてつかんだ教訓の言葉が添えられている。同書では、この言葉を「時の試練に耐えた真実（Time-Tested Truths）」と呼ぶ。その中から筆者が特に感銘を受けた15の言葉を**図23-3**に挙げた。実際の経験に裏打ちされた、まさに100年の時の試練に耐えた真実だと思う。

この中で、筆者が特に肝に銘じている言葉は、「顧客の問題を解決したときに初めてイノベーティブとされる」だ。例えば、新技術の特許を取得した時には、イノベーションを成し遂げたという高揚感が自然と湧いてくる。確かに大きな前進で会社から高い評価を受けることもあるだろう。しかし、道はまだ半ばであり、決してゴールではない。顧客の問題を解決し、「ありがとう」という言葉とともに対価としてのお金をもらうまで前進を続けなければならない。こうした実体験に基づいた先輩たちの言葉に触れると、ポジティブな人間の本質である「信じる心が新しいことに挑戦する勇気を与える」や「恐れと喜びの感情が、新しいことに挑戦する力を創出させる」が刺激され、会社を信頼できると心の底から思うことができる。そして、新しいことに挑戦する情熱とエネルギー、実行力や集中力が湧いてくる。

キャリアを選ぶ自由がある

10番目の仕掛けは、「自主的行動による成功者に進路選択の自由を与える仕掛け」である。3Mの場合は、「デュアル・ラダー」（2つのはしご）という進路選択制度がこれに相当する（**図23-4**）。デュアル・ラダーは、成果を上げた技術者に対して2つの進路を用意し、どちらかを自由意思で選べるようにした制度だ。2つの進路とは、マネジメント・ラダー（マネジメント志向の進路）とテクニカル・ラダー（専門職志向の進路）である。

テクニカル・ラダーのトップは「コーポレートサイエンティスト」で、現

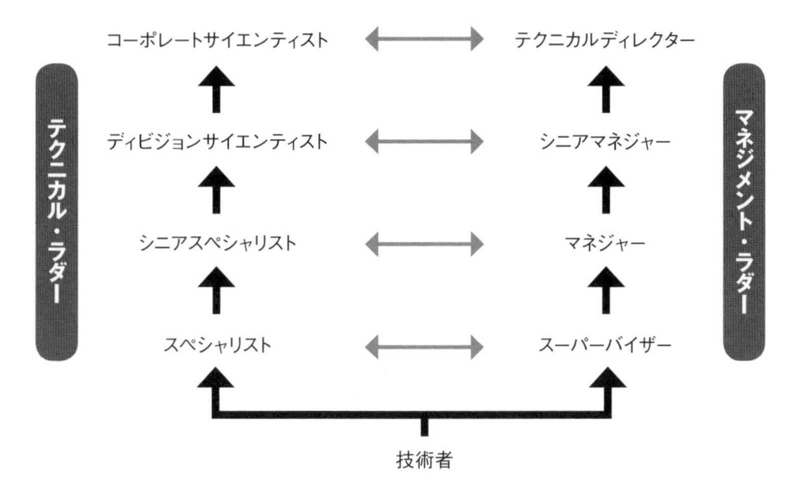

図23-4　技術者に2つのキャリアを用意するデュアル・ラダー
デュアル・ラダーは、マネジメント・ラダー(マネジメント志向のキャリア)とテクニカル・ラダー(専門職志向のキャリア)という2つの進路を用意し、自由に選択できる制度。2つのラダーは固定的なものではなく、相互に移動することもできる。

在数十人いる。彼らの研究成果や開発した技術・製品の業績への貢献度は圧倒的だ。ただ、それだけではなく人物としても抜きん出ている。他の技術者・研究者の憧れの存在となっている。コーポレートサイエンティストはこうでなければならない。そうした人材をテクニカル・ラダーで引き上げていくことは簡単ではない。テクニカル・ラダーでの昇進における審査が特に重要となる。テクニカル・ラダーの審査の基本は専門職としての能力(ここにはリーダーやメンターとして資質も含まれる)だが、そこに別の要素が入り込みやすいからだ。

その背景には、もう1つの道であるマネジメント・ラダーの役職数が限られていることにある。力量があっても役職に空きがない場合、その技術者をテクニカル・ラダーに横滑りさせる場合がある。すると、本人の志向と役職が完全にミスマッチになるので良いことは何もない。本人は専門技術者を志向していないので憧れの対象にはなり得ない。そうしたケースが増えていくと、テクニカル・ラダーの価値そのものに傷が付いてしまう。テクニカル・

ラダーは夢のある希望のはしごであるべきなのだ。3Mではテクニカル・ラダーの審査を極めて厳正・厳格に行っている。

これで、イノベーションに強い企業文化を構築するCan RUBシステムの10の仕掛けの説明を終える。最後にCan RUBシステムのコアである、10の仕掛けと8つの人間の本質の相関関係を再掲する(**図23-5**)。さらに、イノベーションに挑戦する組織づくりの取り組みであるCan RUBシステムとイノベーションに挑戦する人づくりマネジメント法である「SSRイノベーション・マネジメント・スパイラルプロセス（SSRマネジメント）」の関係を**図23-6**

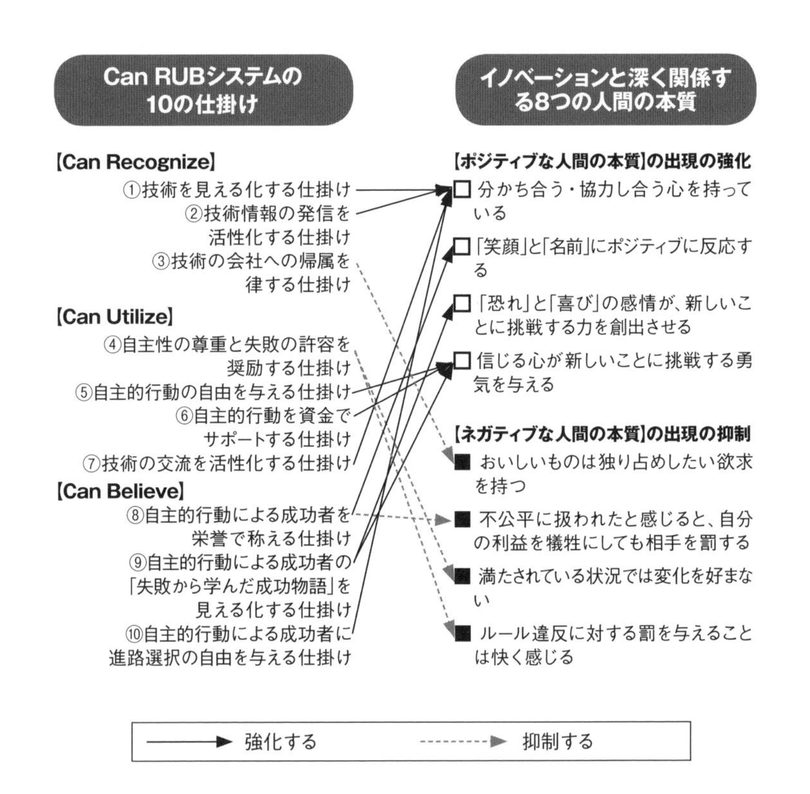

図23-5 「Can RUBシステム」の仕掛けと人間の本質の相関関係
Can RUBシステムの10の仕掛けは、イノベーションに対してポジティブに作用する人間の本質の出現を強化し、ネガティブに作用する人間の本質の出現を抑制するように設計されている。

に示す。両者はいずれもイノベーションと深く関係する8つの「人間の本質」(現生人類が誕生して約20万年間変化していないと考えられている、論理と感情という脳の二重構造に基づく意思決定)に根差している。いわばイノベーションに挑戦する人間にとっての「盾の両面」なのである。

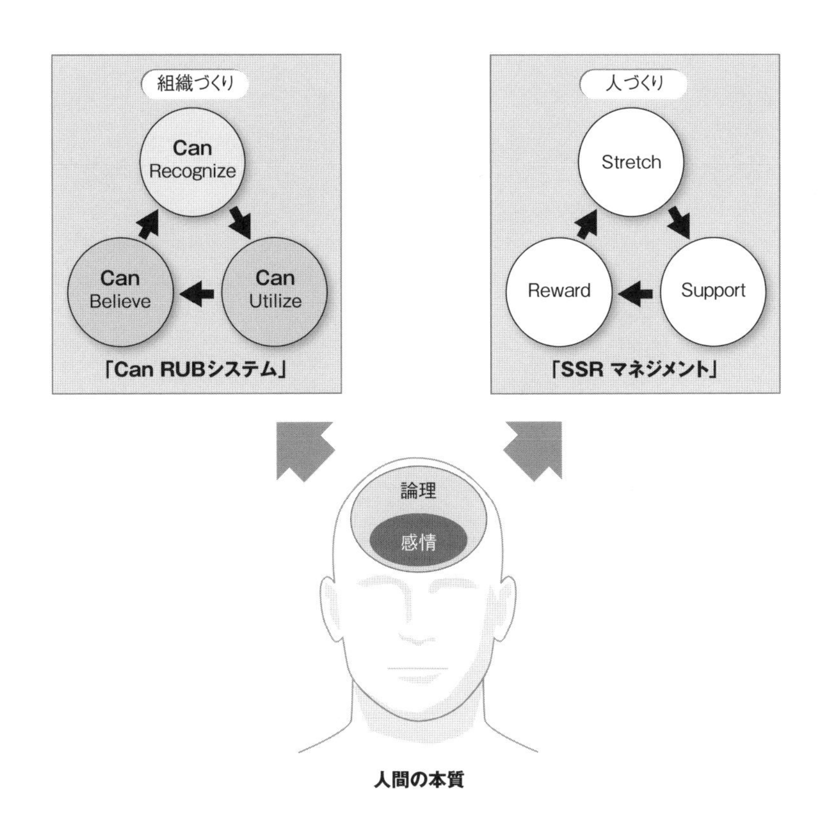

図23-6　組織づくりの「Can RUBシステム」と人づくりの「SSRマネジメント」はともに人間の本質に根差す

---

* トップマネジメントは、JIS Q 9000：2015で定義される経営用語で、「最高位で組織を指揮し、管理する個人またはグループであり、組織内で、権限を委譲し、資源を提供する力を持っている」人たちのことである。

［第Ⅳ部］

変わらない
トップマネジメントの姿勢

イノベーションの設計図 組織の設計編 ③

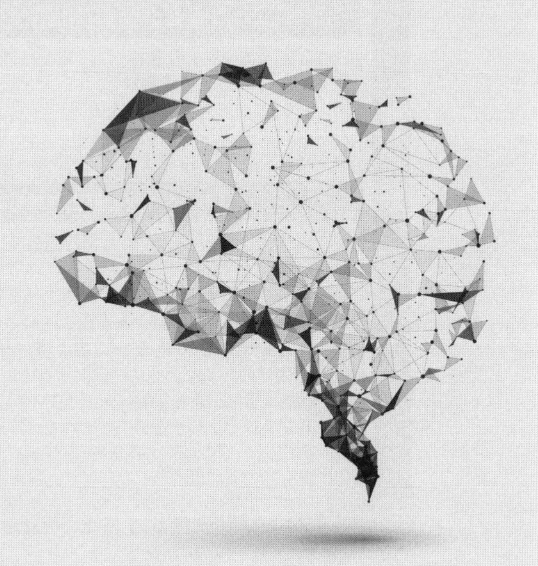

24章

トップは自らを律せよ

ここからは、「イノベーションの設計図 組織編」を構成する3つの大項目の1つ「変わらないトップマネジメントの姿勢」を紹介していく（図24-1）。イノベーションに強い組織をつくることは、トップマネジメントに課せられた責任である。例えば、会社の中興の祖がイノベーションに強い組織をつくり上げたとしよう。しかし、その後の不況時のリストラなどにより、そ

組織の設計	
	変わらないトップマネジメントの姿勢
	① 技術は会社に帰属する
	② 理念に適合しない社員と向き合う勇気
	③ 妥協のない企業倫理
	④ 成長と利益の両立の飽くなき追求
	⑤ 人財発掘・リーダー育成の組織的情熱
	イノベーションを育む企業（組織）文化を構築する仕組み
	① 経営資源（強みの基盤）の情報を社内で共有する仕組み
	② 自主性のある人材を創るマネジメントの規律を定義する仕組み
	③ 非公式のアイデアを公式のアイデアに変換する仕組み
	④ 公式のアイデアから非公式のアイデアを創出する仕組み
	⑤ 暗黙知の伝承を可能にするメンターを育成する仕組み
	イノベーションを創出させるマネジメント
	① 到達可能かつストレッチな目標設定を繰り返すマネジメント
	② 心の安全地帯を作り、挑戦させるマネジメント
	③ 感動を生む顧客との接触を創出するマネジメント
	④ 無意識下の記憶を強化するマネジメント
	⑤ Whyを繰り返し、論理的に考え抜かせるマネジメント
	⑥ 機会は示すが、実行は自ら決断させるマネジメント
	⑦ 共感を得るコミュニケーションのマネジメント
	⑧ 名誉を感じさせる褒め方のマネジメント
	⑨ 貢献した人の名前の見える化のマネジメント
	⑩ 自主的な協力の行動を昇進プロセスに結びつけるマネジメント

図24-1　イノベーションの設計図 組織の設計編「変わらないトップマネジメントの姿勢」

の強さを維持できずにイノベーションの活性度が衰退していく場合がある。この衰退は、経営を引き継いだトップマネジメントの責任であることは明らかだ。

このようにトップマネジメントの役割は極めて重い。本章は、トップマネジメントの役割として大切なものの中から、まず「規律」をテーマとして取り上げる。規律には、トップマネジメントが「自らを律する」という意味と「会社としての規律を全社員に守らせる」という2つの意味がある。

危機で試されるトップの姿勢

次のようなケースでトップマネジメントの役割を考えてみよう。外的なストレッサーが原因となって内的なストレスが生じ、社内にひずみが発生する場合だ。例えば、金融危機（ストレッサー）による売り上げの減少（ストレス）の対応として、研究開発投資を削減（ひずみ）させる、などである。本来ならば、トップマネジメントはレジリエンス経営を実践し、ストレスを跳ね返して売り上げを増やし、ひずみを解消して研究開発投資を増やさなければならない。これが逆境につぶされることなく、状況に順応して生き延びる力である。

そのために求められるトップマネジメントの役割は、前章で見たように3つある。1番目は今ある経営資源の「選択と集中」による「短期的戦略」を実行すること。2番目は、将来に向けて多様なイノベーションの種を育成する「長期的戦略」を立案すること。そして3番目が、何が起きてもイノベーションを育む仕組みを堅持する「不変の経営」である。

許される自由と許されない自由

このようなトップマネジメントの支援を受けて実行する具体的なアプローチとして、イノベーションに挑戦する「組織づくり」のための「Can RUBシステム」と、「人づくり」のマネジメント法である「SSRイノベーション・マネジメント・スパイラルプロセス（SSRマネジメント）」をこれまで紹介してきた。その中では、イノベーションに挑戦する個のやる気を引き出すことに焦点を当てている。つまり、自主性を促すために、組織のシステムとマネジメント方法を整えるアプローチである。2つの仕組みには、新しいアイデアを次々と生み出すための源泉である「自由意志」と、その前提である「自由を把握する知覚」を引き出す働きがあった。

しかし、社員が失敗を恐れずイノベーションに挑戦し、成長につながる新事業・新技術・新製品の創出に成功したとしても、そこに大きな落とし穴があることを肝に銘じる必要がある。たった1つの違法行為や倫理的に許されない行為があると、長い時間をかけて築き上げた社会的な信用が、一瞬のうちに崩れ去ってしまう点である。

この落とし穴は、トップマネジメントがリーダーシップを発揮して、社内に厳格な規律を根づかせることで回避できる。その規律とは、「自由がない行動」と「自由な行動」を明確に定義した「行動の規範」である。この行動

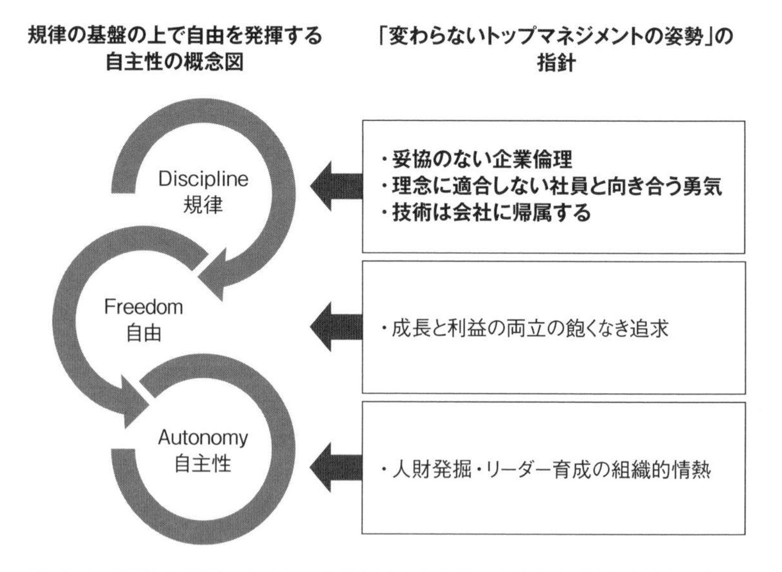

図24-2 「規律の基盤の上で自由を発揮する自主性の概念図」(左)と「変わらないトップマネジメントの姿勢」の指針(右)

規範の骨格を示したのが**図24-2**だ。同図の左側には、「規律（Discipline）」、すなわち「自由に行動できないこと」を守らせた上で、「自由に行動できること」の範囲の中での「自由（Freedom）」な行動を活性化し、「自主性（Autonomy）」に基づいて意図した成果を引き出す流れを示している。ひと言で言うと「規律の基盤の上で自由を発揮する自主性の概念図」である。同図の右側には、「規律」「自由」「自主性」のそれぞれに対しての「変わらないトップマネジメントの姿勢」の指針を記載した。

法律だけでなく倫理も

まず、「規律」の最初の指針である「妥協のない企業倫理」を紹介する。この指針は単に法律を守るだけではなく、法律よりも高い水準で設けている自社の倫理的ガイドラインを含む行動規範を社員に順守させることを意味している。3Mの場合は、行動規範グローバルハンドブック「Be 3M（3Mであるために）」を制定し公開している*。具体的な行動規範としては、「善良であること」「正直であること」「偏見なく公平であること」「忠実であること」「正確であること」「敬意を持つこと」の6つの柱がある（**図24-3**）。

善良であることとは法律および3Mの行動規範に従うことを、正直であることとは妥協のない正直さと誠実さをもって行動することを示す。偏見なく公平であることとは、取引先が政府であるか顧客であるかサプライヤーであるかなどを問わず、ルールに従って行動するということだ。忠実であることとは、3Mの利益、資産、情報を守ることを、正確であることとは完全かつ正確に記録することを求めている。最後の敬意を持つことでは、互いに尊敬し合い、3Mの社会的環境および世界中の自然環境に敬意を払うことを意味している。

実際にはこれら6つの項目ごとに詳細な行動指針が決められている。特に、重大な法律上・倫理上の問題を招きかねない事項については、適切な行動が取れるように具体的な内容を示してある。これらは目先の利益のために決して譲歩はしない。長期的視野に立つと、行動規範を順守することは3Mの未

Be 3M

●善良であること
法律および3Mの行動規範に従う。

●正直であること
妥協のない正直さと誠実さを持って行動する。

●偏見なく公平であること
取引相手が政府であるか、顧客であるか、サプライヤーであるかを問わず、ルールに従って行動する。

●忠実であること
3Mの利益、資産、情報を守る。

●正確であること
完全かつ正確なビジネス情報を記録。

●敬意を持つこと
互いに尊敬し合い、当社の社会的環境および世界中の自然環境に敬意を払う。

図24-3　行動規範グローバルハンドブック「Be 3M（3Mであるために）」の6つの柱
行動規範を順守しない従業員に対しては、解雇を含む懲戒処分が科せられる可能性がある。その際に情状酌量の余地はない（ゼロ・トリランス）。

来に利害関係を有する全ての人々の利益を守ることにつながると信じるからである。

ならぬことはならぬ

Be 3Mの考え方を象徴する部分を、同書の本文から幾つか引用してみる。

「お客様からの要請、上司からの直々の指示、個人的な忠誠心などいかなる理由も、誠実さに関するこの共同の誓約を妥協する正当な理由にはならない」
「いかなる売上または取引上の利益であっても、3Mの企業としての信用を犠牲にするほどの価値はない」
「もしもそれが、今のやり方を変えることになるとしても、売上を減少させることになるとしても、業務上のコストを増加させるとしても、競合相手が不正をうまく切り抜けていたとしても、その国においてローカルビジネス習慣として汚職または非倫理的行動が容認されているとしても、3Mの行動規範を破る理由・口実にはならない」
「以下の行動を通じて、3Mの倫理的社風を構築する。[1] 3Mの理念を実践する、[2] 法律やこの規範に対する違反の疑いを報告する、[3] 難しい決断で支援を求める」
「従業員は、報復を恐れずに、気兼ねなく懸念を報告し、質問しなければならない。3Mでは報復行為を許容せず、禁止する」

3Mの行動規範における倫理的ガイドラインは、企業倫理上の正しい決定を行うことの手助けになる。正しい行動に関して決断しなければならないときは、以下の3つの質問に「はい」と答えられなければならない。

「私が取ろうとしている行動は正しいか」
「私が取ろうとしている行動は公衆の視線に耐えられるか」
「私が取ろうとしている行動は、企業倫理を重んずる会社としての3Mの評価を守れるか」

3Mの行動規範を順守しなければならない対象者は、3Mの従業員だけでなく、3Mのために行動する者も含まれる。例えば、販売代理店、販売代理人、コンサルタント、契約労働者、合弁事業パートナー、特約店、加工事業者、外部弁護士などが該当する。3Mの行動規範を順守しない3Mの従業員には、最も厳しい場合、解雇を含む懲戒処分が科せられる可能性がある。また、この行動規範を順守しない「3Mのために行動する者」は、今後3Mのために行動することを禁じられる場合がある。いわゆるゼロ・トリランス・ポリシー（Zero Tolerance Policy：情状酌量の対象にならないこと）に基づいた処罰の可能性がある。

このような「ならぬことはならぬ」という規律は厳格に実施されている。その結果、「自由な行動」が禁止された領域に社員は一切立ち入らない。そこでの行動は無価値だからである。組織のReturn on Investmentの最大化のために、トップマネジメントは企業の行動規範を順守させ、「自由に行動できる」領域に対して社員の情熱とエネルギーを集中させ、イノベーションに挑戦させるように導くことが肝心である。

理念に適合しない社員に向き合う

「トップマネジメントが変えてはならない姿勢」である「規律」の2番目は、「理念に適合しない社員と向き合う勇気」である。かびが生えた1個のミカンを箱の中から取り除けば、他のミカンにかびが広がることを防げる。しかし、そのままに放置していれば、かびは他のミカンに短時間に広がってしまう――。これは自然界の事実である。この事実からマネジメントの生産性について学べることが2つある。

まず、社員の自主性の尊重を無視して権限を委譲しないマネジャーに対して、トップマネジメントが勇気ある行動を取るべきだということ。社員のやる気を引き出していないことが原因で、意図した成果を達成できないマネジャーに対して、トップマネジメントはそのマネジャーの行動を改善するように積極的に徹底的に働きかけなければならない。しかし、適切な指導期間を過ぎてもその改善が期待できないと判断したならば、そのマネジャーに対しては、マネジメントの職務を解くという判断を、勇気を持ってしなければならない。そうしなければ、自主性尊重の理念が組織に定着しない。

マネジメントの生産性について学ぶことのもう1つが、部員のイノベーションをマネジャーがサポートする際の課題である。これは、マネジャーが

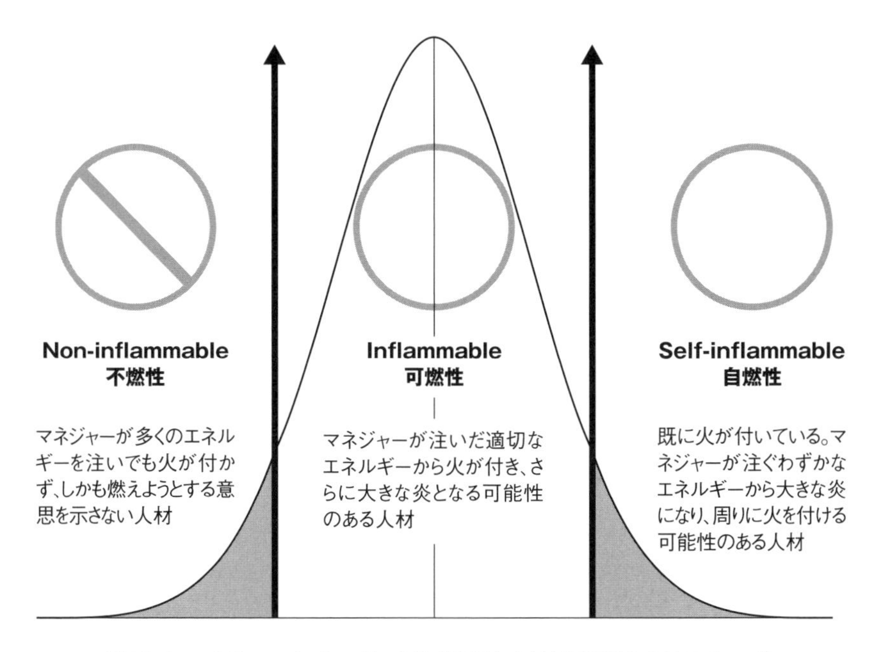

図24-4　マネジャーがエネルギーを注ぐ適切な人材と不適切な人材のイメージ

情熱とエネルギーを注ぐ人材（部員）の見分け方に深く関係する（**図24-4**）。

マネジャーが力を注ぐべき人材とは

マネジャーが情熱とエネルギーを注ぐのに適切な人材は2つのタイプに分けられる。最初のタイプは、情熱の火が既に付いている人材。いわば自燃性の人材だ。マネジャーが注ぐエネルギーが少なくても炎が大きくなり、周りの部員に火を付けるほど活性が高い。2つ目のタイプは、マネジャーが注いだ適切なエネルギーによって火が付き、さらにエネルギーを注ぐと大きな炎になる人材である。いわば可燃性の人材である。

一方、マネジャーが情熱とエネルギーを注ぐのに不適切な人材は、多くのエネルギーを注いでも火が付かず、しかも燃えようとする意思を示さない人材である（不燃性の人材）。トップマネジメントは、マネジャーのエネルギーが不燃性の人材に多く費やされ、可燃性の人材に注ぐエネルギーが不足しないように気を配らなければならない。なぜならば、可燃性の人材はマネジャーの適切なサポートによって、目標の成果を期待できるからである。従ってトップマネジメントは、不燃性の人材をその職務から異動させるために、マネジャーが勇気を持って行動を取るように指導しなければならない。

技術の共有は成長機会を増やす

3番目の規律は、「技術は会社に帰属する」である。これは、21章で、「製品は事業部に帰属するが、業務で開発した技術は会社に帰属する」として、3Mのケースを紹介した。事業の責任者が、成長に貢献すると見込まれる革新的な技術の情報をコントロールし、自分の事業部への成果を最優先にしたいという感情は理解できる。しかし、この状態では、その技術を活用して会社全体が享受できる機会を逸するリスクが発生する。これを未然に防ぐためには、「技術は事業部に属する」と勘違いしている事業の責任者に対し、トップマネジメントが「技術は会社に属する」とした規律に沿った行動を取るように指導しなければならない。

規律が組織のシステムとして明確に存在しない場合は、実質的に自由に行動してよい範囲においても、自らの判断で自由を閉じ込めてしまう現象が生まれることがある。組織を越えて新技術や新製品、新事業のアイデアを交流することが明確に禁じられていない場合であっても、マネジャーの顔色を見ながら組織を超えた交流の許可を得る勇気がなく、その交流が活性化されないことにつながる場合である。

「会社の成長につながると信じることができる行動は、マネジャーの許可を必要とせずに実行できる」と入社時に伝えられていれば、マネジャーに進言する勇気がない社員でも、成長につながる可能性のある組織を超えた交流を実行できるのである。この点においても、トップマネジメントは、社員の心の中に「技術は会社に属する」ことを根づかせる必要がある。

ここで紹介した「規律」の3つの指針は、トップマネジメントが変えてはならない姿勢であり、組織のReturn on Investmentの最大化のための基盤である。そして、この「規律」が、組織の中の個が持つ全ての情熱とエネルギーを持続的な成長につなげ、成長を阻害する要因を未然に防いでいると筆者は確信している。「規律」を組織に根づかせ、厳格に運用することは、トップマネジメントの役割なのである。

＊ Webサイトで公開されており、「3M 行動規範」で検索できる。英語版は「3M Code of Conduct」で検索できる。

25章
トップは社員の自由を確保せよ

「規律」に続いて、「自由」に対しての「変わらないトップマネジメントの姿勢」の指針を取り上げる（図25-1）。まず、トップマネジメント自らが確保すべき自由を紹介し、次に技術者（社員）に対して確保すべき自由について説明する。

トップマネジメントにとって最も重要な自由とは、「成長戦略に注力する自由」であろう。この自由について、組織づくりを例に考えていこう。持続的に成長する組織をつくることは、トップマネジメントの使命だ。具体的には、［1］顧客の問題解決や顧客の価値創造に貢献することを通して事業を成

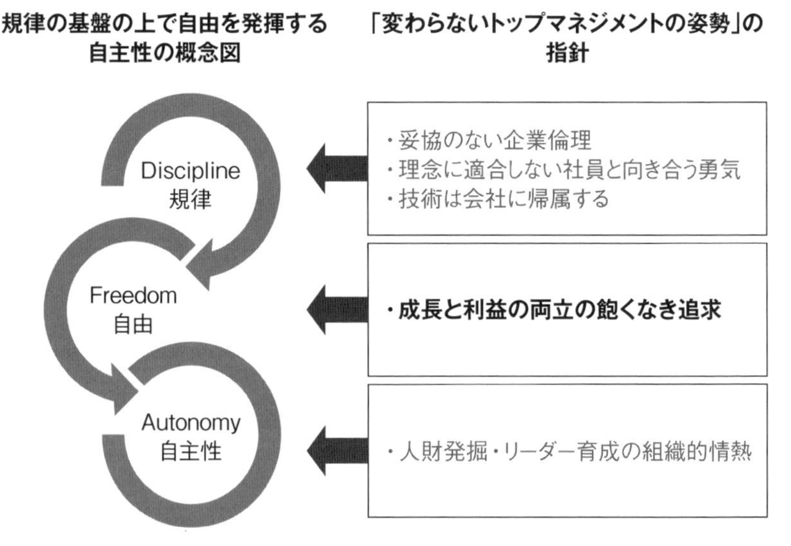

図25-1 「規律の基盤の上で自由を発揮する自主性の概念図」（左）と「変わらないトップマネジメントの姿勢」の指針（右）

長させる、[2] 次の成長に必要な経営資源を確保するためにオペレーションの無駄を省いて利益を確保する、ことである。つまり、オペレーショナル・エクセレンス*1を達成するのである。

人ではなくプロセスの課題と捉える

成長戦略ばかりに目を奪われてオペレーションの効率をなおざりにすると資金が枯渇してしまう羽目になる。成長戦略とオペレーションの効率化を両立させる組織づくりは、トップマネジメントに委ねられている。これがトップマネジメントの自由と責任である。つまり、トップマネジメントの「オペレーショナル・エクセレンスに注力する自由」の確保、ひいてはオペレーショナル・エクセレンスの達成が、「成長戦略に注力する自由」へとつながっていくのだ。以下、この両者の関係を実践的に考えていこう（**図25-2**）。

例として、ある部品が欠落した製品が顧客に届くという品質問題を取り上げる。欠落していた部品Aは、部品Bに対して組み付けられており、組み付け後に検査員が目視検査し、問題がなければチェックシートに「合格」と記入していた。オペレーショナル・エクセレンスを達成できる組織づくりの鍵は、プロセス思考で課題に対応することだ。プロセス思考とは、社内外の課題やステークホルダーの要求を把握した上で、それらを社内のプロセスの課題として捉える手法である。つまり、課題を「人の失敗」ではなく、「プロセスの未熟さ」と考える。

この品質問題の例では、課題の根本原因は検査員のいる場所と検査する製品が物理的に離れていることにあった。そのため目視検査に抜け・漏れが発生し、不足品が後工程に流れてしまったのだ。こうした場合、検査員を責めたり再教育したりすることは解決策にはならない。検査する製品を近くで見ないと分からない固有の番号を、検査結果とともにチェックシートに記入するといった対策によって、検査の抜け・漏れを防止することが解決策となる。

製造工程の改善を例にプロセス思考を紹介したが、抽象的に見える組織づくりにおいても考え方は一緒で、やることも同じだ。業務プロセスを分析す

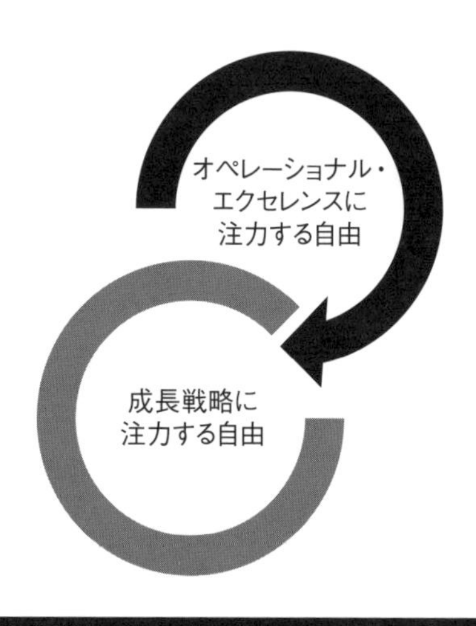

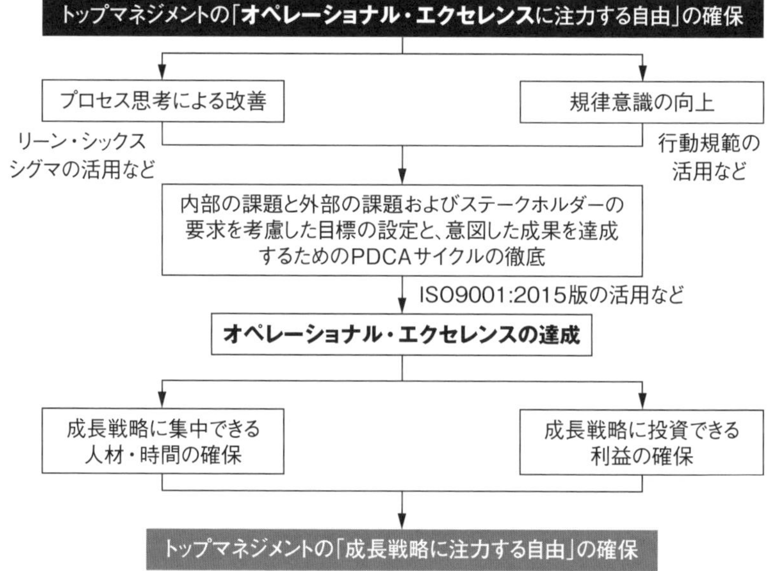

図25-2　トップマネジメントの「自由」の確保の概念図

ることで課題の根本原因を特定し、影響の大きさなどから優先して取り除くべき原因を選択する。こうして、課題を解決した新たなプロセスを構築する。

PDCAサイクルを徹底

プロセス思考による組織づくりのツールとしては、作業のバラツキを制御してビジネスプロセスを改善する「シックスシグマ（Six Sigma）」*2と、無駄を排除して業務効率の向上を図る「リーン（Lean）生産方式」*3を統合した「リーン・シックスシグマ（Lean Six Sigma）」が有効だと筆者は考えている。ツールを社内共通のものとすれば横展開しやすいので、課題が顕在化していないプロセスにも適用でき、課題の発生を予防できる。

ただし、個々のプロセスを改善するツールだけではオペレーショナル・エクセレンスを達成するためには不十分である。前章で説明した厳格な「規律」に基づく行動規範は、プロセスの改善を実行する上での基盤となる。加えて、会社全体のプロセスを有機的に機能させるマネジメントシステムを確立することが肝心となる。そのためには「ISO 9001：2015」が役立つ。第三者の目を通して持続的に自社の襟を正す効果があるからだ。特に意図した成果を達成するためのPDCAサイクルの徹底は、オペレーショナル・エクセレンスを達成させるために重要である。

例として新製品導入プロセスの「開発フェーズからスケールアップフェーズへのゲートレビュー」におけるPDCAサイクルを取り上げる。このゲートレビューの際に、「他社特許への抵触の有無に関する調査が、新製品を展開する可能性がある全ての国で完了していない」ことが指摘されたとする。この指摘は、市場導入を決定する次のゲートレビューまでに、調査を終える必要があることを明確に意識付けるだろう。

オペレーショナル・エクセレンスを達成できれば、成長戦略に投入する人材・時間を大幅に増やすことができ、投資の資金となる利益も確保できる。逆に、法令違反や不良品の流出といった品質問題を繰り返しているようでは、トップマネジメントはそれらの対策に追われ、成長戦略に注力することが難しい。オペレーショナル・エクセレンスという前提があって初めて、トップマネジメントは「成長戦略に注力する自由」を手に入れることができるのだ(図25-2)。

トップの働きかけが生む「自由の知覚」

一方、トップマネジメントが社員に確保すべき「自由」とは何であろうか。この自由は、これまで紹介してきた「技術情報を獲得する自由」(22章参照)や「アイデアを実行する時間を獲得する自由」(同)、「アイデアの実行に必要な資金を獲得する自由」(同)、「マネジメントとスペシャリストの進路選択の自由」(23章参照)などとは質的に異なる。それらの自由の根源を成す「会社の成長に貢献したい」という知覚に根ざしたものである。この知覚は、他人の強制から生まれるものではない。自らの自由意思から自然と生まれる情熱にあふれたエネルギーであり、決して枯渇することがない。それを「自由の知覚」と呼ぶことにする。

筆者に、この「自由の知覚」が生まれたのは1989年のことだ。幾度か紹介した次世代磁気記録媒体の開発レースの結果判断の際である。最終的には、3つの異なるアプローチの中から筆者らの技術が選ばれた。技術担当役員のMichael Sheridan(マイケル・シェリダン)は、「データに基づいた選択である」と静かな口調で根拠を語った。選ばれなかった2人は、ともに米国人であり白人であった。その時、「データの前では国籍や人種は関係なく、全ての人は平等である」「その平等が3Mにはある」ことに筆者は感動した。「自由の知覚」が生まれた瞬間だ。その時のことは今でも鮮明に覚えている。

「不公平に扱われたと感じると、自分の利益を犠牲にしても相手を罰する」のは人間の本質だが、逆に「(平等であると)信じる心が新しいことに挑戦する勇気を与える」というのも人間の本質である(20章参照)。「上司・部下に関係なく、誰にも納得できる論理性(Crystal Clear Logical Thinking)という平等に基づいて意思決定がなされる」と信じられれば、やる気と勇気が湧いてくる。平等な意思決定というトップマネジメントの働きかけによって、社員に「自由の知覚」が生まれるのである。

社員のアイデア力を高める

平等な意思決定の前段階でも、「自由の知覚」の創出のためにトップマネジメントがすべきことがある。それは、社員の思考範囲や活動範囲の「自由」を「選択と集中」に導くことである。これだけだと分かりにくいので、理想気体の状態方程式P=nRT/Vを用いた比喩を紹介する(**図25-3**)。左辺のP(圧力)は個の新しいアイデアを生み出すエネルギーレベルと考える。つまり、このPを極大化することが目標となる。

一方、右辺の分母であるV(体積)は、個が動き回れる範囲を示す。分子のn(モル数)は関与できる人数、T(温度)は個を活性化する環境の影響度[*4]、R(モル気体定数)は組織の特性と考える。トップマネジメントはPを極大化するために、V、n、Tに次のように働きかける必要がある。

●Pを高めるためにVを小さくする

可能性がある全ての範囲をゼロベースで探査することは、いかにも効率が悪い。トップマネジメントは、自社の強みやビジネスの成長を見極めて集中するべき範囲を明示する必要がある。これは、「選択と集中」に当たる。

●Pを高めるためにnを大きくする

イノベーションのアイデアを促進させるためには、「選択と集中」によって行動範囲を狭めると同時に、自分の周りにいる同質な人だけではなく、多様性のある知識やアイデアを持っている人材と積極的にネットワークを作るようにトップマネジメントが働きかける必要がある。

●Pを高めるためにTを大きくする

イノベーションに挑戦させるためには、「選択と集中」と有効性のあるネットワークの構築に加えて、個の活性化を促進させる影響度が大きい組織のシステムやマネジメントの環境をつくるようにトップマネジメントが働きかける必要がある。

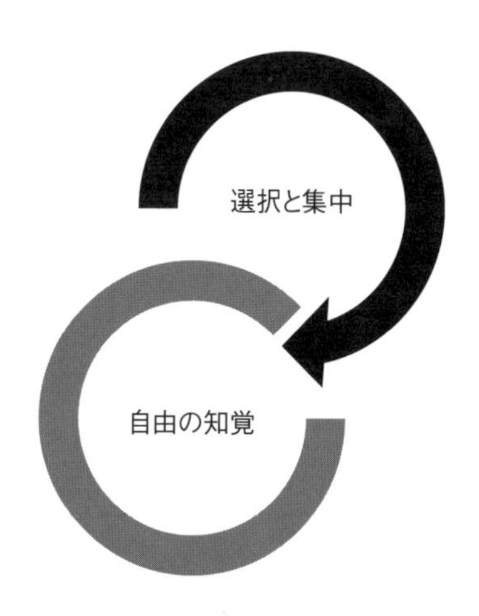

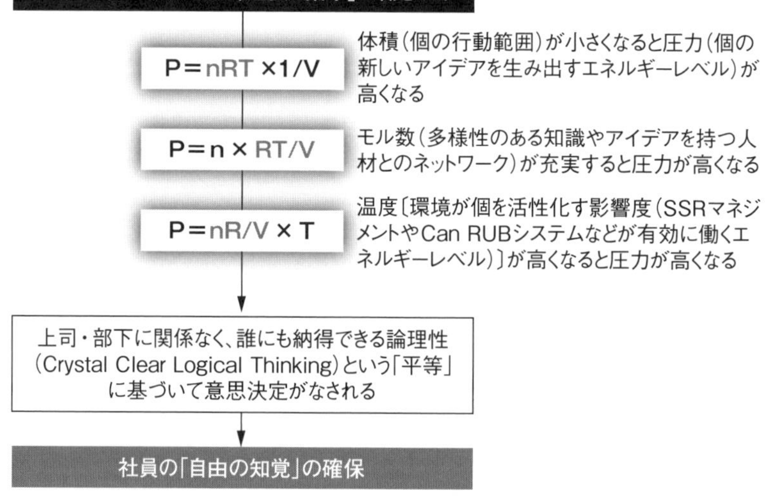

図25-3　社員の「自由の知覚」の確保の概念図

こうしたトップマネジメントの働きかけは、平等で論理的な意思決定とともに、社員の「自由の知覚」の創出につながる。

スキルの習熟と選択の自由

今までの話は、全ての業務に対する社員の習熟度が100%であることを前提にしてきたが、実際は、社員がその業務に任命されたときの習熟度はゼロに近い。その習熟度を効率的に向上させる働きかけも社員の自由を確保する上で重要である。社歴が浅い入社4年目の社員の業務選択に関する悩みを紹介する。彼は、現在の業務を続けるか新たな業務に挑戦するかを本人の自由意志で決めてよいという状況にあり、どちらを選ぶべきか悩んでいるという。

筆者は彼に次のようなヒントを示した。最初に、人が成長していく過程におけるスキルの習熟度と選択の自由度との関係を説明した（**図25-4**）。1つのステップにおいてスキルの習熟度が大きくなると次のステップへの選択の自由度が増す。ところが、複数の選択肢の中から1つを選んだ途端、選択の

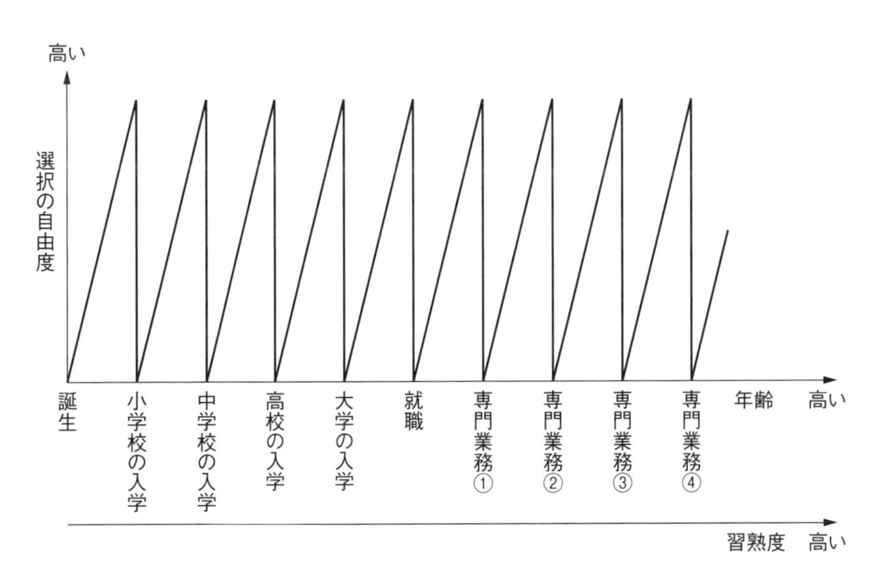

図25-4　キャリアにおけるスキルの習熟度と選択の自由度の関係のイメージ

自由度はゼロになる。ただ、そのステップで習熟度を上げていくと再び選択の自由度も増していく。入社後に業務の習熟度が上がると、将来のリーダーとしての期待が高まって多様な業務を任されるようになる。しかし、習熟度が向上しない場合は、そうした機会は少ない。こう説明した上で、彼に対しては、30年以上という定年までの長い期間を認識すること、そして現在の業務について習熟度を自己評価してみることを勧めた。スキルの習熟度が十分ではない社員に対しては、「自由の知覚」だけではなくスキルの習熟度を自ら向上させる欲求が生まれるように働きかけることもトップマネジメントの重要な役割である。

＊1 **オペレーショナル・エクセレンス**　持続的に業務プロセスを改善する習慣が現場に定着し、コスト・品質・顧客へのサービスの視点において競争力優位となっている状態のこと。

＊2 **シックスシグマ**　1980年代に米Motorola（モトローラ）が開発した経営管理手法である。COPQ（Cost Of Poor Quality：品質問題により生じるコスト）とCTQ（Critical To Quality：経営上重大な問題を引き起こす要因）という2つの指標をもとに、定義（Define）・測定（Measure）・分析（Analyze）・改善（Improve）・管理（Control）のDMAICのサイクルを回す。その結果として、プロセスにおけるバラツキの真の原因を究明し、改善を実施・管理する。その適用範囲は、製造部門にとどまらず、営業部門、企画部門などの間接部門も含む。会社全体のプロセスを改善することで顧客満足度の向上を達成していく。

＊3 **リーン生産方式**　1980年代に米マサチューセッツ工科大学（MIT）のJames P. Womack（ジェームス・P・ウォマック）氏、Daniel T. Jones（ダニエル・T・ジョーンズ）氏たちがトヨタ生産方式を研究し、その成果を再体系化・一般化した生産管理手法である。リーン（Lean）とは、無駄のないこと、引き締まっていることを意味する。生産プロセスにおける、①つくりすぎのムダ、②手待ちのムダ、③運搬のムダ、④加工そのもののムダ、⑤在庫のムダ、⑥動作のムダ、⑦不良をつくるムダの7つのムダを排除しながら、スピードと品質を向上させる生産方式である。

＊4 本書で紹介してきた「SSRイノベーション・マネジメント・スパイラルプロセス（SSRマネジメント）」と「Can RUBシステム」は、個を活性化する環境といえる。

26章

トップの情熱は岩をも溶かす

ここでは、「変わらないトップマネジメントの姿勢」の項の最後として、「自主性」の観点からトップコネジメントの役割を述べる（図26-1）。まずトップマネジメント自らが確保すべき「自主性」について、次にトップマネジメントの働きかけによって社員に対して確保すべき「自主性」について解説する。

トップマネジメントは、顧客の価値創造に貢献することで持続的に事業を成長させる経営責任を担う。その経営責任を果たすために「自主性」を発揮することを期待されている（図26-2）。そのためにトップマネジメントが最初にすべきことは、会社が進むべき方向をビジョンとして明示することだ。

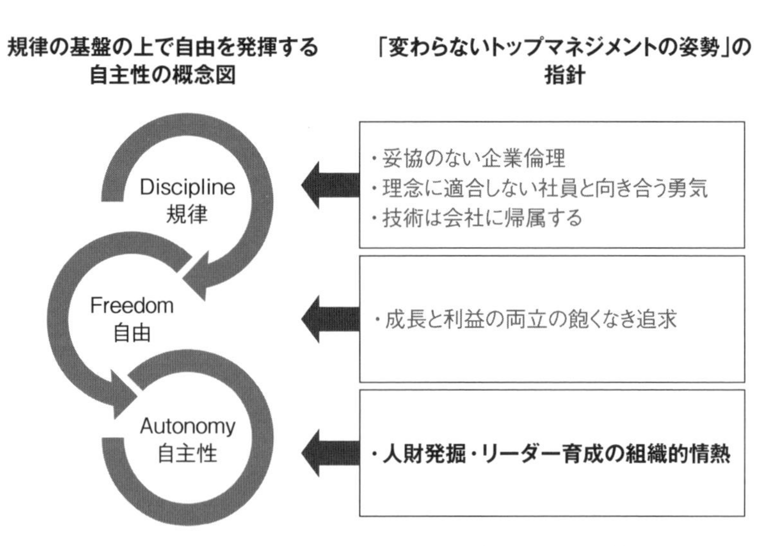

図26-1 「規律の基盤の上で自由を発揮する自主性の概念図」（左）と「変わらないトップマネジメントの姿勢」の指針（右）

その際には断固たる自主性を発揮する必要がある。つまり、自分で発想し、自分の意志で判断し、自分の定めた規範に従って自分を規制し行動することが求められる。たとえ困難にぶつかったとしても、経営責任を放棄したり目標達成を諦めたりしてはならない。これが、トップマネジメントの「進むべきビジョンを明確にする自主性」の確保に当たる。この際に起点となるのが、高いモチベーションと厳格な規律である。

両者を起点としながら、さらに、トップマネジメントとしての役割をやり抜く、折れない心を持つ必要がある。折れない心を支えるのが情熱である。

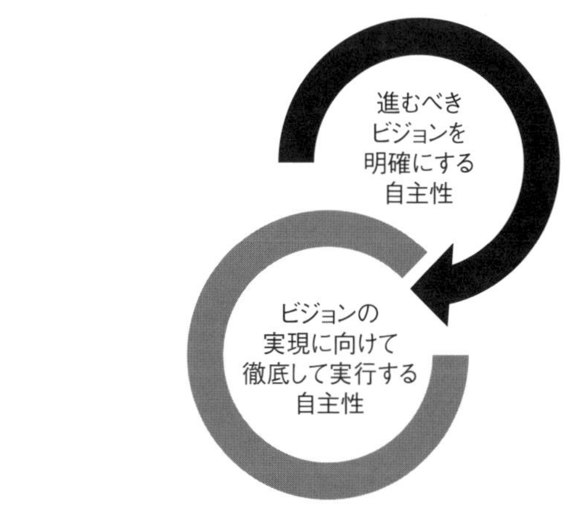

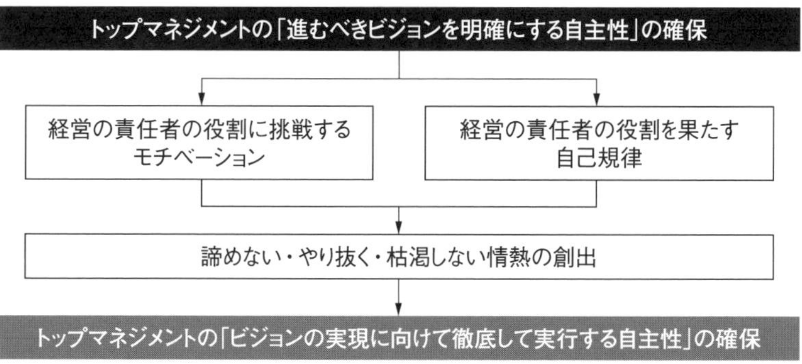

図26-2　トップマネジメントの「自主性」の確保の概念図

情熱こそが、ビジョン実現のための自主性を強固に裏打ちしてくれる。従って、もし情熱が枯渇したと自分で判断したときは、トップマネジメントの地位から自らの意志で降りる覚悟がいる。なぜならば、泉（トップマネジメントの情熱）が枯れてしまえば、その下流にある川（社員の情熱）は干上がってしまうからだ。持続的に成長を可能にするトップマネジメントの最も基本的な役割は、会社全体の泉となる情熱をみなぎらせることである。この情熱が力強いリーダーシップを生み、「ビジョンの実現に向けて徹底して実行する自主性」を発揮する原動力になる。

社員の自主性を会社のビジョンにつなげる

社員の自主性は、トップマネジメントの働きかけによって生まれた「自由の知覚」が基盤となる。自由の知覚によって、社員には自由意思に基づいた「会社の成長に貢献したい」という自然な思いが生まれるからだ。それを基盤にして顧客の価値創造のために「こうしたい」という自主性が湧き上がってくる。その時に肝心なことは、社員の「こうしたい」という思いのベクトルを、トップマネジメントが定めたビジョンのベクトルに一致させることである（**図26-3**）。なぜならば、経営資源の投入に対して、生産性の向上という成果を効率的かつ持続的に獲得するには、両者のベクトルがそろっていることが不可欠だからだ。トップマネジメントは、社員の自主性が「ビジョンにつながる自主性」になるように働きかけなければならない。

加えて、ここでトップマネジメントによるもう1つの働きかけが不可欠になる。社員とビジョンのベクトルが一致しても、それだけでは成果が上がるとは必ずしもいえない。ボトムアップに基づく自主性の限界が立ちはだかることがある。筆者はこれを「Do-the-Bestシンドローム（症候群）」と呼んでいる。シンドロームの内容は、「自分の考えが及ぶ範囲ではベストを尽くすが、考えもしなかった困難に見舞われると、『目標に到達できなくても仕方がない』と簡単に諦めてしまう甘えの症状」だ。「自ら発案して始めた活動である以上、やめる権利は自分にある」という勘違いが背景にある。その結果、他者の協

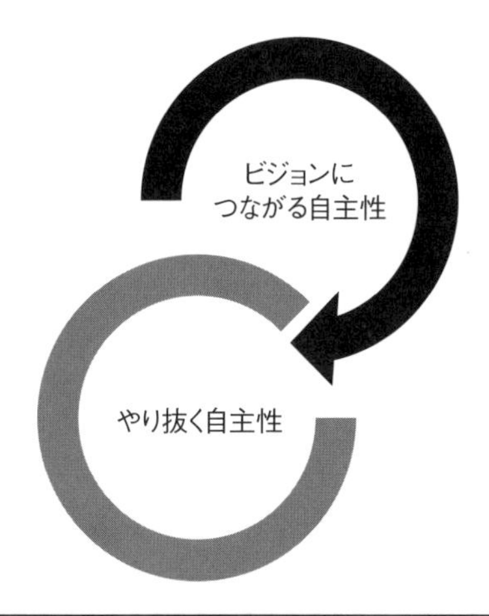

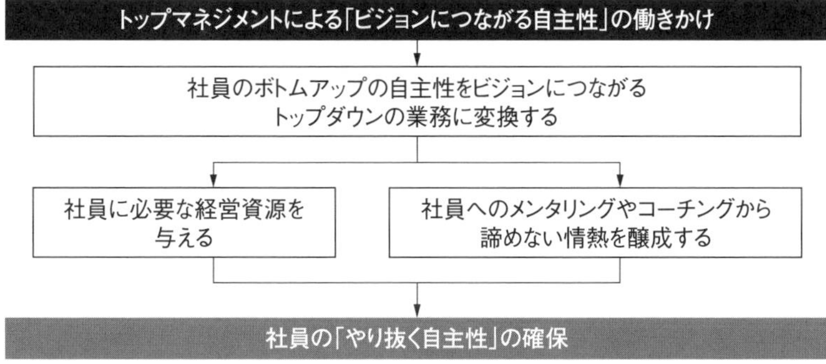

図26-3　社員の「自主性」の確保の概念図

力によって困難を打開する方法を見いだす機会を失う恐れが出てくる。

社員の自主性の限界を突破させる

トップマネジメントは、こうした機会損失を見逃してはならない。このシンドロームを予防するには、社員のボトムアップの「自主性」によって生まれたアイデアを、組織のトップダウンに基づく業務命令に変換させることが鍵である。ここにもトップマネジメントの「自主性」が必要になる。困難を突破するために、トップマネジメントは自ら進んで社員をサポートしなければばならない。具体的には、社員のために適切な経営資源を用意し、さらに社員へのメンタリングやコーチングを行って情熱を醸成するのである。その結果、目標達成に向けて社員が諦めずに「やり抜く」ことができる。トップマネジメントは、社員が「やり抜く自主性」を発揮できる環境をつくり出さねばならない（**図26-3**）。

この際にトップマネジメントがすべきことを、**図26-4**のような山越えに例えた。チームが到達すべき目標をD地点とする。A地点から見ると3つの山を越えなければならない。チームリーダーは自分たちの体力や装備を点検し、A地点の段階でもB地点の段階でも、十分にD地点に到達できると判断して先に進んでいく。ところが2つ目の山を越えてC地点にたどり着くと、3つ目の山の前に現在の自分たちには越えられない死の谷の存在に気づく。こんなときチームリーダーはD地点に到達するのを諦める決断をしがちだ。それでは、これまでの努力が無駄となり、結果として目標も達成できない。

しかし、D地点にたどり着く価値をチームリーダーがトップマネジメントに説明し、組織にとって緊急で重要な目標であることをトップマネジメント

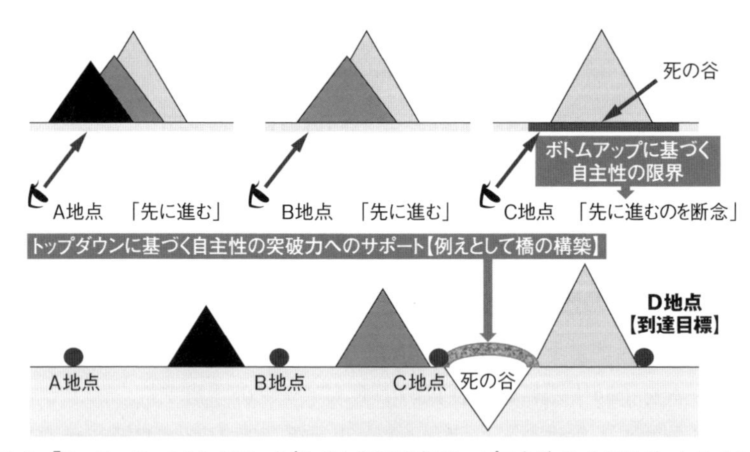

図26-4　「Do-the-Best シンドローム」とそれを打破するトップマネジメントのサポートのイメージ
C地点で死の谷を前にするとボトムアップに基づく自主性では限界となる。結果、チームリーダーは目標地点への到達を諦めがちだ（Do-the-Best シンドローム）。そこにトップマネジメントからの支援が加わると、目標達成への視界が開けてくる。

が判断したらどうなるだろうか。トップマネジメントは、D地点への到達をトップダウンに基づく業務命令に変更することが可能である。トップマネジメントは自分の権限と責任でC地点にヘリコプターで資材を運び、仮設の橋を死の谷に架ける。それにより、チームはD地点に到達できるはずだ。このサポートによって、諦めかけた社員の自主性が息を吹き返すのである。トップマネジメントが社員の「やり抜く自主性」を発揮できる環境をつくり出すとは、こういうことである。

社員の情熱を引き出すための10の力量

トップマネジメントが意図した成果を効率的に生み出すためには、個々の組織のプロセスの機能が有効に働くことが不可欠である。さらに、個々のプロセスを顧客の価値創造のために有機的に結合させるトップマネジメントが必要となる。ただし、そのプロセスを実際に動かす人間の意識レベルが適切であるという条件が付く。プロセスの機能は定量的に計れるが、人間の意識が適切であるかを測定することは難しい。

従って、期限内に意図した成果を引き出すためには、社員の意識を「現状より良いことを成し遂げたい」という状態に導くしかない。成果(Performance)は、有効なプロセス（Process）と個々の社員の情熱（Passion）の相互作用から生まれるからである（図26-5）。有効なプロセスを持っていてもそれを使う人間の情熱がなければ、「仏作って魂入れず」になってしまう。それを避けるためには、トップマネジメント自身の「現状より良いことを成し

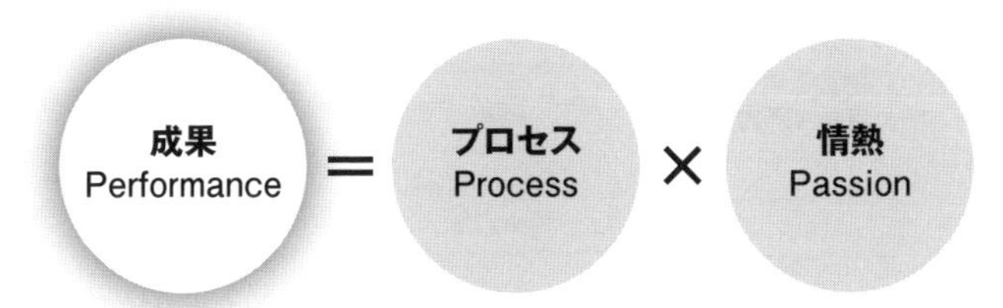

図26-5　成果、プロセス、情熱の関係式
成果(Performance)、プロセス(Process)、情熱(Passion)の間には、成果＝プロセス×情熱の関係がある。成果を上げるには、プロセスを改善し、社員の情熱を高める必要がある。

遂げたい」という情熱を社員に伝播させ、社員の情熱を引き出すことが必要になる。

社員の情熱を引き出すために必要なトップマネジメントの力量には、「信じることを創る力量」から始まる10項目があると筆者は考えている（**図26-6**）。ここで、成功した企業の創業時の環境を考えてみよう。創業時の組織のプロセスは未熟だったはずだ。1人の人間が設計、製造、販売の機能をこなすことも珍しくない。しかし、未熟な組織のプロセスであっても、取り組む人が情熱にあふれていれば、意図した成果を達成できる。これは、情熱がプロセスよりも大きく成果に貢献することを意味している。

2番目の力量である「自分（トップマネジメント）が信じることを社員に信じさせる力量」について具体的に見てみよう。この力量を高めるには、「形から入る」ことが有効である。形とは、例えば「プロセスにおいて徹底して

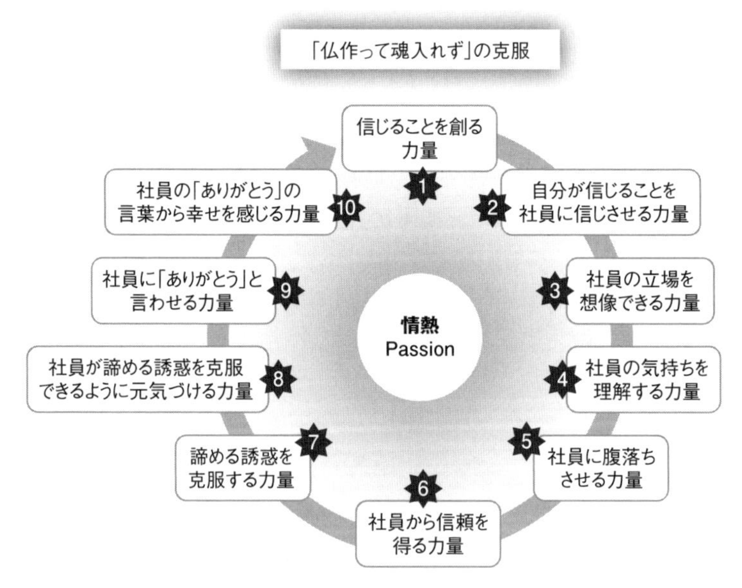

図26-6　「トップマネジメントの情熱によって社員の情熱を創出する」ための10の力量
情熱に着目すると、トップマネジメントがいかにして社員の情熱を引き出すかが重要となる。社員に情熱がなければいくら効率的なプロセスがあっても「仏作って魂入れず」の状態になってしまう。それを克服するために有効なのが10の力量である。

PDCAサイクルを回す実行力」である（図26-7）。もちろんトップマネジメントのリーダーシップに基づいて実施するものだ。社員は、トップマネジメントの活力に富んだ実行力を目の当たりにし、トップマネジメントの情熱を肌で感じるはずだ。すると、社員にトップマネジメントを信じる気持ちが自然と湧いてくる。つまりプロセスを原動力として、社員の情熱が高まっていくのだ。トップマネジメントの徹底したPDCAの実行力は、5番目の「社員に腹落ちさせる力量」にもつながる。

「自分が信じることを社員に信じさせる力量」を高める方法として「形から入る」以外では、成功事例を積み上げることも有効である。トップマネジメントが、自分が信じることを実践したことによって具体的な成果が得られ

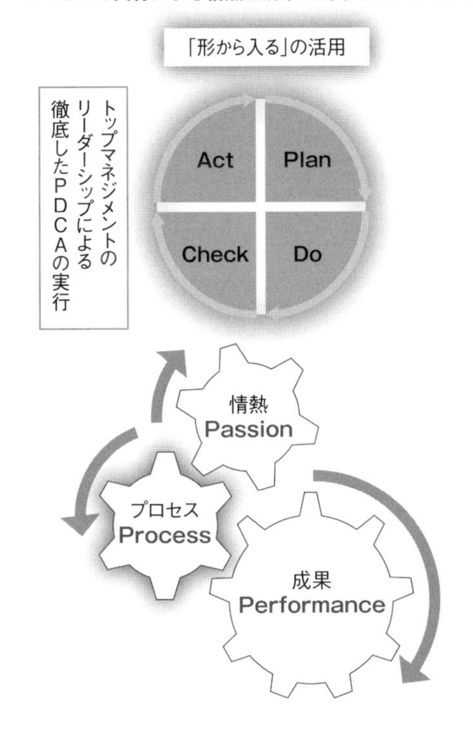

図26-7　PDCAの実行による情熱と成果に対するポジティブ効果
成果＝プロセス×情熱の関係式の中のプロセスに注目してみよう。社員がトップマネジメントの信じていることを完全に信じていない場合でも、トップマネジメントのリーダーシップによるプロセスの徹底したPDCAの実行により、社員の信じるという情熱が生まれることがある。1つのプロジェクトで意図した成果を達成できると、トップマネジメントの信じていることを社員が心底信じられるようになることがある。このように「形から入る」ことも有用である。

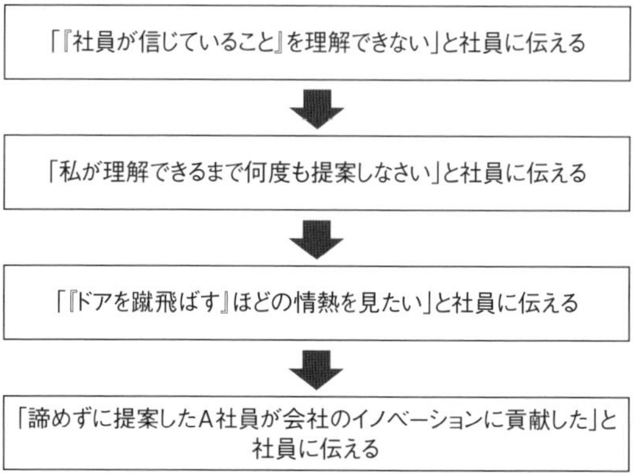

「『社員が信じていること』を理解できない」と社員に伝える

「私が理解できるまで何度も提案しなさい」と社員に伝える

「『ドアを蹴飛ばす』ほどの情熱を見たい」と社員に伝える

「諦めずに提案したA社員が会社のイノベーションに貢献した」と社員に伝える

図26-8 「能力以上のことは理解できない」による機会損失を回避するトップマネジメントのコミュニケーション

た場合などだ。成果を上げたという事実が「自分が信じていることを社員に信じさせる」ことを後押ししてくれる。

社員の思いを理解できないときは

逆に「社員が信じていることをトップマネジメントが理解できない」場合もある。これは、トップマネジメントが自分の「能力以上のことは理解できない状況」に陥っていることを意味する。この時の対処法は、社員に対して「私が納得するまで提案することを諦めないでください。情熱を持って何度でも提案してください」と力強く伝えることである（**図26-8**）。そして、「私の部屋のドアを蹴飛ばすぐらいの勢いで遠慮なく入って来なさい。君の情熱を見る機会を楽しみにしています」と付け加える。ただし、それが効果を発揮するのは、社員に語りかけた言葉が、トップマネジメントの本心だと社員が信じる場合だけである。それまでにトップマネジメントと社員との間に信頼関係がつくられていることが前提条件である。

次のような言葉も社員の自主性を促進できる。「Aさんの1回目と2回目の提案では、自分はその価値が全く理解できなかった。しかし、『分かってもらうまで帰らない』と必死に訴えられた3回目で、ようやく価値が理解できた。すぐに私はその提案をCEOに上申した。その結果は皆さんが良く知っているように、この提案で達成したイノベーションが会社の成長に大きく貢献している」。実直に社員の行動を褒めるのである。このような語りかけは、社員がトップマネジメントの部屋に入ってくる際の敷居を低くする。誠意を込めた言葉は、トップマネジメントの武器である。

組織編のまとめとして、**図26-9**にイノベーションの設計図 組織の設計編に関する各章のタイトルと「人間の本質」「人づくり」「組織づくり」の関係を示す。

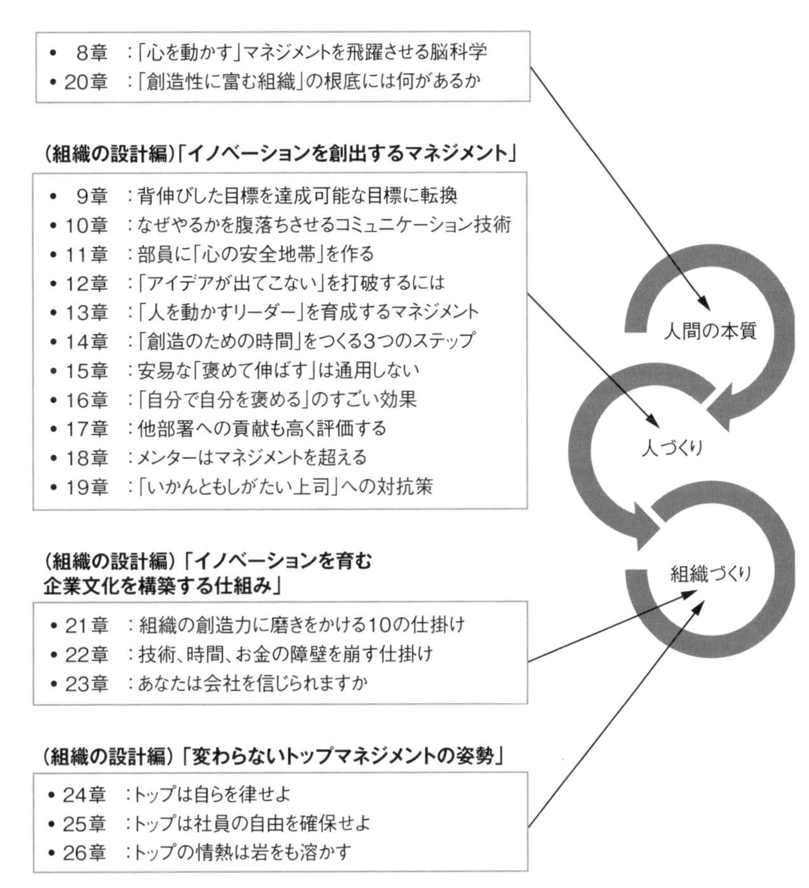

図26-9 各章のタイトルと「人間の本質」「人づくり」「組織づくり」との関係

［第V部］

イノベーションに強い人材の育成

イノベーションの設計図 個の設計編

27章

人を動かすために必要な4つの資質

ここから「イノベーションの設計図 個の設計編」に入る。これまで解説してきた「イノベーションの設計図 組織の設計編」は、組織やシステムに焦点を当ててきたが、個の設計編では、マネジャーや部員という個がテーマである。なぜ個の設計編が必要なのか、まず組織の設計編の要諦を振り返りながら、その理由を説明していこう。

組織の設計はやる気を起こさせる仕掛け作り

組織の設計編の要諦は、「イノベーションに挑戦する『人』を、どのようにしてマネジメントの力で育成していくか」および「イノベーションに挑戦する『組織（人の集合体）』を、どのようにしてシステムの力で醸成していくか」である。その根底にある考え方は、「人を操るのではなく、感激させてやる気を起こさせる」ことだ。すなわち、「しなければならない」という恐れの感情を、「したい」という喜びに満ちた挑戦する力に変えることである。

新しいことに挑戦する場合、過去の成功体験と将来への不安が邪魔をして、一歩踏み出すことを躊躇（ちゅうちょ）させ、結果として現在の“場”にとどまりがちになる。こうした状況では、他社の成功事例や、それを導いたマネジメント手法はあまり参考にならない。なぜなら、それは全て過去のもので、しかも現在の課題とは状況が異なるからである。そのため、組織の設計編では他社の事例や手法よりも、近年急速に発達してきた脳科学の知見を重視した。科学的な視点から人間の本質を知り、その本質に根差したマネジメントを実践するためである。

しかし、適切なマネジメントとシステムがそろっていても、それらを実際の挑戦に活用できない人がいる。これはとても重要で冷徹な現実である。組織の設計編では、その人を「不燃性の人材」と表現した。いくらマネジャーが支援しても「燃えない人」だ。加えて、「安心」した状態ではマネジメントとシステムが効果的だが、「不安」な状態ではほとんど効かないという人もいる。「個の設計編」では、適切なマネジメントやシステムが整えられた環境を有効に活用できる個（マネジャーと部員）とはどのような人なのかを、個の行動・態度に焦点を当てて考えていく。

脳は約1000億個の神経細胞（ニューロン）が互いにつながり合い、回路（ネットワーク）を作ることでさまざまな機能を発揮する。神経回路を柔軟に変化させて土台を完成する時期を感受性期（臨界期）という。この時期を過ぎると、その後は発達しにくい機能もある。つまり、脳の神経細胞（ニューロン）のネットワークが発達していく段階で、多くの行動や態度といった資質が決定されるのだ。逆から見れば、神経細胞のネットワークがほぼ完成された後では、個の行動・態度は変わりにくいとされる。

ただし、脳には「可塑性」（脳の神経細胞のネットワークが生涯にわたり変化すること）もある。このため、学習や訓練によって行動・態度に関する新しいネットワークが再構築できる可能性はある。

創造的な仕事に必要な資質とは

図27-1に、「イノベーションの設計図 個の設計編」の概要を示した。3つの視点で構成されている。感受性期を過ぎると、その後のトレーニングでは発達しにくい「『人を動かす』ための資質」、感受性期後でもトレーニングで発達させられる「情熱を伝える力量」、そして、人間の本質と、会社との労働契約から不変的であると考えられる「変化を躊躇させる迷いを解く鍵」である。本章では、1番目の「『人を動かす』ための資質」を解説する。その資質は4つある。

[1] 誠実であるとともに強固な倫理原則を維持できる資質

[2] 理屈に合わないことに対する不快感を持つ資質

個の設計	「人を動かす」ための資質
	① 誠実であるとともに強固な倫理原則を維持できる資質 ② 理屈に合わないことに対する不快感を持つ資質 ③ 協力することに対する快感を持つ資質 ④ 相手の心の中身を推察する資質
	情熱を伝える力量
	① 信じることを創る力量 ② 信じることを相手に信じさせる力量 ③ 相手の立場を想像できる力量 ④ 相手の気持ちを理解する力量 ⑤ 相手に腹落ちさせる力量 ⑥ 相手から信頼を得る力量 ⑦ 諦める誘惑を克服する力量 ⑧ 相手が諦める誘惑を克服できるように元気づける力量 ⑨ 相手に「ありがとう」と言わせる力量 ⑩ 相手の「ありがとう」の言葉から幸せを感じる力量
	変化を躊躇させる迷いを解く鍵
	① 20万年の環境の変化を乗り越えて生き残った強いDNAを持つという自己認識に基づく「根拠なき自信」 ② 生きている時間が永遠に続かないという自己認識に基づく「勇気ある決断」 ③ 契約による労働の提供の自己認識に基づく「役割を演じきるというプロ意識」 ④ 脳の可塑性が広げる能力の可能性の自己認識に基づく「絶え間ない自己研鑽」

図27-1 イノベーションの設計図 個の設計編

[3] 協力することに対する快感を持つ資質
[4] 相手の心の中身を推察する資質

資質という言葉を使ったのは、これら4つは、会社に入った後（感受性期を過ぎた状態）のトレーニングでは容易に獲得できないからである。その理由を、脳科学の視点から説明しよう。4つの資質に関係が深い脳の背外側前頭前野（DLPFC）は、脳のさまざまな場所から感覚的、概念的な情報を取り込んだ上で、扁桃体で生まれる不安や悲しみ、自己嫌悪、恐怖といった負の感情とバランスを取りながら、判断や意欲、興味をつかさどっている（**図27-2**）。この領域の神経細胞のネットワークは25歳ごろには固定され、その

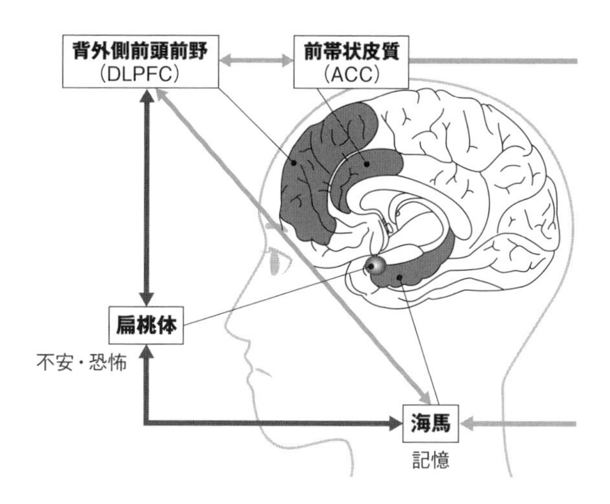

図27-2　客観的視点を生み出す前頭前野

後は大きくは変化しないと考えられている。仕事の内容（インプット）がいろいろと変わっても、脳で処理されて出てきた仕事の成果（アウトプット）が「いつも的を射ている」人もいれば「いつも的外れ」の人もいる、と感じたことはないだろうか。これは、その人の固定された思考回路（神経細胞のネットワーク）が大きく影響している。この25歳前後が、感受性期である。

感受性期を過ぎた人は、固定化した神経細胞のネットワークを短期のトレーニングで変えることが難しい。そうである以上、25歳を超えた人を採用する場合には、人を動かすための4つの資質を既に持っているかどうかを見極めることが肝心となる。これが、イノベーションに果敢に挑戦する人材を確保するために必要な、最も基盤となる前提だ。

以下、4つの資質を順番に見ていく。

真摯さはチームプレーにつながる

1番目の資質である「誠実であるとともに強固な倫理原則を維持できる」は、Integrity（真摯さ）という言葉にまとめられると筆者は考えている。これはチームプレーを期待される部員、およびチームのマネジメントを任されたマネジャーに必要不可欠であり、人から信頼されるための最も基本的な資質である。Integrityを備えた部員で構成されたチームは、1＋1を3にすることができる。

一方で、Integrityが欠如しているマネジャーや部員は、「隠し事をする」「嘘をつく」「約束を守らない」などの負の行動を取りがちで、「いくら注意しても改善されない」傾向がある。このようなマネジャーや部員がチームに入ると、「1＋1＝3」どころか、「1＋1＝－3」という結果になりかねない。こうした人が「不燃性の人材」なのである。

《Integrity を持つ人材を発掘しよう！》

「理屈に合わない」が肌感覚で分かる

2番目の資質である「理屈に合わないことに対する不快感を持つ」は、論理的な思考に基づいて業務を進めるための基盤になる。その理由は、そうでない部員のマネジャーになった場合を考えてみると理解しやすい。例えば、「Aプロセス、Bプロセス、Cプロセスと順を追って進めることが理屈に合う」と部員に指示したとする。しかし、その部員はAプロセスを完了した後に、Bプロセスを飛ばしてCプロセスに進み、最後にBプロセスに取り掛かるかもしれない。この順序は理屈に合わない（合理的でない）のに、彼は不快感を持たないのだ。一方、上記の資質を持つ部員なら、Bプロセスが最後になることに不快感を持つため、こうした間違いを回避できる。

ここで問題なのは、順番が間違っていること自体に加え、「合理的な手順が報告なしに変更されると、それにマネジャーが気づくのは全てのプロセスが完了してから」という点である。こうした事態を避けるには、部員が理屈に合わない行動を取らないよう、マネジャーが逐一確認する必要がある。すなわち、「理屈に合わない」に不快感を持たない部員に対しては、マネジャーがマイクロマネジメントを徹底するしかない。これには多くの時間が必要となる。そんな無駄をなくし、マネジャーが常時監視しなくても部員が論理的に業務を遂行できれば、組織の生産性は大きく高まる。

《理屈の合わないことに不快感を持つ人材を発掘しよう！》

他の人に協力することは楽しい

3番目の資質である「協力することに対する快感を持つ」は、チーム力の最大化に貢献する。他の部員を助けて問題を解決したり、他の部員と協力して新しいアイデアを創出したりすることを「快い」と自然に感じることができる部員は、「1＋1＝3」のチーム力を発揮できる。一方、他の人に協力することを「快い」と感じない部員は、当然ながら業務命令を超えた協力に消極的だ。人と人とのネットワークから新しいアイデアを創出する際には、積極的に協力を申し出ることがスタートとなることが多い。それを推し進めるのは、「協力することは楽しい」と感じる資質である。

《協力は楽しいと思う人材を発掘しよう！》

相手の心の動きに寄り添う

4番目の資質である「相手の心の中身を推察する」は、志向意識水準（Intentionality）に置き換えられる。そもそも人間を人間たらしめているものとは何であろうか？ その答えを探っていくと、他者の心を理解できる能力にたどり着く。この能力は、人間が生まれた時には持っておらず、4歳ぐらいから急に出現することが発達心理学の研究によって明らかになっている。それまでは、今、自分が見たり聞いたりしていることとは別の世界が存在することを理解できない。

志向意識水準では、次のような水準で人間の意識の階層構造（次元）を考えていく。

・1次志向意識水準 → Aは「〇〇」と思う。
・2次志向意識水準 → Aは（Bは『△△』と思う）と思う。
・3次志向意識水準 → Aは［Bは｛Aは（Bは『△△』と思う）と思う｝］と思う。
・4次志向意識水準 →Aは「Bは〔Aは［Bは｛Aは（Bは『△△』と思う）と思う｝］と思う〕」と思う。

「我思う、故に我あり」は、フランスの哲学者René Descartes（ルネ・デカルト）氏の言葉である。相手に対して我が思うにはレベルがある。「我思う」（志向意識水準）の次元の違いから生まれる行動の違いを、男の子とお母さんの例で考えてみる（**図27-3、4**）。男の子は買い物に出掛けるお母さんから、こう言われている。「チョコレートケーキは3時のおやつだからね。それまで食べてはいけないよ」。お母さんが出掛けた後、家にいるのは男の子と猫だけになる。男の子は「チョコレートケーキを食べたい」と思う。これが1次志向意識水準だ。その思いが「チョコレートケーキを食べる」という行為を生み出す。

たまたま3時前に買い物から帰ったお母さんはチョコレートケーキがないのに気づき男の子に聞く。「チョコレートケーキを食べたの？」。それに対する男の子の反応は、志向意識水準の次元によって異なる。2次志向意識水準のレベルでは、男の子はチョコレートを口の回りに付けたまま「食べてないよ」と言う。3次志向意識水準のレベルでは、男の子はチョコレートケーキを食べた後に口の回りを拭って、「食べてないよ」と言う。さらに、4次志向意識水準のレベルでは、男の子は口の回りを拭い、「食べてないよ」と答えた上で、例えば「ミーちゃん（猫）がチョコレートケーキを食べていたよ」と猫に濡れ衣（ぬれぎぬ）を着せてしまう。

この例で分かることは、志向意識水準が高い次元になるに従って、男の子がお母さんの心の中身をより深く推察できるようになることである。つまり、脳の成長の証しである。成長した脳は、相手を腹落ちさせるCrystal Clearな論理的説明を生み出す。誤解されることなく円滑にコミュニケーションを取るには、「相手の心の中身を推察する」資質が高いことが不可欠となる。通常の大人なら、だいたい5次志向意識水準まで到達する。シェークスピアは6次志向意識水準を持っていたといわれている。高い次元の志向意識水準を持つ人材は、人の心を引きつける物語を語る能力が優れているのだ。

例えば、金融危機に直面した経営者が、会社の危機から逃れるために研究開発費の削減を計画したとする。社員の気持ちを深く考えられない経営者は

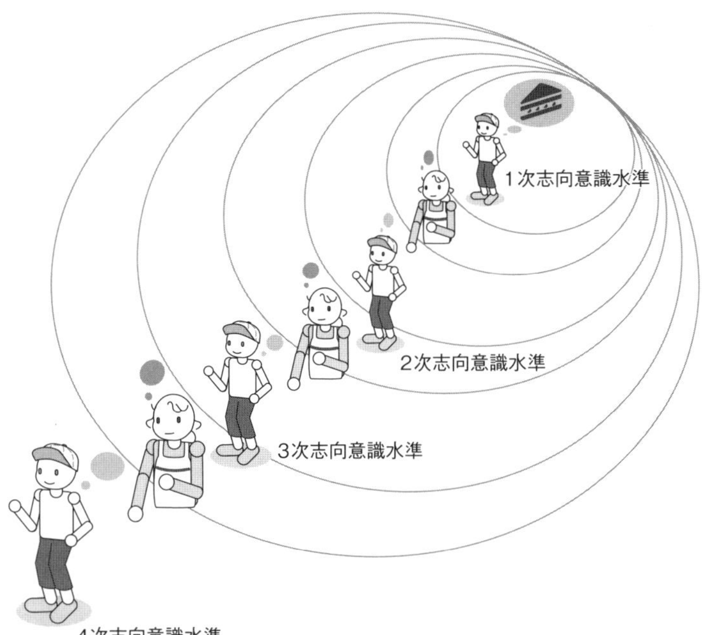

【1次志向意識水準】
男の子は「ケーキを食べたい」と思う。

【2次志向意識水準】
男の子は、(お母さんは『男の子がケーキを食べた』と疑っている)と思う。

【3次志向意識水準】
男の子は、[お母さんは{男の子が(お母さんは『男の子がケーキを食べた』と疑っている)と思っている}]と思う。

【4次志向意識水準】
男の子は、「お母さんは〔男の子が[お母さんは{男の子が(お母さんは『自分がケーキを食べた』と疑っている)と思っている}]と思っている〕」と思う。

図27-3　志向意識水準(Intentionality、相手の心を読む能力)のレベル

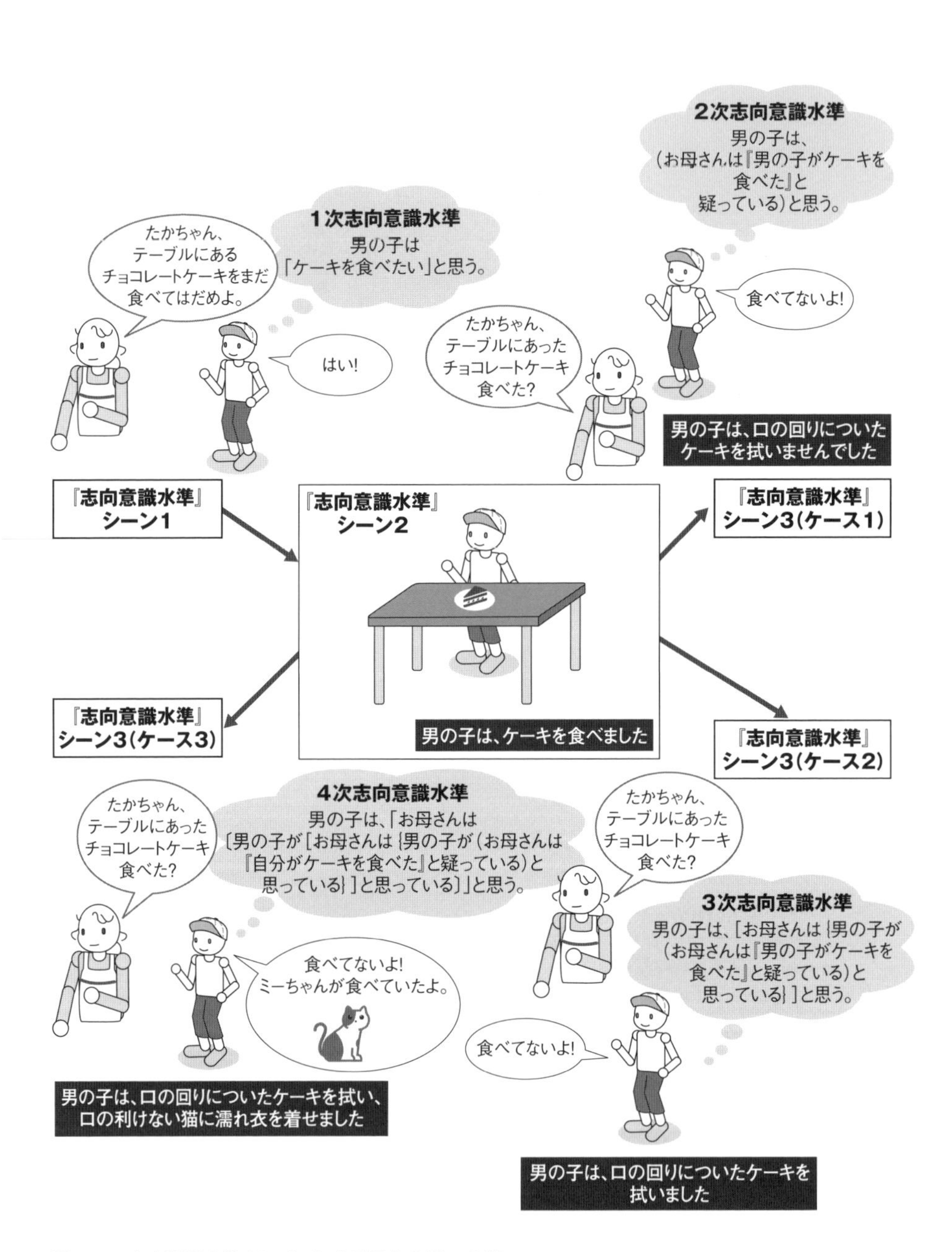

図27-4　志向意識水準のレベルによる反応の違いの例

それを実行するだろう。一方、高い次元の志向意識水準を持つ経営者は、社員の立場からこう考える。「研究開発費の削減の計画を聞いた社員は、『しなければならない』ことは理解できるだろう。しかし、そのメッセージからは危機に立ち向かう『したい』という気持ちを引き出すことはできない。士気が上がらない社員は、この危機を乗り越える戦力にはならないだろう」。つまり、経営者が高い次元の志向意識水準を持つなら、社員に対するメッセージを、「チャンスが来た。我が社は、研究開発費の削減を原則として行わない。研究開発のスピードにアクセルを踏もう」と変更するはずだ。

《Intentionalityの高い人材を発掘しよう！》

ここまで紹介した4つの資質を備えた人材は、「イノベーションに挑戦するやる気を引き出すリーダー」になるための優れた素質を備えている。皆さんが何かを判断する際や行動を起こす前に、この4つの資質を思い浮かべると良いかもしれない。4つの資質は新しいことに挑戦する際の自己チェックにも役立つはずだ。

28章

大人の脳の潜在能力を最大限引き出す

前章で、脳の神経細胞（ニューロン）のネットワークがほぼ完成された後では個の行動・態度は変わりにくいとされるものの、脳には可塑性があるため、学習や訓練によって行動・態度に関する新しいネットワークが再構築される可能性はあると指摘した。脳の可塑性とは、神経細胞のネットワークが生涯にわたり変化することだ。本章は、この「脳の可塑性」がテーマである。

意識的な努力が不可欠

脳の可塑性を活用すれば、一般に神経細胞のネットワークが完成するとされる25歳どころか、それ以降の全生涯にわたって新たな可能性が開けてくる。しかし、「人を動かす」ための資質が不足していると自覚している個（マネジャーと部員）や、その資質が不足している部員に対してどのように対処したらよいか悩んでいるマネジャーは、個の行動・態度を本当に変えることは可能なのかと疑心暗鬼だと思う。

具体的にすべきことは、何かを“やりたい”“実現したい”“挑戦したい”といったはっきりとした意識を持つ、もしくは持たせることだ。そうした意識を集中することで注意力を高め、効果的な認知活動を選択し、健康な脳を維持管理し、情熱を持って諦めずに繰り返し実行すれば、脳の神経細胞ネットワークを変えることができる、と筆者は信じている。

しかし、「No pain, no gain（痛みや苦労が伴わなければ、獲得できない）」である。この言葉は、居心地の良い精神状態から居心地が悪い（つまり、ストレスが高い）精神状態に自分を追い込まないと、何かを成し遂げることはできないと戒めたものだ。認知機能*[1]は、ただ漠然と過ごしていたのでは向上しない。自己改革することを明確に意識し、注意力を持続させながら繰り返し行う努力が不可欠となる*2。

そのための手掛かりになるのは、「Fire together, wire together（共に発火すれば、共につながる）」というカナダの心理学者Donald O. Hebb（ドナルド・ヘッブ）氏の言葉である。「発火」とは、神経細胞の膜電位の急激な変化を指す。例えば、神経細胞Bと近接している神経細胞Aを接続するシナプスで連続的な情報伝達があると、それにより神経細胞Bが発火しやすくなる。つまり、発火に寄与した神経細胞AとBの間でシナプス伝達効率が増大し、しっかりと「つながる」ようになる[1)]。これは、脳が本来備えている「外部の刺激に応答する形で脳の機能が柔軟に変化する」という特徴である。まず、皆さんに「意識すれば脳の機能は変化する」ことを実感してもらうために、人間の脳について重要な4項目を説明する。

[1] 脳とは神経細胞の巨大なネットワーク
[2] 脳の可塑性
[3] 神経細胞ネットワークの変遷
[4]「『人を動かす』ための資質」が不足している人の認知機能の改善方法

脳は1000億の神経細胞から成る

まず、[1] の「脳とは神経細胞の巨大なネットワーク」を具体的に見ていこう。認知機能は、脳内で相互作用する神経細胞が作り出している（**図28-1**）。その数は約1000億に及ぶ。神経細胞の「細胞体」の構造は他の細胞と同じで、遺伝情報が書かれたDNA（デオキシリボ核酸）を含む核や、エネルギーを作り出すミトコンドリアなどで構成されている。他の細胞との最大の違いは、細胞体から長い突起が出ていることだ。その突起は、細胞体から出て樹木のように複雑に枝分かれしているので「樹状突起」と呼ばれる。樹状突起は、別の神経細胞から電気信号の情報を受け取る“入力装置”として機能する。

樹状突起が受け取った電気信号は、“出力装置”である「軸索」を通って、

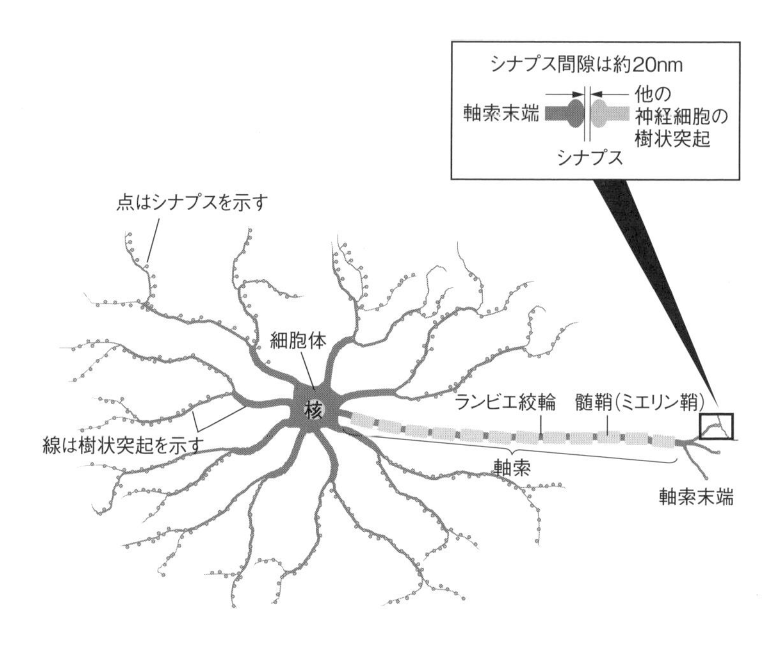

- 1つの脳にある神経細胞の数は、約1000億個。
- 1つの神経細胞当たりのシナプスの数は、約1万個。
- よって、1つの脳にあるシナプスの数は、1000億×1万で、約1000兆個となる。

図28-1　1つの神経細胞の構造のイメージ
細胞体から出る電気信号を他の神経細胞に伝える出力装置の役割を担う軸索は、基本的に神経細胞1つに1本である。軸索は枝分かれした多数の末端(軸索末端)を持つ。一方、細胞体からは多数の樹状突起が枝分かれしており、他の神経細胞の軸索端末からの化学信号を受け取る入力装置の役割を担う。軸索末端と他の細胞の樹状突起の間には、電気信号を化学信号に変化させて伝達するシナプスが形成されている。シナプスの数は、1つの神経細胞に対して約1万個にも及ぶ。

次の神経細胞に伝達される。細胞体から出ている軸索は基本的に1本だが、軸索の先端は多数に枝分かれしている。この枝分かれした部分を「軸索端末」という。軸索末端は、先がこぶ状に膨らんだ形をしており、他の神経細胞の樹状突起と結合している。この部位が、「シナプス」と呼ばれる。シナプスでは、軸索末端と樹状突起が接触しているわけではなく、約20nmほどの隙間（シナプス間隙）が空いている。軸索を伝わってきた電気信号は、このままではシナプス間隙を越えることができない。何が起きるのだろうか。シナプスでは、電気信号を化学物質の信号に変えて次の神経細胞に情報を伝達しているのである。

1000兆の接点を持つ巨大ネットワーク

脳の可塑性は、厳密に言えば3つに分けられる。1つ目は脳が発生していく時や発達していく段階にみられる可塑性。2つ目は老化や障害を受けた時などに神経の機能単位が消失し、それが補填・回復されていく場合。3つ目は記憶や学習などの高次の神経機能が営まれるための基盤となっているシナプスの可塑性（synaptic plasticity）である。ここで取り上げるのは、最後のシナプスの可塑性である。

電気信号が伝わってくると、シナプス（軸索末端）にある小胞から、神経伝達物質と呼ばれる化学物質がシナプス間隙に分泌される。その神経伝達物質が、次の神経細胞（樹状突起）の細胞膜にある受容体に結合すると、その細胞膜で電気信号が生じる。こうしたプロセスで情報が伝達されている*3。こうして脳の中では神経細胞同士がまるで緊密なコミュニケーションを取るかのように膨大な情報を交換している。1つの神経細胞は成人で約1万個のシナプスを通じて他の神経細胞とつながることが可能だ。脳には約1000億個の神経細胞があるので、つながり（接点）の総数は、約1000兆に達する[2)]。全ての脳機能は、こうした神経細胞間の情報交換で行われている。この情報交換は、環境の刺激に応答した柔軟な活動であり、遺伝子によって生得的に決定されてしまう固定的な活動ではない。これが［2］の「脳の可塑性」を生む源泉になる。

しなやかで柔軟な脳

脳の可塑性とは、人の生涯にわたって神経細胞のネットワークが柔軟に変化し、新しい環境に対応したり新しい能力を身に付けたりできる能力のことである。ここで、神経細胞のネットワークによって作られる神経回路と、半導体素子を基本としたコンピューターの電子回路を比較してみよう。コンピューターの電子回路は綿密な設計図によって造られており、ひとたび造られたコンピューターでは、どのような操作をされようと回路の連結が変化することはない。一方、神経回路は、遺伝子情報に基づいて最初は形成されるものの、脳や神経細胞が育つ過程で変化する。十分成熟した後でも、神経回路は変化するのである。

神経回路の変化を促す要因は、シナプスを介した神経細胞への情報伝達である。外界からのさまざまな刺激は、感覚入力（視覚や聴覚、味覚、触覚、痛覚など）に変換されて脳に伝えられる。つまり、脳内の神経細胞に入力されるのである。これらの入力は外界からの受動的な刺激だけではなく、人個体側からの能動的な運動や行動に対するフィードバックもある。加えて、思考や感情といった脳内活動によっても、シナプスを介した情報伝達が発生する。脳の可塑性に起因する神経回路の具体的な変化とは、シナプスにおける信号伝達効率の変化、およびシナプス結合が生成／消滅したり、増加／減少したりするというシナプス結合の変化だ。「Fire together, wire together」という言葉通りなのである。

脳の可塑性は軸索でも進行する。軸索は「髄鞘（ミエリン鞘）」と呼ばれる、絶縁体の鞘で覆われている（**図28-1**）。軸索が脳内で密集していても電気信号が混ざらないのは、絶縁体である髄鞘のおかげだ。髄鞘には、一定間隔でくびれのような隙間があり、そこでは軸索がむき出しになっている。このくびれを「ランビエ絞輪」と呼ぶ。電気信号は、くびれからくびれへと絶縁体である髄鞘をジャンプしながら伝わっていく（跳躍伝導）。その伝導速度は、

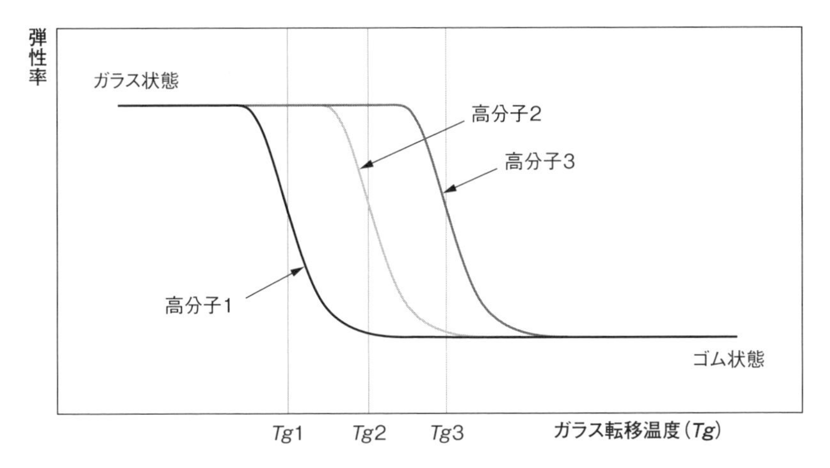

図28-2　高分子のガラス転移温度付近での弾性率の変化
ガラス転移温度が*Tg*1と低い高分子1を乳幼児の脳の可塑性、ガラス転移温度が*Tg*2の高分子2を若者の脳の可塑性、ガラス転移温度が*Tg*3の高分子3を大人の脳の可塑性と考えてみる。大人の脳は、ガラス転移温度が高いので、剛直な状態から柔軟な状態に変化させるのに多くの熱エネルギーが必要だが、変化させることはできる。

髄鞘がない場合は時速4km程度だが、髄鞘が形成されると最大で時速400kmに達する[3)]。約100倍の高速化である。

髄鞘の形成は、軸索に刺激を繰り返し与えることによって進む。これも、生涯にわたって可能である。私たちは、シナプスでの伝達効率の向上と軸索での伝導速度の高速化という2つの可塑性を、生涯にわたって引き出せる。もっとも、それには強い刺激を繰り返し受けながら学習することが必要となる。既に構築された神経回路を変更するためにはゼロから構築するよりも、非常に多くのエネルギーが必要となるからだ。

これを高分子の可塑性に例えて考えてみる（**図28-2**）。剛直なガラス状態から柔軟なゴム状態に変化する温度をガラス転移温度と呼ぶ。年齢を重ねた状態とは、若い時に比べてガラス転移温度が高い高分子であると例えられる。つまり、剛直な状態から柔軟に変化させるには高い温度にしなければならず、それにはより多くの熱エネルギー（変化するという意識と情熱）が必要になる。まさに「No pain, no gain」なのである。

大人のための脳鍛錬法

ここからは、人の生涯で脳内の神経細胞がどのように変化していくかを見ていく。つまり、[3] の「神経細胞ネットワークの変遷」を見る。人が生まれた時は、脳内のシナプスの数は比較的少なく、神経細胞はまだ互いに接続していない（**図28-3**）。その後、急激にシナプスが増え、2歳くらいになると、大人の2倍に達する。大人のシナプスが2歳児の半分なのは、使わないシナプスが消滅するためである。これを神経細胞／シナプスの剪定（せんてい）という。こうした剪定は、思考をつかさどる大脳皮質で特に思春期に進む[4)]。

これまで長い間、人の脳はある年齢に達すると固まってしまい、その後は年とともに退化していくと考えられてきた。この考えによって、脳は子ども時代にほぼ確立してしまう柔軟性に欠ける“マシン”だと見なされた。しかし近年になって、脳が成熟した成人期以降でも、体験の蓄積に影響を受ける機能は、年齢を重ねるにしたがって向上されていく傾向があることが分かってきた。例えば、語彙に関わる言語能力やパターン認識力、感情の自己制御力などである。大人に適した脳の能力向上が可能なのである。脳科学が教えるその勘所は、ストレスを減らし、有酸素運動を欠かさず、6時間以上の良質な睡眠を取ることだ[*4]。脳の健康を維持する努力を行えば、脳の可塑性を使った認知機能の向上が十分に期待できる。

人を動かす資質の高め方

最後に、[4] の「『人を動かす』ための資質」が不足している人の認知機能の改善法を紹介する。この資質が不足している人が無意識に行動すると、不足している資質がそのまま負の結果をもたらす恐れがある。そのため、以下で紹介していることを意識して行動し、さらに、その行動を第三者に対して見える化することが肝心となる。

まず、「誠実であるとともに強固な倫理原則を維持できる資質」が不足している人が、誠実な行動を取るにはどうしたらよいか。納期の遅れを例に考えてみよう。多くの場合は、自分が納期を守れないことを他人に知られるこ

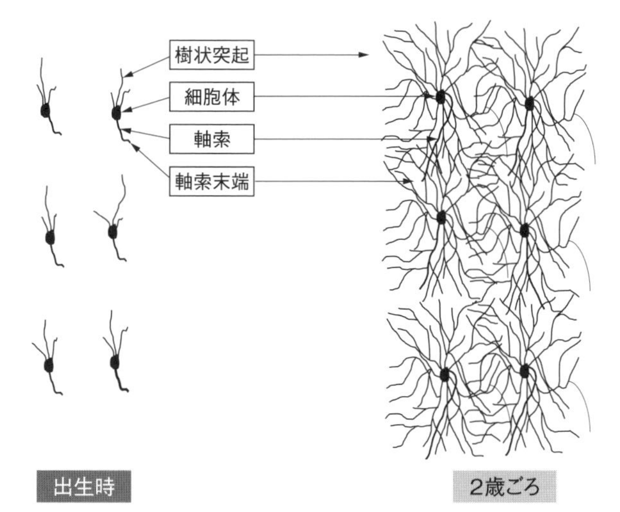

神経細胞間のネットワークは発達していない。

神経細胞間のネットワーク数が急激に増大し最大レベルに達する。その数は、成人の約2倍である。その後は、「使えば増え、使わなければ失う」の法則に従って剪定される。

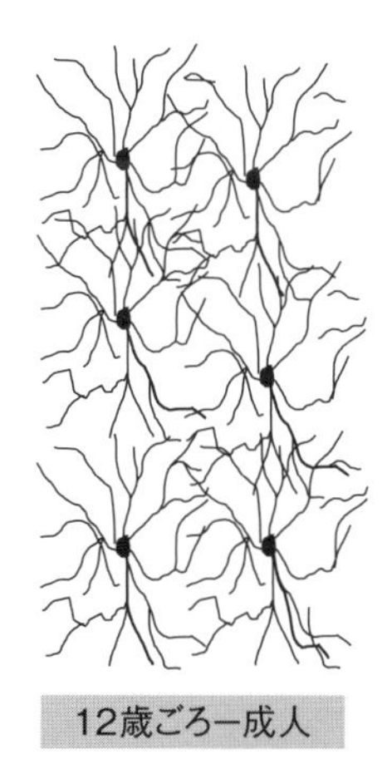

12歳ごろ－成人

神経細胞間のネットワーク数はほぼ安定する。前頭前野のネットワークは「使えば増え、使わなければ失う」の法則に従って、25歳ごろまで活発に変化する。その後は、十分な注意力によりネットワークの成長できる可能性は維持される。

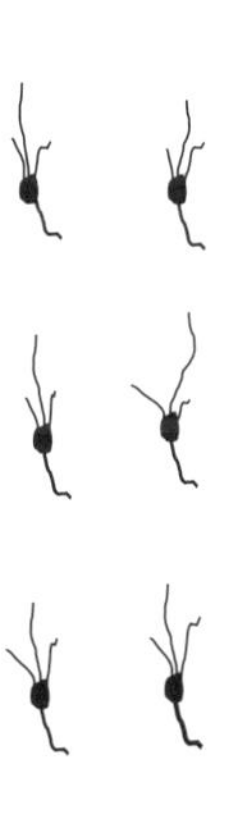

アルツハイマー病

病状の進行に従って神経細胞間のネットワークが失われ、そして神経細胞自体も失われる。

図28-3　脳の成長に伴うシナプスの密度変化

とを恐れる。それは、「自分に能力がない」ことが明らかになるからだ。結果として、納期の遅れを報告せず、周囲から誠実でないと思われてしまう。対処方法は、納期が守れないと判断した時点で上司に報告することだ。具体的には、毎週あるいは毎日の上司との会議の設定を自ら提案し、進捗状況を報告するとよい。その際には、自分が対応できることと自分が対応できないことを明確にし、自分が対応できないことは上司のサポートを確実に得るように働きかける。自分をさらけ出すことに勇気を持てば道は開けるものだ。

「理屈に合わないことに対する不快感を持つ資質」が不足している人は、「自分は意識を集中していないときは、計画に抜けがあることが多い」と自覚することがスタートになる。仕事の段取りを頭の中で計画するのではなく、必ず見える化し、計画に抜けがないかを第三者に確認してもらう。その確認が終了してから実行に移す。さらに、各プロセスを終えた段階で、結果が目標通りであるかを第三者に確認してもらう。つまり、見える化した行動計画書に従って自己管理する習慣を身に付けるのである。

「協力することに対する快感を持つ資質」が不足している人は、「他の人への自分の協力はこれで十分だ」と思っていることが多い。しかし、実際には「十分ではない」ことが問題なのである。対処方法は、「他に協力してもらいたいことはありますか」と相手に尋ねることである。これを恥ずかしがらず躊躇(ちゅうちょ)しない勇気を持つことが大切となる。

「相手の心の中身を推察する資質」が不足している人が、相手の心の中身を推察し、その推察に従って行動すると、相手の意図に反した行動になることが多い。その結果、相手とのコミュニケーションが悪化する。そのような人であっても、良好なコミュニケーションを取るための方法はある。対処方法は、「『あなたがこう思っている』と自分は考えていますが、それで合っていますか」や「あなたはどう思っているのか聞かせてください」と相手に尋ねることである。ここでも勇気が最大の支えになる。

「有形」である神経細胞の巨大なネットワーク（約1000兆のシナプスを含む）から、「無形」である心が生まれている。そして、その「無形」である心の働きよって「有形」の神経細胞ネットワークが変化する。この脳の無限の可能性は、人生に生きがいや働きがい、夢、幸福感を与えてくれると筆者は感じている。

＊1 **認知機能**　物事を正しく理解して適切に実行するための精神機能。記憶力や言語能力、判断力、計算力、遂行力などが含まれる。

＊2 これは筋肉の強化に似ている。ただ歩くだけ、ただ物を持ち上げるだけでは筋肉は増えない。筋肉に強いストレスをかけた状態をつくり繰り返し刺激して初めて、筋肉量は増加する。

＊3 シナプス間隙の伝達にかかる時間は、0.1～0.2ミリ秒ほどである。神経伝達物質としてはアセチルコリン、グルタミン酸、ノルアドレナリン、ドーパミン、セロトニンなど、現在までに数十種類が発見されている。

＊4 過大なストレスは、海馬歯状回にある顆粒細胞における神経新生を阻害することが分かっている[5)]。習慣的な有酸素運動は脳由来神経栄養因子（BDNF）の生成を促進する[6)]。良質で十分な睡眠は、神経細胞の間隔を広げてアミロイドベータたんぱく質（老廃物）の骨髄液による排出を促す。アミロイドベータたんぱく質の蓄積は、アルツハイマー病の原因と考えられており、その蓄積を防ぐ効果も期待されている[7)]。

29章

情熱を伝えるための コミュニケーション能力とは

本章では、「イノベーションの設計図 個の設計編」の2番目の項目である「情熱を伝える力量」を解説する（図29-1）。この力量は、27章と28章で解説した1番目の項目「『人を動かす』ための資質」をベースとした上で、さらにコミュニケーション能力を高めることが重要となる。コミュニケーション能力が不足していては、情熱を伝えることはできないからだ。そこで、人

個の設計	
	「人を動かす」ための資質
	① 誠実であるとともに強固な倫理原則を維持できる資質
	② 理屈に合わないことに対する不快感を持つ資質
	③ 協力することに対する快感を持つ資質
	④ 相手の心の中身を推察する資質
	情熱を伝える力量
	① 信じることを創る力量
	② 信じることを相手に信じさせる力量
	③ 相手の立場を想像できる力量
	④ 相手の気持ちを理解する力量
	⑤ 相手に腹落ちさせる力量
	⑥ 相手から信頼を得る力量
	⑦ 諦める誘惑を克服する力量
	⑧ 相手が諦める誘惑を克服できるように元気づける力量
	⑨ 相手に「ありがとう」と言わせる力量
	⑩ 相手の「ありがとう」の言葉から幸せを感じる力量
	変化を躊躇させる迷いを解く鍵
	① 20万年の環境の変化を乗り越えて生き残った強いDNAを持つという自己認識に基づく「根拠なき自信」
	② 生きている時間が永遠に続かないという自己認識に基づく「勇気ある決断」
	③ 契約による労働の提供の自己認識に基づく「役割を演じきるというプロ意識」
	④ 脳の可塑性が広げる能力の可能性の自己認識に基づく「絶え間ない自己研鑽」

図29-1 イノベーションの設計図 個の設計編

と人とのコミュニケーションにおいて、脳の中で何が起きているかを、前章紹介した「Fire together, wire together（共に発火すれば、共につながる）」[1)]の観点からまず説明する。後半では「情熱を伝える力量」の中身を詳しく見ていく。

思いを伝えるときに脳内で起こること

脳内では、五感を通じて受ける刺激や感情・思考から受ける刺激が、電気信号として神経細胞（ニューロン）のネットワークを軸索から樹状突起に一方通行で流れている。「有形」の神経細胞の巨大なネットワークは、「無形」である心を創っている。ここでは、心を意味づけされた「意思」と考える。

「意思」は、脳内の神経細胞のネットワークの働きによって「言語」に変換される。「言語」は「音声」として相手に伝わり、相手は聴覚を通じてその「言語」を受け取る。あるいは「言語」を記号化した「文字」によって視覚を通じて「言語」を受け取ることもできる。聴覚／視覚を通じて伝達された「言語」は、相手の脳内で神経細胞のネットワークの働きによって「意思」として理解される。つまり、言語によるコミュニケーションのプロセスでは、伝達する内容が「意思（A1）」→「言語（B1）」→「音声（C1）もしくは文字（D1）」→「言語（B2）」→「意思（A2）」と変換されていく（**図29-2**）。

このプロセスは、3つに分けて考えることができる。まずステップ1では、

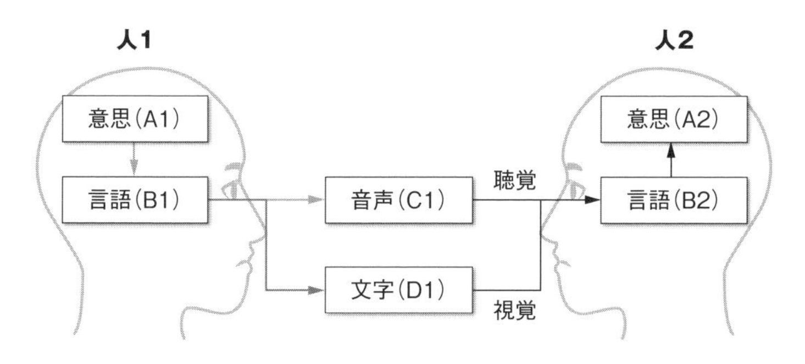

図29-2　言語によるコミュニケーションのプロセス

自分の脳の中で、「意思（A1）」を神経細胞のネットワークの働きで「言語（B1）」に変換する。次のステップ2では、その言語を相手に伝えるために、「音声（C1）」として発話したり、「文字（D1）」として書き記したりする。最後のステップ3では、その「音声（C1）」や「文字（D1）」を相手が聴覚／視覚を通じて「言語（B2）」として受け取り、相手の神経細胞のネットワークの働きで「意思（A2）」に変換する。こうして、ある人の「意思（A1）」は相手に「意思（A2）」として伝わる。いわば、相手の心を創るのである。

ここで、「意思（A1）」と「意思（A2）」が等しい場合は、2人の意思がつながったことになる。言語（文字や音声）を媒介としたコミュニケーションにおいても、神経細胞のネットワークのような同期が起こる。つまり、「Fire together, wire together」が成り立つのだ。これが「腹落ちする」状態である。この結果、意思を共有する者同士には強固な信頼関係と一体感が生まれる。この信頼関係と一体感は、イノベーションに挑戦するチーム活動における重要な基盤となる。

言語・非言語コミュニケーションを駆使

こうしたコミュニケーションにおいて「Fire together, wire together」の能力を高めるには、これまで述べてきた「言語を用いた手段」（言語コミュニケーション）に加え、「言語以外を用いた手段」（非言語コミュニケーション）も重要になる[2)]。まず言葉を用いた手段について、前述の3つのステップごとの具体的な内容を紹介する。

ステップ1「意思（A1）」→「言語（B1）」における言語を用いた手段

最初に、誰もが受け入れられる「WhyとHow/Whatが明確につながった論理的思考」を実践する。その上で、「相手が理解できる言葉」を用いて「意味づけされた意思」として表現する。

表現の精度を高めるには、主観的に考える自分を「もう1人の自分」によって客観的に観察・監査（モニタリング）するとよい。通常の認知・思考活動では、海馬や偏桃体、前帯状皮質（ACC）など脳内のさまざまな場所から、記憶や感情などの多様な情報が背外側前頭前野（DLPFC）に集められ、それに基づき背外側前頭前野において判断や意欲の向上、興味の対象の選択などが行われる。「もう1人の自分」とは、こうした通常の認知・思考活動を意図的に離れ、全く別の視点から物事を考えることである（**図29-3**）。これにより、自分の認知した事柄を、状況に合わせて客観的に修正（コントロール）できる能力、つまりメタ認知能力（高次の認知能力）を発揮できる[3)]。

ただし、メタ認知能力を獲得し、向上させるには意図的な努力が必要となる。例えば自分の考えを相手に伝える準備として、相手以外の第三者（信頼できる人）に話を聞いてもらい、その人から客観的なコメントを得ること、あるいは、その考えを声に出して録音し、それを聞いてセルフアセスメントするといった取り組みである。録音を聞くタイミングは、録音直後よりもその考えを忘れかけた1週間～1カ月後が望ましい。その方が、自分の音声のみを聞く相手の状況に近くなるからだ。相手に誤解なく伝える言葉を作り出

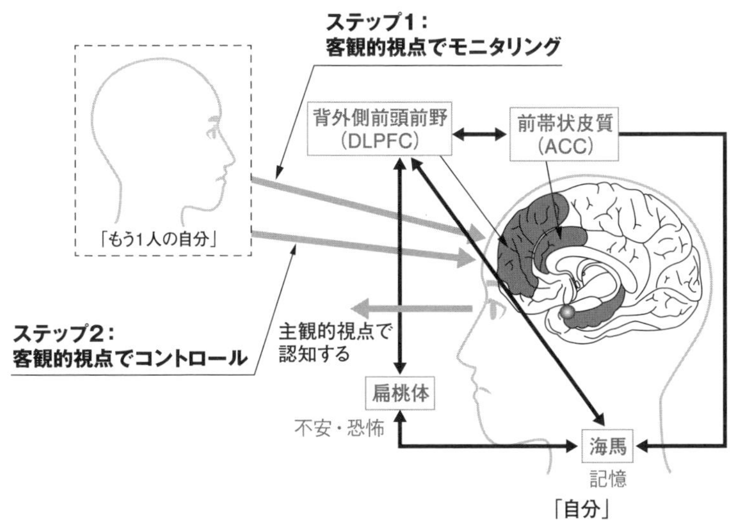

図29-3　メタ認知能力

「有形」の「自分」が認知していることを「無形」の「もう1人の自分」が認知する能力。

すには、そのための努力が不可欠である。

ステップ2「言語（B1）」→「音声（C1）／文字（D1）」における言語を用いた手段

このステップでは、「最初に結論（Point）を話した上で、その理由（Reason）を因果関係に基づいて論理的に説明し、論理を証明する具体的なデータや事例（Example）を示す。そして、最後に結論（Point）を繰り返す」というストーリーの展開が肝心となる。これは、「Point、Reason、Example、Point」の頭文字を取ってPREPアプローチと呼ばれる。

特に、音声を用いる場合に話す内容を決める際には、人間は短期記憶（ワーキングメモリー）が約20秒で、覚えられる意味のかたまり（チャンク）の数は7±2である、というミラーの法則を考慮するとよい[4)]。

ステップ3「音声（C1）／文字（D1）」→「言語（B2）」→「意思（A2）」における言語を用いた手段

ここでは、相手に、自分が説明した言葉を繰り返すように促すことが大切だ。さらには、相手が理解した考えを相手自身の言葉で語るように仕向けることも効果的である。相手の話す内容から、「意思（A2）」と「意思（A1）」との違いに気づけば、「意思（A1）」→「言語（B1）」のプロセスに戻って修正する。

次に言語以外を用いた手段の内容を見る。この手段は、「言語（B1）」→「音声（C1）／文字（D1）」というステップ2に適用できる。相手にとっては、「音声（C1）／文字（D1）」→「言語（B2）」というステップ3の前半部分に相当する場面だ。つまり、実際に会話するプロセスが対象となる。

まず、十分な睡眠やマインドフルネス（瞑想）などにより、ストレスが低減した冷静な状態を維持する。さらに、顔と顔で向き合って笑顔で語りかけることにより、相手のミラーニューロ*を活性化させて笑顔を引き出し、リラックスした精神状態をつくる[5)]。話しているときは相手への視線を外さず、相手にとって心地良い声のトーンやリズムを作り、相手がうなずいて聞く態度を引き出すように身振り・手振りを行う。場合によっては、心地よい香りやおいしい料理を用意する。手を握ったり肩をたたいたりなど相手に触れることも効果的である。こうした言語・非言語のコミュニケーション能力は、「『人を動かす』ための資質」の習得とは異なり、25歳以上になってもトレーニングによって比較的容易に習得できる。

情熱を伝える10の力量

イノベーションの実現は、1人では難しく、多くの人の協力が不可欠である。よって、イノベーションに挑戦するチームメンバーに働きかける最も重要なスキルの1つは、イノベーションに挑戦する自分の情熱を相手に伝える力量である。筆者が考える「情熱を伝える力量」は、10項目から成る。それぞれ、「『人を動かす』ための4つの資質」や、ここまで説明した「Fire together, wire together」を引き出す言語／非言語のコミュニケーション能力と深く関係している（**表29-1**）。イノベーションに挑戦するチームメンバーは、「情熱を伝える力量」を備えていなければならない。これが不足するメンバーに対しては、すぐに教育してこの力量を向上させることが必要だ。以下、それぞれの力量の中身を説明していく。

[1] 信じることを創る力量

これを習得するには、「『人を動かす』ための4つの資質」の「理屈に合わないことに対する不快感を持つ資質」と「言語コミュニケーション能力」が重要となる。会社のビジョンや戦略、企業倫理、行動指針が、会社でイノベーションを創出するときの理屈である。この理屈に合うように「イノベーションのアイデア」をつくらなければならない。

そのためには、理屈に合わないことを不快感として自覚できる資質と、言語として論理的に説明できるコミュニケーション能力が不可欠である。これが、会社でイノベーションのアイデアを提案するときに、「会社の成長に貢献するはずだ」という自信と「それを実現したい」との情熱を引き出す。

[2] 信じることを相手に信じさせる力量

これを習得するには、「『人を動かす』ための4つの資質」の「誠実であるとともに強固な倫理原則を維持できる資質」と「言語・非言語コミュニケーション能力」が重要となる。「自分が信じている」ことを相手に話すときは、誠実な言葉に加えて全身で情熱を込めなければならない。こうした言語・非言語コミュニケーション能力があると、そのことが相手に影響を与え、相手に信じてもらうことができる。

情熱を伝える力量	「人を動かす」ための4つの資質				
	誠実であるとともに強固な倫理原則を維持できる資質	理屈に合わないことに対する不快感を持つ資質	協力することに対する快感を持つ資質	相手の心の中身を推察する資質	言語・非言語コミュニケーション能力
①信じることを創る力量	○	●	○	○	●
②信じることを相手に信じさせる力量	●	○	○	○	●
③相手の立場を想像できる力量	○	○	○	●	○
④相手の気持ちを理解する力量	○	○	○	●	○
⑤相手に腹落ちさせる力量	○	●	○	○	●
⑥相手から信頼を得る力量	●	○	○	○	●
⑦諦める誘惑を克服する力量	●	○	○	○	○
⑧相手が諦める誘惑を克服できるように元気づける力量	●	○	○	○	●
⑨相手に「ありがとう」と言わせる力量	●	○	○	○	●
⑩相手の「ありがとう」の言葉から幸せを感じる力量	○	○	●	○	○

○ 相関がある　● 強い相関がある

表29-1　情熱を伝える力量と「『人を動かす』ための4つの資質」および「言語・非言語コミュニケーション能力」との関係

[3] 相手の立場を想像できる力量

この力量では、「『人を動かす』ための4つの資質」の「相手の心の中身を推察する資質」が大切である。相手の置かれた立場を自分の立場から離れて自分の思考の中で想像するためには、相手に関する環境情報を適切に収集する努力が必要になる。

[4] 相手の気持ちを理解する力量

これを習得するにも、「相手の心の中身を推察する資質」が大切である。相手の気持ちを理解するためには、相手の環境情報の収集に加え、相手の非言語コミュニケーションによる情報を把握する観察力が必要である。

[5] 相手に腹落ちさせる力量

ここでは、「理屈に合わないことに対する不快感を持つ資質」と「言語・非言語コミュニケーション能力」が重要である。相手と話す際には、相手が明瞭な論理を素直に聞ける環境を準備した上で、その論理を進んで受け入れられるような状況を作り出さなければならない。

[6] 相手から信頼を得る力量

これを習得するには、「誠実であるとともに強固な倫理原則を維持できる資質」と「言語・非言語コミュニケーション能力」が大切である。具体的には、相手を腹落ちさせられるような話を何回もすることだ。それができれば、自然と信頼が得られる。

[7] 諦める誘惑を克服する力量

これには、「誠実であるとともに強固な倫理原則を維持できる資質」が重要となる。会社の成長に貢献すると信じる目標に向かっていかなる困難にも諦めずに進む一貫した誠実さが、「ベストを尽くしたが失敗した」と自らが諦める誘惑を克服できる。

[8] 相手が諦める誘惑を克服できるように元気づける力量

これを習得するためには、「誠実であるとともに強固な倫理原則を維持できる資質」と「言語・非言語コミュニケーション能力」が重要である。前述の一貫した誠実さを言語・非言語のコミュニケーションを通して相手に正確に伝達することが、結果として、「相手が諦める誘惑」を克服できるように元気づけることになる。

[9] 相手に「ありがとう」と言わせる力量

ここでも、「誠実であるとともに強固な倫理原則を維持できる資質」と「言語・非言語コミュニケーション能力」が重要となる。相手を一貫してサポートする誠実な態度は、相手から信頼できるという感情を引き出す。その結果、感謝の気持ちを表す言葉が自然に生まれてくる。

[10] 相手の「ありがとう」の言葉から幸せを感じる力量

これには、「『人を動かす』ための4つの資質」の「協力することに快感を持つ資質」が重要となる。相手に対する自分の献身的なサポートに応える形で相手が発する感謝の言葉は、無常の喜びを引き出す。その結果、継続して相手をサポートしたいという気持ちが強固になっていく。

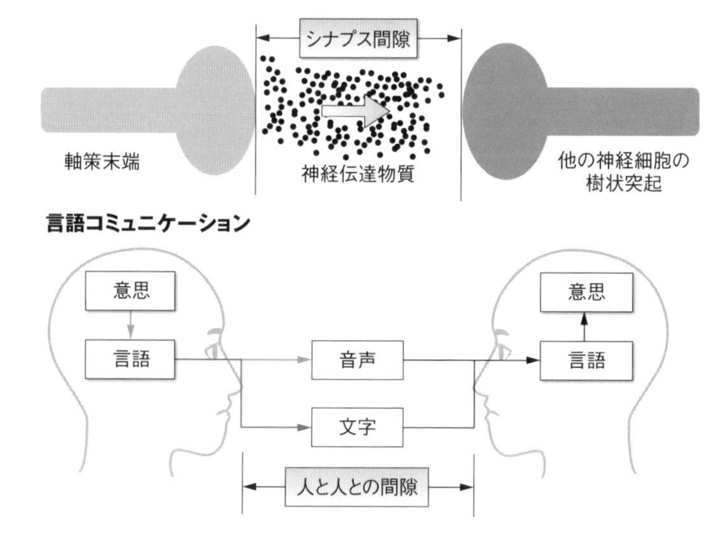

図29-4　神経細胞のネットワークにおける情報伝達と言語コミュニケーションとの共通性

脳内の神経細胞のネットワークにおける「シナプス間隙」では、「神経伝達物質」が情報を伝達する。一方、コミュニケーションにおける「人と人」との「間隙」では、「言語（文字や音声）」が「意思」という情報を伝達する（図29-4）。シナプスにおける高い伝達効率の実現と「人と人」とのゆるぎない意思疎通の条件は、共に「Fire together, wire together」である。この思いがけない共通性を、筆者は率直に面白いと感じた。問題意識を持ちながら諦めずに一生懸命に努力すれば、「記憶」も「信頼」も勝ち取れるのだ。その結果、イノベーションの実現が可能になる。

＊ **ミラーニューロン**　自分が行動するときだけでなく、相手の行動を見たときにも、自分が行動したときと同じように活性化する神経細胞。相手への共感と深く関係することが分かっている。

30章

「イノベーションの迷い」を解く4つの鍵

最後に「イノベーションの設計図 個の設計編」の3番目の項目「変化を躊躇させる迷いを解く鍵」について解説する（図30-1）。イノベーションへの挑戦は、長期にわたることがあり、成功が約束されているわけでもない。そのため、担当者は失敗の不安やさまざまな迷いを抱え込みやすい。いわば、

個の設計	
	「人を動かす」ための資質
	① 誠実であるとともに強固な倫理原則を維持できる資質
	② 理屈に合わないことに対する不快感を持つ資質
	③ 協力することに対する快感を持つ資質
	④ 相手の心の中身を推察する資質
	情熱を伝える力量
	① 信じることを創る力量
	② 信じることを相手に信じさせる力量
	③ 相手の立場を想像できる力量
	④ 相手の気持ちを理解する力量
	⑤ 相手に腹落ちさせる力量
	⑥ 相手から信頼を得る力量
	⑦ 諦める誘惑を克服する力量
	⑧ 相手が諦める誘惑を克服できるように元気づける力量
	⑨ 相手に「ありがとう」と言わせる力量
	⑩ 相手の「ありがとう」の言葉から幸せを感じる力量
	変化を躊躇させる迷いを解く鍵
	① 20万年の環境の変化を乗り越えて生き残った強いDNAを持つという自己認識に基づく「根拠なき自信」
	② 生きている時間が永遠に続かないという自己認識に基づく「勇気ある決断」
	③ 契約による労働の提供の自己認識に基づく「役割を演じきるプロ意識」
	④ 脳の可塑性が広げる能力の可能性の自己認識に基づく「絶え間ない自己研鑽」

図30-1　イノベーション設計図 個の設計編

イノベーションへの挑戦において、迷いは付き物なのである。そうした迷いをいかにして手なずけていくかがここでのテーマだ。

「強い心を持て」などの精神論で対応しがちだが、精神論だけでは限界があると筆者は思う。ここでは心理学および脳科学の研究成果や、アップルを創業したSteve Jobs（スティーブ・ジョブズ）氏の言葉を手掛かりに、基本的なところまで遡って考えていく。そもそも、人はなぜ迷うのだろうか。迷いを解く鍵の具体的な説明に入る前に、まず迷いやすい状態から抜け出す方法を紹介したい。

心の迷走を止める

今の行動は、自分の意思で自由に決められる。しかし、「覆水盆に返らず」のことわざの通り、過去の行動を変えることはできない。さらに、過去の行動と今の行動の関係は分析できるが、未来に取るべき行動を予見することはできない。加えて、価値ある未来につながる今すべき行動をあらかじめ知ることも不可能である。

同様の趣旨のことを、ジョブズ氏が、米スタンフォード大学の卒業式（2005年6月）のスピーチで話している。このスピーチは、自らの幼少期や大学中退の経緯、Apple（アップル）の創業や同社からの解雇、失意からの復活とガンの闘病生活など、ジョブズ氏が人生を率直に語ったスピーチとして広く知られている。スピーチの結語である「ハングリーであれ、愚か者であれ（Stay hungry, stay foolish）」は特に有名になった。そのスピーチの中でジョブズ氏はこう語っている。

「未来の点にどのようにつながるかを予測することはできない。過去を振り返り、過去の点と点をつなげることしかできないんだ」（筆者による日本語訳）。"You can't connect the dots looking forward; you can only connect them looking backwards."[1)]（**図30-2**）。

しかし、実際の我々は、過去の行動に対する後悔や、未来の行動に対する不安を感じることに多くの時間を費やしている。この過去への後悔と未来へ

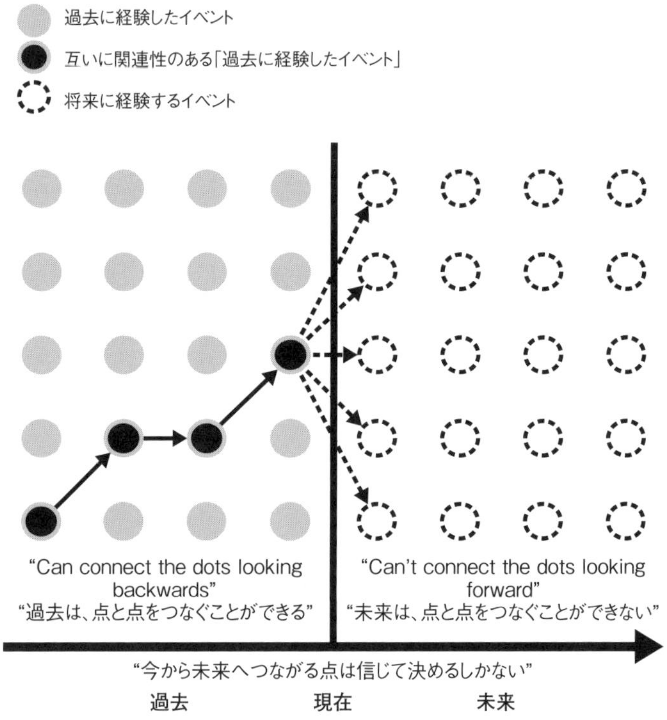

過去に経験したイベント
互いに関連性のある「過去に経験したイベント」
将来に経験するイベント

"Can connect the dots looking backwards"
"過去は、点と点をつなぐことができる"
"Can't connect the dots looking forward"
"未来は、点と点をつなぐことができない"
"今から未来へつながる点は信じて決めるしかない"
過去　現在　未来

図30-2　過去・現在・未来の点と点とをつなぐイメージ

の不安が、迷いの大きな原因の1つだ。目の前の現実ではなく、過去や未来についてあれこれ考えを巡らせてしまう状態を「マインドワンダリング」という。

1日の半分が「心ここにあらず」

このマインドワンダリングをテーマとして、米ハーバード大学の心理学者Matthew Killingsworth（マシュー・キリングワース）氏らは2250人を対象に行動心理の調査を実施した[2)]。その調査によると、このマインドワンダリングの状態は、生活時間の実に47％にも上った。これは、人間に備わっている「記憶力」と「想像力」が原因となっている。つまり、日中起きている時間の半分近くは、目の前の現実について考えていない。これには、過去の楽しかったことを思い出したり、将来の楽しみについて考えを巡らせたりすることが含まれる。しかし、過去の行動に対する後悔や、未来の行動に対する不安を感じている時間もあるはずだ。そのストレスは、「我慢するストレス」と呼ばれる。

ストレスは、仕事でノルマに追われているようなときに生じる「頑張るストレス」(体のストレス)と、何かを耐え忍ぶ状態を継続しなければならないときに生じる「我慢するストレス」(心のストレス)の2種類に分けられる。2種類のストレスに対する身体の反応は、ストレス反応として副腎からストレスホルモンが過剰分泌されることは共通で、さらに前者では副腎髄質からアドレナリンが過剰分泌され、後者では副腎皮質からコルチゾールが過剰分泌される。

我慢するストレス状態にあると、副腎皮質から分泌されたコルチゾールは、血流に乗って体内を循環しながら、エネルギー源の補充などの重要な役割を果たす。役割を終えると脳にたどり着いて吸収される。これが正常なストレス反応の流れである。ところが、我慢するストレス状態が長い期間にわたって続き、ストレスが蓄積していくと、コルチゾールが止めどなく分泌され続ける。こうなると、コルチゾールが脳にあふれて、脳の一部をむしばんでいくのである。

図30-3に我慢するストレスが我々の心と身体に及ぼす長期的な影響をまとめた。①免疫力が低下して風邪などの感染症にかかりやすくなる、②記憶力や学習効果が低下する、③副腎疲労の原因になる、など相当な悪影響がある。特に最後の副腎疲労は、疲れやすい、やる気が出ない、集中力や判断力が低下する、といった症状を伴うことが多いので、とてもイノベーションに挑戦できるような状況ではなくなってしまう。さらに、過剰なコルチゾールは脳内の海馬歯状回における神経新生を抑制し、新しい記憶の形成を阻害する。加えて、うつ病発症のリスクを高める。記憶と感情に関わる海馬の灰白

①免疫力の低下

- 風邪や病気になりやすい。
- 傷が治りにくくなる。
- 命の危機に陥ったとき、免疫力を維持することよりも、外敵に対抗するためのエネルギーを作り出すことの方が優先される。

②記憶力や学習効果の低下

- コルチゾールの過度の分泌は、長期的には海馬を萎縮させて認知機能そのものを傷害する可能性がある。
- 慢性的なストレスによるコルチゾールの分泌増加が、うつ病やアルツハイマー型認知症のリスクを増加させる。

③副腎疲労の原因

- 副腎疲労とは、コルチゾールをはじめとするストレスホルモンが分泌されにくい状態になっていることを指す。
- 疲れやすい/疲れが取れない/甘いものが欲しくなる/やる気がでない/朝起きられない/睡眠障害(不眠/過眠)/低血圧/低体温/血糖値の低下/内臓機能の低下/免疫力の低下/痛みを感じやすくなる/栄養素の代謝機能の低下/集中力や判断力の低下/記憶力の低下、などの症状が現れやすくなる。

図30-3 「我慢するストレス」による長期的な身体への影響
長期間にわたって我慢するストレスにさらされると、コルチゾールが過剰に分泌される。その過剰なコルチゾールが心と身体にさまざまな悪影響を及ぼす。

質が減って萎縮してしまうからだ（うつ病の人の海馬の周りは灰白質が減って黒くなり、隙間ができている）。

マインドワンダリングから逃れて、今の行動に集中するには、「マインドフルネス」（瞑想）が有効なことが分かっている。マインドフルネスが目指すのは、今の瞬間に「気づき」が向かう状態である。つまり、現実をあるがままに知覚することである。簡単に言うと、意識を「今、この瞬間」に釘付けするトレーニングだ[3)]。これは、筆者が学生時代から座右の名としている「如実知見」に通じる。

米マサチューセッツ大学医学部が瞑想から宗教色を排除したマインドフルネスプログラムを構築している。同プログラムを8週間受講した後で海馬を観察すると、灰白質が5%増加していたという。つまり、海馬の萎縮が改善されたのだ。一方で、ハーバード大学のSarah Rather（サラ・ラザー）氏の研究では、同プログラムによって扁桃体が5%縮小することが示された[3)]。扁桃体は感情の中枢で、これが大きい人ほどストレスに過剰に反応する。つまり、ストレスに対して、良い意味で鈍感になることを示唆している。さらに、体調が良くなったと感じた人が30%いた。心の不調に至っては40%もの人が改善したという。

しかしなぜ「今」に注意を集中すると、ストレスを減らすことができるのであろうか。それは、ストレスの原因となった過去の出来事にとらわれるとストレスが再生産されたり、未来に不安を感じてストレスが増幅したりするからだ。「今」に集中すると、そうしたことがなくなり、ストレスホルモンの過剰な分泌が抑えられる可能性があるという。

また、米カーネギーメロン大学のDavid Creswell（デイビッド・クレスウェル）氏は次のように指摘している。「マインドフルネスを行った人は、思考や認知に関わるDLPFC（背外側前頭前野）と脳内の複数の部位を結んだデフォルトモードネットワーク*が同期するが、マインドフルネスを行っていない人は、DLPFCとデフォルトモードネットワークは同期しない[3)]」。この研究成果から、「マインドフルネスがDLPFCを活性化することによって、デフォルトモードネットワークがうまくコントロールされるため、マインドワンダリングが抑制されてストレスが減少する」という仮説を提示している。

マインドフルネス以外のストレス低減法として、アメリカ心理学会（American Psychological Association：APA）が推奨する方法を紹介する。それは、ストレスの原因から20分間離れることや20分間のウォーキング、声を出して笑うことや笑顔を作ること、信頼できる人に悩みを打ち明けることなどである。

「自分を信じる」状態をつくる

こうしたマインドフルネスなどの方法によって目の前の現実について考え

る状態になると、「変化を躊躇させる迷いを解く鍵」がより効果的になる。では次に何をすればいいのだろうか。前記のジョブズ氏の言葉はこう続く。

「だから将来につながっている今の点を信じるしかない。それが直感であれ、運命であれ、人生であれ、宿命であれ、何であれ、それを信じるしかない。この方法は、私を失望させたことはないし、私の人生で重要であった」(筆者による日本語訳)。"So you have to trust that the dots will somehow connect in your future. You have to trust in something - your gut, destiny, life, karma, whatever. This approach has never let me down, and it has made all the difference in my life.[1)]"。

ストレスを低減した後のステップは、「意思決定に迷っている」状態を「自分を信じられる」状態に切り替えることだ。そのためには、イノベーションの挑戦に対し、目標意図（goal intention：自分が成し遂げたいことを特定するもの）と、それを実現するための実行意図（implementation intention）を、自分の中で明確にしなければならない。実行意図とは、ある目標を達成するために、いつ、どこで、どのように行動するかをあらかじめ決めることである。目標意図と実行意図を明確にするには、過去への後悔や未来への不安の時間に生きることから、今の挑戦の時間に生きることへ変化させる意志が必要となる。

この時、効果を発揮するのが迷いを解く4つの鍵である。筆者は、「将来につながる今の点を信じ」、心に生じる迷いを解くために、次の4つの鍵を肝に銘じている。

[1] 根拠なき自信
[2] 勇気ある決断
[3] 役割を演じきるプロ意識
[4] 絶え間ない自己研鑽

以下、これらの迷いを解く鍵を見ていく。業務命令としてイノベーションに挑戦しなければならないときに生じやすい「迷い」、それを乗り越える足掛かりとなる「不変の真実」を踏まえ、4つの鍵でどのようにして迷いを解いていくのかを紹介したい（**図30-4**）。

「根拠なき自信」が迷いを解く

「やり遂げられないかもしれない」という不安は、イノベーションへの挑戦に必ず付きまとう。この不安が、今必要な意思決定に迷いを生じさせる。この迷いをいかに打破すればよいかについて、人類の進化の視点から考えてみる。人類がチンパンジーとの共通祖先から分かれたのは約700万年前だが、それから現在までに20種以上の人類が出現したことが化石などの調査で分

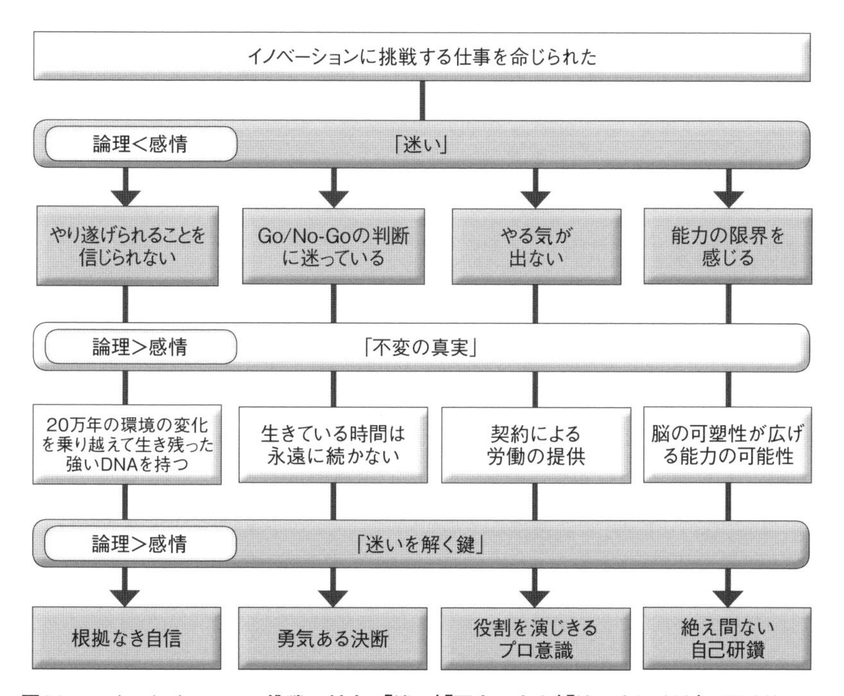

図30-4　イノベーションへの挑戦に対する「迷い」「不変の真実」「迷いを解く鍵」の関連性
「迷い」とは、感情が論理より支配的になっている状態であるが、「不変の真実」を理解し「迷いを解く鍵」を意識しているときは、論理が感情をコントロールしている状態である。

かっている。しかし、生き残ったのは、約20万年前に現れたホモ・サピエンス、つまり我々だけである。乾燥化や氷期、温暖化による大洪水などの過酷な地球環境の変動や、狩猟・採集社会から農業社会、工業社会、情報社会への社会環境の変動を克服し、疫病や戦争などの災難を乗り越えながら、ホモ・サピエンスは子孫を確実に残してきた。

つまり、先祖たちのDNAは、一つひとつの点が途切れることなく今を生きている我々のDNAにつながっているのだ。現代人のDNAは、約20万年もの間、過酷な生存競争を勝ち続けてきた常勝のDNAである。これは、誰もが同意せざるを得ない「不変の真実」である。先祖のDNAが過去の挑戦に勝ち続けてきた事実から、そのDNAを持つ我々が、「将来の挑戦にも勝つ」可能性を秘めていると考えることは、自然である。挑戦に勝利するという具体的なデータや論理的証明がなくとも、勝利を確信することは可能なのである。筆者は、この自信を「根拠なき自信」と呼ぶ。挑戦に立ち向かう自信がないときは、「根拠なき自信」が迷いを解く鍵となる。こう考えると、気持ちが軽くなり、挑戦に立ち向かう勇気が自然に生まれてくる。

「勇気ある決断」が迷いを解く

仕事の選択で迷うことがある。例えば、「成功間違いなしの今の仕事」を取るか、「成功するかどうか分からない自ら提案したアイデアに挑戦する仕事」を取るかを、選択する場合だ。実際に、このような問いかけを部員にしたことがある。たとえ「失敗しても挑戦意欲をそぐような評価を会社から受けない」と信じることができても、選択の場面では迷うものだ。そんなときは、「生きている時間は永遠に続かない」という「不変の真実」を思い起こすとよい。三度、ジョブズ氏の言葉を引用する。

「今日が人生最後の日と思って毎日を生きてみなさい。そうすればいつか正しいと腹落ちできる日が来るだろう」(筆者による日本語訳)。“If you live each day as if it was your last, someday you'll most certainly be right.”[1]。

死を意識し、それに直面している自分を想像することは、「今生きている意味（幸せ、価値など）」を問いかけることでもある。これが、自分が持っている何かを失うという不安を打破する最善の方法である。生きている時間は永遠に続かないという認識は、挑戦に対してGo/No-Goの判断に迷っている人に対し、「勇気ある決断」を下すことを、極めて強く後押ししてくれる。

「役割を演じきるプロ意識」が迷いを解く

仕事としてイノベーションへの挑戦を割り振られたとき、それを強制された仕事と感じてやる気が出ないことがある。その状態が続くと、「そのプロジェクトは自分がやりたいことではないし、会社の成長に貢献するとも思えない」という後ろ向きの考えが芽生えてくる。ついには、仕事そのものの意義についての懐疑に発展するかもしれない。「この仕事にやる価値はあるだろうか」と。これもイノベーションにおける典型的な悩みだ。このような後向きの状態が続けば集中力が低下するので、十分に成功可能なプロジェクトであってもうまくいかなくなってしまう。

この状況を会社のオペレーションの規律の視点からは、「業務として引き受ける前に、そのプロジェクトの価値についてマネジャーと腹落ちするまで話し合うべきだった」という結論となる。一方で、イノベーションに挑戦する人の力量という視点で考えると、筆者としては、「業務遂行の対価として報酬を得る」という労働契約に対する認識を確認したくなる。

会社と社員は契約による関係である以上、業務の遂行は誰もが同意せざるを得ない義務である。さらに、これを一歩進めて、「受け取った報酬分の成果を出すのはプロフェッショナルとして当然のこと」ともいえる。どうせやらなければならないのであれば、それを自分に与えられた役割と捉え、情熱を込めて遂行した方が前向きな気持ちになれる。すると、「それが、プロフェッショナルだ」という認識が生まれる。やる気が出ないという迷いを解く鍵は、契約による労働の提供という不変の真実を起点として醸成される、「役割を演じきるプロ意識」である。

「絶え間ない自己研鑽」が迷いを解く

もし、自分の能力に限界を感じたら、それは深刻な悩みとなる。しかし、28章で紹介した「脳の可塑性」のように、意識して注意力を持って取り組み、諦めずに繰り返す情熱があれば、何でも成し遂げられるのだ。限界は打ち破れる。脳が健康であれば（アルツハイマー病などを防げれば）、年齢を重ねることは脳活動のマイナス要因ではない。経験の積み重ねで神経細胞のネットワークが洗練されることは、脳活動のプラス要因である。年を重ねることをプラス要因にするには、これまで紹介してきた、次の4項目を思い起こすとよい。

［1］Fire together, wire together（共に発火すれば、共につながる）〔シナプスの伝達効率の向上〕（28章）
［2］No pain, no gain（痛みや苦労が伴わなければ、獲得できない）〔シナプスの伝達効率の向上〕（同章）
［3］ひらめきは、99%の努力とさらに1%の努力で生まれる〔シナプスの伝達効率の向上〕（13章）
［4］強い刺激となる繰り返しの学習は、脳の活動スピードを向上させる〔軸索の伝導速度の高速化〕（16、28章）

脳の可塑性を広げる4項目を不変の真実として認識しよう。ただし、4つの可塑性は、いずれも「絶え間ない自己研鑽（けんさん）」が不可欠となる。すなわち、自身の能力に対する悩みを解く鍵は、「絶え間ない自己研鑽」なのである。最後に、イノベーションに挑戦する戦士の4つの行動指針を掲げたい。

［Ⅰ］イノベーションに挑戦するために不可欠である、目の前にある「変化しなければならない」という事実から「逃走しない」。
［Ⅱ］同意せざるを得ない不変の真実から「根拠なき自信」「勇気ある決断」「役割を演じきるプロ意識」「絶え間ない自己研鑽」の4つの「武器を作る」。

［Ⅲ］「迷っている」自分と「闘争する」。

［Ⅳ］「自分を信じる」自分を「獲得する」。

＊ **デフォルトモードネットワーク**　ぼんやりと何もしていないときに活発に働く不思議な性質を持つ脳内の神経細胞ネットワーク。ぼんやりした状態では、過去や未来に意識が向くマインドワンダリングが起きやすくなる。

［第Ⅵ部］

イノベーション・マネジメントの悩みを解く鍵

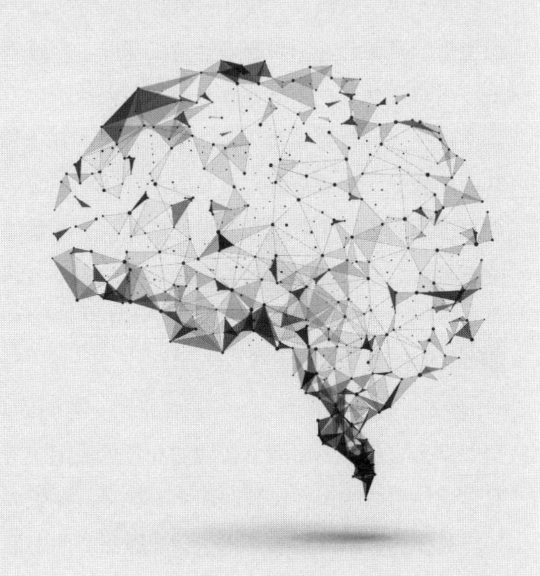

31章

生産性を高める睡眠の驚くべき効果

前章までは、イノベーションに挑戦するやる気を引き出すために、「組織の設計」と「個の設計」を解説してきた。本章からは、イノベーションに挑戦する戦士の現場での切実な悩みを取り上げ、その根本原因を脳科学や心理学などから考察した上で、悩みの解消に手助けとなる具体的な方法を解説していく。本章は睡眠の悩みを取り上げる。

組織の設計や個の設計で取り上げた内容は、いずれも人が覚醒している状態で創造性を高めるための行動指針であった。しかし、夜間に良質な睡眠を確保することも創造性を高めるためには大事である。

人生90年と考えると、3分の2の60年間は意識をコントロールできる覚醒状態だが、残りの3分の1の30年間はコントロールできない睡眠状態にある。我々現生人類は、現在の700年前から20万年前までの狩猟・採集社会の環境下で誕生し、その脳の構造に基づいた睡眠という生理的活動を行っている。当時はサーベルタイガーなどの天敵がいる危険な環境だったので、睡眠は生命を失う極めて高いリスクとなる。にも関わらず意識を失っている約8時間の睡眠がなぜ必要だったのか。睡眠がないと致命的に不利になる何らかの理由があるはずだと考えられてきた。本章はその睡眠の役割と、明敏な覚醒を得るための睡眠の行動指針を考察する（図31-1）。

脳内の老廃物の行方

「寝ても疲れが取れない」「頭がすっきりせず、考えがまとまらない」「感情が抑えられず、冷静で客観的な意思決定ができない」といった、覚醒時における仕事の生産性に課題がある場合、睡眠の量と質に問題があることが多い。具体的には、「忙しくて十分な睡眠時間が取れない」「なかなか眠れない」

図31-1　覚醒と睡眠　イラスト：大久保孝俊

「朝起きるのがつらい」などである。

一方で、「企業戦士は睡眠時間が短くて当たり前」という風潮もある。筆者も以前はそう考えていた。しかし、ある動画を見つけ、それに関連する論文を熟読した後は、睡眠に対する考え方が一変した。

その動画とは、TED Talksで公開されたJeff Iliff氏の講演「よく眠る事が大切なもう1つの理由」である*1。関連する文献の内容も加えて順序立てて解説する[1～4)]。

重さ約1400 gの脳は、毎日7 gの使用済みのたんぱく質（老廃物）を新しいたんぱく質と入れ替えている。1カ月当たり約210 gなので約7カ月で脳の重さと同程度の老廃物を除去している。驚くことに、頭つまり脳には老廃物を除去するリンパ管が見当たらない[2)]。ではどのようなシステムで、脳の老廃物は除去されているのだろうか。

図31-2に脳脊髄液（CSF）の脳内の流れを示す[4)]。脳脊髄液とは無色透明な弱アルカリ性の液体で、脳と脊髄を取り囲んでクッションの働きをしている。体積約150mlの脳脊髄液は継続的に補充され、その4倍に相当する600mlほどが1日で入れ替わる。その際に栄養素を届けて廃棄物を除去し、最終的には血流に吸収される*2。

このような脳の老廃物を効率的に洗い流すシステムは2013年、米ロチェスター大学のMaiken Nedergaard氏らが明らかにし、「グリンパティック

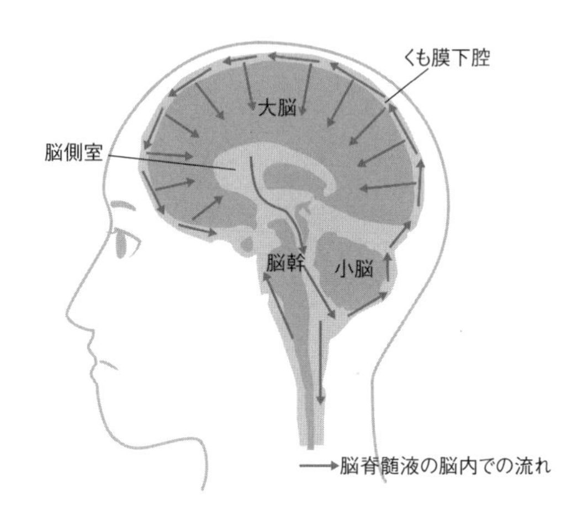

図31-2　脳脊髄液の脳内での流れ
脳内にはリンパ管が存在しない。リンパ系ではなく、脳脊髄液(CSF)によって老廃物を排出する。

(Glymphatic) 系」と呼んだ。Glymphaticは、アストロサイトなどが含まれる「グリア (glia) 細胞 (脳にある神経細胞以外の細胞の総称)」と「リンパ液が流れる (lymphatic)」を合わせた造語である。

睡眠が排出システムを活性化

Iliff氏は講演で、マウスの脳組織に流れ込む脳脊髄液の流れを動画で映し出した。それは、覚醒時にはほとんど流れなかった脳脊髄液が、睡眠時には高速で流入する衝撃的な内容だった[1, 3]。つまり、覚醒時の脳活動で生まれた老廃物は、睡眠時に脳脊髄液と共に排出されるのだ。

睡眠時のマウスでは「間質腔」(脳脊髄液が静脈周囲腔に流れ込む途中で通り抜ける細胞間の空間) が覚醒時よりも60%以上広がる[4] (図31-3)。脳脊髄液の流量 (間質腔の大きさ) は、神経伝達物質のノルアドレナリンによって調整していると考えられている。睡眠時にはノルアドレナリンの濃度は低下してグリア細胞が縮み、その結果として、覚醒時よりも60%以上広い細

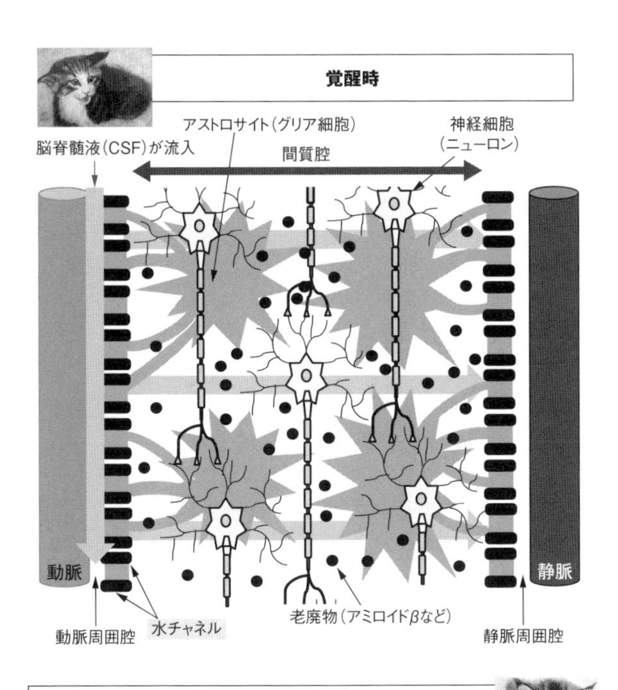

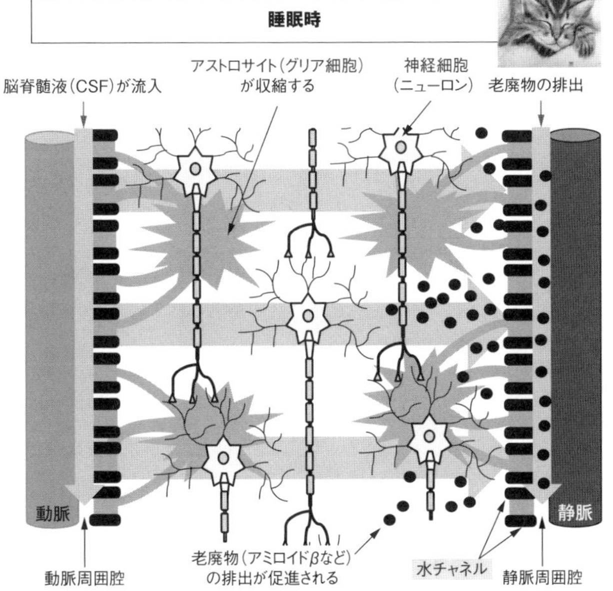

図31-3　脳の老廃物除去システム「グリンパティック系」のイメージ図

脳の老廃物除去システムで重要なのは上下の図の中ほどにあるアストロサイト(グリア細胞)である(4つずつ描いている)。睡眠時にノルアドレナリンの濃度が低下すると、アストロサイトが縮む。その結果、覚醒時よりも60%以上も細胞間の空間(間質腔)が広がり、脳脊髄液の流量が著しく増加する。

胞間の空間を作り出し、脳脊髄液の流入が著しく増加するのである。

老廃物の蓄積でアルツハイマー病に

次に、グリンパティック系で除去できなかった老廃物が原因となり、重篤な神経疾患であるアルツハイマー病が発症する過程を見ていこう[5)]。

情報を伝達する際、ニューロンはグルタミン酸のような神経伝達物質をシナプスに放出するとともにアミロイドβたんぱく質を放出する。しかし、脳脊髄液によりアミロイドβが除去されない場合は、シナプスでアミロイドβが増えてアミロイドプラークという塊になる（図31-4）。アルツハイマー病の始まりは アミロイドプラークが生成し始める時だと考えられている。その時期は個人差が大きいが、40歳以上が目安となる。年齢を重ねた人の脳内には、多かれ少なかれアミロイドプラークがあると考えられている。

ただし、アミロイドプラークの生成が始まった時点では自覚症状はなく、記憶や言葉、認知機能にも不自由はない。アミロイドプラークの生成から、それが蓄積しアルツハイマー病の発症に至るまでには、少なくとも15～20年かかると考えられている。

アミロイドプラークが臨界点に達する前は、「どうしてこの部屋へ入った

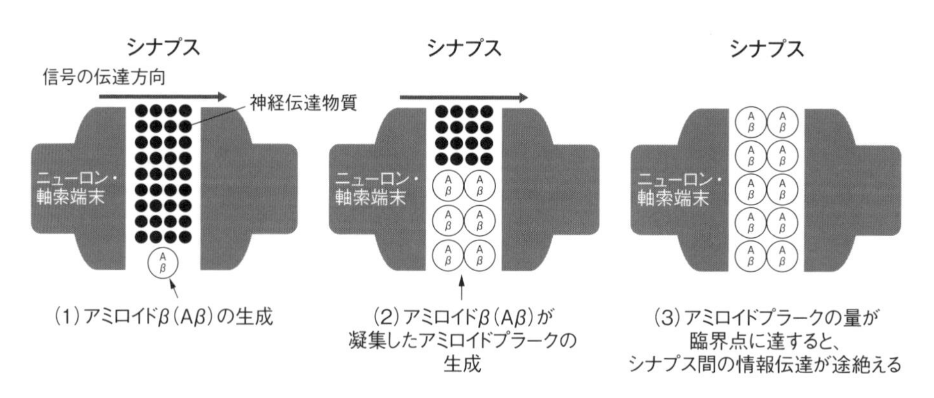

図31-4　シナプスにおけるアミロイドβの生成・凝集、アミロイドフラークの量の臨界点到達までのイメージ図

んだ？」「この人の名前は何だ？」「車のキーはどこに置いたかな？」というような物忘れはあるだろう。しかし、アミロイドプラークが臨界点を越えると、記憶や言語、認知機能に混乱が起こり、家の鍵はコートのポケットやドアの横のテーブルではなく冷蔵庫の中から出てくるようになる。そして、鍵を見てこう考える。「これは何をするものだ？」と。

アミロイドプラークが臨界点を越えると、ミクログリア細胞（傷ついた神経細胞の修復を行うと考えられている）を活性化し、炎症や細胞へのダメージを引き起こす物質を放出する。そしてシナプス自体を除去し始める*3。

脳の老化を防ぐ快眠法

脳の老廃物を除去するシステムが睡眠時に活性化されることの発見は、まさに世紀の発見と言ってもよいと筆者は思う。そして、「睡眠活動のコントロールが不適切なために老廃物を脳から除去できず、その結果、認知能力を破壊的に衰えさせるアルツハイマー病になるのは、絶対にイヤだ」と考えた。そして、睡眠の質を高めることが生活リズムの基本だと認識し、具体的な行動を開始した。その内容を次に解説する。

まず、基本的な情報を挙げる。厚生労働省健康局による「健康づくりのための睡眠指針2014」には、世代別の最適な睡眠時間が示されている。

年齢	適正睡眠時間
10代前半	8時間以上
25歳	7時間
45歳	6.5時間
65歳	6時間

睡眠時間の定義は、脳波の測定によるもので、シータ波（4～8Hz）とデルタ波（0.5～4Hz）の脳波を睡眠と判断している（図31-5）。シータ波のときは、体は休んでいるが脳は活動しているレム睡眠である。一方、デルタ波のときは、体も脳も休んでいるノンレム睡眠である。

推奨されている睡眠時間を確保できる人はなかなかいないだろう。筆者も

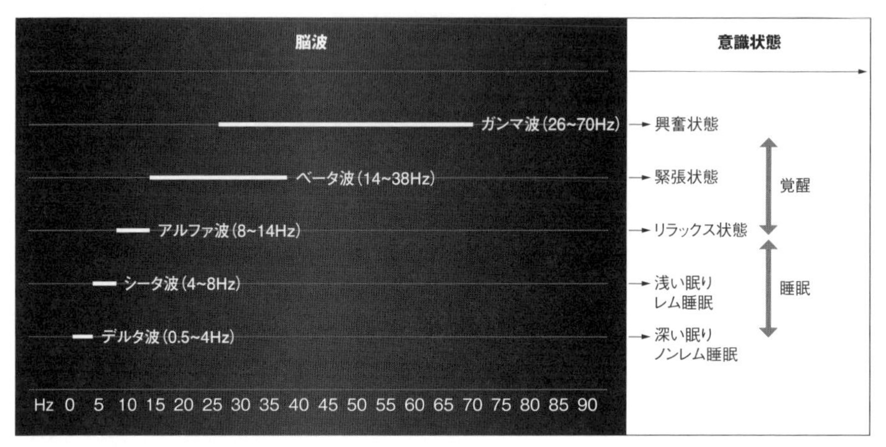

図31-5　脳波と意識状態

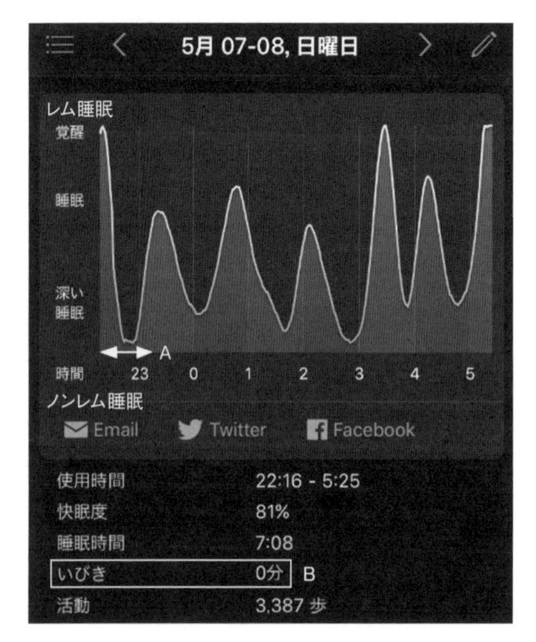

図31-6　筆者のSleep Cycleデータの事例

以前はそうだった。しかし、筆者は現在、生活時間における睡眠の優先順位を最上位に格上げしている。

最初にやったことは、レム睡眠とノンレム睡眠の時間の測定である。スマートフォン向けのアプリケーションソフトに、両者を容易に測れる「Sleep Cycle」がある。筆者は、Sleep CycleとiPhoneのマイクおよび加速度センサーを使って体の動きを検出して睡眠の深さを測定している。

図31-6は、筆者の2017年におけるベストの快睡度のデータである。最近82日間の平均睡眠時間は約5.5時間であり、当時の平均睡眠時間約4．5時間と比較して、約1時間睡眠時間が増加した。時間に加えて睡眠の質も高めることができた。

読者の快眠度の向上に貢献できると信じる2つの点を解説する。

［1］入眠時に90分の深いノンレム睡眠を確保する（図31-6のAの部分）[6)]。

急な仕事が入って睡眠時間が短くなるときでも、これを守っていれば「ボーっとしない覚醒」と「睡眠は脳を回復し浄化する」ことを信じることができる。その主な理由は次の4点である。

(1) 覚醒時のセロトニンの分泌は、入眠時の深いノンレム睡眠を促す。これは、セロトニンを原料にした睡眠ホルモンのメラトニンの分泌を促進させることにつながるからだ（図31-7）。メラトニンは交感神経の活動を弱め、副交感神経を優位にして脳と体をリラックスさせ、良質の休息を取ることができるようになる（11章参照）。

(2) 脳の老廃物除去システム「グリンパティック系」による老廃物（アミロイドβなど）の脳脊髄液による排出が促進される。

(3) 1日に分泌される成長ホルモン（細胞の成長や新陳代謝促進など）の80%が分泌される。

(4) 海馬から大脳皮質に情報が移動し、記憶が保存される。

筆者は、入眠時の90分の深いノンレム睡眠を含む全体で5.5～6.5時間の睡眠から、「気分がすっきりし、今に集中でき、冷静な意思決定ができる覚醒」を得ている。

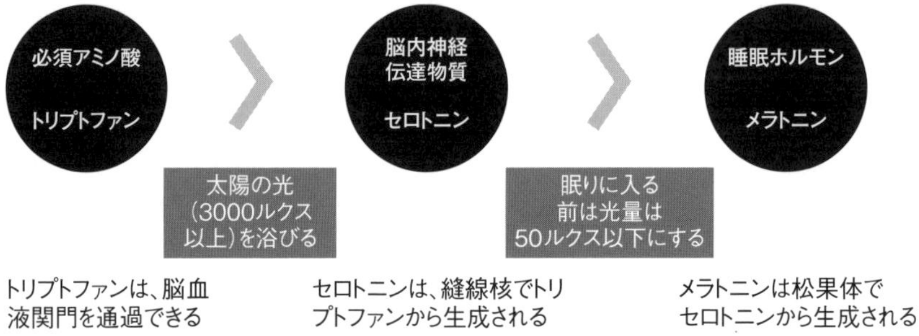

必須アミノ酸
トリプトファン

太陽の光（3000ルクス以上）を浴びる

脳内神経伝達物質
セロトニン

眠りに入る前は光量は50ルクス以下にする

睡眠ホルモン
メラトニン

トリプトファンは、脳血液関門を通過できる

セロトニンは、縫線核でトリプトファンから生成される

メラトニンは松果体でセロトニンから生成される

セロトニン神経を活性化する生活習慣

①必須アミノ酸で、セロトニンの原料となるトリプトファンを摂取すること
- 食材では肉、魚、豆、種子、ナッツ、豆乳や乳製品などに豊富に含まれる

②太陽の光（3000ルクス以上）を浴びること
③リズム運動（歩く、呼吸、そしゃく）をすること
④グルーミング（信頼する心を引き出すオキシトシンの分泌も促進する）
- スキンシップをすること
- 人と人とが近い距離で時間と場を共有すること

⑤見返りのない無償な親切行為
⑥上記①～⑤の行動を持続すること

メラトニン

①メラトニンは、脈拍・体温・血圧などを低下させることで睡眠の準備ができたと体が認識し、睡眠に向かわせる作用がある
②メラトニンは、活性酸素や一酸化炭素など、フリーラジカルと呼ばれる物質を分解・除去する抗酸化作用がある
③メラトニンには、強力な免疫細胞であるNK細胞（ナチュラルキラー細胞）を活性化させる作用がある
④メラトニンを増やすために必要なセロトニンは、トリプトファンという必須アミノ酸が原料となって生成される

図31-7　睡眠ホルモンであるメラトニンの生成経路とその効用

［2］いびきの時間（図31-6のBの部分）が30分以上の場合は、呼吸器の専門医に診てもらうことを強く推奨する（筆者の所見）。重症の場合、放っておけば40%の人が8年以内に死亡するといわれる「睡眠時無呼吸症候群」の可能性がある[*4]。

筆者は今、良質な睡眠が得られるように覚醒時から準備し、「睡眠の質」を高めている。仕事のパフォーマンスを高めるためには、睡眠と覚醒はセットなのである。

＊1 TEDとは、Technology Entertainment Designの略で、それらをテーマにしたスピーチフォーラム（講演会）などが開催されている。TEDは非営利団体によって運営されており、"Ideas Worth Spreading（拡散するにふさわしいアイデア）"という基本コンセプトの下に、スピーカーが規定された短い時間（18分以下）で質の高いプレゼンテーションを行っている。

＊2 脳脊髄液の流れの詳細は次のようになる。頭蓋と脳の間の空間であるくも膜下腔から流入した脳脊髄液は、動脈を取り囲む空洞である動脈周囲腔を動脈の拍動に駆動されて流れる。動脈周囲腔の外壁はアストロサイトというグリア細胞の足突起でできており、脳脊髄液は「水チャネル」(水分子は透過させるが、イオンや他の物質は透過させない)を通って動脈周囲腔からアストロサイトに流れ込む。その後は、アストロサイトからしみ出し、対流によって脳組織を移動する。この間に老廃物であるたんぱく質（アミロイドβなど）を回収した脳脊髄液は、脳から血液を排出する静脈ネットワークを取り囲む静脈周囲腔に流れ込む。静脈は徐々に太くなって頸部まで伸びており、老廃物を含む脳脊髄液は、その周囲を流れて脳の外に排出される。その後、リンパ系を経由して最終的に血管に流れ込み、腎臓でろ過されるか肝臓で処理される。

＊3 具体的には、重要な微小管結合タンパク質の一種であるタウたんぱくが異常リン酸化すると「もつれ」と呼ばれる神経原線維の変化が起こり ニューロンを内側から傷つける。アルツハイマー病の中期では 大規模な炎症や「もつれ」、そしてシナプスでの大混乱や細胞死が起こる。

＊4 10秒以上呼吸が止まることが1時間に5回以上ある場合は、睡眠時無呼吸症候群と診断される可能性が高い。

32章

いかにしてストレスを味方に付けるか

イノベーションはストレスとの闘いの連続である。失敗のリスクは常にあり、たとえ成功するとしてもそれがいつ実現するのかは分からない。ストレスは、イノベーションに挑戦する担当者にとって切実な問題である。本章は、こうしたストレスをいかに味方に付けるかをテーマにしたい。

ストレスを成長の原動力にする

まず、ストレスに関する2つのマインドセットを紹介する。マインドセットとは、経験や教育、先入観などから形成される思考様式および心理状態のこと。暗黙の了解事項や思い込み、価値観、信念などもマインドセットである。

1つ目は、「ストレスは役に立つ」というマインドセットだ。これは、「SSRイノベーション・マネジメント・スパイラルプロセス」(以下、SSRマネジメント)の「Stretch(背伸びした目標の設定)マネジメント」と関係が深い(8章参照)。

ストレスになるような高い目標を部員に設定すると、「満たされている状況では変化を好まない」という人間の本質に反するため部員の心は不安定な状態になる。しかし、ストレスは心身をともに臨戦状態に導くので、うまくコントロールできれば緊張感、注意力、集中力を強化でき、イノベーションが成功する確率を高めてくれる。

2つ目は、「ストレスは害である」というマインドセットだ。30章で紹介したように、「我慢するストレス」に長期間さらされると、とてもイノベーションに挑戦できるような状態ではなくなってしまう*1。

ストレスを味方に付けるために大切なことは、「ストレスは害である」というマインドセットを「ストレスは役に立つ」というマインドセットに転換することである。ストレスを成長の原動力にするのだ。ここからは次の5項目を通して、「ストレスと成長」について解説していく。

[1] 大脳辺縁系にある扁桃体の機能
[2] 動物の進化とストレッサーの種類の推移
[3] Stretchマネジメントに対するストレス反応
[4] ストレス・マインドセットを「害になる」から「役に立つ」に転換
[5] ストレスを「成長するための力」に変えるSSRマネジメント

感情や記憶を左右する扁桃体

まず、[1] の「大脳辺縁系にある扁桃体の機能」から始めたい。扁桃体は、人を含む高等脊椎動物の側頭葉内側の奥、大脳辺縁系の中にあるアーモンド形の領域で、異なる機能的特徴を持った複数の神経核で構成されている[1,2]（図32-1）。以前は恐怖に対してのみ特異的に反応すると考えられていたが、現在では感情や記憶といった、恐怖とは異なる心理機能を左右することも分かっている。ストレッサー（ストレスを与える刺激）に対しても敏感に反応する。

扁桃体では、入力された情報が自分に有益なものか、有害なものか、つまり「好き／嫌い」「快／不快」の判断が無意識下で行われる。そして、「快／不快」などの情報は脳の他の領域などへ出力される[1,2]。そのプロセスをまとめると、以下のようになる。

(1) 味覚や嗅覚、内臓感覚、聴覚、視覚、体性感覚などあらゆる刺激の情報が、扁桃体の外側核に入ってくる。脳幹などから直接的に集まる他、視床核（視覚、聴覚などの特殊核近傍ニューロン群）を介した間接的な入力もある。大脳皮質内で処理された情報や海馬からの情報も入ってくる。
(2) 扁桃体は、受け取った情報を、過去の似た経験と自動的に照合する。
(3) 感情を呼び起こすような情報を受け取ると、扁桃体は無意識のうちに活

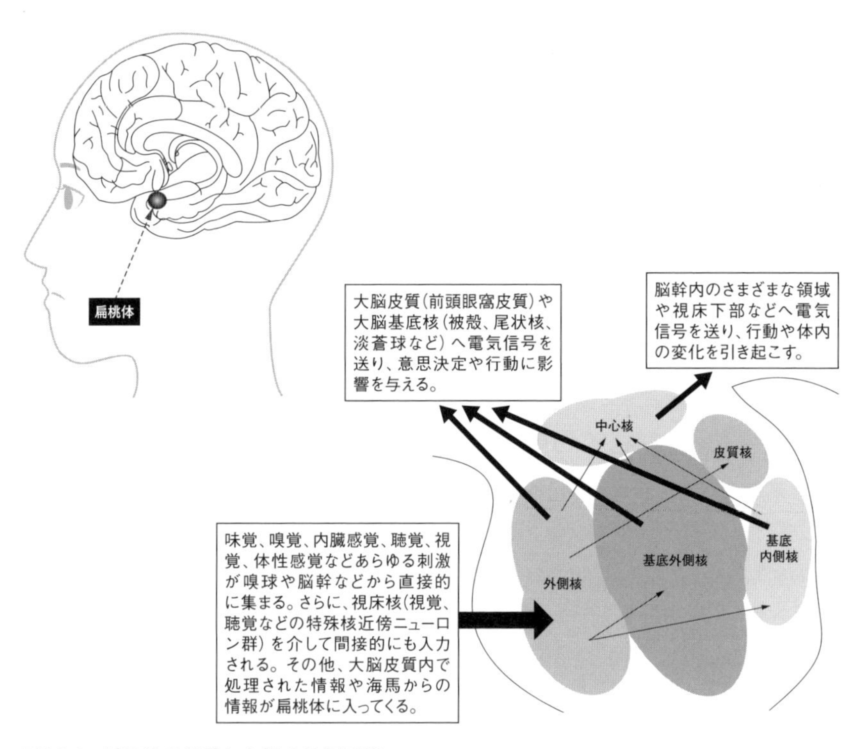

図32-1　扁桃体の位置と内部の神経回路
扁桃体は側頭葉内側の奥にある（左図）。アーモンドのような形をしており、異なる機能的特徴を持った複数の神経核を含んでいる（右図）。細い矢印（→）は、扁桃体の神経核間の主要な電気信号の経路を示す。

性化して電気信号を発生させる。
(4) 発生した電気信号のうち、扁桃体の外側核、基底外側核、基底内側核で発生したものは、大脳皮質（前頭眼窩皮質）や大脳基底核（被殻、尾状核、淡蒼球など）などに送られ、意思決定や行動に影響を与える。
(5) 扁桃体の中心核で発生した電気信号は脳幹内のさまざまな領域や視床下部などに送られ、行動や体内の変化を引き起こす。

こうした扁桃体の働きからストレスの本質が明らかになる。ストレスとは、扁桃体において、「嫌い」もしくは「不快」と無意識下で判断された感情なのである。その感情を生み出すさまざまな刺激が、ストレッサーである。一方、ストレスに対応して脳と身体に起きるのがストレス反応だ。ストレス反応とは、ストレスにうまく対処するために脳と身体による適応といえる。いわば、ストレスに対して、脳と身体が助けてくれている証しなのである。

進化でストレス耐性が強化された

［2］の「動物の進化とストレッサーの種類の推移」を図32-2に示す[3)]。

約5億年前のカンブリア紀に登場した、人類の祖先に当たる脊椎動物の魚は、扁桃体を既に持っていた。当時繁栄していた節足動物との厳しい生存競争が大きな原因だとされる。つまり、命を危険にさらすストレッサーである「天敵や外部環境の変化」に対する「危険感知センサー」として、扁桃体によるストレス反応が起きたと考えられている。扁桃体は、生物とともに進化

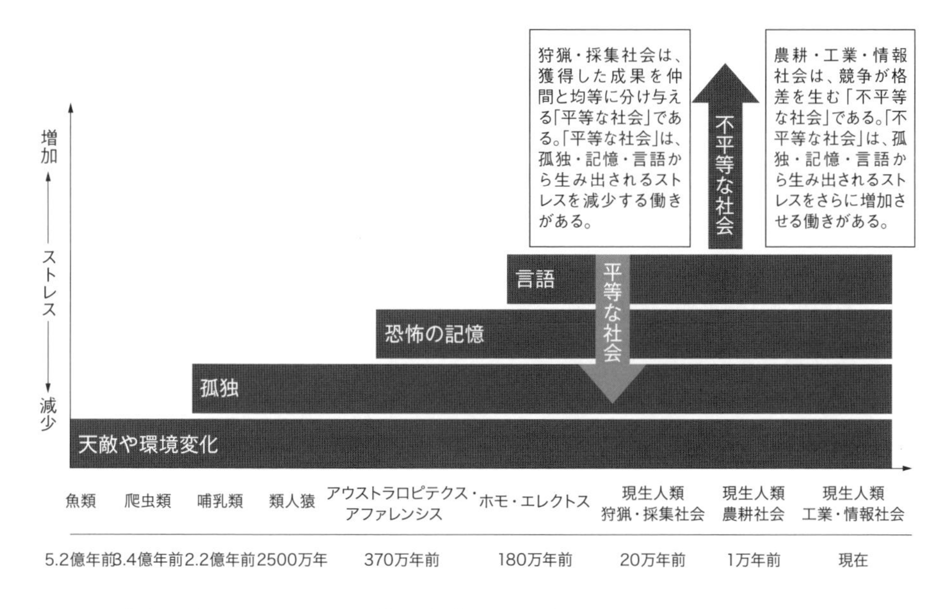

図32-2　動物の進化とストレッサーの種類の推移のイメージ図
「天敵や環境変化」「孤独」「恐怖の記憶」「不平等な社会」は、ストレスを増加するストレッサーである。ところが、「平等な社会」はストレスを減少する働きがある。

を遂げながら2億2000万年前に誕生した哺乳類に引き継がれていく。

哺乳類は、家族や群れなどの仲間との間に、強い絆を持つことで生存競争を圧倒的に優位にした。しかし「孤独」になると、扁桃体が暴走し、うつ病を引き起こすようになった。社会性を持つ現生人類も、孤独は深刻なストレッサーとなる。

現生人類にとっては、「記憶」も大きなストレッサーとなる。卓越した記憶力は、人類が生き延びていく上では有利だが、恐怖や不安が強く記憶にとどまってしまうと、心の傷となり、うつ病やPTSD（心的外傷後ストレス障害）に苦しめられてしまう。

巨大な脳によって発達した「言語」は文明の爆発的な発展を後押しした。半面、他人の恐怖体験が言語を通して伝達され、記憶として脳にとどまって扁桃体を刺激するようになった。加えて、将来の想像を言語化するようになったので、これが新たなストレッサーとなった。

現生人類の初期段階から長く続いた狩猟・採集社会では、獲得した成果を仲間と均等に分け与える「平等な社会」だった。そのような社会ではストレスが少なかっただろう*2。しかし、その後の農耕社会や工業社会、情報社会は、競争が格差を生む「不平等な社会」である。不平等社会は大きなストレスを継続的に受けやすく、うつ病になる人が大幅に増えたと考えられる。うつ病は、強い不安や恐怖などの刺激を受けると扁桃体がストレスを暴発させ、DLPFC（背外側前頭前野）*3が「扁桃体の暴走」を止められなくなると発症する*4。

背伸びした目標に耐えられるか

前述したように、Stretchマネジメントでは背伸びした目標を設定するので、部員は不安を感じる。つまり、ストレッサーとなる。ここでは［3］の「Stretchマネジメントに対するストレス反応」について述べる。

部員は不安を感じるとストレス反応が起き、ストレスホルモンであるアドレナリン、コルチゾール、DHEA（デヒドロエピアンドロステロン）が副腎から分泌される。一方、脳下垂体後葉からは、同じくストレスホルモンであるオキシトシンが分泌される[4, 5]。それぞれのストレスホルモンの作用はとても重要なので図32-3にまとめた。

中でも特に重要なのは、人とのつながりを求めるオキシトシンである。このオキシトシンの分泌に対し、マネジャーが適切に「Support（精神面を含めたさまざまな支援）マネジメント」を行うと、部員は「心の安全地帯」を確保できる。結果、背伸びした目標でも苦にならなくなり、イノベーションに挑戦するやる気が湧いてくる。部員のストレス反応にマネジャーが寄り添

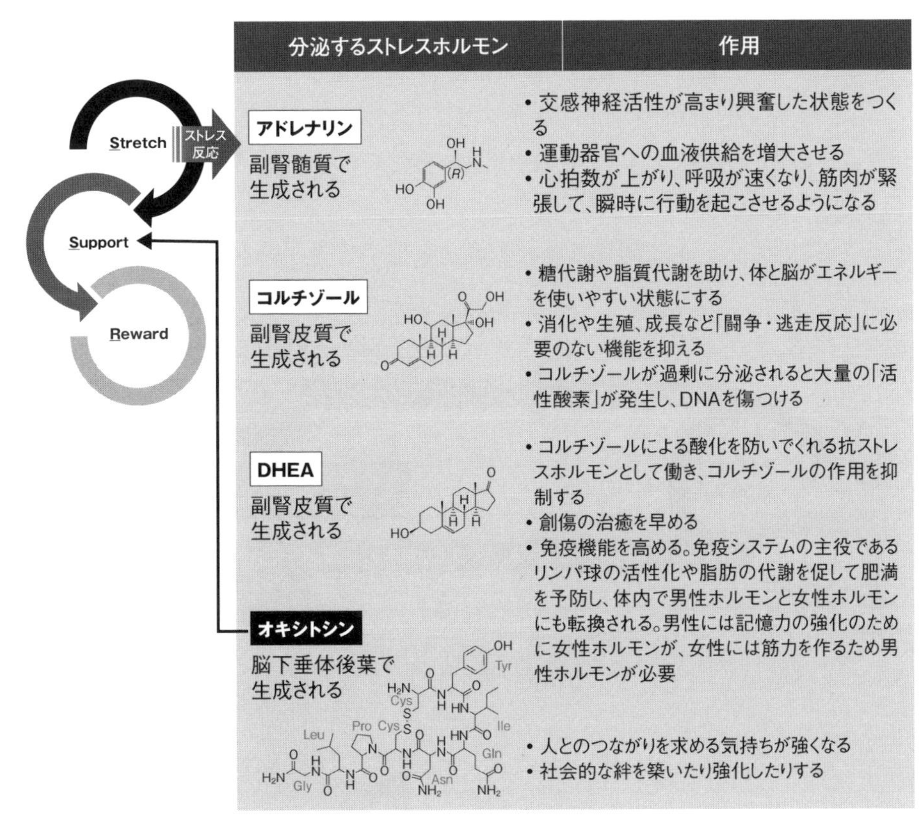

図32-3　Stretchマネジメントとストレスホルモンの分泌との関係

うことで、部員の不安を解消、少なくとも緩和できるのだ。

「害になる」から「役に立つ」へ

部員本人にもできることがある。それが［4］の「ストレス･マインドセットを『害になる』から『役に立つ』に転換」することである（図32-4）。Stretchマネジメントの際、部員が「ストレスは害になる」というマインドセットを持っていると、ストレス反応として分泌されるコルチゾールの分泌量は、DHEAの分泌量より多くなる。すると、免疫機能が低下し、うつ病などのリスクが高まる[4, 5]。

「ストレスは害である」を「ストレスは役に立つ」というマインドセットへ転換できるとDHEAの分泌量が増加し、コルチゾールの分泌量よりも多くなり、免疫機能を向上させうつ病のリスクを低下させる。これは、マインドセットの転換が脳の働きの物理的な変化である「脳の可塑性」を引き起こしたことを意味している。

コルチゾールとDHEAは、唾液から検出でき、コルチゾールに対する

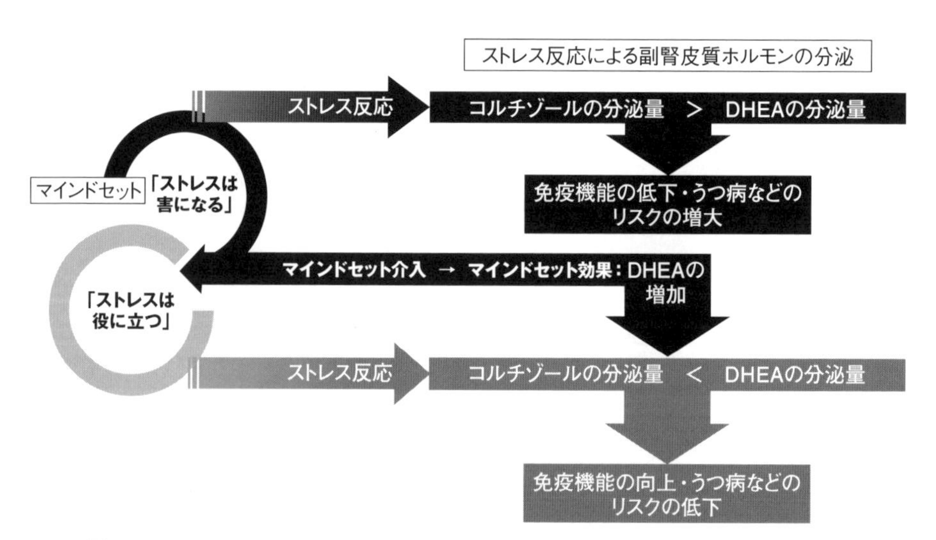

図32-4　マインドセットの転換とストレスホルモンの分泌の変化

DHEAの割合は比較的簡単に分かる。両者の比率はストレス反応の「成長指数」と呼ばれ、成長指数が高い（つまり、DHEAの割合が高い）と、ストレスに負けずに頑張れると考えられている。

ストレスが部員の成長を加速

最後に［5］の「ストレスを『成長するための力』に変えるSSRマネジメント」について説明する（図32-5）。「Stretch」「Support」「Reward（正当な評価と報酬）」の3つのステップから成るSSRマネジメントは、「害になる」から「役に立つ」への転換に大きな効果を発揮するからだ。

マネジャーに指示された目標の達成を目指す段階（Stretch1.0の段階）にいる部員のマインドセットは、「ストレスは害になる」であることが多い。しかし、SSRマネジメントのサイクルを重ねる中で、挑戦の苦しみを乗り越

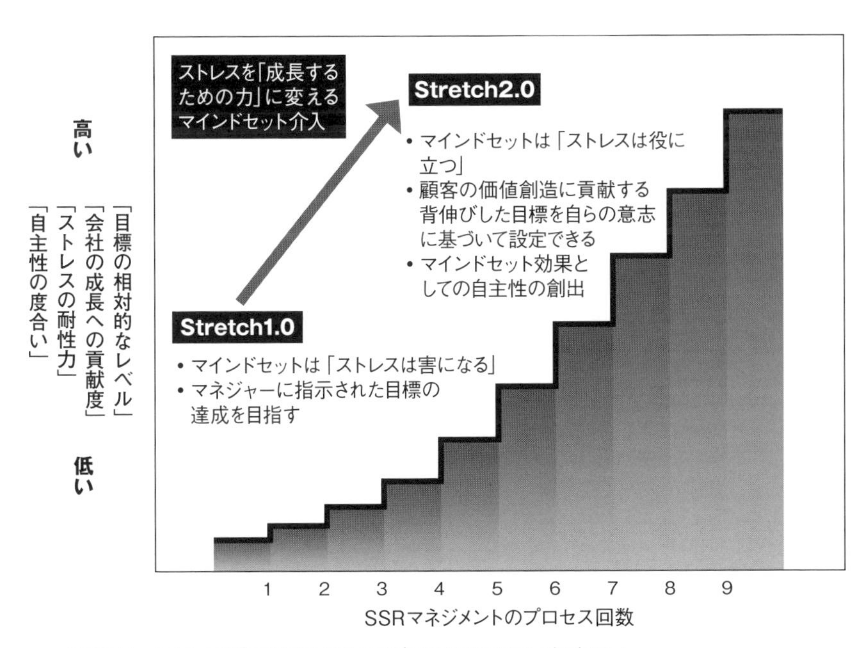

図32-5　ストレスを「成長するための力」に変えるSSRマネジメント

えてやり遂げた「記憶」は、次の挑戦に取り組む勇気を与える。

その結果、部員のストレス耐性が高くなってストレスが低減し、より高いレベルの目標を設定できるようになる（8章参照）。マネジャーに指示された目標の達成を目指す「Stretch1.0」レベルから、大きなストレスがかかる高い目標をものともせず、顧客の価値創造に貢献する背伸びした目標を自らの意志に基づいて設定できる「Stretch2.0」のレベルに徐々に移行していくのだ。

この移行過程は、マインドセットが「ストレスは害になる」から「ストレスは役に立つ」に転換されていく過程でもある。マインドセットが転換すると「脳の可塑性」が発揮され、ストレスに立ち向かえるような身体を実現するストレスホルモンの分泌の変化につながる。SSRマネジメントは、部員のストレス耐性を鍛えて自主性を創出できるため、ストレスを「成長するための力」に変化させるマネジメント手法であるといえる。

＊1 「我慢するストレス」に長期間さらされると、副腎皮質からコルチゾールが過剰に分泌される。その結果、「免疫力が低下して風邪などの感染症にかかりやすくなる」「記憶力や学習効果が低下する」「副腎疲労を引き起こす」などの影響が出てくる。特に最後の副腎疲労は、疲れやすい、やる気が出ない、集中力や判断力が低下する、といった症状を伴うことが多いので、イノベーションにとって深刻な阻害要因となる。

＊2 情報通信研究機構（NICT）の脳情報通信融合研究センターの春野雅彦氏は次のような実験を行った。被験者に対し、自分と相手が受け取るさまざまな金額の組み合わせを示し、その時の被験者の脳の働きをfMRI（機能的磁気共鳴画像装置）を用いて調べた。その結果、自分が得をする場合と損をする場合には扁桃体の活動量は増加した。ところが、ほぼ公平な場合は、扁桃体の活動量はほとんど変化しなかったと報告している[3)]。

＊3 **DLPFC（背外側前頭前野）** 脳の前頭前野にある。理性・意欲・論理的思考を司り、前向きな考えを生み出すとともに扁桃体の暴走にブレーキをかける。

＊4 うつ病の発症には扁桃体が深く関係している。具体的には次のようなプロセスが考えられている。(1) 扁桃体からの信号が、脳から副腎（ストレスホルモンを分泌させる器官）に伝わる。(2) 副腎がストレスホルモンを分泌し、血管を経由して脳へ到達。(3) ストレスホルモンが、脳の神経細胞のBDNF（脳由来神経栄養因子）を減少させる。BDNFは、「神経細胞の新生を促す」「今ある神経細胞を維持する」「脳内の神経ネットワークを強化する」「神経伝達物質（セロトニンなど）の合成を促進する」などの役割を担っている。(4) 神経細胞の樹状突起の萎縮やシナプスの減少が起きる（脳の萎縮）。(5) 脳の情報伝達に障害が出る。(1) ～ (5) のプロセスが繰り返されると、うつ病がさらに悪化すると考えられている。

33章

ただならぬ“ぼんやり”が斬新なアイデアを生む

イノベーションには多様なアイデアが必要となる。アイデアは斬新であれば斬新であるほど効果的だ。こうしたアイデアを全く努力なしで、まるで「神の啓示」を受けるように手に入れることができたら、どれほどありがたいか。こんな願望は誰でも持っていることだろう。本章はアイデア創出がテーマである。

まず用語を説明したい。アイデアの創出では「がんばり」と「ぼんやり」が鍵になる。ここでは、「がんばり」とは意識的な脳の活動、「ぼんやり」とは無意識的な脳の活動と定義する。本章で紹介するアイデアの創出法は、進化の成果として我々の脳に備わっている無意識下の働きを活用した「ぼんやり」効果の活用が主題となる。それを下記の項目に沿って考察していく。

[1]「ぼんやり」時に働くデフォルト・モード・ネットワーク（Default Mode Network、以下DMN）の発見
[2] 意識下の「がんばり」効果と記憶のメカニズム
[3] 無意識下の「ぼんやり」効果とひらめきのメカニズム
[4] GBH（Ganbari、Bonyari、Hirameki）サイクルによる「ひらめき」の設計

「ぼんやり」効果を脳科学が発見

まず、[1] の「『ぼんやり』しているときに働くDMNの発見」について見ていく。優れたアイデアが生まれやすい場所を表す「三上（さんじょう）」「3B」という言葉がある。

三上は、11世紀の中国の学者で政治家、詩人であった欧陽脩（おうようしゅう）氏（1007～

1072年）が指摘したもの。その内容は、何かの上にいるときにアイデアが浮かびやすく、中でも「馬上」「枕上（ちんじょう）」「厠上（しじょう）」の三上で特にアイデアが出てきやすい、という内容である。現在の環境で言い換えると、「電車やクルマなどの乗り物で移動しているとき」「布団やベッド、ソファなどで横になっているとき」「トイレに入っているとき」となる。一方、ゲシュタルト心理学の創始者のWolfgang Kohler氏（1887～1967年）は、「偉大な発見が生まれやすい場所は『Bus』『Bed』『Bath』の3Bである」と指摘している。

「三上」と「3B」に共通するのは、1人でぼんやりできる時空で、アイデアが生まれやすいことにある。しかしこれまで、こうした主張に科学的な根拠はなかった。

脳の重さは、体重の約2％にしかすぎないが、人体の全消費エネルギーの20％を消費している[1)]。そのうち意識的な「がんばり」活動で消費するエネルギーは脳全体の消費エネルギーのわずか5％である。一方、無意識的な「ぼんやり」活動は脳全体の消費エネルギーの75％を使っている（図33-1）。

最近まで「脳は、『話をする』『本を読む』などの意識的な活動のときのみに働き、ぼんやりしているときは休んでいる」と考えられてきた。ところが、米ワシントン大学医学部で放射線科と神経科の教授を務めるMarcus E. Raichle氏が画期的な論文を発表し、考え方が大きく変わった。

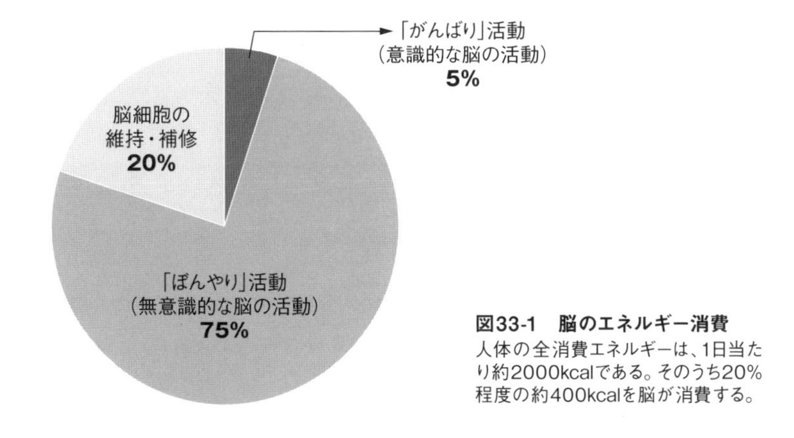

図33-1　脳のエネルギー消費
人体の全消費エネルギーは、1日当たり約2000kcalである。そのうち20%程度の約400kcalを脳が消費する。

同氏は、長年にわたりPET（陽電子放射断層撮影装置）とfMRI（機能的磁気共鳴画像装置）を用いて人の脳機能を研究してきた。そして2010年、脳活動の画像解析の結果から、ぼんやりしているときの消費エネルギーががんばり時の20倍に達する神経細胞ネットワークを発見した。それがDMNである[2)]。

DMNは、主として後部帯状回（PCC）と前頭葉内側部（MPFC）に構成されるネットワークで，脳内のさまざまな神経活動を同調させる働きがある(図33-2)。そして、「自己認識」「見当識（自分がどこで何をしているかを認識すること)」「記憶」の3つの働きがあることが分かってきた。この発見を基盤として、「ぼんやり」すると、DMNが活性化して無意識下で情報が整理され､新しいアイデアを生み出す環境が整うと考えられるようになった。

「がんばり」が「ひらめき」を準備する

ここからは［2］の「意識下の『がんばり』効果と記憶のメカニズム」について見る。ただ「ぼんやり」しているだけではアイデアが湧いてこない。これは既に経験から学んでいるが､脳科学によっても裏付けられている。「アイデアの創出は、神経細胞のネットワークに記憶されている情報の組み合わ

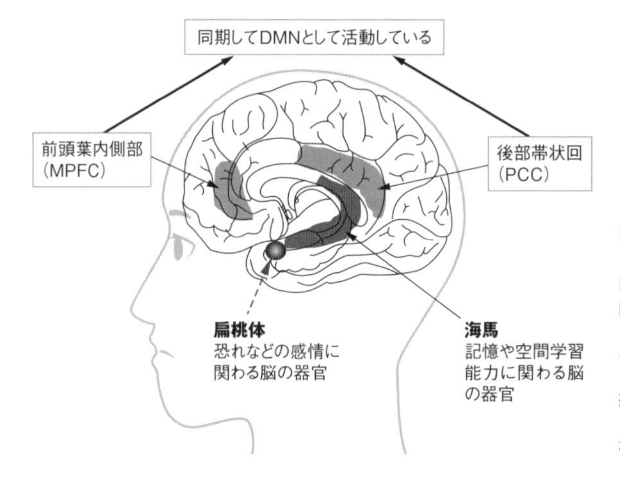

図33-2　デフォルト・モード・ネットワーク（Default Mode Network：DMN)
DMNとは、後部帯状回（PCC）と前頭葉内側部（MPFC）の脳領域で構成されるネットワークで、脳内のさまざまな神経活動を同調させる働きがある。海馬もDMNに含まれる場合がある。

せによって生まれる。記憶なくしてアイデアが生まれることはない」ことが分かっている。つまり、「がんばり」活動の役割とは、アイデアの種となる情報を大量に仕入れることによって、「ひらめき」を起きやすくすることなのだ。

アイデアの種になる情報は、記憶のメカニズムで処理される。具体的には「覚える（獲得、記銘）」→「記憶を固定する（固定）」→「記憶をためておく（保持、貯蔵）」→「思い出す（再生、想起）」→「忘れる（消去）」というプロセスである。これらのうち、「覚える（獲得、記銘）」→「記憶を固定する（固定）」は海馬で行われる。

海馬はタツノオトシゴの尾のような細長い構造（直径は1cm、長さは10cm）で、耳の奥あたりに左右1つずつある（図33-2）。大脳皮質（側頭葉）と海馬の間では、歯状回や海馬支脚を経由して情報（電気信号）がやり取りされる（図33-3）[3)、*1]。

記憶をつくる海馬は、アイデアの創出で重要な役割を担っている。情報の整理力と記憶力を高めるには、海馬においてθ波（4～8Hzの脳波）を発生

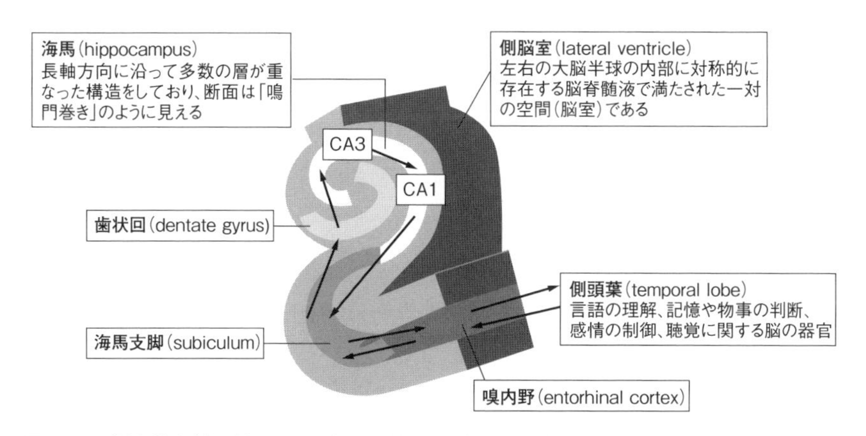

図33-3　側頭葉内側の断面で見る海馬の構造と、海馬での情報の流れ
この断面は、体を前後に分けるように切ったもの。専門用語で前額断という。大脳皮質(側頭葉)からの情報(電気信号)は、嗅内野→海馬支脚→歯状回→(海馬の)CA3野→（海馬の)CA1野→嗅内野という順に流れ、大脳皮質(側頭葉)へと出力される。海馬に入ってきた感覚情報は、CA3野やCA1野にある約1000万個の錐体細胞で整理(統合、削除)され、自分の経験や出来事に関連した記憶(エピソード記憶)がつくられる。

させることが肝要であることが分かっている[3]。そのための具体的な方法も解明されつつある。

例えば、θ波を発生させる前段階として、好奇心と探究心に基づいて意識的に行動し、集中した際に出るβ波（14～38Hzの脳波）や、リラックスしたときに出るα波（8～14Hzの脳波）を多く発生させるとよい。その直後の「ぼんやり」したときにθ波が出てアイデアが生まれやすくなる。さらに覚醒時に意識的な学習を集中して行い、それに続く睡眠時のノンレム睡眠（波長0.5～4Hzのδ波が発生）後に、レム睡眠（θ波が発生）の状態をつくることができれば、アイデアが生まれやすくなる。

潜在記憶を顕在化する

ここからは、［3］の「無意識下の『ぼんやり』効果とひらめきのメカニズム」を紹介していきたい。

海馬はまるで、料理人が食材をさばきながら手際よく料理を作るように、運ばれてきた情報を自在に組み合わせて記憶を構成していく。潜在意識（無意識）に記憶された情報（潜在記憶*2）が、何らかのきっかけで顕在意識（意識）に移行したとき、我々はひらめいたと感じるのである。では、どのようなきっかけで顕在化が起こるのだろうか。ひらめきについて、技術と課題のつながりから考察する[3]。

図33-4は、ぼんやりと課題を観察したときに技術的なひらめきが起こるメカニズムを模式化したものだ。次の3つのステップを考える。

ステップ1：観察している課題を解決できそうな技術が潜在意識に記憶されている。
ステップ2：「ぼんやり」と課題を観察すると、無意識下で記憶していた技術と結び付く。
ステップ3：課題を解決できそうな、潜在意識で記憶していた技術が顕在化する。

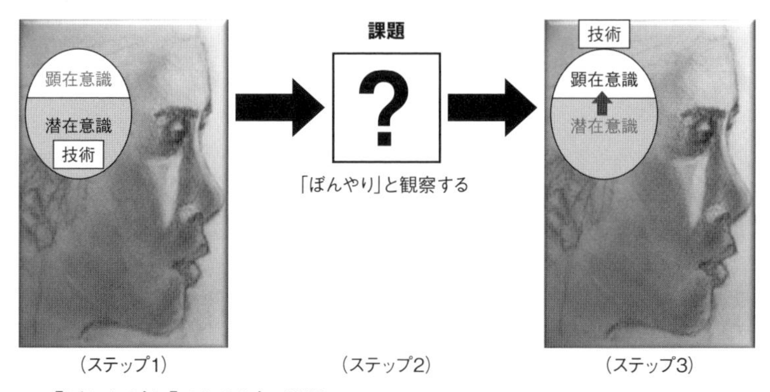

図33-4　「ぼんやり」と「ひらめき」の関係
課題の観察により、潜在していた技術の記憶が顕在化した結果、技術と課題がつながる（ひらめく）。いくら課題を観察しても、技術が潜在意識に記憶されていない場合は、「ひらめき」は生まれない。

つまり、「ぼんやり」と無意識に観察することが、無意識（潜在意識）にある技術の記憶とのつながりに気づくきっかけとなるのだ。これは、技術と課題が逆の場合でも同様なことが起こり得る。「ぼんやり」と技術を観察していたら、潜在していた課題が顕在化することもある。

さらに詳しく「ひらめき」のメカニズムを見ていこう。図33-5は、記憶が定着している神経細胞と「ひらめき」との関係を示すイメージだ。図中の黒丸（●）は、「がんばり」効果によって記憶が定着した神経細胞を示し、矢印（→）は、「ぼんやり」効果によって形成される神経細胞間の「つながり」を示す。1から9まで順序良く●がつながると「ひらめき」が生まれると考える。

図33-5のケースAでは「ひらめき」を生む記憶が定着している神経細胞は9つと十分だが、ぼんやり効果による神経細胞の「つながり」が不十分だ。これでは「ひらめき」が生まれない。一方、ケースBでは、それぞれの神経細胞間に「つながり」が形成されているが、記憶が定着している神経細胞の「5」が欠けている。この場合も、「ひらめき」が生まれない。

そしてケースCでは「ひらめき」を生む記憶が定着している神経細胞が9つある上で、「のんびり」効果が十分発揮されて神経細胞の「つながり」も形成されている。これが「ひらめき」が生まれる状態だ。

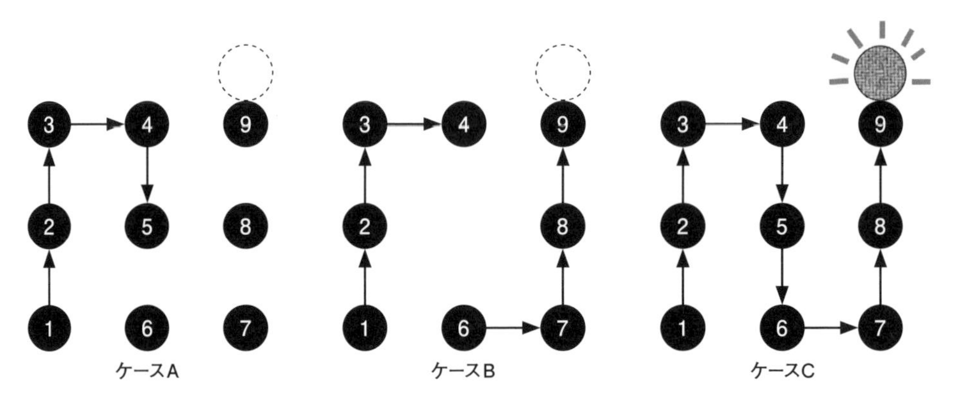

図33-5 「ひらめき」と記憶が定着しているニューロンとの関係〔イメージ図〕
●は、「がんばり効果」による「記憶」が定着したニューロンを示し、→は「ぼんやり効果」によるニューロン間の「つながり」を示す。1番から9番まで順序良く●がつながると「ひらめき」が生まれると考える。ケースAでは「がんばり効果」から無意識下の記憶が十分定着しているが「ぼんやり」がないためつながりが不十分。ケースBでは「がんばり」が足らないために無意識下の記憶が不足している。これらでは「ひらめき」の想起が起こる可能性は低いと考える。ケースCのように、「がんばり効果」から無意識下の記憶が十分定着しており、かつ、「ぼんやり」が適切に設定されている場合は、「ひらめき」の想起が起こる可能性は高い。

「がんばってぼんやり」＝「ひらめく」

最後に無意識下の働きを活用した「ぼんやり効果」によるアイデア創出法を提案する。それが［4］の「GBH（Ganbari、Bonyari、Hirameki）サイクルによる『ひらめき』の設計」である（図33-6)。GBHのうち、Gとは「がんばり（Ganbari）プロセス」、Bとは「ぼんやり（Bonyari）プロセス」、そしてHとは「ひらめき（Hirameki）プロセス」である。

GBHサイクルでは、「がんばり」、すなわち意識下での集中した脳への入力活動を行うGプロセス（脳波の状態はβ波とα波。この状態だと無意識下に記憶を定着させやすい)、その後に「ぼんやり」、すなわち覚醒時のDMNの基底状態（活性化している）および睡眠時のレム睡眠のBプロセス（脳波の状態はθ波。記憶した情報を担う神経細胞の間に無意識下で新しいつながりをつくる）を意図的に設定し、「ひらめき」が生まれるHプロセスを待つ。つまり、GBHサイクルとは、Gプロセス、Bプロセス、Hプロセスをスムーズに回すシステムのことである。

Hプロセスの「ひらめき」は、偶然に頼る部分が大きいので、ひらめいた

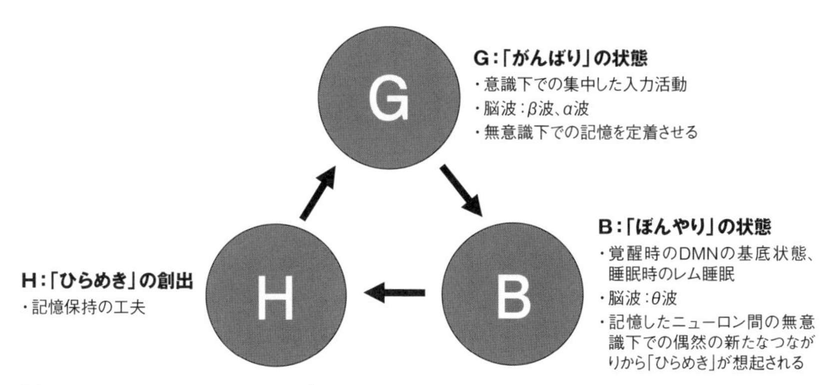

図33-6　GBHサイクルのイメージ
「がんばり(G、Ganbari)」「ぼんやり(B、Bonyari)」「ひらめき(H、Hirameki)」から成るGBHサイクルは、「がんばり」の状態の後に「ぼんやり」の状態を設定するプロセスから「ひらめき」を創出させる方法である。

内容を忘れやすい。従って、メモを取るなど記憶保持の工夫が必要になる。

「がんばり」のGプロセスのみで「ぼんやり」のBプロセスが欠如すると、せっかく手に入れたアイデアの種がうまくつながらないので、「ひらめき」は生まれにくい。それ故、Gプロセスの後にBプロセスを意識的に設定することが、「ひらめき」を導く秘訣となる。

しかし、当初はBプロセスを設定しても、なかなか「ひらめき」のきっかけになるθ波が出てこない。GBHサイクルの実行時には、「がんばらない時間（一休み）」に、いかにして本当にがんばらないようにできるかが課題となる。慣れないうちは、Bプロセスでθ波が出にくいが、継続することでθ波が出るようになる。多忙な仕事中の「一休み」に罪悪感があるかもしれないが、勇気をもって実行して「ひらめき」を引き寄せようではないか。

＊1　歯状回の神経細胞は小さく丸い粒状の形をした顆粒細胞で、増殖する能力を持っている。3～4カ月で全ての顆粒細胞が新しい神経細胞に入れ替わる。増殖を高める因子は、硬いものをしっかりかんで食べること、適度に身体を動かすこと、などだ。一方、増殖を低下させる因子は、過度の飲酒、心身へのストレスなどである。

＊2　**潜在記憶と顕在記憶**　潜在記憶は、自分では思い出そうとする意志がないのに無意識的に思い出す記憶のことである。一方、顕在記憶は、自分で思い出そうとする意思を持って、思い出す記憶のことだ。

34章

「そんな仕事やりたくない」とは言えない

独創的な製品やサービス、技術などを世に送り出すには、「やりたいことだけをやる」というわけにはいかない。気が進まないこと、もっと言えばやりたくないことであっても、気を入れて取り組まなければならない。

例えば、いつ成功するか分からない実験を地道に続ける、利害が異なる他の部署と粘り強く交渉する、いかんともしがたい上司を説得する、仕事に真剣に取り組まない部員を厳しく指導する、といったことがあるだろう。こうした「やりたくないことをやる」際の葛藤を、いかに乗り越えていくかが今回のテーマである。

無意識下の欲求を制御する

「やりたくないことをやる」際の葛藤を乗り越える強力な足掛かりは、論理的思考である。「やりたくない」という感情や欲求は無意識のうちに生じてくるので、「なぜやるべきなのか」「やらない場合、どんな結果を招くか」などを理詰めで考えて、やりたくないという感情を自己コントロールする必要がある。

しかし、これは「言うは易く行うは難し」だ。感情や欲求は人間の本性の奥底から湧き出てくるものなので、頭で考えた論理で抑え込むことは極めて難しい（8章参照）。ではどうすればいいのか。脳科学の成果を活用しながら探りたいと思う。具体的には、以下の5項目に沿って考察していく。

[1]「欲求」×「選択」からなる「行動の４つの窓」

[2] 快楽（報酬）中枢の発見

[3] ドーパミンの放出が作り出す行動パターン

[4] 副交感神経優位のゆったり呼吸法

[5] マインドセットの転換による自己コントロール

「やりたい」「やりたくない」を分類

「やりたい」か「やりたくない」かは欲求によって決まる。一方、「やるべきである」か「やるべきではない」かは選択の問題である。ここでポイントとなるのは、選択すべき行動を積極的に行える状態（アクセル）なのか、抑止的な状態（ブレーキ）なのかだ（図34-1）。この2つの状態を、欲求と選択をそれぞれ横軸、縦軸として分類したものが「行動の4つの窓」である（図34-2）。

「やるべきである」ことと「やりたい」ことが一致する場合（Aの窓）、もしくは、「やるべきでない」ことと「やりたくない」ことが一致する場合（Cの窓）では、正しい方向の選択すべき行動が促進され、アクセルが踏まれている。これはイノベーションの成功確率を高めてくれるので、そのまま自然な気持ちに従えばいい。

問題は次のような場合である。Bの窓の「やるべきである」ことを「やりたくない」、Dの窓の「やるべきではない」ことを「やりたい」というケースだ。Bの窓では「やるべきことをやる」、Dの窓では「やるべきではない（やっ

図34-1　アクセルとブレーキ
論理的に選択すべき行動を積極的に取れる状態を「アクセル」、抑止的になった状態を「ブレーキ」とする。

イラスト：大久保孝俊

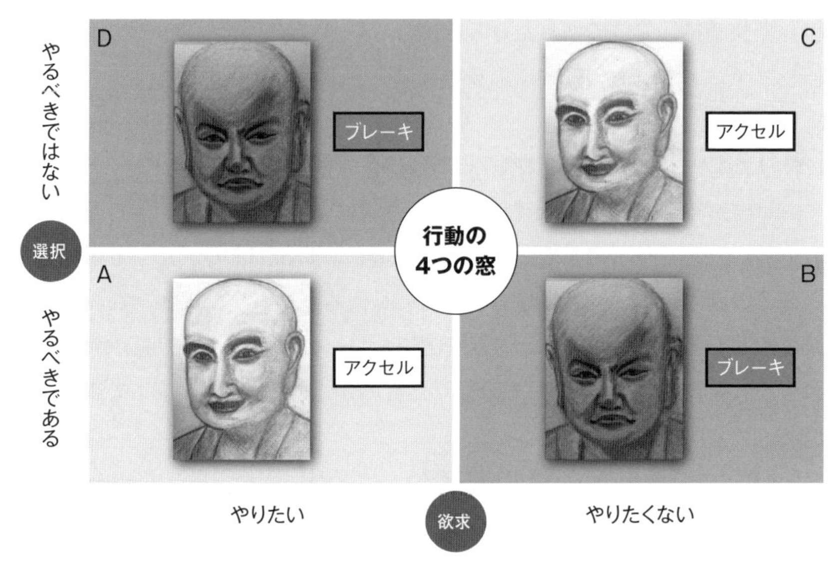

図34-2 「欲求」と「選択」からなる「行動の4つの窓」
「やりたい」「やりたくない」という欲求と、「やるべきである」「やるべきではない」という選択の2軸で分類した「行動の4つの窓」。欲求と選択の方向が一致するAの窓とCの窓は、自然と行動が促進される（アクセルを踏み込める）が、これらが一致しないBの窓とDの窓は「分かっちゃいるけどやれない（やってしまう）」という状態で、選択すべき行動にブレーキがかかる。

てはいけない）ことはやらない」という行動に対してブレーキが踏まれている。これは時間の無駄であるだけでなく、イノベーションの実現を阻害してしまう。無意識にブレーキを踏んでいる状態から意識してアクセルを吹かし、こうした状況を打破する必要がある。

ここで活用できるのが、我々の脳の中にある快楽（報酬）中枢である。快楽（報酬）中枢は、感情などをつかさどる大脳辺縁系（古い脳）の側坐核にある神経系である。この側坐核で神経伝達物質であるドーパミンの放出が増えると快楽（報酬）中枢が活性化し、行動力が高まる。

例えば、「やるべきだが、やりたくない」というBの窓では、「それをやる」ときに、快楽（報酬）中枢を活性化させればよい。一方の「やるべきではないが、やりたい」というDの窓では、逆に「やらない」ときに、快楽（報酬）中枢を活性化させればよい。その方法は後述するが、準備として、まず［2］

の「快楽（報酬）中枢の発見」の経緯を簡単に紹介する。

脳には快楽を感じる部位がある

快楽（報酬）中枢の発見は偶然だった。1950年代、マギル大学（カナダ）のJames Olds氏とPete Milner氏は、脳がいかにして睡眠と覚醒をコントロールしているかを解明するため、ラットを使った実験を進めていた。ラットの脳に電極を埋め込み、ラットがスイッチを押すと電極に電流が流れる仕掛けだ（図34-3）[1、3]。

ところが、ある部位（内側前脳束）に電極を埋め込むと、ラットは食べ物に見向きもしなくなり、スイッチを押し続けるようになった。その回数は1時間当たり2000回。それが何と24時間続いた。これにより、電流が流れてその部位の神経系が活性化すれば、ラットが快楽を感じることが示唆された。

さらに1972年、米テュレーン大学の精神医学者Robert Heath氏が人間にも快楽（報酬）中枢があることを見いだした[2、3]。側坐核に電極を埋め込ま

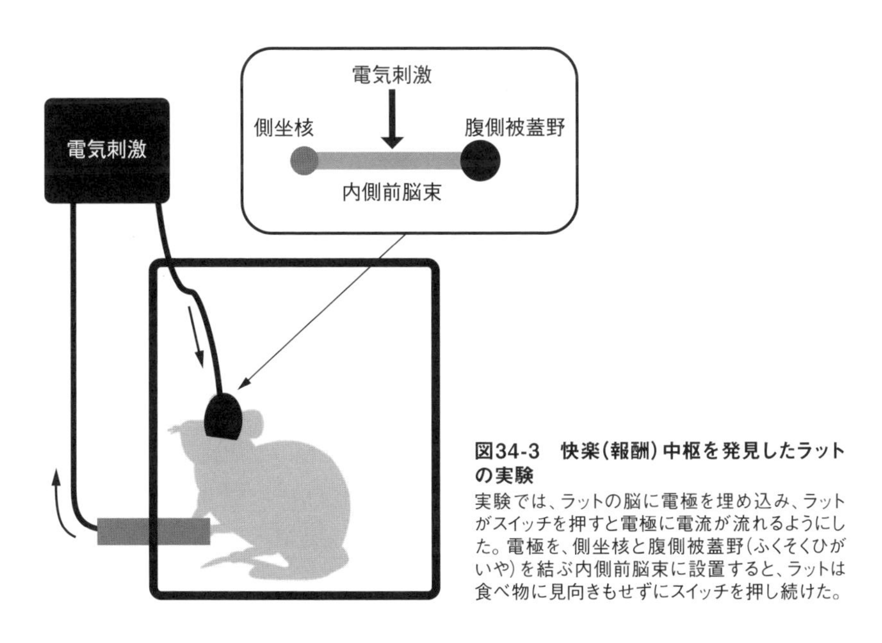

図34-3　快楽（報酬）中枢を発見したラットの実験
実験では、ラットの脳に電極を埋め込み、ラットがスイッチを押すと電極に電流が流れるようにした。電極を、側坐核と腹側被蓋野（ふくそくひがいや）を結ぶ内側前脳束に設置すると、ラットは食べ物に見向きもせずにスイッチを押し続けた。

れた被験者は、電流が流れると「気持ち良くて暖かい感じがする」と話し、スイッチを3時間で1500回以上も押した。そして、セッション終了の際には強い不満を示した。その後、ドーパミンが快楽を引き起こす物質であることが分かってきた。

脳は「報酬の予感」に敏感に反応

次に、[3]の「ドーパミンの放出が作り出す行動パターン」を解説する。米スタンフォード大学の神経科学者Brian Knutson氏は、「ドーパミンには報酬を期待させる作用があるが、報酬を得たという実感はもたらさない」という内容の論文を2001年に発表した[4)]。これは、「報酬の予感」を感じると、報酬を取り損ねないように積極的に行動する性質が、脳に備わっていることを意味する。

具体的には、「報酬の予感」があると、ドーパミンが放出されて快楽（報酬）中枢を活性化し、わくわく感とやる気が高まって積極的な行動を促す。ここで注目すべき点は、快楽（報酬）中枢の活性化の鍵が、「報酬を得た喜び」ではなく、「報酬の期待」であることだ。その期待を実現するために具体的な行動を促すのである。

ドーパミンは、腹側被蓋野に存在する神経細胞によって放出され、側坐核・扁桃体などの大脳辺縁系に影響を及ぼしつつ、前頭前野にも影響を与える（図34-4）。ある経験がドーパミンを放出させ、その結果、快楽（報酬）中枢が活性化すると、その経験は快いものと感じられる。このような快い感覚を手掛かりとして記憶が形成され、経験とポジティブな感情と結びつく。

ドーパミンは、気分の高揚や行動力の強化といったプラスの効果が大きいが、負の側面も持っている。ドーパミンが急増すると、目先の快楽がやたらと魅力的に見え、将来どのような影響が出るかといった中長期的なことが考えられなくなる。加えて、目新しいものや変化するものに引き付けられて、重要であっても目立たないことにはあまり反応しなくなる。

こうした負の側面を抑え込むのが、[4]の「副交感神経優位のゆったり呼

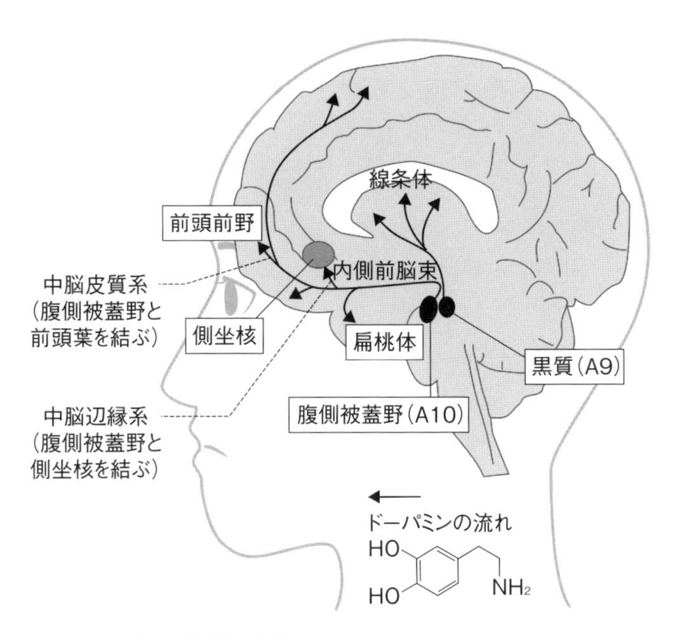

図34-4 ドーパミン神経系の概略
矢印で示したのがドーパミン神経系（別名A10神経系）で、快楽（報酬）中枢を構成している。感情を担う大脳辺縁系（側座核、扁桃体）から、論理的思考や言語を担う前頭前野まで広範囲にわたって影響を及ぼす。

吸法」だ。この呼吸法は、無意識に起こる欲求を自己認識した上で自己コントロールする効果を備えている。

ゆったり呼吸法が制御力を強化

快楽（報酬）中枢の“暴走”を抑えるのは、制御中枢である前頭前野である。前頭前野が活性化するのは、自律神経*のうち、副交感神経が優位になったときであることが分かっている[4)]。従って快楽（報酬）中枢の“暴走”を抑え、副交感神経の優位をつくるゆったり呼吸法を身に付ける必要がある。下記にその呼吸法のやり方をまとめた。

(1) 背筋を伸ばす（座っていても立っていてもよい）。

(2) ゆっくり息を吐く。始めは口をすぼめて息を吐き、慣れてきたら鼻から息を吐く。その際、へその下側を意識して力を入れる。これで副交感神経が活発化する。

(3) 息を吐き切ったら鼻から息を吸う（下腹部の力を抜くと自然に息が入ってくる）。この際、たっぷりと吸い込むようにする。これでも交感神経が活発化する。

(4)「息を吐く時間」を「息を吸う時間」の2倍ぐらい長くする。こうした呼吸を、少なくとも5分間繰り返す。

図34-5は、ストレススキャン（本社東京）が提供するスマートフォン向けアプリケーションソフト「ストレススキャン」で測定した、筆者自身のストレス指数である。ストレススキャンは、指先の色の変化をカメラで読み取

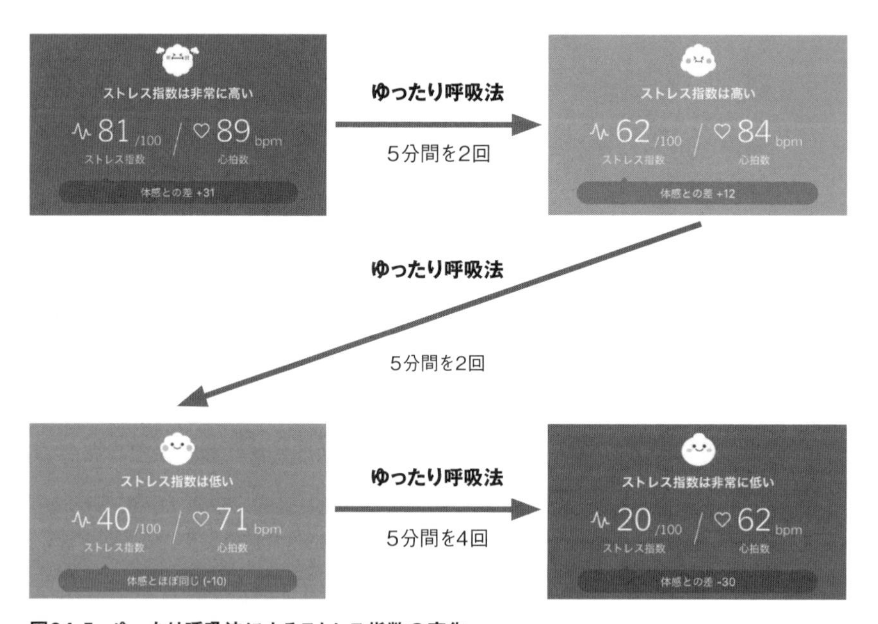

図34-5　ゆったり呼吸法によるストレス指数の変化
ゆったり呼吸法を実践すると、ストレス指数を大幅に下げることができる。このデータは、実際に筆者が自身について、「ストレススキャン」で測定したもの。

ることで心拍を測定し、その変化からストレスを数値化する。

あまり知られていないが、心拍間隔（心臓の拍動の間隔）は、微妙に変動している。これを「心拍変動」という（図34-6）。自律神経が正常に機能している場合、呼吸と同期したゆらぎと血圧と同期したゆらぎが心拍に影響を与え、心拍変動として観察される。つまり、心拍変動があるのが正常なのである。

反対に自律神経機能が何らかの異常がある場合は、心拍変動が消失する。従って、心拍変動は、心臓の自律神経の緊張状態の指標となる。心拍変動が小さい場合は交感神経が優位、心拍変動が大きいと副交感神経が優位であることが分かる。

ストレススキャンは、この心拍変動を測定することで、1から100までのストレス指数を算出する。1に近いほどよりリラックスした状態、100に近いほどよりストレスを感じた状態であることを示す。ゆったり呼吸法を繰り返し実践すると、ストレス指数が大きく低下することを筆者は経験している（図34-5）。創造的な仕事をする前には少なくとも「ストレスが低い状態」をつくり出すことを心掛けている。

ストレスが低い状態では、前頭前野による自己コントロールが有効に機能

●心臓の拍動

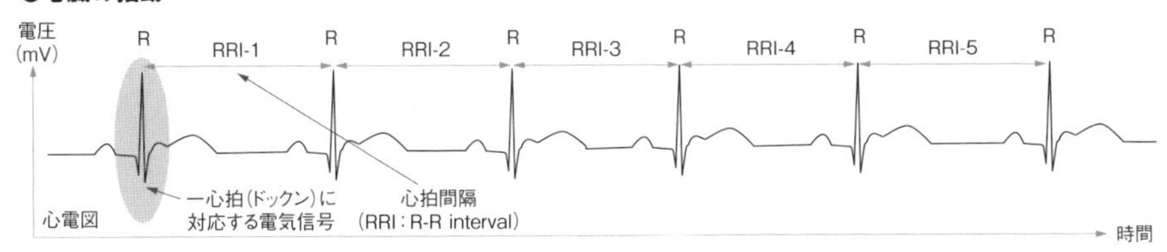

●心拍変動

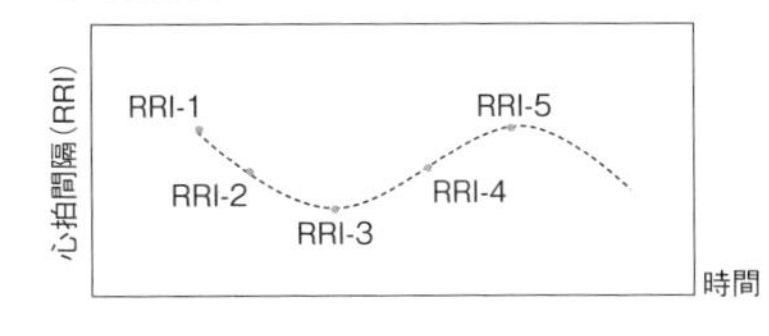

図34-6　心臓の拍動と心拍変動
心拍間隔（心臓の拍動の間隔）は、微妙に変動している。これを「心拍変動」という。心拍変動は、自律神経の緊張を示す指標となり、これを測定することでストレス状態を知ることができる。

し、誘惑に負けず必要なことをやり抜ける。これは、衝動や欲求、感情、思考、パフォーマンスをコントロールしやすい状態といえる。

マインドセットの転換で制御力を強化

最後が、「やるべきだが、やりたくない」（Bの窓）および「やるべきではないが、やりたい」（Dの窓）というブレーキ状態への具体的な対応方法だ。ここでは、[5] の「マインドセットの転換による自己コントロール」が有効になる。マインドセットとは、経験や教育、先入観などにより、強く刷り込まれた思考様式や心理状態のことだ。暗黙の了解事項や思い込み、価値観、信念などもマインドセットの1種である。

「やるべきだが、やりたくない」と「やるべきではないが、やりたい」は、思い込みとして強固なマインドセットになっている。このマインドセットに介入して「やるべきなので、ぜひやりたい」と「やるべきではないので今はやらない」というマインドセットに転換するのだ。その際に、前述した快楽（報酬）中枢の活用が鍵となる。

ただし、ここでの「快楽（報酬）」とは金銭的なものに限らない。むしろ、金銭的ではないものの方が大きい。例えば、「やるべきだが、やりたくない」場合は、それに取り組んで成功したときを想像してみる。やるべきことをやった結果、閉塞した状況を打開できれば大きな成果になる。しかも、周りの仲間や上司、トップマネジメントから評価を受ける。加えて、賞賛や尊敬を得られる可能性も高い。そして何より、1つのことを達成したという自信と、技術者としてのスキルアップや資質の向上を実感できるはずだ。これこそが金銭には代えられない報酬となる（15章参照）。

一方、「やるべきではないが、やりたい」場合は、まず今は他の「やるべき」ことに集中して、その後で「やるべきでない」ことをやろうと考える。その際、今は「やるべきでない」ことが、次の「やるべき」ことになるように、上司を説得したり誘導したりすることが大切になる。周到な準備でやるべき理由を論理と情熱でアピールすれば、必ずや「やるべきこと」に転換できる。

このように快楽（報酬）中枢の働きを活用すれば、BとDの窓でも、わくわくした気持ちとやる気が湧いてくる。その結果、「やるべきことは、やりたくなくてもやる」、「やるべきではないことは、やりたくてもやらない」というように、選択すべき行動が促進される（アクセルを踏める）ようになる。

葛藤している状況で意志力を発揮するための行動指針をまとめると、まずは、ゆったり呼吸法などで副交感神経が優位になる状態をつくること。次に、ドーパミンを放出して快楽（報酬）中枢を活性化させるマインドセットの転換を行うことである。

＊ **自律神経（交感神経と副交感神経）** 自律神経とは、心臓などの循環器や消化器、呼吸器などの活動を調整する神経のこと。意志とは関係なく自律して働くため、自律神経と呼ばれる。自律神経は、交感神経と副交感神経から成る。交感神経は、心臓の鼓動を早める、血圧を上昇させるといった、活動を活発にする働きがある。一方、副交感神経は、心臓の鼓動をゆっくりにする、血圧を下げるなど、ゆったりした状態にする働きがある。交感神経と副交感神経は、状況や生活サイクルに合わせてバランスを取っている。一般に活動が活発になる昼間は交感神経が優位になり、夜間は副交感神経が優位になる。

35章

熱い思いを空回りさせないために

ある時、福岡県在住の3人の技術者と話す機会があった。彼らは異口同音に、「どうしたらイノベーションを活性化できるだろうか」を真剣に筆者に尋ねてきた。それを聞いて、彼らの思いが会社にうまく伝わっていないように筆者には思えた。

こうしたケースは、意思疎通の不備が大きな原因になっていることが多い。そこで、本章は変革の思いを実現するためのコミュニケーションをテーマとする。具体的には、変革への熱い思いをぶつけた相手が、その変革が妥当だと腹落ちするように働きかける方法を紹介したい。

自分自身との会話で考えてみる

冒頭で紹介した3人を、ここでは「志の三銃士」と呼びたい（図35-1）。自社のイノベーションの活性度を向上させなければならない、という使命感に燃えているからだ。彼らのように、自分たちの思いがうまく会社に伝わら

図35-1　志の三銃士
変革に燃えた戦士の真の顔は、愛情にあふれている。

イラスト：大久保孝俊

ないという悩みをしばしば耳にする。

熱い思いが空回りしてしまうと、「トップマネジメントに危機感が足りない」「上司がサポートしてくれない」「同僚たちは『何をやっても変わらない』と諦めている」と孤立無援の気持ちになる。ついには、以前の熱い思いはどこかへ消え去り、何をすればよいのか分からない棒立ち状態に陥ってしまう。皆さんの中にも、そういう経験をお持ちの方がいるのではないだろうか。

こうした悩みを解消するために役立つ4つのポイントを紹介する。それぞれのポイントを、異なる2つの視点を持って考察することで、取るべき行動が見えてくる。

ポイント1：社員の人材価値
（視点：「変革したい人」と「辞めたい人」）
ポイント2：変革するべき対象
（視点：「仕組み」と「リーダーシップ」）
ポイント3：変革アプローチ
（視点：「ボトムアップ」と「トップダウン」）
ポイント4：提案する際の話し方で変わる相手の感情
（視点：「ストレス」と「わくわく」）

これら4つのポイントで考察を進めていくには、29章で紹介したメタ認知能力が重要になる（**図35-2**）。メタ認知能力とは、「有形」の自分が認知していることを、意図的に設定した「無形」のもう1人の自分が別の視点から認知し直すことである。簡単に言えば、通常の自分の他に、別の思考主体（もう1人の自分）を設定する能力である*[1]。

もう1人の自分と対話する際に心掛けたいのは、ストレス指数が低い状態でするということだ*[2]。ストレス状態が低いと、前頭前野のDLPFC（背外側前頭前野）が活性化して自己をコントロールする能力が高まるからである。

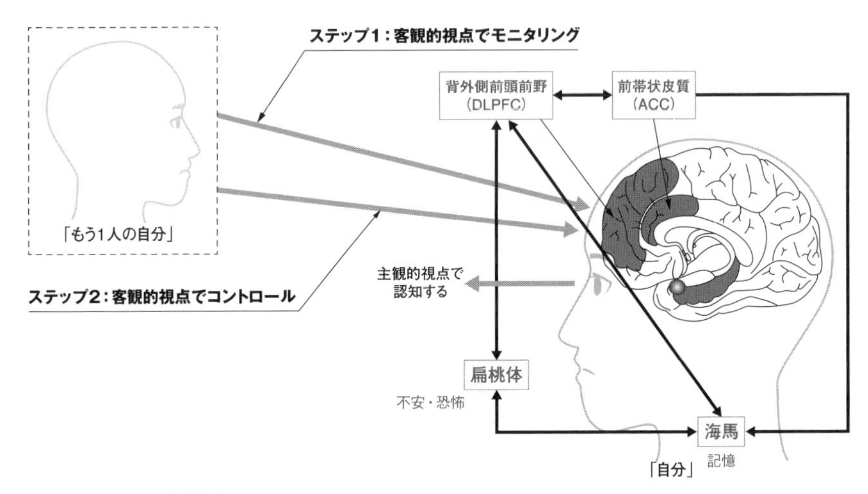

図35-2　メタ認知能力

メタ認知能力とは、「有形」の「自分【自分1】」が認知していることを「無形」の「もう1人の自分【自分2】」が認知する能力である。ストレスが少ないと、背外側前頭前野（DLPFC）の働きが活発になって自己コントロールがしやすくなりメタ認知能力が高まる。加えて、扁桃体からDLPFC に入力される恐怖や不安の情報が減り、その結果、大脳皮質に記憶された情報が海馬を通してDLPFCに効率よく届く。集まる情報が多いと、適切な行動を取りやすい。

「変革したい人」は会社の宝

まず、社員の人材価値というポイントを、「変革したい人」と「辞めたい人」との対比で考えていく。両者の共通点は、現状に対して危機感や問題意識、不満などがあることだ。以下では、メタ認知能力を前提とした自分自身との会話というスタイルで典型的な思考の流れを追っていく*3。

自分1「ウチには納得できないことが多い。このままだと会社の将来はない。何とかして会社を変えたい」

自分2「そんなに嫌なことが多いなら転職という選択もある。他の会社を探そう」

自分1「すぐ辞めるというのは安易すぎるのではないか」

自分2「自分は会社に愛着を持っている。ウチにもどこか良い点があるはずだ」

自分1「尊敬している人がいる。納得できないことも多いが、会社の中には大いに活気がある」

気に入らないことがあると会社をすぐに辞める人がいる。一方、「辞める」という選択ではなく会社を「変えたい」と思う人もいる。会社を変えたいという人は、もちろん会社を良くしたいと思っており、加えて会社に愛着を持っている。

前記の自分自身との会話の中で、「辞めたい」と思わない理由に気づくことができた。会社の悪いところだけではなく、会社の良いところに目を向けたからだ。この良いところを見える化し、その情報を仲間と共有することは、社員側から変革を起こす最初のステップだといえる。つまり、「変えたい」と思う悪いところを指摘する前に、まず「変えてほしくない」と感じる良いところを探してみることが大切になる。

一方、マネジメント側からコミュニケーションを改善することも必要だ。「変えたい」と思うほどに会社に愛着を持っている人たちは会社の宝である。提案者から礼節を欠く発言が多少あったとしても、彼らが会社の宝だと認識していれば余裕を持って対応できるはずだ。

その上で彼らを真摯にサポートするべきである。さもなければ、「変えたい」という情熱を持った社員は、いずれその情熱を失い、最後には「辞める」という判断を下す。

仕組みの変革の落とし穴

変革するべき対象については、「仕組み」対「リーダーシップ」という視点で考える。自社にイノベーションを活性化する仕組みが不十分という認識から、3Mで実施されている「15%カルチャー」を導入したある企業を想定した。ここでも、自分自身との会話というスタイルで思考の流れを見てみよう。

自分1「仕事を効率的に進め、15%カルチャーに基づいて自分のアイデアを
　　　追求するための時間を確保した。しかし、それは徒労に終わった。

なぜか？」

自分2「最大の理由は、せっかく確保した時間を潰すかのように、マネジャーが追加の仕事を割り振ったことだ。15%カルチャーという仕組みが全く機能していない。それ以降、仕事を効率的に進めて空いた時間を作る意欲が湧かない。結局別の仕事が降ってくるだけだからだ」

自分1「組織の仕組みを変えただけではダメだ。イノベーションの活性化につなげるには、マネジメントのリーダーシップが不可欠となる。リーダーシップが取れないマネジャーがいるなら、マネジメント自体を変革しなければならない」

仕組みの変革はトップマネジメントの決断によって一晩で成しえるが、リーダーシップの変革には多くの時間とエネルギーを必要とする。人材の発掘や経験の蓄積が必要だからだ。変革を推進する人が陥りやすいことは、このリーダーシップの因子を考慮せずに仕組みだけに注目して変革を進めてしまうことである。

この状況は、「猫に小判」と言える。価値ある仕組み（小判）があっても、リーダーシップが欠如しているマネジャー（猫）には使いこなせない（**図35-3**）。つまり、仕組みの変革とリーダーシップの変革の両面からイノベーションの変革に取り組むことが必要になる。

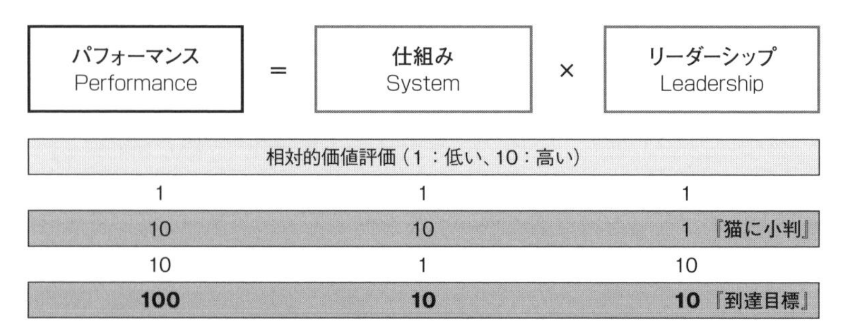

図35-3　パフォーマンスと仕組み、リーダーシップの関係
仕組みとリーダーシップを同時に変革することにより、パフォーマンスは大きく高まる。

トップダウンという一手もある

ポイント3の変革アプローチは、「ボトムアップ」対「トップダウン」の構図で考える。職場の課題を解決するために、組織の仕組みの変革案をマネジャーに提案したケースを想定して、自問自答を続ける。

自分1「ありったけの情熱を込めてマネジャーに変革案を訴えたが、まともに取り合ってくれなかった。マネジャーの上司（上位上司）にも伝わっていない。もう何をしたらよいのか分からない」

自分2「こう考えたらどうだろうか。提案を受け入れるか否かは、その提案を信じられるかどうかによって決まる。果たして自分はマネジャーに対して、彼が信じるに足る証拠を示しただろうか」

自分1「考え方は話したが、それが有効であるという証拠は示していない」

自分2「そうか。次にすべきことは、新しい考え方に基づいた行動を、まず自分で実践することだ。結果が良好であれば有効性の証拠となる」

自分1「確かにそうだが、自分にそんな時間はない。他の方法はないだろうか」

自分2「これまでのアプローチはボトムアップだ。それを成功させるには証拠がいる。しかし、別のアプローチもある。それはトップダウンだ。トップマネジメントに提案し、彼らがその仕組みの価値を信じれば、新しい仕組みを導入できる」

自分1「ならば、トップマネジメントに腹落ちしてもらうための活動にも挑戦しよう」

ボトムアップのアプローチでは、有効性の証拠がなければ採用されないケースが多い。組織の仕組みの変革は、さまざまな手続きが必要であるのが大きな理由だ。証拠がないと、どこかの手続きで跳ねられてしまう可能性が高い。

一方、トップダウンのアプローチで必要なのは、トップの判断だけである

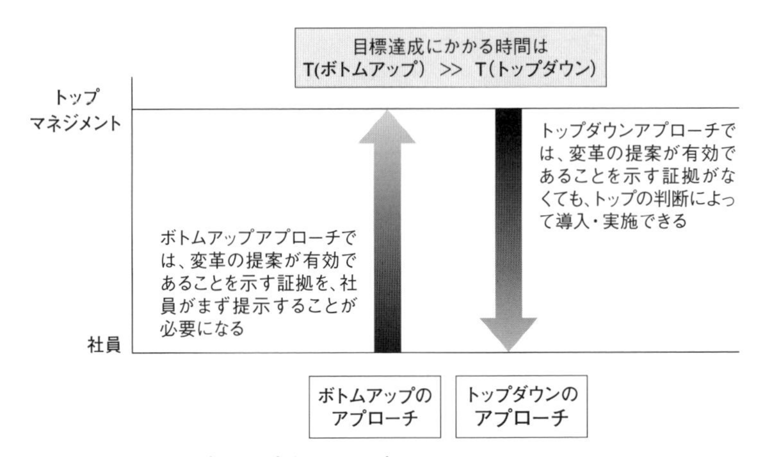

図35-4　ボトムアップとトップダウンのアプローチとしての違い
トップダウンは、提案が有効であることを示す証拠がなくても、トップ判断で短時間に実施できる。

(図35-4)。ただし、トップダウンで新しい仕組みを導入したとしても、その価値を社員が理解しなければ浸透しない。従って、変革の提案では、両方のアプローチを並行して進めることが重要である。

楽しいと積極的になれる

最後のポイントは、相手の感情がテーマだ。提案者の話し方が相手の感情を左右する。これは、「ストレス」対「わくわく」を対抗軸として考えてみよう。ここでは、相手を問い詰めたり不快な思いをさせたりしない雰囲気づくりが鍵になる。

自分1「ウチには、イノベーションを育てる仕組みがない。上司は、部員のやる気を削ぐような対応ばかりする。このままでは将来はない。すぐに変革しなければならない」
自分2「もし自分が部下からそう詰め寄られたら、不快な気持ちになるのではないか。ウチにも良いところもあるはずだ」
自分1「社員を元気にしてくれる仕組みも確かにある。それは変えるべきではない。ウチも捨てたものではないと気づくと何だか明るい気持ちになる」

自分2「Good to Great（良いところを伸ばして最高にする）と考えたらどうだろう」

自分1「確かにPoor to Good（悪いところを改善する）と考えるよりもわくわくする」

会社が存続している以上、会社に愛着を持つ人がいる。そして、会社が存在する、もしくは必要とされる理由と価値が必ずあるはずだ。ところが、その理由と価値には気づかないことが多い。これが人間の本質ではないだろうか。

人類は、恐怖や不安に突き動かされ、闘争や回避行動を実行することを、進化の過程で優先してきた。このため、恐怖や不安をストレスとして無意識に感知する高感度センサーを我々は持っている。逆に、既に獲得して満足しているものを無意識に感知するセンサーの感度は高くない。なぜなら生存のために重要ではないからである。不満な点や足りないところにはすぐ気づくが、良いところを発見し、それを褒める行為は意識的に行う必要がある。

あなたが会社のダメな点を強調すると、相手はストレスを感じて「ダメなことばかりではない」という反発を生む。それはあなたへの不快感につながる。不快感に支配されると、相手はあなたの話を素直に聞けなくなってしまう。

一方、会社の「変えてほしくない」と思える良いところを共有すると安心し、冷静な思考が働きやすくなる。その結果、「そうだよな」という共感を生み、わくわくした快い気持ちになる。

会社の変革すべき点を指摘するのは相手がわくわくした気持ちになっているときがチャンスだ。ここで初めて「でも、変えた方がよいところもあると思うのです」と切り出す（**図35-5**）。「変えるべきでない点」を共有し、その上でGood to Greatに向けた「変えなければならない点」を仲間と共に見

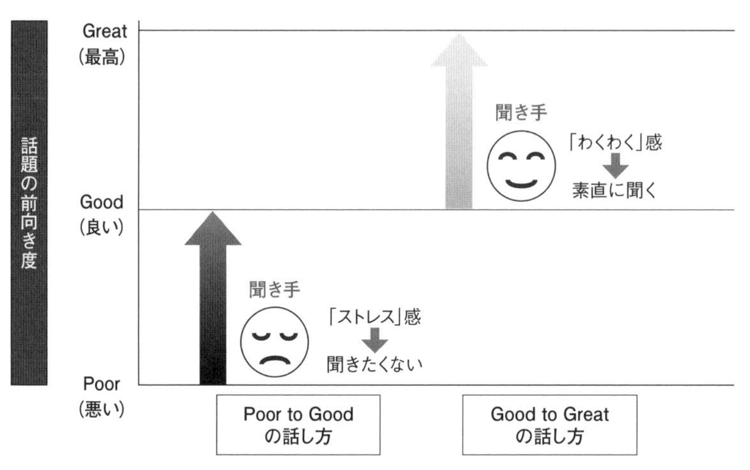

図35-5　変革の提案の話し方
最初に会社の変わってほしくない良いところなど前向きな話題から入るとよい。相手がわくわくした気持ちになると、変革の提案についても素直に聞いてくれる。

つけ出すことが必要になる。

具体的なあるべき姿を共有

このような4つのポイントでの行動指針によって、「変革を許容できる」という相手の心の状態を作り出す。熱意を空回りさせないためには周到な準備が必要なのである。

そして、次のステップは、変革の到達目標である「あるべき姿（Great)」の共有である。「ダメなこと」を具体的に示すことは比較的に容易にできる。一方、「あるべき姿」はぼんやりと把握しているが、具体的に指摘できないことが多い。

あるべき姿は会社での役職によっても異なる。例えば、トップマネジメントにとっては「会社全体で価値のある新製品が継続して生まれ、持続した成長を実現している」、マネジャーにとっては「自部門で継続して新製品が生まれている」、部員にとっては「自分の提案したアイデアを真剣にサポートしてくれる上司がいる」などである。

それぞれの「あるべき姿」が、会社のビジョンや戦略に対して論理的につながっていることを明確にした上で、変革の具体的な行動計画を立案し、確実に実行することが重要となる。

＊1　もう1人の自分を設定することで、通常の認知・思考活動から意図的に離れ、全く別の視点から物事を考えることができるようになる。通常の自分ともう1人の自分が会話するようにして考えを進めれば、より多様で客観的な思考が可能になる。

＊2　ストレス指数は、スマートフォンで簡単に測定できる（34章参照）。

＊3　メタ認知能力を前提とした自分自身との会話で留意することは、相手の立場と気持ちを理解することである。つまり、相手の立場を理解し、相手の気持ちを想像しなければならない。これにより、相手に寄り添った思考（自己問答）ができるようになる。

36章

モチベーション向上に脳科学を活用する鉄則

筆者はこれまで、1～30章を教材とした「モチベーションを高めるリーダーシップ」の講義を行ってきた。そこでは参加者から事前に質問を受け付けており、その中に書かれた1つの指摘に筆者はハッとさせられた。

「脳科学というサイエンスを活用してモチベーションを高めるという方法は、『真摯さ』ではなく、小手先の『テクニック』で人を動かすことになり、相手に抵抗感を持たれるのではないか。その結果、脳科学を活用するアプローチ自体が、相手に全否定されてしまうのではないか」というものである。

脳科学の活用は小手先のテクニックか

脳科学を活用したアプローチは、これまでの章で示したように人間の本質に寄り添うためのものである。主眼は、あくまでも人間の本質に寄り添うことで、そのために有用なツールが脳科学という考え方だ。そのため、脳科学は小手先の「テクニック」との指摘は当たらないと考えるが、こうした疑問を持たれたというのも事実である。

そこで、本章はモチベーションを高めるために脳科学を活用する際に、相手にネガティブな感情を抱かせることを回避し、積極的に脳科学を活用したいという気持ちにするためのコミュニケーションの鉄則を紹介する。それは、3つのポイントから成る。

【ポイント1】「自分を動かす」ために脳科学の知識の活用し、価値があることを自己認識する。

【ポイント2】その自己の経験に基づいた脳科学の知識を「相手を動かす」ために活用する。

【ポイント3】具体的には、苦境に立たされている相手に、自己の経験に基づいた脳科学の知識を説明する。

こうした一連の行動により、イノベーションに果敢に挑戦するモチベーションを高めることができる。

図36-1は、横軸で「これまでのコミュニケーションの経験で価値があると実感できなかった脳科学の知識」と「価値があると実感できた脳科学の知識」を対比させ、縦軸に「腹落ちしやすい話題」と「腹落ちしにくい話題」を置いた4つの窓を示したものだ。「価値があると実感できなかった脳科学の知識」を活用すると、相手の信頼を失う可能性がある。その場合、脳科学の話はネガティブに働く（**図36-1**の1と4の窓）。従って、「価値があると実感できた脳科学の知識」のみを活用すべきである。

一方で、相手が腹落ちしやすい話題に対しては、あえて脳科学を持ち出す必要はない。脳科学の活用は、あくまでも短時間で相手を腹落ちさせることが困難な話題に絞るべきである（**図36-1**の2の窓）。

ここからは脳科学の知識の価値が明確に実感できた事例を2つ紹介する。

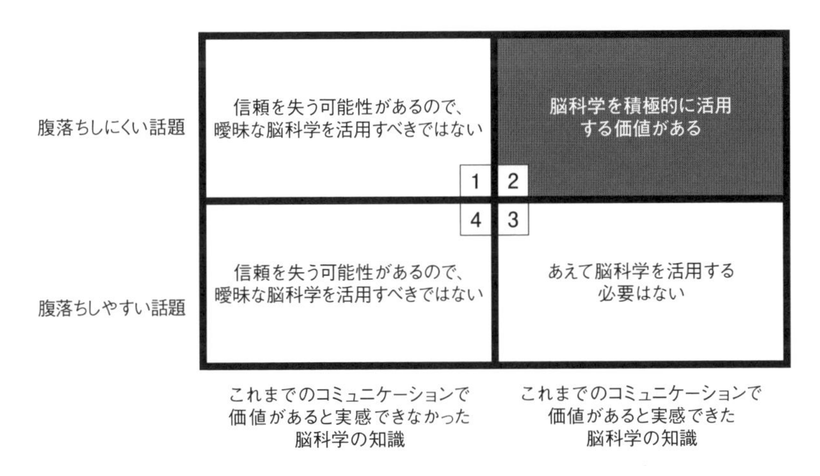

図36-1　脳科学を積極的に活用する価値があるケース

図36-2 「一休み」の効果
意識的にストレスを低減し、冷静になろうとする行為を筆者は「一休み」の効果と呼んでいる。

イラスト：大久保孝俊

最初は、パニック状態において、意識的にストレスを低減し冷静さを取り戻した事例だ。ここでは、「一休み」の効果と呼ぶ（**図36-2**）。

ゆったり呼吸法でパニックを回避する

2017年10月、午後から始まる講演の会場で筆者は最前列に座っていた。あと数分で講演が始まるという時、何気なく上着の胸部分を触ったら、財布がないことに気づいた（**図36-3**の１）。

同時に今朝、駅でICカードをチャージする機器の手前に自分の財布が載っている映像が頭に浮かんだ(**図36-3**の2)。ここで置き忘れたのかもしれない。「財布を駅に忘れてきた」という不安から、「すぐにオフィスに戻ってかばんの中に財布があるかを確認したい」という強い欲求が生まれ、パニック状態に陥った。

その時、もう1人の自分が「今こそ脳科学の知識を使ってこのパニックに対処しよう」とささやいた。メタ認知能力*1を起動するのだ。スマートフォンを使ってストレス指数*2を測ると81を示し、高いストレス状態にあることが分かった（**図36-3**の3)。

この状態は、扁桃体に血液が大量に流れていることを意味する。脳は、財布を「駅に忘れたかもしれない」という不安と「財布の中にあるキャッシュカードを誰かに使われる」という恐れに支配され、冷静な判断をつかさどる背外側前頭前野（DLPFC）に十分な血液が流れていない。脳科学が教える「今すべきこと」は、ストレスの低減だ。そこで、DLPFCに向かう血流を増やすために、ゆったり呼吸法*3をスタートした。ゆっくりと息を吐き、下腹部に力を入れて息を吐き切る。そして、腹に入れていた力を緩め、一気に息を吸い込んだ。

冷静にリスクマネジメントを実行

ゆったり呼吸法を繰り返すことで、ストレス指数が62になり少し冷静になった（**図36-3**の4）。すると、オフィスのハンガーに掛けた上着のポケットに小銭入れを入れた映像が浮かんだ（**図36-3**の5）。その目的は飲み物を

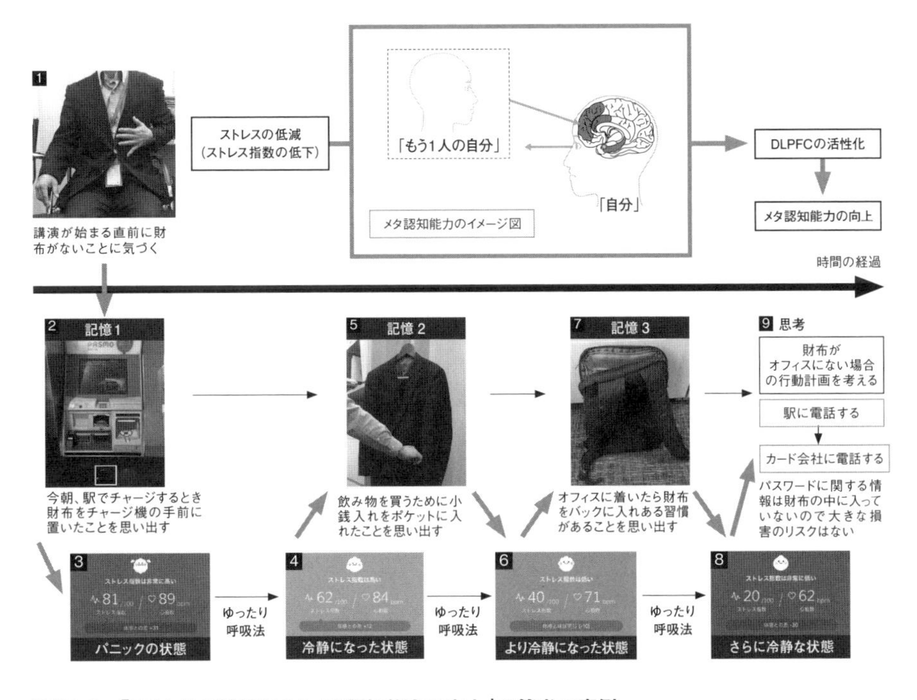

図36-3　「ストレスの低減によるメタ認知能力の向上」の筆者の事例

買うためだ。オフィスではパニック状態にならなかった事実に思い至り、財布に対しても何らかの対応をしたに違いないと推測した。

ゆったり呼吸を続けるとストレス指数が40になってより冷静になった。その時、かばんの映像が浮かんだ（**図36-3**の6と7）。そして、オフィスでは何の違和感も持たなかったのだから、普段通りに財布をかばんに入れたとの思いが強くなった。

ゆったり呼吸法を続けてストレス指数が20にまで下がり、さらに冷静な状態になった（**図36-3**の8）。しかし、それでも、財布をかばんの中に入れたという確信を持てなかった。そこで、リスクマネジメントを実行しようと思い至った（**図36-3**の9）。講演会の終了後にオフィスに戻り、かばんに財布がなかった場合、次にすべき行動を考えるのだ。まずは、駅に電話し、財布が取得されていないかを尋ねる。もし取得されていなかったら、すぐに銀行に電話し、カードを無効にするように依頼する。

さらに、誰かがカードを使って現金を引き出す可能性についても考えた。財布を忘れたとすれば朝なので、すでに6時間以上が経過している。しかし、財布の中にはカードのパスワードに関する情報はない。そのため、誰かが現金を引き出す確率はかなり低いと判断した。

パニック状態になる前から脳科学を理解

パニック状態から抜け出す際に活用した脳科学の知識と、それに基づいた筆者の行動をまとめると、以下のようになる。

・「メタ認知能力を活用する」と決める。
・「副交感神経の優位を引き出すゆったり呼吸法でストレスを低減できる」と信じる。
・「その行動が、パニックの状態を解消し、海馬に保存されている、起こっている事態に関連した記憶がDLPFCに伝達される」と信じる。
・「活性化されたDLPFCは、海馬から伝達された情報を組み合わせることを促進する」と信じる。
・「そのDLPFCの活動が、課題を解決につながるアイデアを生み出す」と信じる。

筆者は、このような脳科学の知識とそれに基づく行動を、パニック状態になる前から理解していた。その上でストレス指数が下がったことにより、脳科学が教える変化が実際に起きていることを確認できた。そして、脳科学の知識を活用して、うまく対処できたのである。

これが冒頭に示した【ポイント1】の「『自分を動かす』ために脳科学の知識の活用を実践し、価値があることを自己認識する」の具体例である。このように脳科学の知識の実効性を、まず自分自身が実感することが大切だ。

事実の裏付けがある脳科学を活用

先の事例では、パニック状態では浮かばなかった映像が、「DLPFCの活性化」と「ストレスの低下」が進むに従って次々と浮かび、合理的な思考が生まれた。これら一連の脳の活動は、外部からの新しい情報が全く入らないで起こった。つまり、海馬に記憶された無意識下の情報が、意識下においてDLPFCで認知された結果、発生した脳の働きである。

今回、パニック状態からの脱出では新たな情報の追加はなかったが、イノベーションの創出に必要なアイデアをひねり出すためには新情報の獲得が重要となることが多い。これを踏まえ、DLPFCの活性化に基づく「新しいアイデアを生み出すプロセス」を一般化すると次のようになる（**図36-4**）。

ステップ1　ストレスを低減し、すでに無意識下で脳に記憶された知識を認知する。
ステップ2　認知している知識を組み合わせる。すでに脳に記憶されている情報を最大活用する。
ステップ3　新しい知識を記憶（学習）する。目標を達成するために不足し

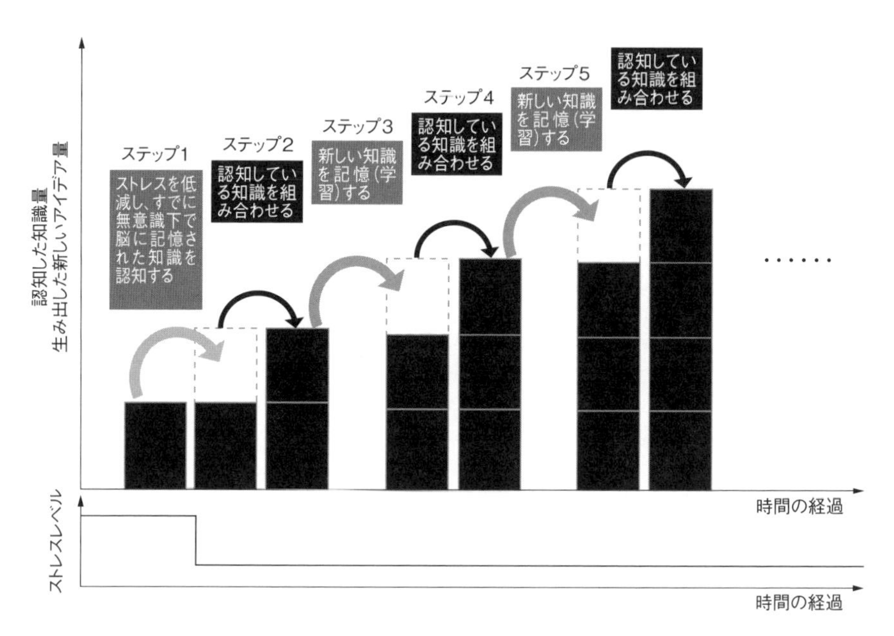

図36-4　新しいアイデアを生み出すプロセスの概念図

ている情報を外部から脳の中に記憶させる。

ステップ4　認知している知識を組み合わせる。追加情報を含めた全情報を、目標達成のために最大活用する。

ステップ5　ステップ3とステップ4を繰り返していく。

このプロセスを理解してもらうため、筆者は前述した【ポイント1】の実例と対処方法を伝えた後に、次のように説明を付け加える。イノベーションの創出に必要なアイデアをひねり出すためには、(1) 自分が持つ知識を最大限活用していると確信できるように自己変革する、(2) それでもアイデアが生まれなかった場合は、必要な情報が不足していると自覚する、(3) 価値のある情報を探し出し、その情報を脳に記憶させようと行動する。これは、【ポイント2】の「相手を動かす」という行動を促すことにもつながる。

「脳科学が心に寄り添う」を実感

筆者が経験した2番目の事例は、脳科学の知識の説明が、思った以上に相手を腹落ちさせ、「人を動かした」事例である。つまり、【ポイント2】と【ポイント3】の具体例だ。

2015年12月の初旬、愛知県で約300人の技術者が参加する技術討論会で講演した。その時の講演内容は、12章で紹介した、脳の神経細胞間のシナプス（結合部）の信号伝達のモデルを使って、「ひらめき」のメカニズムを説明したものだった（**図36-5**）。

以下、簡単に説明する。脳の働きの源泉である約1000億の神経細胞それぞれは、約1万のシナプスで、他の神経細胞と結合し、約1000兆の接点を持つ巨大ネットワークを形成している。シナプスでの信号の伝達は、All or Nothingの二者択一になっている。信号強度に閾値があり、その閾値に達し

【ひらめき】

シナプスの信号伝達のモデル式

信号強度が閾値を超えない入力は伝達されない。

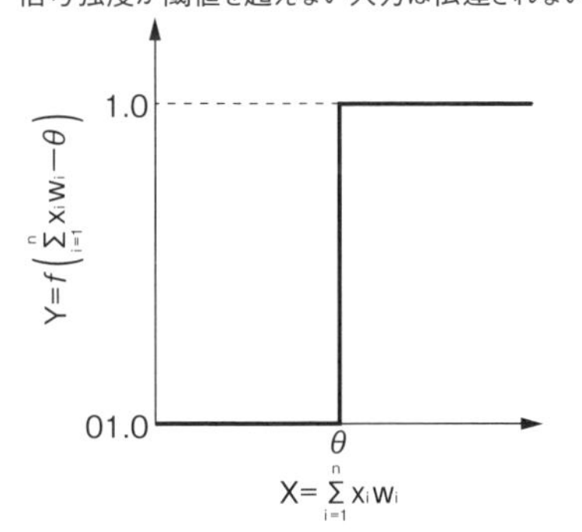

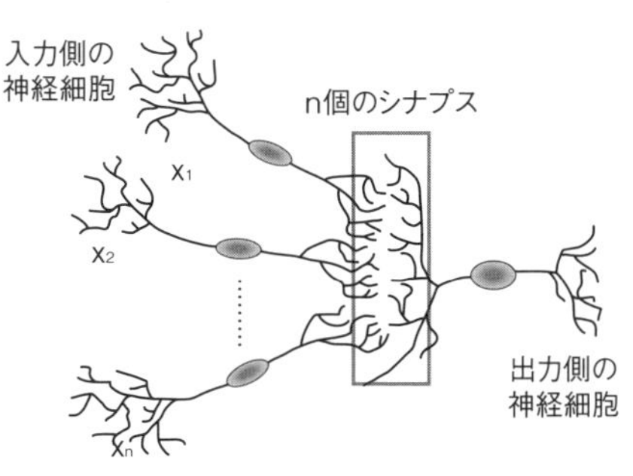

$\left(\sum_{i=1}^{n} x_i w_i - \theta\right) > 0 \Rightarrow Y=1$ (All)

$\left(\sum_{i=1}^{n} x_i w_i - \theta\right) \leq 0 \Rightarrow Y=0$ (Nothing)

θ：閾値
x_i：i番目の入力側の神経細胞の信号
W_i：i番目の入力側の神経細胞の信号の荷重（0～1の実数値）
Y：出力側の神経細胞の出力信号

図36-5　「ひらめき」のメカニズム
神経細胞間のシナプス（結合部）では、信号強度がある閾値を超えないと、信号は伝達されない。イノベーションのための新しいアイデア創出（ひらめき）に向けた活動は、信号強度を高めていくことに相当する。

ないと信号は伝達されない。つまり、Nothingとなる。

イノベーションで成果を出すためには、課題を解決する新しいアイデアが不可欠である。「脳内の信号強度」を「アイデアを出すための活動」に置き換えると、たとえアイデア創出の閾値まで99%にまで迫っていても、外から見るとNothingにしか見えない。講演では、そのことを発明家トーマス・エジソンの名言「天才とは、１%のひらめきと99%の努力である」になぞらせ、「ひらめきは、99%の努力と、さらに1%の努力で生まれる」と話した。

聴講者の1人に、あるプロジェクトのリーダーがいた。そのプロジェクトは4年間が経過しており、上司の評価は「期待はずれ」だった。技術の基礎的な部分はすでに確立できていたるのに、「もう時間切れかな」という諦めの雰囲気がチームに芽生えていたそうだ。

落ち込んだ状態で講演を聞いた彼は、「ひょっとしたら、閾値まであと一歩まで来ているのではないか」「もう一歩踏み出してみよう」という気持ちになったという。彼は「とても元気づけられました」と目を輝かせながら話した。

All or Nothingという構図は、デジタル思考に似ている（**図36-6**）。多くのプロジェクトの成否は、このデジタル思考で判断される。期限までに目標

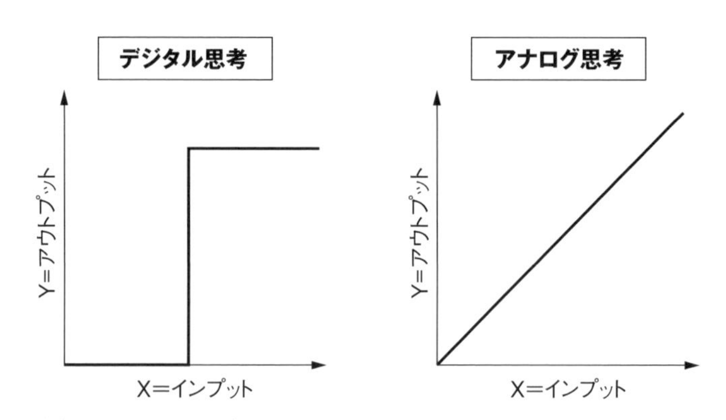

図36-6　デジタル思考とアナログ思考

All or Nothingであるデジタル思考に対して、目的を達成できなくとも中間的な成果に目を向けるのがアナログ思考。

を達成できなければ失敗だ。しかしながら、閾値以下のインプット（中間的な成果）でも会社にとって重要な財産になる可能性がある。

中間的な成果を見える化することは会社の成功につながる重要な因子である。従って、中間的な成果が全くのゼロでないなら、すぐに「失敗」と決めつけず、「成功に近づいている」と判断することをお勧めする。この考え方は、アナログ思考である。これは、トップダウンで思考するときに「会社の財産を見落とす」リスクを回避することにも役立つ。イノベーションを率いるリーダーは、部員の挑戦へのモチベーションを高めるために、デジタル思考とアナログ思考を臨機応変に活用することが肝要である（**図36-7**）。

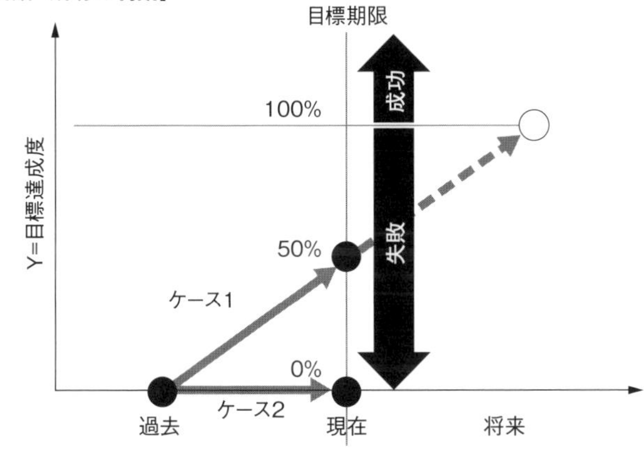

図36-7　失敗と成功の判断
期限までに目標を達成できなかったとしても、その段階での達成度を評価すれば将来の成功に結び付けられる。

＊1　**メタ認知能力**　メタ認知能力とは、自分が通常の活動で認知していることを、「もう1人の自分」が認知する能力のことである。ストレスが少ないと背外側前頭前野（DLPFC）の働きが活発になって自己コントロールがしやすくなり、メタ認知能力が高まる。加えて、扁桃体からDLPFCに入力される恐怖や不安の情報が減る。その結果、大脳皮質に記憶された情報が海馬を通してDLPFCに効率よく届く。集まる情報が多いと、適切な行動を取りやすい（35章参照）。

＊2　**ストレス指数**　ストレス指数は、専用のアプリケーションを使うと、スマートフォンで簡単に測定できる。結果は、1から100まで範囲で算出され、1に近いほどよりリラックスした状態、100に近いほどよりストレスを感じた状態であることを示す（34章参照）。

＊3　**ゆったり呼吸法**　腹式呼吸を基本とした呼吸法。副交感神経を優位にする効果がある。副交感神経が優位になると心臓の鼓動がゆっくりになり、血圧も下がって心身がリラックスした状態になる。（34章参照）。

37章

やるべきことをやらない相手への対応策

あるセミナーで「モチベーションを高めるリーダーシップ」について講義した際、人材育成に関する質問を受けた*[1]。質問者は数十人の部員を束ねるマネジャーで、ある部員について悩みがあると言う。

その部員は、仕事に対して燃えようとする意思を示すし、真摯な態度で取り組んでいる。さらに、仕事の進捗管理も行い、課題を解決する行動計画も立案している。質問者も、マネジャーとしてその部員に対してきめ細かなサポートをしていた。しかし、彼はどうしても計画を所定の時間内で実行できないという。その原因は怠惰ではなく、「やるべきことを頻繁に忘れてしまう」ことだった。忘れていた行動を周囲から指摘されれば、真剣に取り組んでやり終えられるのだ。

可燃性と不燃性の中間

この質問は「可燃性と不燃性の中間に位置する人材」についての悩みといえる（**図37-1**）。講義では、筆者の著作である『3Mで学んだニューロマネジメント』を教材として使用しており、同書の24章にある「マネジャーが力を注ぐべき人材とは」という見出しに続く部分を指さしながら質問していた。そこには、次のような文章が書かれている（24章参照）。

「マネジャーが情熱とエネルギーを注ぐのに適切な人材は2つのタイプに分けられる。最初のタイプは、情熱の火が既に付いている人材。いわば自燃性の人材だ。マネジャーが注ぐエネルギーが少なくても炎が大きくなり、周りの部員に火を付けるほど活性が高い。2つ目のタイプは、マネジャーが注いだ適切なエネルギーによって火が付き、さらにエネルギーを注ぐと大きな炎になる人材である。いわば可燃性の人材である。

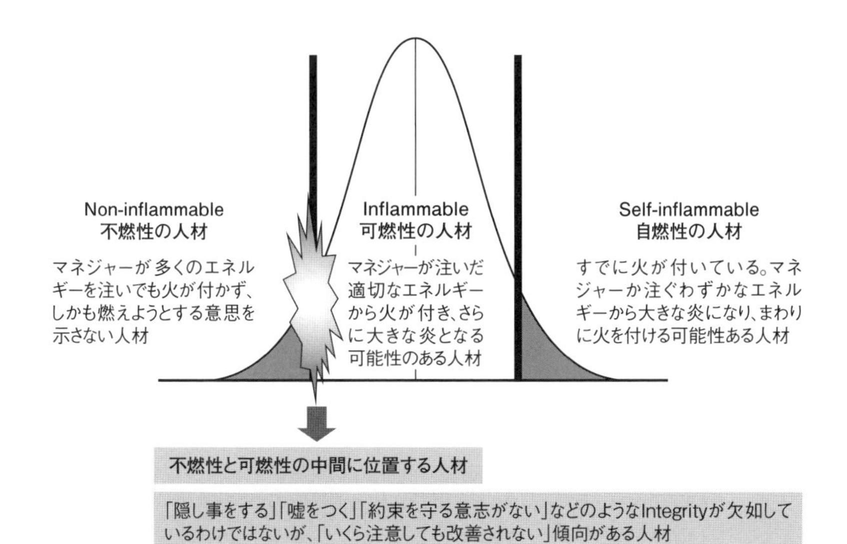

図37-1　組織人材の多様性の概念図

一方、マネジャーが情熱とエネルギーを注ぐのに不適切な人材は、多くのエネルギーを注いでも火が付かず、しかも燃えようとする意思を示さない人材である（不燃性の人材）。トップマネジメントは、マネジャーのエネルギーが不燃性の人材に多く費やされ、可燃性の人材に注ぐエネルギーが不足しないように気を配らなければならない。なぜならば、可燃性の人材はマネジャーの適切なサポートによって、目標の成果を期待できるからである。」

これが、可燃性の人材と不燃性の人材についての説明だ。しかし現実には、可燃性と不燃性の中間に位置する人材が存在する。質問者が対象とする部員が、まさにそれだ。

真摯であるがミスを繰り返す人

その部員は、「隠し事をする」「平気で嘘をつく」「約束を守る意志がない」といったIntegrity（真摯さ）の欠如を示す行動はしない。しかし、いくら注意しても同種のミスを繰り返す。

Integrityの欠如は不燃性の人材の典型で、この人たちにマネジャーがエネルギーを注ぎ込んでも得るところはない。この点、その部員はIntegrityを備え、しかも燃えようとする意思を示すので、不燃性の人材とはいえない。一方で、十分可能な計画を達成できないので問題がある人材でもある。まさに「可燃性と不燃性の中間に位置する人材」である。質問者は、こうした人材に対するマネジメント方法を知りたいわけだ。筆者は、次の3つのポイントに沿ってその問いに答えた。

【ポイント1】OODAループによる課題の発見とPDCAサイクルによる課題の解決。
【ポイント2】記憶力や注意力、集中力の低下とWeekly-Dailyリズムとの相関。
【ポイント3】現場の観察から課題を発見するプロセスとWeekly-Dailyリズムとの相関。

観察し課題を素早く見つける

まず、OODAループについて説明する[*2]。現場とは、会社のビジョンや戦略に緊密につながった必達目標を具現化していく場である。その現場の「今ある姿」を詳細に観察する（Observe）ことが出発点となる。次に、目標である「あるべき姿」と「今ある姿」を比較し、これらの間のギャップを解消するために今のやり方を分析する。ここでは、何を「そのまま維持するのか」、何を「変化させるのか」、何を「中止するのか」といった方向付けを考察（Orient）する。そして、さまざまな選択肢からすべきことを意思決定（Decide）しなければならない。

このObserve-Orient-Decideは、目標を達成するための課題を特定し、解決のための大枠を決められる。しかし、ここでの決定とは仮説に過ぎない。その次のプロセスは、仮説に基づいて課題を解決するための具体的な行動である（Act）。この一連の流れをそれぞれの英字の頭文字を取ってOODAループと呼ぶ（図37-2右）。

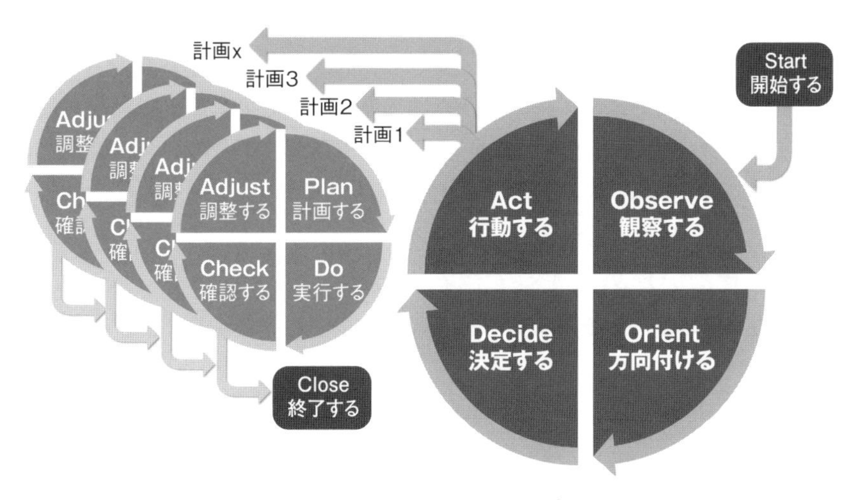

図37-2　課題発見と課題解決を組み合わせたOODA-PDCAプロセスの概念図

OODAループで選択されたActに対して、1つあるいは複数の活動計画を立て（Plan）、その計画を実行し（Do）、その実行の進捗を計画と比較しながら確認し（Check）、目標を達成していれば活動を終了する（Close）。目標を達成できていない場合は、計画の修正や追加を行い（Adjust）、新しい活動計画を立案して（Plan）、もう1度サイクルを回す。この課題解決プロセスはPDCAサイクルと呼ばれている（**図37-2**左）。OODAループで特定した課題を、PDCAサイクルを通じて全て解決したら、そのOODA- PDCAプロセスは終了し、次のObserveに進む。

課題を解決していくPDCAサイクルは広く知られているが、解決すべき課題をどのように特定し、それをどのようにPDCAにつなげていくかは明確には理解されていないように思える。OODAループをPDCAサイクルに組み合わせたOODA-PDCAプロセスでは、すでに発生した課題や発生するリスクのある課題を発見し、解決する方法といえる。その一貫した流れがOODA-PDCAプロセスである。部員がこのプロセスを実行できるようにサポートすることは、マネジャーの重要な仕事である。

OODA-PDCAプロセスのきめ細かな実行は、現場での課題発見と課題解決への漏れのない取り組みを確実に行っているという実感をもたらす。OODA-PDCAプロセスを実行して課題発見・課題解決を完了すると、担当者の頭の中では腹側被蓋野からドーパミンが側坐核に分泌され、次の挑戦を達成できるはずだという根拠なき自信が湧いてくる。

忘れさせないためにすぐできる対応策

OODA-PDCAプロセスを適用し、質問者が悩む「やらなければならないことを頻繁に忘れてしまう部員」への対応を考えてみよう。人間の記憶が時間とともに失われていくことは、忘却曲線として知られている（**図37-3**）。ただし、忘却のスピードは人によって異なる。その部員は忘却スピードが速いのである。これが観察（Observe）から引き出された問題の本質である。忘却曲線の考え方は、記憶だけではなく、注意力や集中力にも当てはまる。つまり、注意力や集中力も時間の経過とともに低下していく。

方向づけ（Orient）としては「今のやり方を変える」という判断となる。

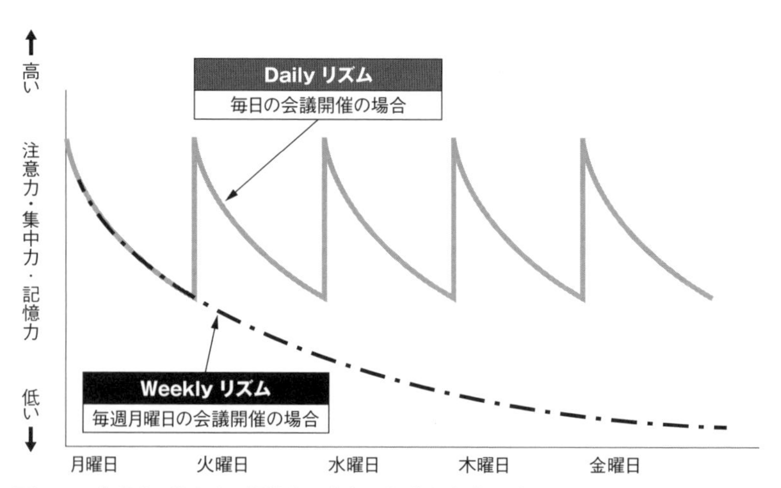

図37-3　注意力・集中力・記憶力の忘却の推移と会議モデルとの相関の概念図

しかもすぐに取り組まなければならない。では、解決するための行動とは何か。実は簡単な行動で解決できる。記憶や注意力、集中力がそろっている初期値レベルに戻す頻度を増やせばよいのだ（Decide）。具体的な行動（Act）としては、MonthlyやWeeklyの頻度だった進捗確認の会議をDailyで設定する（**図37-3**）。

真摯に物事に取り組む意思と意欲がある人材は、毎日の会議を設定するだけで成果の質が向上する。この単純な行動が、質問者が悩んでいた「不燃性と可燃性に中間の人材」に対する改善行動である。あとは、この課題解決に向けた取り組みをPDCAサイクルで詰めていけばよい。

毎日の話し合いでリスクを潰す

Dailyリズムは、「不燃性と可燃性の中間に位置する人材」に対する対応策だけにとどまらない。課題を早い時期に発見し、素早い対応を取るのに役立つからだ。

Weekly（あるいはMonthly）のリズムで行う進捗会議で担当者が取り上げる課題は、過去1週間（あるいは1カ月）で発生した課題の全てではない。会議に割ける時間の長さを考慮し、組織戦略上の重要度や優先順位の高さによって選択された課題のみが提示されるからだ。すなわち、会議の運営を担当する部員（メンバー）が選択した課題だけが、マネジャー（リーダー）の知るところとなる。

ここに組織の運営上のリスクが生まれる。それは、重要度が低いと部員が判断して会議で発表（共有）されなかった課題が、組織の運営責任者であるマネジャーの視点からは重要である場合があるからだ（**図37-4**）。このリスクを回避する方法は、進捗状況を確認する頻度をMonthlyやWeeklyからDailyに上げることである。これにより、現場で起きている出来事から課題を発見する機会を増やせる。

さらに、進捗状況を確認する会議では、「今、気になっていることを思いつくままに話す」ように促すことが肝要となる。決して「優先順位に沿って

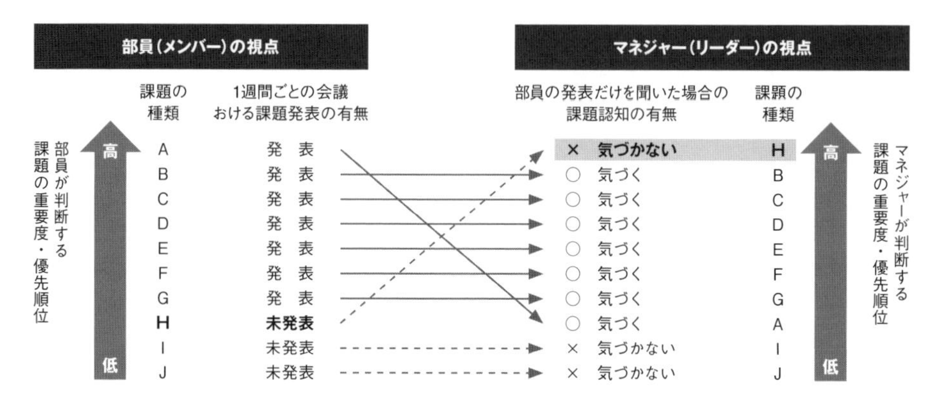

図37-4　課題の取り組みの優先度の判断の違いによる課題の取り組みの漏れを示す概念図
担当者は課題Aの優先順位を1番目、課題Hを8番目と考え、1週間ごとの会議での課題Hの発表を見送った状況を考えてみよう。しかし、その優先順位の判断がマネジャーと異なる場合があり得る。マネジャーの判断では課題Hが第一優先になる場合でも、会議で発表されない以上、その重要性に気づくことができない。

話してください」と言ってはいけない。なぜなら、優先順位を付ける際に担当者の判断が入ってしまうからだ。部員とマネジャーで判断基準が異なる場合には、マネジャーが大きな課題を見逃す恐れが大きくなる。

「気になっていること」を話す場合は、判断するというストレスが部員にはかからない。思いつくままに「気になること」を話す行為には、扁桃体に流れる血流を減らし、背外側前頭前野（DLPFC）に流れる血流を増やし、海馬からの記憶をより多く引き出す効果がある。するとDLPFCの働きが活性化し、現場で起こっている出来事からすでに発生した課題と発生する可能性がある課題を見つけやすくなる。

わずか10分の会議で成果が上がる

図37-5にWeeklyリズムとDailyリズムの進捗確認会議モデルを示す。現場の観察から課題を発見するという視点で比較した。Weeklyリズムでは1週間に1度、50分間の会議を設定するのに対して、Dailyリズムでは10分の会議を毎日やる（週に5回）。Dailyリズムの方が課題に早く気づけるため、課題解決のための行動を素早くスタートできる。課題を早く解決できる可能

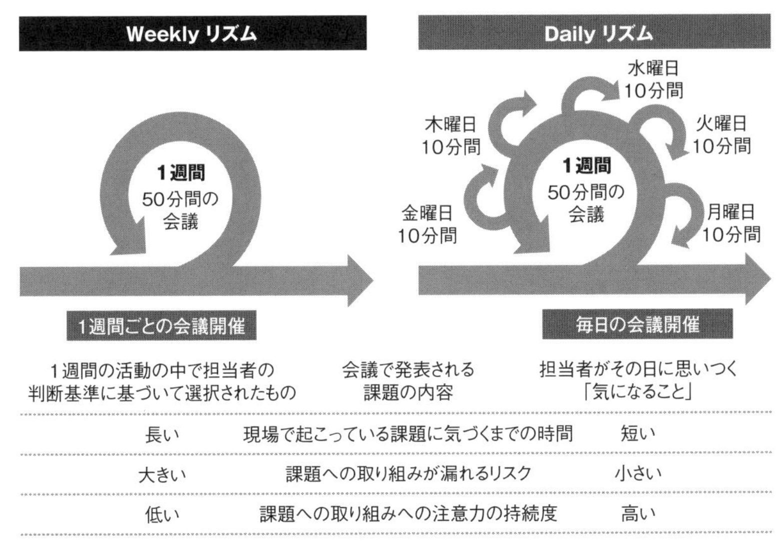

図37-5　現場の観察から課題を発見する会議モデルの概念図

性が高まる。

筆者は、Monthlyリズム、Weeklyリズムの進捗確認会議に加えて、2年前から時間を決めてDailyリズムの会議を始めた。参加者は筆者を除いて1～3人、1人が話す時間は5分と決めている。会議はざっくばらんでジョークがよく飛び出すアットホームな雰囲気になるように心掛けている。ストレスがない環境で、まず筆者が「気づいたこと」を思いつくままに話し、続いて順番にメンバーに話してもらう。

Dailyリズムの会議をスタートした当初は、「Weeklyリズムで十分」「Dailyで話すことはない」という後ろ向きの発言もあった。そんなときには、次のような話をした。

「何でも初めてのことをスタートする際にはストレスを感じるものだ。例えば、子どもの頃に寝る前に歯を磨くように母親から言われ、母親がそばにいて歯を磨くことを強制した。最初はストレスを感じたかもしれない。しかし、そのうちに習慣化し、意識することなく（従ってストレスを感じることはなく）歯を磨くようになったはずだ。」

寝る前に歯を磨く習慣は健康を維持することに貢献している。これと同様に、Dailyリズムは、現場の環境の変化を俊敏につかんで素早く行動に移すことを可能にする。そう考えて筆者は、「とにかくやってみよう」とメンバーにDailyリズムを強制した。初めは洞察力が不足した表面的な「気になること」の発言が多かったが、今では「目に見える課題」に加えて「目には見えないリスクとしての課題」が指摘されるようになった。

加えて、スケジュールの都合でDailyリズムがない日は、歯磨きを飛ばしたような罪悪感を持つようになり、Dailyリズムの会議を重要な行動と感じるようになってきた。結果として、Dailyリズムによる課題の発見と早期解決を実現できた。Dailyリズムは「生産性の向上に大きく貢献する」と自信を持って言える。しかも、誰でもすぐに始めることができる。Dailyリズムをスタートすることを強くお勧めしたい。

＊1　この講義では、ポジティブに働く人間の本質の出現を強化し、ネガティブに働く人間の本質の出現を抑制するために、「人のマネジメント（人づくり）をどのように設計するのか」「組織のマネジメント（組織づくり）をどのように設計するのか」を解説した。

＊2　**OODAループ**　元々は米国空軍のジョン・ボイド大佐が朝鮮戦争の空中戦についての洞察に基づいて指揮官の意思決定プロセスを理論化したもの。そこでのOODAは、「監視」「情勢判断」「意思決定」「行動」となる。本章で提示したOODAループは、これを筆者独自にアレンジして課題発見に適用したもの。

38章

孤立無援の状況で イノベーションに挑むには

マネジャーを対象にした複数のセミナーで講師を務めた際、各セミナーでほぼ同じ内容の質問を繰り返し受けた。それは、「企業の組織的支援が得られない中、その状況を打破するために必要なリーダーシップとは何か」である。本章は、モチベーションを高めるシステムやマネジメントが未整備の組織（企業）で、いかにリーダーシップを発揮するかをテーマとする。

創造にはシステムとマネジメントで対応

イノベーションへの挑戦には、適切なシステムとマネジメントが不可欠となる。聴講生たちはそのことを、セミナーで教材としていた筆者の著作『3Mで学んだニューロマネジメント』を熟読して深く理解していた。

まず、システムについてのポイントを簡単にまとめると次のようになる。組織が「人の集団」である以上、トップマネジメントは「人」がイノベーションに挑戦したくなる（もしくは、せざるを得ない）ように、組織のシステムや組織（企業）文化を設計しなければならない。そして、時代が変わっても、そのシステムや文化が破壊されないような体制を整える必要がある。

システム・文化づくりでは、イノベーションにポジティブに働く人間の本質を強化し、ネガティブに働く人間の本質を抑制することが肝要となる。例えば、モチベーションを高めるための組織のシステムである「Can RUB（Recognize、Utilize、Believe）システム」（20～23章参照）では、人間の本質を踏まえ、具体的な8つの仕掛けに落とし込んでいる（**図38-1**）。

一方、マネジメントとしては、イノベーションに挑戦する部員のやる気を引き出すために、マネジャーは「人」の脳を活性化させるマネジメントを設計し、実践しなければならない。こうしたマネジメントの実践法は、「SSR

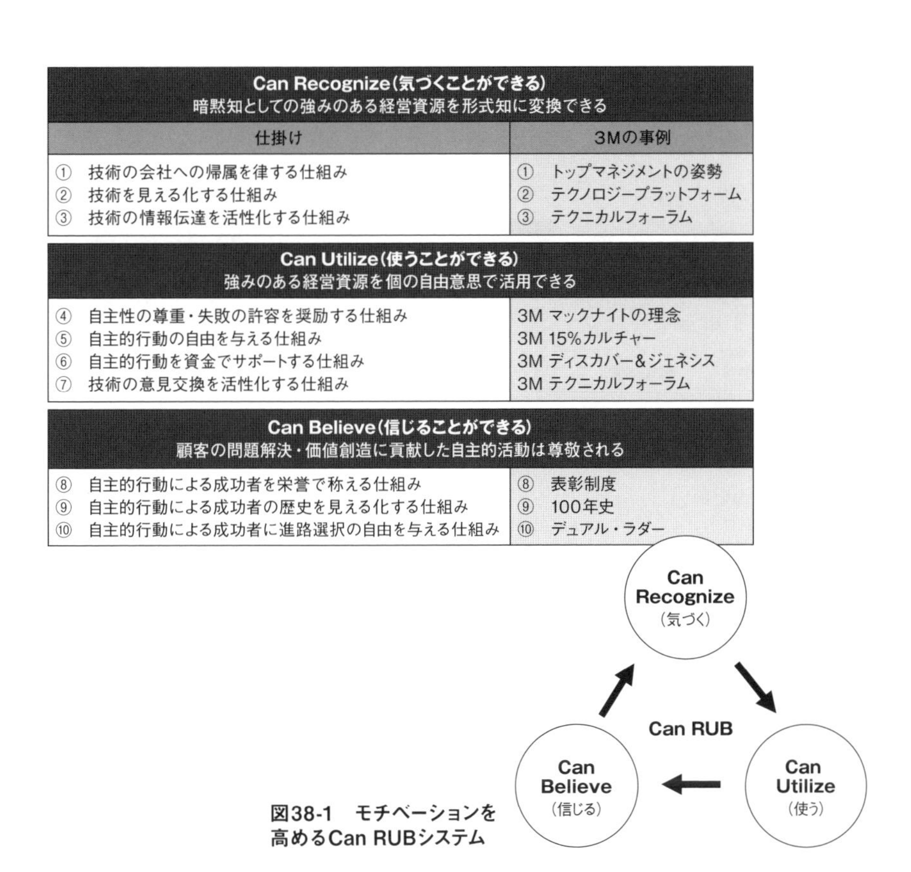

図38-1　モチベーションを高めるCan RUBシステム

（Stretch・Support・Reward）イノベーション・マネジメント・スパイラルプロセス」（以下、SSRマネジメント）として示した（8〜19章参照）。

SSRマネジメントの最大の特徴は、イノベーションにネガティブに働く人間の本質を打ち破ることを主眼とする点だ。ネガティブに働く本質には「満たされている状況では変化を好まない」「不公平に扱われたと感じると自分の利益を犠牲にしても相手を罰する」「ルール違反に対する罰を与えることは快く感じる」などがある。SSRマネジメントは、これを抑制する10の仕掛けを備えている（**図38-2**）。マネジメントに際しては、部員から尊敬される形で行うことが大切になる。

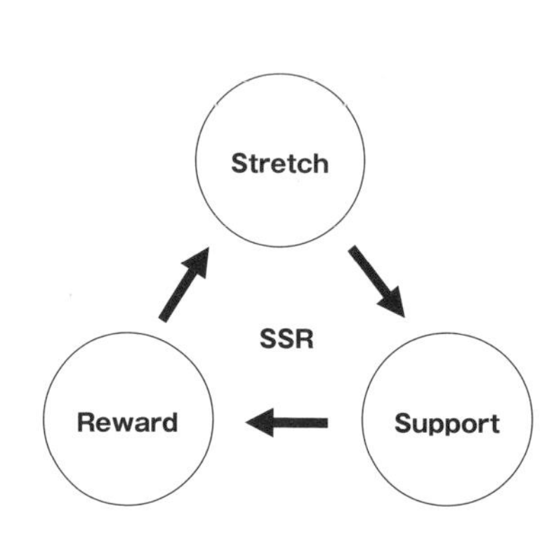

Stretch 背伸びした目標の設定
仕掛け
① 到達可能かつストレッチな目標設定を繰り返す ② 共感を得るようにコミュニケーションを行う

Support 精神面を含めたさまざまな支援
③ 心の安全地帯を作り、挑戦させる ④ 感動を生む顧客との接触を創出する ⑤ 無意識下の記憶を強化する ⑥ Whyを繰り返し、論理的に考え抜かせる ⑦ 機会は示すが、実行は自ら決断させる

Reward 正当な評価と報酬
⑧ 名誉を感じさせるように褒める ⑨ 貢献した人の名前を見える化する ⑩ 自主的な協力の行動を昇進プロセスに結びつける

図38-2　モチベーションを高めるSSRマネジメント

創造を支援する道具立てがないとき

こうしたシステムとマネジメントを理解した上で、多くの質問者たちは自分たちの厳しい状況について次のように語った。まずシステムに関しては、「自分たちの会社には、イノベーションへの挑戦をサポートし、モチベーションを高める仕組みが存在しない」。マネジメントに関しても、「自分たちの会社には、イノベーションに挑みたくなるようなマネジメントを行うマネジャーはいない」。そして、こう続けるのだ。「そのような環境で、自己・同僚・部下に対し、イノベーションに挑戦するモチベーションを高めるための考え方と方法を教えてほしい」と。

モチベーションを高めるシステムやマネジメントが未整備の組織（企業）でリーダーシップを発揮するには、次の3つの視点で考える必要がある。

【視点1】パフォーマンスにおいて、リーダーシップは組織のシステムを補完できるか。

【視点2】パフォーマンスにおいて、組織のシステムはリーダーシップを補完できるか。

【視点3】迷いを解く鍵となるリーダーシップとは何か。

リーダーシップが多くを成し遂げる

まず視点1から考える。どんな企業でも最初から強力な組織のシステムを備えているわけではない。創業時には新製品の開発から製造、営業までを1人で担当することも珍しくない。そんな未熟なシステムでも企業が成長できたのは、自分と同僚、部下に対してモチベーションを高めるマネジメントを実践し、リーダーシップを発揮する人がいたからだ。システムが未熟でも、試行錯誤しながらゴールに到達できたのである（**図38-3**のルートA）。これは、リーダーシップがシステムを補完できることを示す。システムが未整備な会社でも、あなたがリーダーシップを発揮すれば、多くを達成できるのである。

一方、組織のシステムが有効に機能するようになると、ゴールに到達するまでの時間を短縮できる（**図38-3**のルートB）。ここからは視点2で考える。Can RUBシステムのような充実した組織のシステムがある場合、どんな利

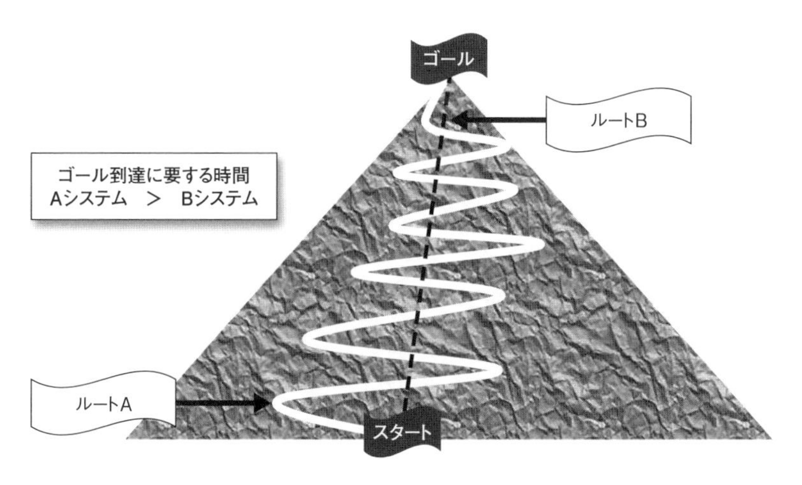

図38-3　組織においてシステムが未熟な場合（ルートA）と強力な場合（ルートB）のゴール到達への道筋

点を生むのだろうか。

例えば、3Mには「自主性を尊重する」というマックナイトの理念を具現化するための仕掛けとして「15%カルチャー」がある。これは、3Mにおける組織のシステムである。このシステムを活用する部員とマネジャーの行動（リーダーシップ）を例にして視点2から考察してみる。

悪いリーダーはシステムを無効化する

自主性を尊重するマネジメントは、「簡単には諦めない」という部員の行動を引き出す。イノベーションは新しいことへの挑戦なので次々と困難にぶつかる。この時マネジャーの指示だけでやる仕事だと、「最初から筋は悪かった」などと後ろ向きの考えに陥りやすい。これに対し、自主性に基づいた仕事は「成功させたい」という思いが強い。困難に直面しても「データの取り方に問題がある」「この成分を加えてみる」といった試行錯誤が苦にならない。困難を克服するエネルギーが自然に湧いてくるのだ。

15%カルチャーは、上司の承認がなくても業務時間の15%程度は会社の成長に貢献すると自らが信じる活動に費やしてよいという不文律である。この15%カルチャーを機能させるには大きな前提がある。マネジャーが徹底して部員を信頼し、自主性に任せることだ。マネジャーはこの点を自覚し、自らを厳しく律さねばならない。具体的には、「15%カルチャーに基づく活動に対しては、部員に活動内容の説明を求めない」「部員の活動を知らないことに耐える」「15%の時間を部員の承諾なしに奪わない」などだ。

マネジャーは絶対に、次のようなことをしてはならない。15%カルチャーを活用するために仕事を効率的に終えて時間を確保した部員に対して、「当たり前のように空いた時間に新しい仕事を与える」ということだ。これは15%カルチャーの息の根を断つ不適切なリーダーシップである。こんな指示があると、その部員ははしごを外されたと感じ深く失望する。そして、効率的な仕事法を工夫したり新しいアイデアを考えたりする情熱を失う。その結果、パフォーマンスも下がる。

どんな大企業も、起業したときは組織のシステムは未熟だったが、
モチベーションを高めるマネジメントができるリーダーシップがあった。
だから、企業は成長できた。

↓

大きな企業になった今は、イノベーションの創出のための組織のシステムの改善に
多くの時間を費やしている。しかし、モチベーションを高めるマネジメントができる
リーダーシップの育成にかける努力は十分しているのだろうか？

↓

パフォーマンス	=	システム	×	リーダーシップ
		相対的価値評価（1：低い、10：高い）		
1		1		1
10 『猫に小判』		10		1
10		1		10
100『目標達成』		10		10

↓

どんな**優れた組織のシステム（小判）**が存在していても、
モチベーションを高めるマネジメントができるリーダーシップをもたない人材（猫）が
優れた組織としてのパフォーマンスを達成する確率は高くはない。

図38-4　猫に小判
ここで、「小判」は卓越した組織のシステムのことであり、「猫」はそのシステムを活用するリーダーシップを持たない人材のことである。

これは、パフォーマンスにおいて、組織のシステムはリーダーシップを補完できないことを意味する。つまり、「猫に小判」だ（図38-4）。どんなに優れたシステムであっても、それを理解できない者にとっては何の価値もない。

すべきことはリーダーの育成

ここからは視点3に入る。講演や講義の後に受ける質問の多くは組織のシステムに関するものだ。システムを使いこなすリーダーシップに関する質問はほとんどない。そんなときに、こちらから「猫に小判」の話を持ち出す。「大企業の多くはイノベーションのためのシステムの改善に熱心だが、マネジメントによって部員のモチベーションを高めるためのリーダーシップの育成に対して、どれほど努力しているのか」。こう受講者に問いかけると、「リーダーシップがない組織ではシステムを使いこなせないから、他社事例を参考にシ

ステムを導入するだけではだめですね」「人間の本質を理解したマネジメントを行い、まずリーダーを育成することが大切ですね」などと目から鱗が落ちたような表情で理解してくれる場合が多い。

迷いを解くリーダーシップ

多くの質問者の状況と心境は次のように想像できる。現在勤務している会社には、モチベーションを高める卓越した組織のシステムやマネジメントが存在していない。そして、そのような環境を迅速にあるべき姿に変貌させるパワーは自分にはない。しかし、筆者の講義を聞いて、「何かできるはずだ」という思いが高まっている――。その結果として、「自分や同僚、部下がイノベーションに積極的に挑戦できるようにするためには、どのようなリーダーシップを発揮したらよいか」という質問が生じるのだろう。

この問いに対するヒントは創業時にある。組織のシステムが未熟であっても、成長できるパフォーマンスを作り出したリーダーシップ、すなわち「モチベーションを高めるマネジメント」を実践できるリーダーシップこそ、質問者が身を置く厳しい状況を打破できるのだ。

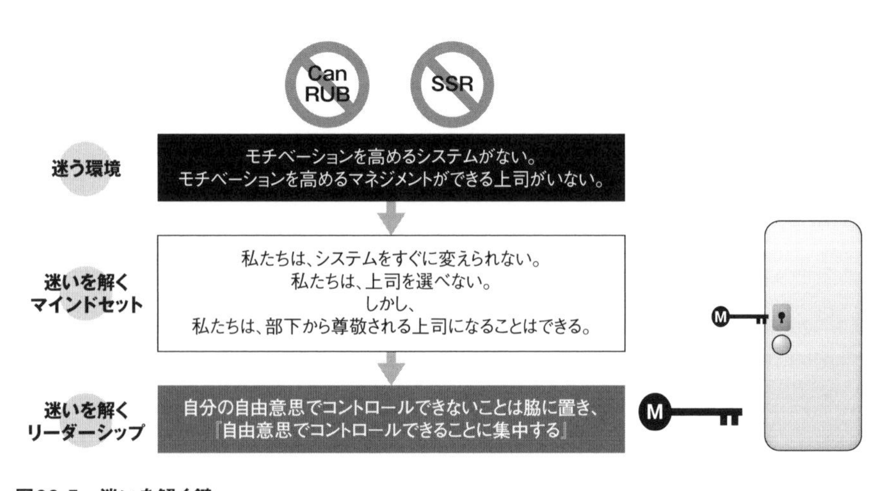

図38-5　迷いを解く鍵

厳しい状況の中、あなたの背中を押してくれるマインドセット（信念）があると、私は思う。それは、「システムはすぐには変えられない。上司も選べない。しかし、部員から尊敬されるマネジャーになることはできる」だ。そして、ここでの迷いを解くリーダーシップとは、自分の自由意思でコントロールできないことは脇に置き、「自由意思でコントロールできることに集中する」ことである（**図38-5**）。その上でSSRマネジメントを実践すれば、モチベーションが高いチームを作り、期待されるパフォーマンスを発揮できるはずだ。

同僚からは、どのように成し遂げたのかという質問があるはずだ。さらに、どのようなマインドセットを持ったのかという掘り下げた質問がトップマネジメントからあるだろう。それを契機に、卓越した組織のシステムが作り出されると信じるのである。

おわりに

イノベーションの鍵を握っているのは、「人」である。しかし、その「人」を動かすマネジメントを、大学でも企業でも「再現できるサイエンス」として教えていないという不満の声を、イノベーション・マネジメントを学ぶ受講生から聞いている。本書は、その声に応える目的で、ニューロマネジメント（脳科学を活用して組織・人のモチベーションを高める実践方法）の視点から、「イノベーションに挑戦するモチベーションを引き出すことを体系的に設計する」ことを目指した。その設計の要点を7つにまとめると次のようになる。

［1］過去の成果物である「ケース・スタディー」よりも、脳科学が明らかにしつつある『意思決定に対して感情は論理より強し』の傾向がある「人間の本質」を、再現できるサイエンスとして、深く考察する。このサイエンス思考を、将来のゴールを目指す過程で生まれるイノベーション・マネジメントに関する迷いを解く鍵として活用する。サイエンスから論理的に作られた「信じられる虚構」は、人を動かす原動力になる。

［2］人づくりを活性化できる職場環境とは、社内の他者との競争意識をあおる環境ではなく、『顧客の問題を解決したい』『顧客の価値創造に貢献したい』という想いが自由意志から生まれ、その想いを実践に移行するプロセスで生まれる課題の解決のために上司や同僚が積極的に協力する環境である。これは、人間の本質の「分かち合う・協力し合う心を持っている」を引き出す職場環境づくりである。

［3］マネジャーは、「人」がイノベーションに挑戦するモチベーションを意識するように、「人」の脳を活性化させるマネジメントを設計・実行し、「人」からの信頼を勝ち取る。これは、成功した企業の創業時に見られ

るマネジメントであり、十分なイノベーションをサポートする組織のシステムや文化がなくても、イノベーションの創出に有効な方法である。本書で提唱した「水の流れと『スイミー』のモデル」における『スイミーの行動』である。こうしたマネジメントは、『満たされている状況では変化を好まない』『不公平に扱われたと感じると自分の利益を犠牲にしても相手を罰する』『ルール違反に対する罰を与えることは快く感じる』の人間の本質を打ち破るために設計された『SSR（Stretch・Support・Reward）イノベーション・マネジメント・スパイラルプロセス』が備える10の仕掛けに展開している。SSRは、ミドルマネジメントが「イノベーションはマネジメントできる」ことを語っている。

[4] トップマネジメントは、「規律」を基盤にして「自由」と「自主性」を生み出させる「変わらない姿勢」を貫く情熱を持ち続け、その情熱によって、「人」の『分かっちゃいるけど変われないシンドローム』を打ち破らせる。トップマネジメントは、イノベーションに挑戦する「人」の脳を活性化させるマネジャーの活動をサポートするために、「人の集合体」である組織のシステムや文化を設計・実行し、変えていけない理念が時代の変遷において破壊されないようにトップマネジメントの人材を育成する。これは、「水の流れと『スイミー』のモデル」における『水の流れ』である。トップマネジメントは「自主性の尊重と失敗の許容」の姿勢を変えず、「人」の自主性を育てることに特に注力する必要がある。この実践方法は、ポジティブに働く人間の本質の出現を強化し、ネガティブに働く人間の本質を抑制するために設計された『Can RUB（Recognize、Utilize、Believe）システム』が備える8つの仕掛けに展開している。Can RUBは、トップマネジメントが「イノベーションはマネジメントできる」ことを語っている。

[5] 「人を動かす」ために必要な4つの資質、つまり「誠実であるとともに強固な倫理原則を維持できる資質」「理屈に合わないことに対する不快感を持つ資質」「協力することに対する快感を持つ資質」「相手の心の中

身を推察する資質」に関する思考回路は25歳までにほぼ形作られることを理解した上で、「脳の可塑性」の可能性を信じて、「情熱を伝える力量」を駆使して、4つの資質を鍛え続け、自己変革を駆動できるエネルギーに変換する。

[6] 誰もが同意せざるを得ない「不変の真実」(20万年もの間の環境の変化を乗り越えて生き残った強いDNAを持つ、生きている時間は永遠に続かない、契約による労働の提供、脳の可塑性が広げる能力の可能性)に基づいて、「イノベーションの迷いを解く」4つの鍵(根拠なき自信、勇気ある決断、役割を演じるプロ意識、絶え間ない自己研鑽(けんさん))を獲得し、変化しなければならない事実から逃走せずに、迷っている自分と闘争する。その結果として、「自分を信じる」自分を獲得する。このプロセスから自己変革を駆動できるエネルギーを活性化する。

[7]『Fire together, wire together(共に発火すれば、共につながる)』、『No pain, No gain(痛みや苦労が伴わなければ、獲得できない)』、『強い刺激となる繰り返しの学習は、脳の活動スピードを向上させる』のプロセスから得られる「脳の可塑性」を味方に付け、『ひらめきは、99%の努力とさらに1%の努力で生まれる』を信じてイノベーションに挑戦する無意識下の機能を活性化させる。この実践方法は、『GBH(G:がんばり、B:ぼんやり、H:ひらめき)サイクル』に展開している。GBHは、「無意識下で生まれるひらめきは、意識下の行動からマネジメントできる」ことを語っている。

筆者は2020年4月に3Mを定年退職し、現在は、早稲田大学ビジネススクールの講義「イノベーションのための経営システム設計」や財団法人主催の研究会「イノベーションリーダー育成塾」などにおいて、受講生を「ニューロマネジメントを駆使できるイノベーション・リーダー」に変革させる機能を持つ講義を設計・実行している。その講義の中で、教科書として、本書の1～38章を活用している。

これらの講義では、下記の4つのリーダー育成目標を定義している。

①人間の本質を生化学的なアルゴリズム【Y＝F（X)】として理解する視点から、ポジティブに働く人間の本質の出現を強化し、ネガティブに働く人間の本質の出現を抑制できる。
②イノベーション（顧客視点と経営視点で新しいことを実行すること）に挑戦する自己・他者・組織を活性化するマネジメントを遂行できる。
③組織の目標を達成すると同時に従業員の働きがいを醸成するためのリーダーシップを発揮できる。
④イノベーション（顧客視点と経営視点で新しいことを実行すること）からステークホルダー（社員、顧客、経営者、協力者）の「ありがとう」を引き出す。

こうしたリーダーを育成するため、講義は下記の5つのステップに基づいて設計されている。

①書籍を読む：自分の体験と比較して、記述された文章の論理を理解することを試みる。
②書籍を読んで感想を書く：自分と対話して、PREP（Point-Reason-Example-Point）法＋WSRL（Write-Speak-Record-Listen）法に基づき、「心に響いたTop3」＆「聞きたいTop3」の「事前課題レポート」を作成する。
③講義を聞く：論理を理解する際の障害である自己の無意識の思い込み（アンコンシャス・バイアス）に気づく。
④課題レポート（自己変革シート）を書く：自分と対話して、PREP法＋WSRL法に基づき「心に響いたTop3」＆「聞きたいTop3」の「課題レポート」を作成する。期待される効果は、下記の4つである。
- 「自分との対話」を習慣化する。
- 「他の受講生の変革の取り組み」から「自己変革の勇気」をもらう。

- ●「講師との1:1会議」から「自己変革のきっかけ」をつかむ。
- ●「共感した虚構」から「自己変革の実行」に踏み出す。

⑤自己変革を宣言する：自分と対話して、イノベーション・リーダーに成るべく、「自分を動かせない者は、他人を動かすことはできない」のマインドセットに基づき、自己を変革させるための具体的な行動を記述した「自己変革宣言レポート」を作成する。有言の段階から実行の段階へと移行する規律を自分に課すために、そのレポートをステークホルダーと共有する。

受講生は、講義で学んだことを職場や家庭の悩みの解消につなげているようだ。受講生の声の一部を下記に紹介する。

「サイエンスに基づいて解説された『人間の本質』から導き出された『ニューロマネジメント』の手法（SSRマネジメント、Can RUBシステム、GBHサイクル、『人を動かす』ために必要な4つの資質、『イノベーションの迷いを解く』4つの鍵など）は腹落ちした」
「ニューロマネジメントは、反論できない『自己変革』の理論として納得できた」
「変われないのは腹落ちできない解説をする『講師のせい』としていた過去の自分は、変われないのは『自分のせい』の意識に変わった」
「『笑顔で、リラックスして、焦らず、休まず、自分と対話し、自分を責めすぎず、自分を許し、変われる自分を信じ、自分を動かす。人を動かす。』の1日1話（自分との対話、メタ認知）の解説は、一喜一憂せずに自己変革を継続する秘訣だと腹落ちした」
「自己変革シートは自分との対話の良い機会である。この自己変革シートがあるからこそ、我々は自分のことをより深く内省することができる。したがって、これからも1日1話（自分との対話、メタ認知）を実施し、WSRL（Write-Speak-Record-Listen）法で残すことを習慣化したい」

「Aさん、Bさん、Cさん、Dさんといった、この授業を受けて自分を変えていこうと自己変革を起こしている受講生の自己変革シートを見て、自分も変わらなくてはいけないと刺激を受けた」
「今後、自己変革を宣言した上で実践していくつもりだが、さらにその先で、ニューロマネジメントを駆使できる新たなイノベーション・リーダーを育成するということも受講生に課せられた大事なミッションだと感じた」
「人間の本質の知識である『不公平に扱われたと感じると自分の利益を犠牲にしても相手を罰する』を学んだことで、伴侶との感情的な問題の根本原因に気づき、伴侶の不公平だという無意識の原因を取り除ける自分に変革できた」
「『思春期の思考を司る前頭前野は、未成熟であり、湧き上がる感情をコントロールできていない』や『思春期の感情を読みとる扁桃体の感度は、大人より鋭い』を学んだことは、思春期の子どもとの関係に悩んでいた私の不安を低減させ、子どもが発した汚い言葉にカッとならずに対処できる自分に変革してくれた」

ニューロマネジメントの解説の中で共感できるマインドセットを見つけられただろうか。共感したマインドセットを単なる「いい話」としての知識にとどめるのではなく、イノベーション・リーダーに向けた自己変革の実践に繋げる「起爆剤」にできることを切に願っている。加えて、皆さんが大学や研究会などの場で筆者とコンタクトできる機会があれば、気軽に声をかけてほしい。イノベーション・リーダーに向けた自己変革を、喜んでサポートしたいと考えている。

2021年11月
大久保 孝俊

参考文献

2章

1) 西村吉雄,『電子立国は、なぜ凋落したか』, 日経BP, pp.181-207, 2014年.
2) シュンペーター,『経済発展の理論(上)』, 岩波書店, pp.182-183, 1977年(原著は1912年).
3) P.F. ドラッカー,『イノベーションと企業家精神』, ダイヤモンド社, p.15, 2007年(原著は1985年).

6章

1) "A Century of Innovation: The 3M Story", p.125, 2002.
2) 小林三郎,『ホンダ イノベーション魂!』, 日経BP, p.56, 2012年.

8章

1) Marc Hauser et al., "A dissociation between moral judgments and justifications", Mind & Language, vol.22, no.1, pp.1-21, 2007.
2) Green JD et al., "An fMRI Investigation of Emotional Engagement in Moral Judgment", Science, vol.293, no.5537, pp.2105-2108, 2001.
3) 池谷裕二,『進化しすぎた脳』, 講談社, pp.222-252, 2007年.
4) ミチオ・カク,「第1部 心と意識、第1章 心を解き明かす」,『フューチャー・オブ・マインド』, NHK出版, 2015年.

10章

1) サイモン・シネック,『WHYから始めよ!』, 日本経済新聞出版, 2012年.
2) Sheline YI et al., "Hippocampal atrophy in recurrent major depression", Proc Natl Acad Sci USA, 93, 3908-3913, 1996.
3) NHKスペシャル取材班,『ヒューマン なぜヒトは人間になれたのか』, 角川書店, pp.78-85, p.216, 2012年.

11章

1) 有田秀穂,『「脳の疲れ」がとれる生活術』, PHP研究所, 2012年.

12章

1) Marcus E. Raichle et al., "A default mode of brain function", Proceedings of the National Academy of Sciences of the United States of America, 98, 676-68, 2001.

2) Buckner, RL et al., “The brain’s default network: anatomy, function, and relevance to disease”, Annals of the New York Academy of Sciences, 1124, 1-38, 2008.
3) 池谷裕二, 『記憶力を強くする』, 講談社, 2001年.
4) ラリー・R・スクワイア, エリック・R・カンデル, 『記憶のしくみ（上・下）』, 講談社, 2013年.

15章

1) Fiorillo CD; Tobler PN; Schultz W, “Discrete coding of reward probability and uncertainty by dopamine neurons”, Science, 299, 1898-1902, 2003.

16章

1) R. Douglas Fields, “White Matter Matters”, SCIENTIFIC AMERICAN, March 2008.

22章

1) 木崎, 「この実験、どんな変化が起こる？」, 『日経ものづくり』, 2016年7月号, pp.17-19.

28章

1) D. O. Hebb, “The Organization of Behavior: A Neuropsychological Theory”, Wiley & Sons, 1949.
2) 池谷裕二, 『記憶力を強くする』, 講談社, 2001年.
3) R. Douglas Fields, “White Matter Matters”, SCIENTIFIC AMERICAN, March 2008.
4) Huttenlocher PR, “Morphometric study of human cerebral cortex development”, Neuropsychologia, 28(6), 517-527, 1990.
5) Henriette van Praag; Gerd Kempermann; Fred H. Gage, “Running increases cell proliferation and neurogenesis in the adult mouse dentate gyrus”, Nature Neuroscience, vol.2, no.3, March 1999.
6) Szuhany KL; Bugatti M; Otto MW, “A meta-analytic review of the effects of exercise on brain-derived neurotrophic factor”, J Psychiatr Res, October 2014.
7) Lulu Xie; Hongyi Kang; Qiwu Xu; Michael J. Chen; Yonghong Liao; Meenakshisundaram Thiyagarajan; John O’Donnell; Daniel J. Christensen; Charles Nicholson; Jeffrey J. Iliff; Takahiro Takano; Rashid Deane; Maiken Nedergaard; “Sleep Drives Metabolite Clearance from the Adult Brain”, Science, October 2013.

29章

1) D. O. Hebb, “The Organization of Behavior: A Neuropsychological Theory”, Wiley & Sons, 1949.
2) A. Mehrabian, “Silent messages”, Wadsworth Pub., 1971.

3) J. Metcalfe; A. P. Shimamura, “Metacognition: knowing about knowing”, MIT Press, 1994.
4) George A. Miller, “The magical number seven, plus or minus two: Some limits on our capacity for processing information”, The Psychological Review, 63(2), pp.81-97, 1956.
5) Giacomo Rizzolatti et al., “Premotor cortex and the recognition of motor actions”, Cognitive Brain Research, vol.3, pp.131-141, 1996.

30章

1) Steve Jobs, “2005 Stanford Commencement Address”, June 2005.
2) チャディー・メン・タン, 『サーチ・インサイド・ユアセルフ』, 英治出版, 2016年.
3) NHKスペシャル取材班, 『キラーストレス 心と体をどう守るか』, NHK出版, 2016年.

31章

1) J. Iliff, ”One more reason to get a good night sleep”, September 2014 at TEDMED 2014. https://www.ted.com/talks/jeff_iliff_one_more_reason_to_get_a_good_night_s_sleep?language=ja
2) J. Iliff et al., ”A paravascular pathway facilitates CSF flow through the brain parenchyma and the clearance of interstitial solutes, including amyloid β”, Sci. Transl. Med, 4, 147ra111, 2012.
3) Lulu Xie et al., ”Sleep Drives Metabolite Clearance from the Adult Brain”, Science, 342, pp.373-377, 2013.
4) M.ネーデルガード, S.A.ゴールドマン, 「脳から老廃物を排出グリンパティック系」, 『日経サイエンス』, 2016年7月号.
5) Lisa Genova, ”Alzheimer's aging biomechanics”, TED2017, April 2017.
6) 西野精治, 『スタンフォード式 最高の睡眠』, サンマーク出版, 2017年.

32章

1) 「感情を生むしくみ」, 『Newton』, 2016年6月号.
2) NHK取材班, 『脳と心2(NHKサイエンス・スペシャル 驚異の小宇宙・人体)』, NHK出版, 1993年.
3) NHK取材班, 『NHKスペシャル 病の起源 うつ病と心臓病』, 宝島社, 2014年.
4) Kelly McGonigal, “The Upside of Stress:Why Stress Is Good for You, and How to Get Good at It”, 2012.
5) ケリー・マクゴニガル, 『スタンフォードのストレスを力に変える教科書』, 大和書房, 2015年.

33章
1) Marcus E Raichle; Debra A Gusnard, “Appraising the brain’s energy budget”, Proceedings of the National Academy of Science, 99(16), pp.10237-10239, 2002.
2) Marcus E. Raichle, “The brain’s dark energy”, Scientific American, 302(3), pp.44-49, 2010.
3) 池谷裕二, 『単純な脳、複雑な「私」』, 朝日出版社, 2009年.

34章
1) J.Olds; P.Milner, “Positive Reinforcement Produced by Electrical Stimulation of Septal Area and Other Regions of Rat Brain”, Journal of Comparative and Physiological Psychology, 47, pp.419-427, 1954.
2) R. G. Heath, “Pleasure and Brain Activity in Man: Deep and Surface Electroencephalograms During Orgasm”, Journal of Nervous and Mental Diseases, 154, pp.3-18, 1972.
3) エレーヌ・フォックス, 『脳科学は人格を変えられるか？』, 文芸春秋, 2014年.
4) ケリー・マクゴニガル, 『スタンフォードの自分を変える教室』, 大和書房, 2012年.

著者紹介

大久保 孝俊（おおくぼ たかとし）

早稲田大学ビジネススクール 非常勤講師

元スリーエム ジャパン 執行役員

1955年生まれ。長崎県出身。1980年3月、九州大学大学院工学研究科応用化学専攻修士課程修了。1983年3月住友スリーエム（現スリーエムジャパン）に入社。1987年7月、米3M社メモリーテクノロジーグループ研究員。1999年10月、山形スリーエム（現スリーエムジャパンプロダクツ山形事業所）デコラティブ・グラフィックス技術部長。2003年9月、米3M社アジア・太平洋地域担当シックスシグマ・ダイレクター。2005年6月、米3M社コーポレートリサーチ研究所上席技術部長。2007年6月、住友スリーエム（現スリーエムジャパン）執行役員技術担当。2009年8月、同社チーフ・プロセス・オフィサー。2016年8月、スリーエムジャパン執行役員コーポレート・プロセス・イノベーション及び品質保証担当。2020年4月、同社を退職（37年間勤務）。

2010年から東京大学大学院工学系研究科機械工学専攻「産業総論」の招聘講師として「持続的成長を可能にする経営と企業文化」の講義を担当。2013年から2019年まで、東京工業大学イノベーション人材養成機構非常勤講師として「イノベーション創出活性化のためのマネジメント・イノベーション」の講義を担当。2015年から早稲田大学ビジネススクール非常勤講師として、「イノベーションのための経営システム設計」（春学期）と「Business Systems Design for Innovation」（秋学期）の講義を担当。2017年から日経BP総合研究所クリーンテックラボ「CTO30会議」の招聘講師として、「ニューロマネジメントに基づくイノベーションの人づくり・組織づくり」の講義を担当。2021年5月から関西生産性本部研究会の招聘講師として、「（ニューロマネジメントを駆使できる）イノベーションリーダー育成塾」の講義を担当。

『一橋ビジネスレビュー』（2009年秋号57巻 2号、東洋経済新報社）に「感動でイノベーションを引き出すグローバルリーダー」を寄稿。雑誌『日経ものづくり』（日経BP）で連載した「3Mで学んだイノベーションの設計図」の第1回（2015年2月号）から第30回（2017年7月号）に基づいた書籍『3Mで学んだニューロマネジメント』（日経BP）を2017年9月に発刊。

本書は、『日経ものづくり』の2015年2月号から2018年3月号に連載した「3Mで学んだイノベーションの設計図」をまとめたものである。書籍化に際して一部加筆修正し、統計データなどを最新のものに差し替えた。

3Mで学んだニューロマネジメント［増補版］
イノベーション実践手法

2021年11月22日　第1版第1刷発行

著　　者　大久保孝俊
発 行 者　吉田 琢也
発　　行　日経BP
発　　売　日経BPマーケティング
〒105-8308　東京都港区虎ノ門4-3-12
装丁・デザイン　松川 直也（日経BPコンサルティング）
制　　作　日経BPコンサルティング
印刷・製本　図書印刷

ISBN978-4-296-11111-4